年表《ねんぴょう》づくりにチャレンジ!

日本《にほん》の歴《れ》

切《き》り取《と》り線《せん》

旧石器時代《きゅうせっきじだい》　縄文時代《じょうもんじだい》　弥生時代《やよいじだい》　古墳時代《こふんじだい》

およそ一万五千年以上《いじょう》前《まえ》　一万五千年ほど前《まえ》　紀元前……五世紀《せいき》ごろ　四世紀《せいき》ごろ　六世紀ごろ

1

石《いし》を打《う》ちくだいてつくられたかんたんな石器《せっき》です。

2

厚手《あつで》の土器《どき》です。食料《しょくりょう》の煮炊《にた》きなどに使《つか》われました。

3

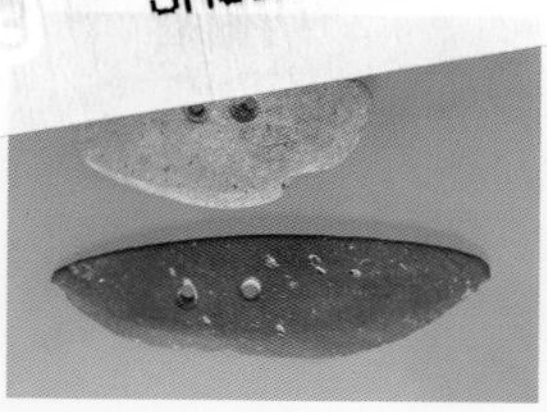

稲《いね》の穂《ほ》を刈《か》り取《と》るのに使《つか》われました。

4

大阪府堺市《おおさかふさかいし》にある日本最大《にほんさいだい》の古墳《こふん》（前方後円墳《ぜんぽうこうえんふん》）です。

室町時代《むろまちじだい》　室町時代《むろまちじだい》（戦国時代《せんごくじだい》）

一四〇四　一四二八　一四二九　一四六七　一四八五　一四八八　一五四三　一五四九　一五六〇　一五七三　一五七五　一五八二

17

近畿地方《きんきちほう》の民衆《みんしゅう》が、大規模《だいきぼ》な一揆《いっき》を起《お》こしました。

18

室町幕府《むろまちばくふ》が力《ちから》を失《うしな》い、戦国時代《せんごくじだい》が始《はじ》まりました。

19

日本《にほん》にキリスト教《きょう》を伝《つた》えました。

20

室町幕府《むろまちばくふ》をほろぼし、全国統一《ぜんこくとういつ》をめざしました。

明治時代《めいじじだい》

一八七四　一八七七　一八八五　一八八六　一八八九　一八九四　一八九四　一八九五　一八九五　一九〇一　一九〇二　一九〇四

33

鹿児島《かごしま》で反乱《はんらん》を起《お》こしましたが敗《やぶ》れました（西南戦争《せいなんせんそう》）。

34

天皇《てんのう》を主権者《しゅけんしゃ》とする憲法《けんぽう》が制定《せいてい》されました。

35

朝鮮《ちょうせん》の支配《しはい》をめぐる対立《たいりつ》から、戦争《せんそう》が起《お》こりました。

36

朝鮮《ちょうせん》や満州《まんしゅう》をめぐる対立《たいりつ》か
戦争《せんそう》が起《お》こりました。

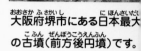

1972年
日中共同声明
を出す

1973年
第一次石油危機
が起こる
No.164

1990年
バブル景気
が崩壊する

タイムスリップ!!

2011年
東日本大震災
が起こる
No.166

2021年
東京2020 オリンピック・
パラリンピックが開催される
No.168

ゴール!!

ピンチ
サイコロをふって
1・3・5が出たら
現在2位の人と場所を
入れかえるよ！

1716年
享保の改革
が始まる
No.101

1772年
田沼意次が
老中になる

1787年
寛政の改革
が始まる

1837年
大塩の乱
が起こる
No.110

1841年
天保の改革
が始まる

1853年
ペリー
が来航する
No.118

ピンチ
サイコロをふって
1・3・5が出たら
最下位の人と場所を
入れかえるよ！

タイムスリップ!!

1854年
日米和親条約
を結ぶ

1858年
日米修好通商条約
貿易がさかん
になった！

チャンス！
サイコロをふって
2・4・6が出たら
次の人からカードを
1枚ひけるよ！

1860年
井伊直弼が
暗殺される

1866年
薩長同盟
が成立する
No.116

1867年
大政奉還
を行う

1868年
戊辰戦争
明治新政府軍と
旧幕府軍の戦い！

明治時代

939年
平将門の乱
武士が反乱
を起こした！

960年
中国で宋
が成立する
S-005

1016年
藤原道長が
摂政になる
No.041

1086年
白河上皇が
院政を始める

バトル！
全員参加して
出来事カードで
バトル

1124年
中尊寺金色堂
がつくられる
No.052

チャンス！
サイコロをふって
2・4・6が出たら
もう1回サイコロを
ふれるよ！

1156年
保元の乱
武士が都に
進出した！

バトル！
全員参加して
出来事カードで
バトル

1192年
源頼朝が征夷
大将軍になる
No.053

1185年
壇ノ浦の戦い
平氏が
滅亡した！

1167年
平清盛が
太政大臣になる
No.045

1159年
平治の乱
が起こる

ピンチ
サイコロをふって
1・3・5が出たら
次の人にカードを
1枚ひかれるよ！

鎌倉時代

チャンス！
サイコロをふって
2・4・6が出たら 次の人から
カードを1枚ひけるよ！

タイムスリップ!!

1873年
徴兵令
軍隊を強化
した！

1872年
富岡製糸場
が操業開始
No.130

1872年
最初の鉄道
が開通する

1871年
廃藩置県を
行う

1869年
版籍奉還
を行う

1868年
五箇条の御誓文
を出す

タイムスリップ!!

No. 001 文化《ぶんか》・産業《さんぎょう》カード

旧《きゅう》石《せっ》器《き》時《じ》代《だい》

およそ一万五千年以上前	→	→	→
雪《ゆき》と氷《こおり》におおわれた氷河期《ひょうがき》	？が使《つか》われる	狩猟採集《しゅりょうさいしゅう》による移住生活《いじゅうせいかつ》	

クイズ

Q 旧石器時代《きゅうせっきじだい》の人々《ひとびと》が使《つか》っていた、石《いし》を打《う》ちくだいてつくった道具《どうぐ》を何《なん》というでしょう？

No. 002 文化《ぶんか》・産業《さんぎょう》カード

旧《きゅう》石《せっ》器《き》時《じ》代《だい》

およそ一万五千年以上前	→	→	→
雪《ゆき》と氷《こおり》におおわれた氷河期《ひょうがき》	？などが狩《か》りの獲物《えもの》とされる	狩猟採集《しゅりょうさいしゅう》による移住生活《いじゅうせいかつ》	

クイズ

Q 旧石器時代《きゅうせっきじだい》の人々《ひとびと》の食料《しょくりょう》となっていた、特《とく》に大型《おおがた》のゾウの仲間《なかま》は何《なん》でしょう？

No. 003 文化《ぶんか》・産業《さんぎょう》カード

縄《じょう》文《もん》時《じ》代《だい》

一万五千年ほど前 →	→	→ 紀元前《きげんぜん》五世紀《せいき》ごろ
日本列島《にほんれっとう》ができる	？が使用《しよう》される	日本《にほん》に稲作《いなさく》が伝《つた》わる

クイズ

Q 縄文時代《じょうもんじだい》に使《つか》われていた、縄目《なわめ》の文様《もんよう》が特《とく》徴《ちょう》の土器《どき》を何《なん》というでしょう？

No. 004 文化《ぶんか》・産業《さんぎょう》カード

縄《じょう》文《もん》時《じ》代《だい》

一万五千年ほど前 →	→	→ 紀元前《きげんぜん》五世紀《せいき》ごろ
日本列島《にほんれっとう》ができる	？が使用《しよう》される	日本《にほん》に稲作《いなさく》が伝《つた》わる

クイズ

Q 縄文時代《じょうもんじだい》の人々《ひとびと》がいのりをささげる際《さい》などに使《つか》っていた、素焼《すや》きの人形《にんぎょう》は何《なん》でしょう？

No. 005 文化《ぶんか》・産業《さんぎょう》カード

縄《じょう》文《もん》時《じ》代《だい》

一万五千年ほど前 →	縄文時代《じょうもんじだい》後期《こうき》 →	紀元前《きげんぜん》五世紀《せいき》ごろ
日本列島《にほんれっとう》ができる	？が形成《けいせい》される	日本《にほん》に稲作《いなさく》が伝《つた》わる

クイズ

Q 明治時代《めいじじだい》にモースによって発見《はっけん》された、東京《とうきょう》にある縄文時代《じょうもんじだい》の貝塚《かいづか》の名前《なまえ》は何《なん》でしょう？

No. 006 文化《ぶんか》・産業《さんぎょう》カード

縄《じょう》文《もん》時《じ》代《だい》

一万五千年ほど前 →	縄文時代《じょうもんじだい》中期《ちゅうき》 →	紀元前《きげんぜん》五世紀《せいき》ごろ
日本列島《にほんれっとう》ができる	？の集落《しゅうらく》が栄《さか》える	日本《にほん》に稲作《いなさく》が伝《つた》わる

クイズ

Q 大規模《だいきぼ》な集落《しゅうらく》の跡《あと》が発見《はっけん》された、青森県《あおもりけん》にある縄文時代《じょうもんじだい》の遺跡《いせき》の名前《なまえ》は何《なん》でしょう？

No. 007 出来事《できごと》カード

弥《や》生《よい》時《じ》代《だい》

紀元前《きげんぜん》一世紀《せいき》ごろ →	五七年 →	二三九年
日本国内《にほんこくない》は百《ひゃく》あまりのくにに分《わ》かれていた	奴国《なのくに・なこく》の王《おう》が？を授《さず》かる	卑弥呼《ひみこ》が魏《ぎ》に使《つか》いを送《おく》る

クイズ

Q 倭《わ》（日本《にほん》）の奴国《なのくに・なこく》の王《おう》が、後漢《ごかん》（中国《ちゅうごく》）の皇帝《こうてい》から授《さず》かったものは何《なん》でしょう？

No. 008 出来事《できごと》カード

弥《や》生《よい》時《じ》代《だい》

五七年 →	一〜二世紀《せいき》ごろ →	二三九年
奴国《なのくに・なこく》の王《おう》が金印《きんいん》を授《さず》かる	？が成立《せいりつ》する	？の女王《じょおう》卑弥呼《ひみこ》が魏《ぎ》に使《つか》いを送《おく》る

クイズ

Q 近畿地方《きんきちほう》か九州北部《きゅうしゅうほくぶ》にあったと考《かんが》えられている、女王《じょおう》卑弥呼《ひみこ》の国《くに》の名前《なまえ》は何《なん》でしょう？

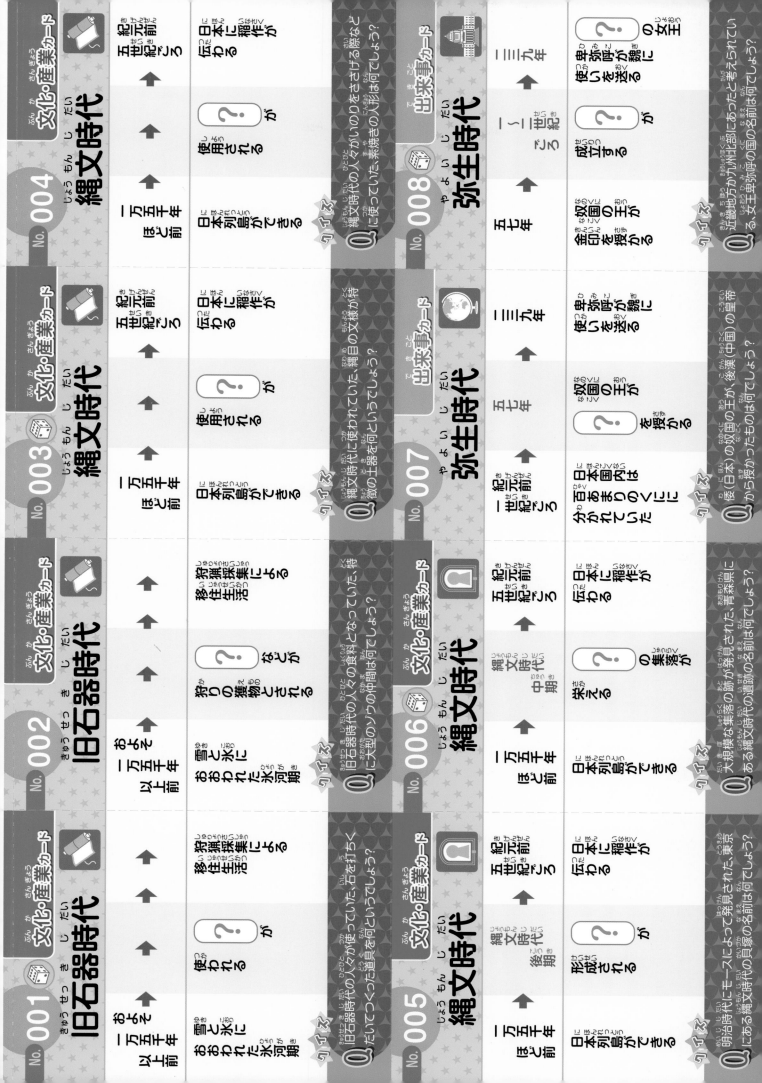

No.001 ▸文化《ぶんか》・産業《さんぎょう》カード 10ポイント

答《こた》え

打《だ》製《せい》石《せっ》器《き》

◆特徴《とくちょう》 石《いし》を打《う》ちくだいてつくられたかんたんな石器《せっき》。

◆用途《ようと》 狩《か》りや、動物《どうぶつ》の肉《にく》や皮《かわ》を切《き》り取《と》るのに使用《しよう》。

◆発見《はっけん》 第二次世界大戦後《だいにじせかいたいせんご》、相沢忠洋《あいざわただひろ》によって群馬《ぐんま》県《けん》で初《はじ》めて発見《はっけん》された(岩宿遺跡《いわじゅくいせき》)。これにより日本《にほん》に旧石器時代《きゅうせっきじだい》が存在《そんざい》したことが明《あき》らかになった。

No.002 ▸文化《ぶんか》・産業《さんぎょう》カード 10ポイント

答《こた》え

マンモス

苫小牧市博物館所蔵

◆時代《じだい》 約《やく》400万年前《まんねんまえ》から1万年前《まんねんまえ》ごろ。

◆生息地《せいそくち》 ユーラシア大陸《たいりく》から南北《なんぼく》アメリカ大陸《たいりく》、アフリカ大陸《たいりく》まで広《ひろ》く生息《せいそく》していた。

◆特徴《とくちょう》 現在《げんざい》のゾウに似《に》たすがたをしており、大《おお》きなきばをもつ。日本《にほん》では北海道《ほっかいどう》などで化《か》石《せき》が見《み》つかっている。

No.003 ▸文化《ぶんか》・産業《さんぎょう》カード 30ポイント

答《こた》え

縄《じょう》文《もん》土《ど》器《き》

十日町市博物館所蔵

◆特徴《とくちょう》 縄目《なわめ》の文様《もんよう》がついたものが多《おお》いことから「縄文土器《じょうもんどき》」とよばれる。厚手《あつで》の土器《どき》で、低温《ていおん》で焼《や》かれたためもろく、黒褐色《こっかっしょく》をしている。

◆用途《ようと》 食物《しょくもつ》を煮炊《にた》きしたり、たくわえたりするのに使《つか》われた。

No.004 ▸文化《ぶんか》・産業《さんぎょう》カード 20ポイント

答《こた》え

土《ど》偶《ぐう》

東京国立博物館所蔵

◆特徴《とくちょう》 土《つち》を焼《や》いてつくられた素焼《すや》きの人形《にんぎょう》。女《じょ》性《せい》をかたどったものが多《おお》い。

◆用途《ようと》 この時代《じだい》の人々《ひとびと》は狩《か》りや漁《りょう》などで自然《しぜん》から食料《しょくりょう》を得《え》ていたため、自然《しぜん》にいのりをささげていた。土偶《どぐう》は豊作《ほうさく》や安産《あんざん》などをいのるためにつくられたと考《かんが》えられている。

No.005 ▸文化《ぶんか》・産業《さんぎょう》カード 30ポイント

答《こた》え

大《おお》森《もり》貝《かい》塚《づか》

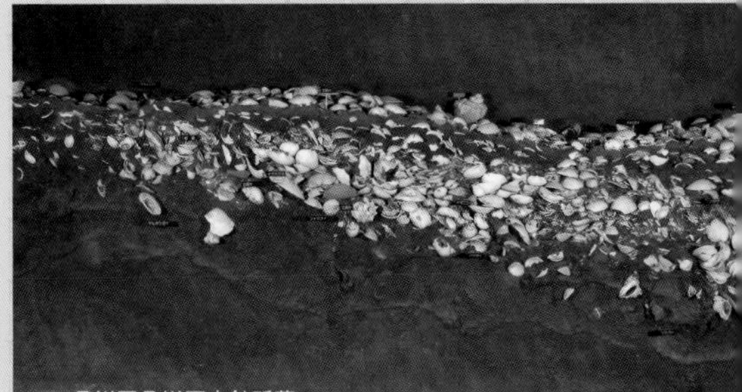

品川区品川歴史館所蔵

◆場所《ばしょ》 東京都品川区《とうきょうとしながわく》・大田区《おおたく》。

◆特徴《とくちょう》 貝塚《かいづか》はこの時代《じだい》の人々《ひとびと》のごみ捨《す》て場《ば》の跡《あと》。魚《さかな》や動物《どうぶつ》の骨《ほね》、貝《かい》がら、石器《せっき》、土器《どき》などが発見《はっけん》される。

◆発見《はっけん》 明治時代《めいじじだい》にアメリカからまねかれたエドワード＝モースによって発見《はっけん》された。

No.006 ▸文化《ぶんか》・産業《さんぎょう》カード 40ポイント

答《こた》え

三《さん》内《ない》丸《まる》山《やま》遺《い》跡《せき》

三内丸山遺跡センター提供

◆場所《ばしょ》 青森県青森市《あおもりけんあおもりし》。

◆時期《じき》 約《やく》5500年前《ねんまえ》～4000年前《ねんまえ》。

◆特徴《とくちょう》 大規模《だいきぼ》な集落《しゅうらく》の跡《あと》が発見《はっけん》された。700もの竪穴住居跡《たてあなじゅうきょあと》や高《たか》さ10～20mにおよぶ大《おお》型建築物《がたけんちくぶつ》の跡《あと》、クリなどを栽培《さいばい》した跡《あと》が見《み》つかり、注目《ちゅうもく》された。

No.007 ▸出来事《できごと》カード 30ポイント

答《こた》え

金《きん》印《いん》

福岡市博物館所蔵

◆由来《ゆらい》 57年に後漢《ごかん》(中国《ちゅうごく》)に使《つか》いを送《おく》った倭《わ》(日《に》本《ほん》)の奴国《なのくに》の王《おう》が、後漢《ごかん》の皇帝《こうてい》から授《さず》かった。このことは中国《ちゅうごく》の歴史書《れきししょ》『後漢書東夷《ごかんじょとうい》伝《でん》』に記《しる》されている。

◆特徴《とくちょう》 「漢委奴国王《かんのわのなのこくおう》」という文字《もじ》が刻《きざ》まれている。

◆発見《はっけん》 志賀島《しかのしま》(福岡県《ふくおかけん》)で江戸時代《えどじだい》に発見《はっけん》された。

No.008 ▸出来事《できごと》カード 40ポイント

答《こた》え

邪《や》馬《ま》台《たい》国《こく》

大阪府立弥生文化博物館所蔵

◆成立《せいりつ》 1～2世紀《せいき》ごろ。

◆場所《ばしょ》 近畿地方《きんきちほう》か九州北部《きゅうしゅうほくぶ》といわれているが、現《げん》在《ざい》のところ不明《ふめい》。

◆特色《とくしょく》 中国《ちゅうごく》の歴史書《れきししょ》『魏志倭人伝《ぎしわじんでん》』には、女王卑弥《じょおうひみ》呼《こ》が239年に魏《ぎ》(中国《ちゅうごく》)に使《つか》いを送《おく》ったと記《しる》されている。

No. 009 文化《ぶんか》・産業《さんぎょう》カード

弥生時代《やよいじだい》

紀元前《きげんぜん》五世紀《せいき》ごろ → → → →

日本《にほん》に稲作《いなさく》が伝《つた》わる

？が使用《しよう》される

各地《かくち》にむらができる

クイズ

Q 弥生時代《やよいじだい》に使《つか》われていた、薄手《うすで》で丈夫《じょうぶ》な土器《どき》を何《なん》というでしょう？

No. 010 文化《ぶんか》・産業《さんぎょう》カード

弥生時代《やよいじだい》

紀元前《きげんぜん》五世紀《せいき》ごろ → → → →

日本《にほん》に稲作《いなさく》が伝《つた》わる

？が使用《しよう》される

各地《かくち》にむらができる

クイズ

Q 弥生時代《やよいじだい》に、稲《いね》の穂《ほ》を刈《か》り取《と》るのに使《つか》われていた、石《いし》でできた道具《どうぐ》は何《なん》でしょう？

No. 011 文化《ぶんか》・産業《さんぎょう》カード

弥生時代《やよいじだい》

紀元前《きげんぜん》五世紀《せいき》ごろ → → → →

日本《にほん》に稲作《いなさく》が伝《つた》わる

？で稲《いね》を保管《ほかん》する

各地《かくち》にむらができる

クイズ

Q 弥生時代《やよいじだい》に、収穫《しゅうかく》した稲《いね》を保管《ほかん》するのに使《つか》われていた倉庫《そうこ》を何《なん》というでしょう？

No. 012 文化《ぶんか》・産業《さんぎょう》カード

弥生時代《やよいじだい》

紀元前《きげんぜん》五世紀《せいき》ごろ → → → →

日本《にほん》に金属器《きんぞくき》が伝《つた》わる

？が使用《しよう》される

各地《かくち》にむらができる

クイズ

Q 弥生時代《やよいじだい》に、儀式《ぎしき》の際《さい》などに使《つか》われていた、つりがね形《がた》の青銅器《せいどうき》を何《なん》というでしょう？

No. 013 文化《ぶんか》・産業《さんぎょう》カード

弥生時代《やよいじだい》

紀元前《きげんぜん》五世紀《せいき》ごろ → 一世紀《せいき》ごろ → → →

日本《にほん》に稲作《いなさく》が伝《つた》わる

？の集落《しゅうらく》が栄《さか》える

むらがくにへと成長《せいちょう》する

クイズ

Q 水田《すいでん》や集落《しゅうらく》の跡《あと》が発見《はっけん》された、静岡県《しずおかけん》にある弥生時代《やよいじだい》の遺跡《いせき》の名前《なまえ》は何《なん》でしょう？

No. 014 文化《ぶんか》・産業《さんぎょう》カード

弥生時代《やよいじだい》

紀元前《きげんぜん》五世紀《せいき》ごろ → → → →

日本《にほん》に稲作《いなさく》が伝《つた》わる

？の集落《しゅうらく》が栄《さか》える

むらがくにへと成長《せいちょう》する

クイズ

Q 大規模《だいきぼ》な環濠集落《かんごうしゅうらく》の跡《あと》が発見《はっけん》された、佐賀県《さがけん》にある弥生時代《やよいじだい》の遺跡《いせき》の名前《なまえ》は何《なん》でしょう？

No. 015 出来事《できごと》カード

古墳時代《こふんじだい》

四世紀《せいき》ごろ → 六世紀《せいき》ごろ → 五九三年

大和政権《やまとせいけん》が国内《こくない》を統一《とういつ》する

？が日本《にほん》に伝《つた》わる

聖徳太子《しょうとくたいし》が摂政《せっしょう》になる

クイズ

Q 6世紀《せいき》ごろに百済《くだら》（朝鮮《ちょうせん》）の聖明王《せいめいおう》から日本《にほん》に伝《つた》えられた宗教《しゅうきょう》は何《なん》でしょう？

No. 016 文化《ぶんか》・産業《さんぎょう》カード

古墳時代《こふんじだい》

三世紀後半《せいきこうはん》～七世紀前半《せいきぜんはん》 → → → 四世紀《せいき》～七世紀《せいき》

各地《かくち》に古墳《こふん》がつくられる

？がつくられる

渡来人《とらいじん》が大陸文化《たいりくぶんか》を伝《つた》える

クイズ

Q 古墳《こふん》の周《まわ》りに並《なら》べられた、人《ひと》や馬《うま》などの形《かたち》をした素焼《すや》きの人形《にんぎょう》を何《なん》というでしょう？

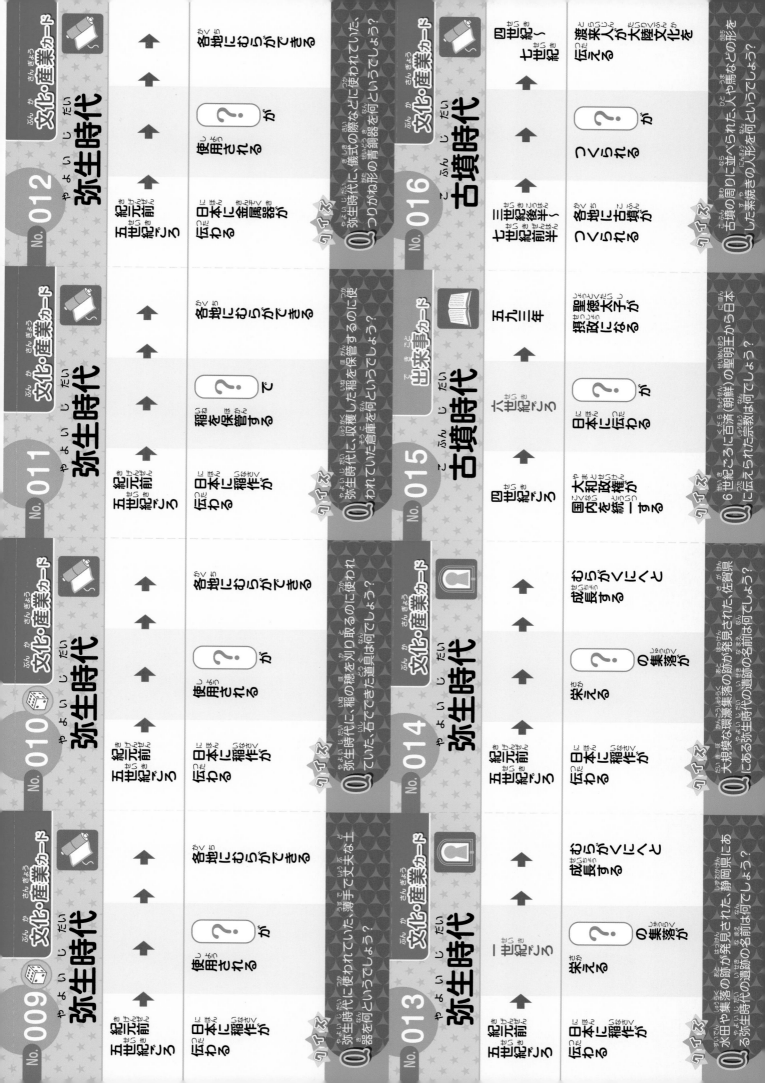

No.012 答《こた》え

▸文化《ぶんか》・産業《さんぎょう》カード

10ポイント

銅《どう》鐸《たく》

東京国立博物館所蔵

特徴《とくちょう》 銅《どう》とすずの合金《ごうきん》でつくられた青銅器《せいどうき》で、つりがね形《がた》をしている。表面《ひょうめん》に当時《とうじ》の農業《のうぎょう》や狩《か》り・漁《りょう》の様子《ようす》などがえがかれたものもある。

用途《ようと》 祭《まつ》りや儀式《ぎしき》に使用《しよう》されたと考《かんが》えられている。

分布《ぶんぷ》 近畿地方《きんきちほう》や中国《ちゅうごく》・四国地方《しこくちほう》で多《おお》く発見《はっけん》されている。

No.011 答《こた》え

▸文化《ぶんか》・産業《さんぎょう》カード

30ポイント

高《たか》床《ゆか》倉《そう》庫《こ》

静岡市立登呂博物館提供

特徴《とくちょう》 木造《もくぞう》の倉庫《そうこ》で、湿気《しっけ》を防《ふせ》ぐために床《ゆか》を地面《じめん》からはなし、高《たか》くしている。柱《はしら》(足《あし》)にはねずみの侵入《しんにゅう》を防《ふせ》ぐために、「ねずみ返《がえ》し」とよばれる板《いた》が取《と》りつけられている。

用途《ようと》 収穫《しゅうかく》した稲《いね》や穀物《こくもつ》を保管《ほかん》するために使《つか》われた。

No.010 答《こた》え

▸文化《ぶんか》・産業《さんぎょう》カード

30ポイント

石《いし》包《ぼう》丁《ちょう》

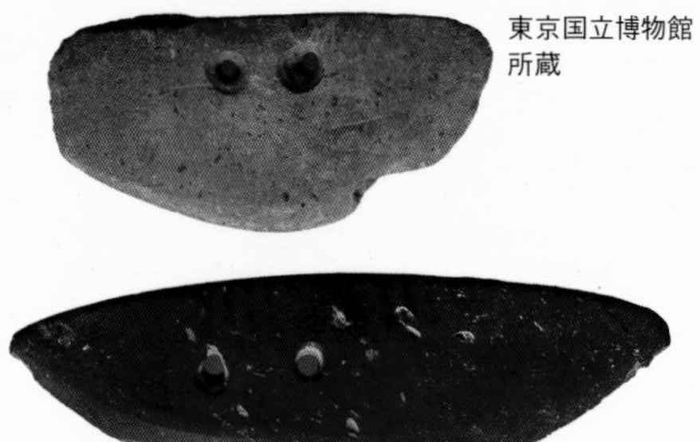

東京国立博物館所蔵

特徴《とくちょう》 石《いし》を磨《みが》いてつくられた石器《せっき》。

用途《ようと》 稲《いね》の穂《ほ》の部分《ぶぶん》を刈《か》り取《と》るのに使《つか》われた。穴《あな》にはひもを通《とお》し、指《ゆび》などにかけて使用《しよう》した。

広《ひろ》まり 稲作《いなさく》の広《ひろ》まりとともに各地《かくち》で使《つか》われるようになったが、やがて金属製《きんぞくせい》の農具《のうぐ》にとってかわられた。

No.009 答《こた》え

▸文化《ぶんか》・産業《さんぎょう》カード

20ポイント

弥《や》生《よい》土《ど》器《き》

静岡市立登呂博物館所蔵

特徴《とくちょう》 東京《とうきょう》の弥生町《やよいちょう》(文京区《ぶんきょうく》)で最初《さいしょ》に発見《はっけん》されたことから「弥生土器《やよいどき》」とよばれる。薄手《うすで》の土器《どき》で、高温《こうおん》で焼《や》かれたため丈夫《じょうぶ》で、赤《せき》褐色《かっしょく》をしている。

用途《ようと》 食物《しょくもつ》を煮《に》炊《た》きしたり、たくわえたりするのに使《つか》われた。

No.016 答《こた》え

▸文化《ぶんか》・産業《さんぎょう》カード

20ポイント

埴《はに》輪《わ》

東京国立博物館所蔵

特徴《とくちょう》 土《つち》を焼《や》いてつくられた素焼《すや》きの焼《や》き物《もの》。人《ひと》・馬《うま》・家《いえ》・船《ふね》などさまざまな形《かたち》のものがつくられた。

時期《じき》 3世紀後半《せいきこうはん》～6世紀後半《せいきこうはん》。

用途《ようと》 古墳《こふん》の上《うえ》や周《まわ》りに並《なら》べられた。

No.015 答《こた》え

▸出来事《できごと》カード

20ポイント

仏《ぶっ》教《きょう》

特色《とくしょく》 紀元前《きげんぜん》5世紀《せいき》ごろインドで釈迦《しゃか》によって開《ひら》かれた。キリスト教《きょう》・イスラム教《きょう》と並《なら》び「世界三大宗教《せかいさんだいしゅうきょう》」のひとつとされる。

伝来《でんらい》 日本《にほん》には、6世紀《せいき》ごろに百済《くだら》の聖明王《せいめいおう》によって伝《つた》えられ、その後《ご》の世《よ》の中《なか》に大《おお》きな影響《えいきょう》をあたえた。

No.014 答《こた》え

▸文化《ぶんか》・産業《さんぎょう》カード

40ポイント

吉野ケ里遺跡《よしのがりいせき》

佐賀県提供

場所《ばしょ》 佐賀県《さがけん》吉野ヶ里町《よしのがりちょう》・神埼市《かんざきし》。

時期《じき》 紀元前《きげんぜん》5世紀《せいき》～紀元《きげん》3世紀《せいき》ごろ。

特徴《とくちょう》 二重《にじゅう》の濠《ほり》に囲《かこ》まれた大規模《だいきぼ》な環濠集落跡《かんごうしゅうらくあと》。物見《ものみ》やぐらの跡《あと》や首《くび》のない人骨《じんこつ》などが発見《はっけん》されており、当時《とうじ》のむらどうしで争《あらそ》いがあったことがうかがえる。

No.013 答《こた》え

▸文化《ぶんか》・産業《さんぎょう》カード

40ポイント

登《と》呂《ろ》遺《い》跡《せき》

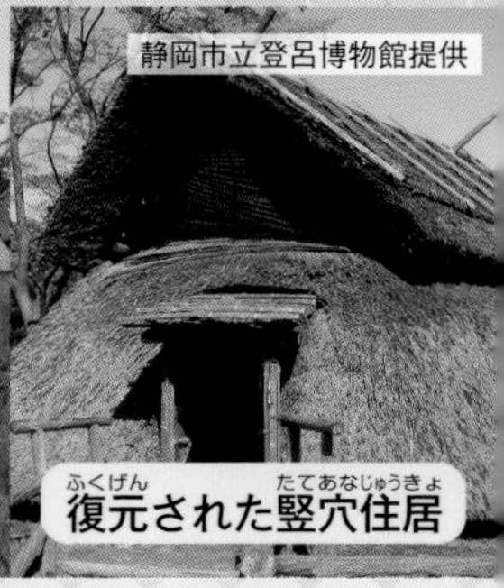

静岡市立登呂博物館提供

場所《ばしょ》 静岡県《しずおかけん》静岡市《しずおかし》(安倍川《あべかわ》の下流域《かりゅういき》)。

時期《じき》 1世紀《せいき》ごろ(2000年ほど前《まえ》)。

特徴《とくちょう》 水田《すいでん》の跡《あと》やたくさんの竪穴住居《たてあなじゅうきょ》の跡《あと》、高床《たかゆか》倉庫《そうこ》の跡《あと》、農具《のうぐ》などが見《み》つかった。

発見《はっけん》 太平洋戦争中《たいへいようせんそうちゅう》、軍需工場《ぐんじゅこうじょう》の建設《けんせつ》の際《さい》に発見《はっけん》された。

No.017 文化《ぶんか》・産業《さんぎょう》カード

古墳時代《こふんじだい》

五世紀《せいき》ごろ	→	四世紀《せいき》～七世紀《せいき》	→	六世紀《せいき》ごろ
朝鮮半島《ちょうせんはんとう》で戦乱《せんらん》が続《つづ》く		？が大陸文化《たいりくぶんか》を伝《つた》える		日本《にほん》に仏教《ぶっきょう》が伝《つた》わる

クイズ

Q 古墳時代《こふんじだい》に朝鮮《ちょうせん》や中国《ちゅうごく》から日本《にほん》にわたり、大陸《たいりく》の文化《ぶんか》を伝《つた》えた人々《ひとびと》を何《なん》というでしょう？

No.018 文化《ぶんか》・産業《さんぎょう》カード

古墳時代《こふんじだい》

四世紀《せいき》ごろ	→	五世紀《せいき》ごろ	→	→
大和政権《やまとせいけん》が国内《こくない》を統一《とういつ》する		？がつくられる		渡来人《とらいじん》が大陸文化《たいりくぶんか》を伝《つた》える

クイズ

Q 大阪府堺市《おおさかふさかいし》にある世界最大級《せかいさいだいきゅう》の古墳《こふん》の名前《なまえ》は何《なん》でしょう？

No.019 文化《ぶんか》・産業《さんぎょう》カード

古墳時代《こふんじだい》

四世紀《せいき》ごろ	→	五世紀《せいき》ごろ	→	→
大和政権《やまとせいけん》が国内《こくない》を統一《とういつ》する		？がつくられる		渡来人《とらいじん》が大陸文化《たいりくぶんか》を伝《つた》える

クイズ

Q 文字《もじ》が刻《きざ》まれた古《ふる》い鉄剣《てっけん》が発見《はっけん》された、埼玉県《さいたまけん》の古墳《こふん》の名前《なまえ》は何《なん》でしょう？

No.020 文化《ぶんか》・産業《さんぎょう》カード

古墳時代《こふんじだい》

四世紀《せいき》ごろ	→	→	→	四世紀《せいき》～七世紀《せいき》
大和政権《やまとせいけん》が国内《こくない》を統一《とういつ》する		？が発展《はってん》する		渡来人《とらいじん》が大陸文化《たいりくぶんか》を伝《つた》える

クイズ

Q 大国主命《おおくにぬしのみこと》（大黒様《だいこくさま》）をまつった、島根県《しまねけん》の有名《ゆうめい》な神社《じんじゃ》の名前《なまえ》は何《なん》でしょう？

No.021 人物《じんぶつ》カード

古墳時代《こふんじだい》（飛鳥時代《あすかじだい》）

五九三年	→	五九三年	→	六〇三年
推古天皇《すいこてんのう》が即位《そくい》する		？が推古《すいこ》天皇《てんのう》の摂政《せっしょう》になる		？が冠位《かんい》十二階《じゅうにかい》の制《せい》を定《さだ》める

クイズ

Q 593年に推古天皇《すいこてんのう》の摂政《せっしょう》になり、天皇中心《てんのうちゅうしん》の政治《せいじ》をめざした人物《じんぶつ》はだれでしょう？

No.022 人物《じんぶつ》カード

古墳時代《こふんじだい》（飛鳥時代《あすかじだい》）

六三〇年	→	六四五年	→	六六三年
最初《さいしょ》の遣唐使《けんとうし》が送《おく》られる		？らが蘇我氏《そがし》をたおし、大化《たいか》の改新《かいしん》を始《はじ》める		白村江《はくすきのえ》《はくそんこう》の戦《たたか》いが起《お》こる

クイズ

Q 中臣鎌足《なかとみのかまたり》とともに大化《たいか》の改新《かいしん》を行《おこな》い、後《のち》に天智天皇《てんじてんのう》となった人物《じんぶつ》はだれでしょう？

No.023 出来事《できごと》カード

古墳時代《こふんじだい》（飛鳥時代《あすかじだい》）

六〇三年	→	六〇四年	→	六〇七年
聖徳太子《しょうとくたいし》が冠位十二階《かんいじゅうにかい》の制《せい》を定《さだ》める		聖徳太子《しょうとくたいし》が？を定《さだ》める		小野妹子《おののいもこ》を遣隋使《けんずいし》として中国《ちゅうごく》に送《おく》る

クイズ

Q 役人《やくにん》の心構《こころがま》えを示《しめ》すために、聖徳太子《しょうとくたいし》が604年に定《さだ》めたきまりを何《なん》というでしょう？

No.024 出来事《できごと》カード

古墳時代《こふんじだい》（飛鳥時代《あすかじだい》）

六〇四年	→	六〇七年	→	六三〇年
十七条《じゅうしちじょう》の憲法《けんぽう》の制定《せいてい》		小野妹子《おののいもこ》を？として中国《ちゅうごく》に送《おく》る		最初《さいしょ》の遣唐使《けんとうし》が送《おく》られる

クイズ

Q 聖徳太子《しょうとくたいし》が中国《ちゅうごく》との交流《こうりゅう》のために、小野妹子《おののいもこ》らを送《おく》った使節《しせつ》を何《なん》というでしょう？

No.020 ▸文化《ぶんか》・産業《さんぎょう》カード 10ポイント

答《こた》え

出《いず》雲《も》大《たい》社《しゃ》

古代《こだい》の出雲大社《いずもたいしゃ》(復元図《ふくげんず》)

- **場所《ばしょ》** 島根県出雲市《しまねけんいずもし》。
- **特徴《とくちょう》** 大国主命《おおくにぬしのみこと》(大黒様《だいこくさま》)をまつった歴史《れきし》の古《ふる》い神社《じんじゃ》。古代《こだい》のころの本殿《ほんでん》は、何本《なんぼん》もの巨大《きょだい》な柱《はしら》の上《うえ》につくられ、その高《たか》さは48mにもおよんだと考《かんが》えられている。礼拝《れいはい》の仕方《しかた》が一般的《いっぱんてき》な神社《じんじゃ》とは異《こと》なる。

No.019 ▸文化《ぶんか》・産業《さんぎょう》カード 10ポイント

答《こた》え

稲《いな》荷《り》山《やま》古《こ》墳《ふん》

埼玉県立さきたま史跡の博物館提供

- **場所《ばしょ》** 埼玉県行田市《さいたまけんぎょうだし》(埼玉古墳群《さきたまこふんぐん》の中《なか》のひとつ)
- **時期《じき》** 5世紀《せいき》ごろ。
- **特徴《とくちょう》** 「ワカタケル大王《オオキミ》」などの文字《もじ》が刻《きざ》まれた鉄剣《てっけん》が発見《はっけん》されており、大和政権《やまとせいけん》の大王《おおきみ》の支配力《しはいりょく》が関東地方《かんとうちほう》にまでおよんでいたことを示《しめ》している。

No.018 ▸文化《ぶんか》・産業《さんぎょう》カード 30ポイント

答《こた》え

大《だい》仙《せん》古《こ》墳《ふん》

堺観光コンベンション協会提供

- **場所《ばしょ》・時期《じき》** 大阪府堺市《おおさかふさかいし》にあり、5世紀《せいき》ごろにつくられた。
- **古墳《こふん》とは？** 天皇《てんのう》や豪族《ごうぞく》などの有力者《ゆうりょくしゃ》の墓《はか》で、3世紀後《せいきこう》半《はん》～7世紀前半《せいきぜんはん》にかけて各地《かくち》につくられた。
- **特徴《とくちょう》** 世界最大級《せかいさいだいきゅう》の面積《めんせき》をもつ墓《はか》(前方後円墳《ぜんぽうこうえんふん》)。仁徳天皇《にんとくてんのう》の墓《はか》という説《せつ》がある。

No.017 ▸文化《ぶんか》・産業《さんぎょう》カード 40ポイント

答《こた》え

渡《と》来《らい》人《じん》

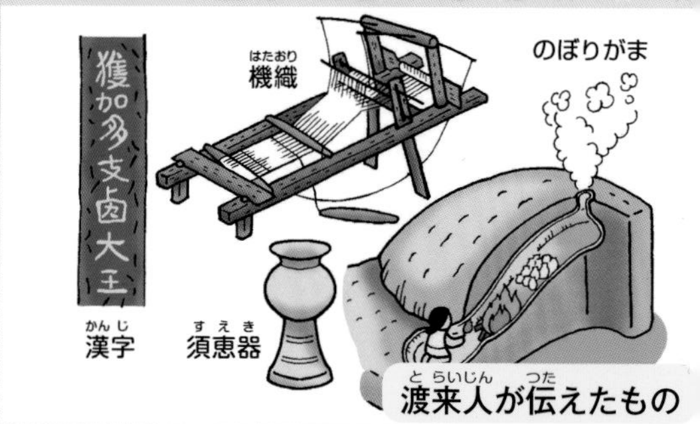

- **渡来人《とらいじん》** 古代《こだい》の中国《ちゅうごく》や朝鮮《ちょうせん》から日本《にほん》に移《うつ》り住《す》んだ人々《ひとびと》。朝鮮半島《ちょうせんはんとう》での戦乱《せんらん》から逃《のが》れて来《き》た人《ひと》も多《おお》い。
- **時期《じき》** 4世紀《せいき》～7世紀《せいき》ごろ。
- **影響《えいきょう》** 漢字《かんじ》・儒教《じゅきょう》(中国《ちゅうごく》の孔子《こうし》の教《おし》え)・須恵器《すえき》・養蚕《ようさん》・機織《はたおり》など、大陸《たいりく》の文化《ぶんか》や技術《ぎじゅつ》を日本《にほん》に伝《つた》えた。

No.024 ▸出来事《できごと》カード 40ポイント

答《こた》え

遣《けん》隋《ずい》使《し》

日《ひ》の昇《のぼ》る国《くに》の天子《てんし》が、
日《ひ》の沈《しず》む国《くに》の天子《てんし》に
手紙《てがみ》を送《おく》ります…

©学研・写真資料センター
＝斑鳩寺

小野妹子《おののいもこ》

- **始《はじ》まり** 最初《さいしょ》の派遣《はけん》は600年といわれる。607年には「日《ひ》の昇《のぼ》る国《くに》の天子《てんし》が…」と書《か》かれた聖徳太子《しょうとくたいし》の手紙《てがみ》をもった、小野妹子《おののいもこ》が派遣《はけん》された。
- **目的《もくてき》** 中国《ちゅうごく》の制度《せいど》や文化《ぶんか》を取《と》り入《い》れるとともに、対等《たいとう》な関係《かんけい》での外交《がいこう》をめざした。

No.023 ▸出来事《できごと》カード 40ポイント

答《こた》え

十《じゅう》七《しち》条《じょう》の憲《けん》法《ぽう》

一、人《ひと》の和《わ》を大切《たいせつ》にし、争《あらそ》うことのないようにしなさい。

一、あつく仏教《ぶっきょう》を信仰《しんこう》しなさい。

一、天皇《てんのう》の命令《めいれい》を受《う》けたなら、必《かなら》ず従《したが》いなさい。

- **制定《せいてい》** 604年、聖徳太子《しょうとくたいし》によって定《さだ》められた。
- **内容《ないよう》** 人《ひと》と人《ひと》の「和《わ》」を大切《たいせつ》にすること、仏教《ぶっきょう》を大切《たいせつ》にすること、天皇《てんのう》の命令《めいれい》には必《かなら》ず従《したが》うことなどが記《しる》されている。
- **目的《もくてき》** 役人《やくにん》の心構《こころがま》えを示《しめ》すものとして定《さだ》められた。

No.022 ▸人物《じんぶつ》カード 50ポイント

答《こた》え

中《なかの》大《おお》兄《えの》皇《おう》子《じ》

跡見学園女子大学
図書館所蔵

- **人物《じんぶつ》** 645年、中臣鎌足《なかとみのかまたり》とともに蘇我氏《そがし》をたおして大化《たいか》の改新《かいしん》を始《はじ》め、後《のち》に天智天皇《てんじてんのう》となった。
- **政治《せいじ》** 唐《とう》(中国《ちゅうごく》)の律令制《りつりょうせい》にならい、天皇中心《てんのうちゅうしん》の国《くに》をめざし公地公民制《こうちこうみんせい》・班田収授法《はんでんしゅうじゅのほう》などを定《さだ》めた。
- **外交《がいこう》** 663年、白村江《はくすきのえ》の戦《たたか》いで唐《とう》・新羅《しらぎ》に敗《やぶ》れた。

No.021 ▸人物《じんぶつ》カード 50ポイント

答《こた》え

聖《しょう》徳《とく》太《たい》子《し》

奈良国立博物館提供
（撮影　森村欣司）

- **人物《じんぶつ》** 推古天皇《すいこてんのう》の摂政《せっしょう》となり、蘇我馬子《そがのうまこ》とともに天皇中心《てんのうちゅうしん》の国《くに》をめざした。「厩戸皇子《うまやどのおうじ》」ともよばれる。
- **政治《せいじ》** 冠位十二階《かんいじゅうにかい》の制《せい》や十七条《じゅうしちじょう》の憲法《けんぽう》を定《さだ》めた。
- **外交《がいこう》** 小野妹子《おののいもこ》を遣隋使《けんずいし》として中国《ちゅうごく》に派遣《はけん》した。
- **文化《ぶんか》** 仏教《ぶっきょう》を信仰《しんこう》し、奈良《なら》の斑鳩《いかるが》に法隆寺《ほうりゅうじ》を築《きず》いた。

No.025 出来事《できごと》カード

古墳時代《こふんじだい》(飛鳥時代《あすかじだい》)

六三〇年 → 六四五年 → 六六三年

- 六三〇年：最初《さいしょ》の遣唐使《けんとうし》が送《おく》られる
- 六四五年：中大兄皇子《なかのおおえのおうじ》らが蘇我氏《そがし》をたおし ? を始《はじ》める
- 六六三年：白村江《はくすきのえ》《はくそんこう》の戦《たたか》いが起《お》こる

クイズ

Q 645年に中大兄皇子《なかのおおえのおうじ》らが蘇我氏《そがし》をたおして始《はじ》めた、新《あたら》しい政治《せいじ》を何《なん》というでしょう？

No.026 文化《ぶんか》・産業《さんぎょう》カード

古墳時代《こふんじだい》(飛鳥時代《あすかじだい》)

五九三年 → 七世紀初《せいきはじ》め → 六〇七年

- 五九三年：聖徳太子《しょうとくたいし》が推古天皇《すいこてんのう》の摂政《せっしょう》になる
- 七世紀初《せいきはじ》め：聖徳太子《しょうとくたいし》が ? を建《た》てる
- 六〇七年：小野妹子《おののいもこ》を遣隋使《けんずいし》として中国《ちゅうごく》に送《おく》る

クイズ

Q 7世紀初《せいきはじ》めに聖徳太子《しょうとくたいし》が建《た》てた、世界最古《せかいさいこ》の木造建築物《もくぞうけんちくぶつ》とされる寺院《じいん》は何《なん》でしょう？

No.027 文化《ぶんか》・産業《さんぎょう》カード

古墳時代《こふんじだい》(飛鳥時代《あすかじだい》)

六七二年 → 六八三年ごろ → 七〇一年

- 六七二年：壬申《じんしん》の乱《らん》が起《お》こる
- 六八三年ごろ：? がつくられる
- 七〇一年：大宝律令《たいほうりつりょう》の制定《せいてい》

クイズ

Q 7世紀後半《せいきこうはん》につくられた、日本最古《にほんさいこ》の貨幣《かへい》の名前《なまえ》は何《なん》でしょう？

No.028 文化《ぶんか》・産業《さんぎょう》カード

古墳時代《こふんじだい》(飛鳥時代《あすかじだい》)

七〇一年 → 七〇八年 → 七一〇年

- 七〇一年：大宝律令《たいほうりつりょう》の制定《せいてい》
- 七〇八年：? がつくられる
- 七一〇年：平城京《へいじょうきょう》に都《みやこ》を移《うつ》す

クイズ

Q 708年に、武蔵国《むさしのくに》(埼玉県《さいたまけん》)でとれた銅《どう》を使《つか》ってつくられた貨幣《かへい》の名前《なまえ》は何《なん》でしょう？

No.029 人物《じんぶつ》カード

奈良時代《ならじだい》

七二三年 → 七四一年 → 七四三年

- 七二三年：三世一身法《さんぜいっしんのほう》の制定《せいてい》
- 七四一年：? が全国《ぜんこく》に国分寺《こくぶんじ》・国分尼寺《こくぶんにじ》をつくらせる
- 七四三年：墾田永年私財法《こんでんえいねんしざいのほう》の制定《せいてい》

クイズ

Q 仏教《ぶっきょう》の力《ちから》で国《くに》を治《おさ》めようと考《かんが》え、全国《ぜんこく》に国分寺《こくぶんじ》や国分尼寺《こくぶんにじ》をつくった人物《じんぶつ》はだれでしょう？

No.030 人物《じんぶつ》カード

奈良時代《ならじだい》

七一〇年 → 八世紀前半《せいきぜんはん》 → 七五二年

- 七一〇年：平城京《へいじょうきょう》に都《みやこ》を移《うつ》す
- 八世紀前半《せいきぜんはん》：? が民衆《みんしゅう》に仏教《ぶっきょう》を広《ひろ》める
- 七五二年：東大寺大仏《とうだいじだいぶつ》が完成《かんせい》する

クイズ

Q 奈良時代《ならじだい》の僧《そう》で、人々《ひとびと》に仏教《ぶっきょう》を広《ひろ》め、社会事業《しゃかいじぎょう》にもつくした人物《じんぶつ》はだれでしょう？

No.031 人物《じんぶつ》カード

奈良時代《ならじだい》

七五二年 → 七五三年 → 七五九年

- 七五二年：東大寺大仏《とうだいじだいぶつ》が完成《かんせい》する
- 七五三年：? が日本《にほん》にたどりつく
- 七五九年：唐招提寺《とうしょうだいじ》を建《た》てる

クイズ

Q 苦難《くなん》の末《すえ》に唐《とう》から来日《らいにち》し、都《みやこ》の平城京《へいじょうきょう》に唐招提寺《とうしょうだいじ》を建《た》てた人物《じんぶつ》はだれでしょう？

No.032 人物《じんぶつ》カード

奈良時代《ならじだい》

七一〇年 → 七一七年 → 七二三年

- 七一〇年：平城京《へいじょうきょう》に都《みやこ》を移《うつ》す
- 七一七年：? が唐《とう》にわたる
- 七二三年：三世一身法《さんぜいっしんのほう》の制定《せいてい》

クイズ

Q 遣唐使《けんとうし》として唐《とう》にわたり、唐《とう》の皇帝《こうてい》に仕《つか》え、唐《とう》で一生《いっしょう》を終《お》えた人物《じんぶつ》はだれでしょう？

No.028 ▸文化《ぶんか》・産業《さんぎょう》カード 20ポイント

答《こた》え

和《わ》同《どう》開《かい》珎《ちん》

資料協力：
三菱 UFJ 銀行
貨幣・浮世絵ミュージアム

◆時期《じき》 708年、武蔵国《むさしのくに》(埼玉県《さいたまけん》)で質《しつ》のよい天然《てんねん》の銅《どう》がとれたことを記念《きねん》してつくられた。

◆特色《とくしょく》 富本銭《ふほんせん》が発見《はっけん》されるまでは日本最古《にほんさいこ》の貨《か》幣《へい》とされていた。富本銭《ふほんせん》は貨幣《かへい》として流《りゅう》通《つう》したかどうか不明《ふめい》だが、和同開珎《わどうかいちん》は都《みやこ》やその周辺《しゅうへん》で流通《りゅうつう》した。

No.027 ▸文化《ぶんか》・産業《さんぎょう》カード 10ポイント

答《こた》え

富《ふ》本《ほん》銭《せん》

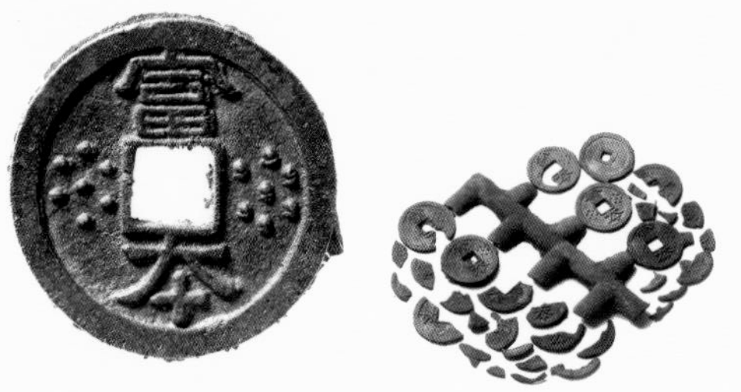

奈良文化財研究所提供

◆時期《じき》 7世紀後半《せいきこうはん》、天武天皇《てんむてんのう》のころにつくられた。

◆特色《とくしょく》 和同開珎《わどうかいちん》よりも古《ふる》く、日本最古《にほんさいこ》の貨幣《かへい》といわれる。唐《とう》(中国《ちゅうごく》)の貨幣《かへい》にならってつくられた銅銭《どうせん》だが、貨幣《かへい》として流通《りゅうつう》したかどうかは不明《ふめい》。まじないに使《つか》われたとする説《せつ》もある。

No.026 ▸文化《ぶんか》・産業《さんぎょう》カード 40ポイント

答《こた》え

法《ほう》隆《りゅう》寺《じ》

◆所在地《しょざいち》 奈良県斑鳩町《ならけんいかるがちょう》。

◆創建《そうけん》 7世紀初《せいきはじ》めごろ、仏教《ぶっきょう》をあつく信仰《しんこう》した聖《しょう》徳太子《とくたいし》によってつくられた。この時期《じき》の文化《ぶんか》を飛鳥文化《あすかぶんか》という。

◆特色《とくしょく》 現存《げんそん》する世界最古《せかいさいこ》の木造建築物《もくぞうけんちくぶつ》として世《せ》界遺産《かいいさん》に登録《とうろく》されている。

No.025 ▸出来事《できごと》カード 50ポイント

答《こた》え

大化《たいか》の改新《かいしん》

◆始《はじ》まり 645年、蘇我氏《そがし》をたおした中大兄皇子《なかのおおえのおうじ》と中臣《なかとみの》鎌足《かまたり》らによって新《あたら》しい政治《せいじ》が始《はじ》められた。

◆目的《もくてき》 天皇《てんのう》を中心《ちゅうしん》とした国《くに》づくりをめざす。

◆内容《ないよう》 公地公民制《こうちこうみんせい》が定《さだ》められ、班田収授法《はんでんしゅうじゅのほう》にもとづき6歳以上《さいいじょう》の男女《だんじょ》には口分田《くぶんでん》があたえられた。また、租《そ》・調《ちょう》・庸《よう》の税制《ぜいせい》も定《さだ》められた。

No.032 ▸人物《じんぶつ》カード 20ポイント

答《こた》え

阿倍仲麻呂《あべのなかまろ》

◆人物《じんぶつ》 留学生《りゅうがくせい》として唐《とう》(中国《ちゅうごく》)にわたり、唐《とう》の役人《やくにん》としてかつやくし、唐《とう》で一生《いっしょう》を終《お》えた。

◆業績《ぎょうせき》 玄宗皇帝《げんそうこうてい》に仕《つか》え、多《おお》くの文人《ぶんじん》と交流《こうりゅう》をもった。

◆その他《た》 ふるさとを思《おも》ってよんだ「天《あま》の原《はら》 ふりさけ見《み》れば 春日《かすが》なる 三笠《みかさ》の山《やま》に 出《い》でし月《つき》かも」の歌《うた》は有名《ゆうめい》。

No.031 ▸人物《じんぶつ》カード 40ポイント

答《こた》え

鑑《がん》真《じん》

唐招提寺所蔵
写真 飛鳥園

◆人物《じんぶつ》 唐《とう》(中国《ちゅうごく》)の高僧《こうそう》(身分《みぶん》の高《たか》い僧《そう》)でありながら、仏教《ぶっきょう》の僧《そう》が守《まも》るべき正《ただ》しいきまり(戒律《かいりつ》)を日本《にほん》に伝《つた》えるために渡航《とこう》を決意《けつい》した。

◆業績《ぎょうせき》 度重《たびかさ》なる遭難《そうなん》にもくじけず、失明《しつめい》しながらも来日《らいにち》をはたし、都《みやこ》の平城京《へいじょうきょう》に唐招提寺《とうしょうだいじ》を建《た》てた。

No.030 ▸人物《じんぶつ》カード 40ポイント

答《こた》え

行《ぎょう》基《き》

唐招提寺所蔵
写真 飛鳥園

◆人物《じんぶつ》 日本各地《にほんかくち》を回《まわ》り、民衆《みんしゅう》の間《あいだ》に仏教《ぶっきょう》を広《ひろ》めた。

◆業績《ぎょうせき》 ため池《いけ》や水路《すいろ》、橋《はし》をつくるなど、各地《かくち》で社《しゃ》会事業《かいじぎょう》につくした。はじめは朝廷《ちょうてい》から弾《だん》圧《あつ》を受《う》けたが、後《のち》に業績《ぎょうせき》が認《みと》められ、東大《とうだい》寺《じ》の大仏《だいぶつ》づくりにも協力《きょうりょく》した。

No.029 ▸人物《じんぶつ》カード 50ポイント

答《こた》え

聖《しょう》武《む》天《てん》皇《のう》

奈良国立博物館提供
(撮影 森村欣司)
東大寺所蔵

◆人物《じんぶつ》 仏教《ぶっきょう》をあつく信仰《しんこう》し、仏教《ぶっきょう》の力《ちから》で国《くに》を平和《へいわ》にするため、全国《ぜんこく》に国分寺《こくぶんじ》・国分尼寺《こくぶんにじ》をつくらせ、都《みやこ》の平城京《へいじょうきょう》には東大寺《とうだいじ》と大仏《だいぶつ》をつくらせた。

◆政治《せいじ》 墾田永年私財法《こんでんえいねんしざいほう》を定《さだ》め、土地《とち》の私有《しゆう》を認《みと》めた。

◆その他《た》 さまざまな遺品《いひん》が正倉院《しょうそういん》におさめられている。

No. 033 出来事《できごと》カード

奈良時代《ならじだい》

- 七〇八年：和同開珎《わどうかいちん》がつくられる
- 七一〇年：？に都《みやこ》を移《うつ》す
- 七二三年：三世一身法《さんぜいっしんのほう》の制定《せいてい》

クイズ
Q 唐《とう》の長安《ちょうあん》を手本《てほん》としてつくられ、710年に遷《せん》都《と》され新《あたら》しい都《みやこ》となったのはどこでしょう？

No. 034 出来事《できごと》カード

奈良時代《ならじだい》

- 七四三年：墾田永年私財法《こんでんえいねんしざいのほう》の制定《せいてい》
- 七五二年：？が完成《かんせい》する
- 七五三年：鑑真《がんじん》が日本《にほん》にたどりつく

クイズ
Q 聖武天皇《しょうむてんのう》によってつくられ、752年に完成《かんせい》したものは何《なん》でしょう？

No. 035 文化《ぶんか》・産業《さんぎょう》カード

奈良時代《ならじだい》

- 七五二年：東大寺大仏《とうだいじだいぶつ》が完成《かんせい》する
- 八世紀《せいき》中《なか》ごろ：？で知《し》られる正倉院《しょうそういん》が建《た》てられる
- 八世紀《せいき》後半《こうはん》：『万葉集《まんようしゅう》』が編《へん》さんされる

クイズ
Q 奈良《なら》の正倉院《しょうそういん》に見《み》られる、断面《だんめん》が三角形《さんかくけい》の木《もく》材《ざい》を組みあわせた建築《けんちく》を何《なん》というでしょう？

No. 036 文化《ぶんか》・産業《さんぎょう》カード

奈良時代《ならじだい》

- 七五二年：東大寺大仏《とうだいじだいぶつ》が完成《かんせい》する
- 八世紀《せいき》後半《こうはん》：『？』が編《へん》さんされる
- 七九四年：平安京《へいあんきょう》に都《みやこ》を移《うつ》す

クイズ
Q 『貧窮問答歌《ひんきゅうもんどうか》』などがおさめられている、奈良時《ならじ》代《だい》に編《へん》さんされた最古《さいこ》の歌集《かしゅう》は何《なん》でしょう？

No. 037 人物《じんぶつ》カード

平安時代《へいあんじだい》

- 七九四年：平安京《へいあんきょう》に都《みやこ》を移《うつ》す
- 八〇六年：？が唐《とう》から帰国《きこく》し真言宗《しんごんしゅう》を伝《つた》える
- 八一六年：高野山金剛峯寺《こうやさんこんごうぶじ》を建《た》てる

クイズ
Q 唐《とう》で仏教《ぶっきょう》を学《まな》び、帰国後《きこくご》、高野山金剛峯寺《こうやさんこんごうぶじ》を建《た》てて真言宗《しんごんしゅう》を開《ひら》いた人物《じんぶつ》はだれでしょう？

No. 038 人物《じんぶつ》カード

平安時代《へいあんじだい》

- 八六六年：藤原良房《ふじわらのよしふさ》が摂政《せっしょう》になる
- 八九四年：？の意見《いけん》により遣唐使《けんとうし》が廃止《はいし》される
- 九〇五年：『古今和歌集《こきんわかしゅう》』が編《へん》さんされる

クイズ
Q 藤原氏《ふじわらし》によって大宰府《だざいふ》へ送《おく》られ、死後学問《しごがくもん》の神様《かみさま》としてまつられた人物《じんぶつ》はだれでしょう？

No. 039 人物《じんぶつ》カード

平安時代《へいあんじだい》

- 一〇世紀《せいき》初《はじ》め～一一世紀《せいき》：国風文化《こくふうぶんか》が栄《さか》える
- 一〇世紀《せいき》末《まつ》：？が『枕草子《まくらのそうし》』を著《あらわ》す
- 一〇一六年：藤原道長《ふじわらのみちなが》が摂政《せっしょう》になる

クイズ
Q 「かな文字《もじ》」を用《もち》い、『枕草子《まくらのそうし》』とよばれる随《ずい》筆《ひつ》を書《か》いた人物《じんぶつ》はだれでしょう？

No. 040 人物《じんぶつ》カード

平安時代《へいあんじだい》

- 一〇世紀《せいき》初《はじ》め～一一世紀《せいき》：国風文化《こくふうぶんか》が栄《さか》える
- 一一世紀《せいき》初《はじ》め：？が『源氏物語《げんじものがたり》』を著《あらわ》す
- 一〇一六年：藤原道長《ふじわらのみちなが》が摂政《せっしょう》になる

クイズ
Q 「かな文字《もじ》」を用《もち》い、『源氏物語《げんじものがたり》』とよばれる長編小説《ちょうへんしょうせつ》を書《か》いた人物《じんぶつ》はだれでしょう？

No.036 ▸文化《ぶんか》・産業《さんぎょう》カード 30ポイント

答《こた》え

万《まん》葉《よう》集《しゅう》

世間《よのなか》を　憂《う》しとやさしと
思《おも》へども　飛《と》び立《た》ちかねつ
鳥《とり》にしあらねば
〈貧窮問答歌《ひんきゅうもんどうか》〉

唐衣《からころも》　裾《すそ》に取《と》り付《つ》き
泣《な》く子《こ》らを　置《お》きてそ来《き》ぬや
母《おも》なしにして
〈防人《さきもり》の歌《うた》〉

時期《じき》　7世紀後半《せいきこうはん》から8世紀後半《せいきこうはん》に編《へん》さんされた。

人物《じんぶつ》　大伴家持《おおとものやかもち》らによってまとめられたといわれる。

特徴《とくちょう》　日本最古《にほんさいこ》の歌集《かしゅう》。天皇《てんのう》や貴族《きぞく》、防人《さきもり》などさまざまな身分《みぶん》の人々《ひとびと》がよんだ歌《うた》が4500首《しゅ》以上《いじょう》おさめられている。当時《とうじ》の社会《しゃかい》を知《し》る重要《じゅうよう》な史料《しりょう》でもある。

No.035 ▸文化《ぶんか》・産業《さんぎょう》カード 20ポイント

答《こた》え

校《あぜ》倉《くら》造《づくり》

正倉院正倉《しょうそういんしょうそう》

校倉造《あぜくらづくり》　断面《だんめん》が三角形《さんかくけい》の木材《もくざい》を組《く》みあわせてつくられる建築様式《けんちくようしき》。奈良県奈良市《ならけんならし》にある東大寺《とうだいじ》大仏殿《だいぶつでん》の北西《ほくせい》に位置《いち》する正倉院《しょうそういん》に見《み》られる。

正倉院《しょうそういん》の宝物《ほうもつ》　聖武天皇《しょうむてんのう》の遺品《いひん》やシルクロードを通《つう》じて伝《つた》えられたペルシャ(イラン)の宝物《ほうもつ》などがおさめられている。

No.034 ▸出来事《できごと》カード 40ポイント

答《こた》え

東大寺大仏《とうだいじだいぶつ》

場所《ばしょ》　奈良県奈良市《ならけんならし》の東大寺大仏殿《とうだいじだいぶつでん》。

時期《じき》　仏教《ぶっきょう》の力《ちから》で国《くに》を守《まも》ろうとした聖武天皇《しょうむてんのう》の命《めい》令《れい》により建造《けんぞう》が始《はじ》まり、752年に完成《かんせい》した。

特徴《とくちょう》　銅製《どうせい》で高《たか》さは約《やく》15mにおよぶ。大仏《だいぶつ》づくりには農民《のうみん》や渡来人《とらいじん》、僧《そう》の行基《ぎょうき》など多《おお》くの人々《ひとびと》が協力《きょうりょく》した。

No.033 ▸出来事《できごと》カード 40ポイント

答《こた》え

平《へい》城《じょう》京《きょう》

奈良市役所所蔵
復元模型《ふくげんもけい》

場所《ばしょ》　奈良県奈良市《ならけんならし》。

時期《じき》　710年、元明天皇《げんめいてんのう》によって都《みやこ》が移《うつ》され、以《い》後約《ごやく》70年にわたり日本《にほん》の都《みやこ》とされた。

特徴《とくちょう》　唐《とう》(中国《ちゅうごく》)の都長安《みやこちょうあん》にならってつくられた。東西南北《とうざいなんぼく》に碁盤《ごばん》の目《め》のように道路《どうろ》が整備《せいび》されていた。

No.040 ▸人物《じんぶつ》カード 40ポイント

答《こた》え

紫《むらさき》式《しき》部《ぶ》

石山寺所蔵

人物《じんぶつ》　一条天皇《いちじょうてんのう》のきさきとなった藤原道長《ふじわらのみちなが》の娘《むすめ》(彰子《しょうし》)に仕《つか》えた。「紫《むらさき》」は『源氏物語《げんじものがたり》』の人物《じんぶつ》から、「式部《しきぶ》」は父《ちち》の役職名《やくしょくめい》からとったといわれる。

業績《ぎょうせき》　かな文字《もじ》を用《もち》いて、世界最古《せかいさいこ》の長編小説《ちょうへんしょうせつ》ともいわれる『源氏物語《げんじものがたり》』を著《あらわ》した。

No.039 ▸人物《じんぶつ》カード 40ポイント

答《こた》え

清《せい》少《しょう》納《な》言《ごん》

皇居三の丸尚蔵館収蔵

人物《じんぶつ》　一条天皇《いちじょうてんのう》のきさきとなった藤原氏《ふじわらし》の娘《むすめ》(定《てい》子《し》)に仕《つか》えた。「清《せい》」は姓《せい》の清原《きよはら》から、「少納《しょうな》言《ごん》」は親族《しんぞく》の役職《やくしょく》からとったとされる。

業績《ぎょうせき》　かな文字《もじ》を用《もち》いて、『枕草子《まくらのそうし》』を著《あらわ》した。『枕《まくらの》草子《そうし》』は「日本三大随筆《にほんさんだいずいひつ》」のひとつに数《かぞ》えられる。

No.038 ▸人物《じんぶつ》カード 30ポイント

答《こた》え

菅《すが》原《わらの》道《みち》真《ざね》

太宰府天満宮所蔵

人物《じんぶつ》　すぐれた学者《がくしゃ》として知《し》られ、死後《しご》は「学問《がくもん》の神様《かみさま》」として天満宮《てんまんぐう》にまつられた。

業績《ぎょうせき》　894年には道真《みちざね》の提案《ていあん》により遣唐使《けんとうし》が廃《はい》止《し》された。その後《ご》、藤原氏《ふじわらし》と対立《たいりつ》して九州《きゅうしゅう》の大宰府《だざいふ》へ送《おく》られ、都《みやこ》に帰《かえ》れぬまま一生《いっしょう》を終《お》えた。

No.037 ▸人物《じんぶつ》カード 30ポイント

答《こた》え

空《くう》海《かい》

東寺所蔵

人物《じんぶつ》　804年に留学僧《りゅうがくそう》として唐《とう》(中国《ちゅうごく》)にわたり、帰国後《きこくご》真言宗《しんごんしゅう》を開《ひら》いた。弘法大師《こうぼうだいし》ともよばれる。

業績《ぎょうせき》　紀伊国《きいのくに》(和歌山県《わかやまけん》)に高野山金剛峯寺《こうやさんこんごうぶじ》を建《た》て真言宗《しんごんしゅう》を広《ひろ》めた。満濃池《まんのういけ》の改修《かいしゅう》などの社会事業《しゃかいじぎょう》でも知《し》られる。

No. 041 人物《じんぶつ》カード

平安時代《へいあんじだい》

一一世紀《せいき》初《はじ》め → 一〇一六年 → 一〇一七年

- 一一世紀《せいき》初《はじ》め：紫式部《むらさきしきぶ》が『源氏物語《げんじものがたり》』を著《あらわ》す
- 一〇一六年：？が摂政《せっしょう》になる
- 一〇一七年：藤原頼通《ふじわらのよりみち》が摂政《せっしょう》になる

クイズ

Q 摂関政治《せっかんせいじ》の全盛期《ぜんせいき》を築《きず》き、「望月《もちづき》の歌《うた》」をよんだことで知《し》られる人物《じんぶつ》はだれでしょう？

No. 042 出来事《できごと》カード

平安時代《へいあんじだい》

七八四年 → 七九四年 → 八〇四年

- 七八四年：長岡京《ながおかきょう》に都《みやこ》を移《うつ》す
- 七九四年：？に都《みやこ》を移《うつ》す
- 八〇四年：空海《くうかい》が唐《とう》にわたる

クイズ

Q 律令政治《りつりょうせいじ》を立《た》て直《なお》すために、桓武天皇《かんむてんのう》が794年に新《あら》たな都《みやこ》としたのはどこでしょう？

No. 043 出来事《できごと》カード

平安時代《へいあんじだい》

八六六年 → 八九四年 → 九〇五年

- 八六六年：藤原良房《ふじわらのよしふさ》が摂政《せっしょう》になる
- 八九四年：菅原道真《すがわらのみちざね》の意見《いけん》により？が廃止《はいし》される
- 九〇五年：『古今和歌集《こきんわかしゅう》』が編《へん》さんされる

クイズ

Q 894年に、菅原道真《すがわらのみちざね》の意見《いけん》によって廃止《はいし》された中国《ちゅうごく》への使節《しせつ》は何《なん》でしょう？

No. 044 文化《ぶんか》・産業《さんぎょう》カード

平安時代《へいあんじだい》

八六六年 → 一〇世紀《せいき》初《はじ》め → 一一世紀《せいき》初《はじ》め

- 八六六年：藤原良房《ふじわらのよしふさ》が摂政《せっしょう》になる
- 一〇世紀《せいき》初《はじ》め：？が栄《さか》える
- 一一世紀《せいき》初《はじ》め：紫式部《むらさきしきぶ》が『源氏物語《げんじものがたり》』を著《あらわ》す

クイズ

Q 十二単《じゅうにひとえ》や寝殿造《しんでんづくり》などに代表《だいひょう》される、平安時代《へいあんじだい》の貴族文化《きぞくぶんか》を何《なん》というでしょう？

No. 045 人物《じんぶつ》カード

平安時代《へいあんじだい》

一一五九年 → 一一六七年 → 一一八〇年

- 一一五九年：平治《へいじ》の乱《らん》が起《お》こる
- 一一六七年：？が太政大臣《だいじょうだいじん》になる
- 一一八〇年：源頼朝《みなもとのよりとも》が伊豆《いず》で兵《へい》を挙《あ》げる

クイズ

Q 武士《ぶし》として初《はじ》めて太政大臣《だいじょうだいじん》になり、平氏《へいし》の全盛期《ぜんせいき》を築《きず》いた人物《じんぶつ》はだれでしょう？

No. 046 出来事《できごと》カード

平安時代《へいあんじだい》

一〇世紀《せいき》初《はじ》めごろ → 九三九年 → 九三九年

- 一〇世紀《せいき》初《はじ》めごろ：地方政治《ちほうせいじ》が乱《みだ》れ武士《ぶし》が発生《はっせい》する
- 九三九年：？が起《お》こる
- 九三九年：藤原純友《ふじわらのすみとも》の乱《らん》が起《お》こる

クイズ

Q 939年に関東地方《かんとうちほう》で起《お》こった、武士《ぶし》の反乱《はんらん》を何《なん》というでしょう？

No. 047 出来事《できごと》カード

平安時代《へいあんじだい》

一〇八三年 → 一〇八六年 → 一一世紀《せいき》終《お》わり

- 一〇八三年：後三年合戦《ごさんねんかっせん》が起《お》こる
- 一〇八六年：白河上皇《しらかわじょうこう》が？を始《はじ》める
- 一一世紀《せいき》終《お》わり：源氏《げんじ》が東日本《ひがしにほん》で力《ちから》をつける

クイズ

Q 天皇《てんのう》がその地位《ちい》をゆずった後《あと》に、上皇《じょうこう》として政治《せいじ》を行《おこな》うことを何《なん》というでしょう？

No. 048 出来事《できごと》カード

平安時代《へいあんじだい》

一一六七年 → 一二世紀《せいき》後半《こうはん》 → 一一八五年

- 一一六七年：平清盛《たいらのきよもり》が太政大臣《だいじょうだいじん》になる
- 一二世紀《せいき》後半《こうはん》：平清盛《たいらのきよもり》が？をさかんにする
- 一一八五年：壇ノ浦《だんのうら》の戦《たたか》いが起《お》こる

クイズ

Q 平安時代《へいあんじだい》の終《お》わりに平清盛《たいらのきよもり》によってさかんに行《おこな》われた中国《ちゅうごく》との貿易《ぼうえき》を何《なん》というでしょう？

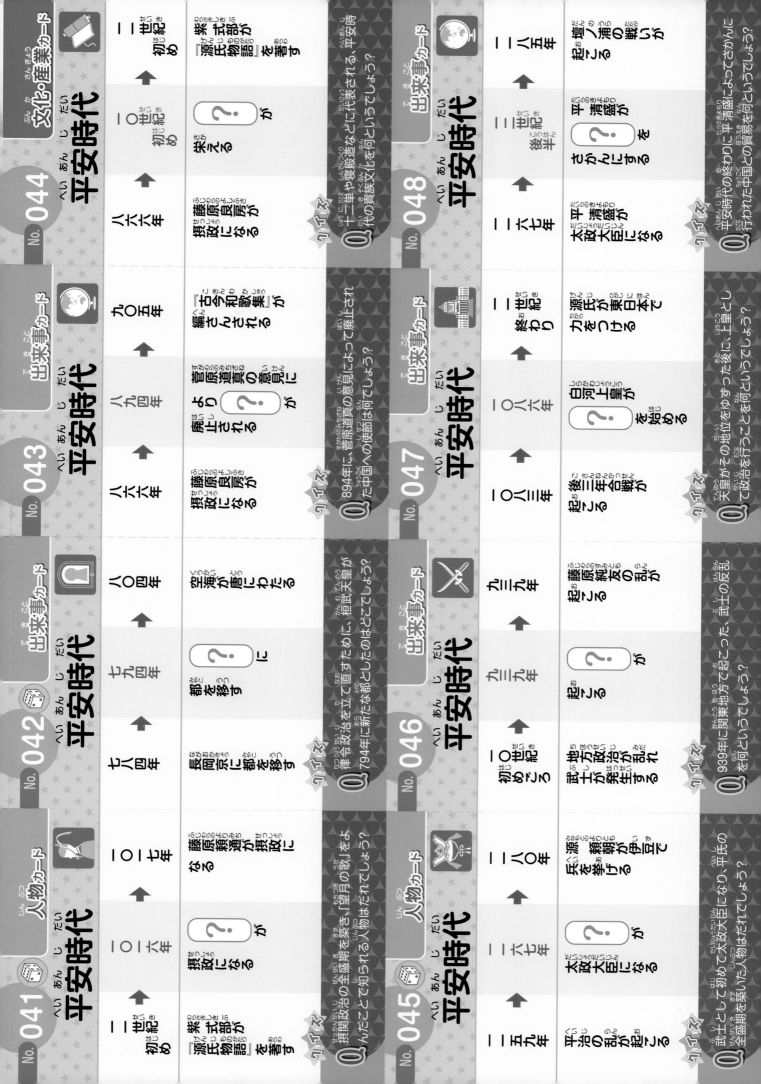

No.044 ▸文化《ぶんか》・産業《さんぎょう》カード 40ポイント

答《こた》え

国《こく》風《ふう》文《ぶん》化《か》

◆時期《じき》 10世紀《せいき》から11世紀《せいき》にかけてのころ、藤原《ふじわら》氏《し》の摂関政治《せっかんせいじ》がさかんだった時期《じき》に栄《さか》えた。

◆特色《とくしょく》 日本《にほん》の風土《ふうど》や生活《せいかつ》にあった日本独自《にほんどくじ》の貴《き》族文化《ぞくぶんか》。

◆代表的《だいひょうてき》な文物《ぶんぶつ》 寝殿造《しんでんづくり》の屋敷《やしき》、十二単《じゅうにひとえ》、かな文字《もじ》など。清少納《せいしょうな》言《ごん》や紫《むらさき》式部《しきぶ》らにより女流文学《じょりゅうぶんがく》が発達《はったつ》した。

No.043 ▸出来事《できごと》カード 30ポイント

答《こた》え

遣《けん》唐《とう》使《し》

唐招提寺所蔵

◆遣唐使《けんとうし》 唐《とう》(中国《ちゅうごく》)の政治制度《せいじせいど》や文化《ぶんか》などを取《と》り入《い》れるために、630年から派遣《はけん》が始《はじ》まった使節《しせつ》。

◆遣唐使《けんとうし》の廃止《はいし》 894年、菅原道真《すがわらのみちざね》の意見《いけん》により、唐《とう》の勢力《せいりょく》がおとろえたことや航海《こうかい》の危険《きけん》などを主《おも》な理由《りゆう》として、廃止《はいし》された。

No.042 ▸出来事《できごと》カード 40ポイント

答《こた》え

平《へい》安《あん》京《きょう》

京都市歴史資料館所蔵

◆場所《ばしょ》 京都府京都市《きょうとふきょうとし》。

◆時期《じき》 794年、桓武天皇《かんむてんのう》によって都《みやこ》が移《うつ》され、以後《いご》1000年以上《いじょう》にわたって日本《にほん》の都《みやこ》とされた。

◆特徴《とくちょう》 平城京《へいじょうきょう》と同《おな》じく、東西南北《とうざいなんぼく》に碁盤《ごばん》の目《め》のように道路《どうろ》が整備《せいび》されていた。

No.041 ▸人物《じんぶつ》カード 50ポイント

答《こた》え

藤《ふじ》原《わらの》道《みち》長《なが》

藤田美術館所蔵

◆人物《じんぶつ》 娘《むすめ》を次々《つぎつぎ》に天皇《てんのう》のきさきにし、その子《こ》どもを天皇にすることで力《ちから》を強《つよ》め、自《みずか》らも摂政《せっしょう》の地位《ちい》についた。

◆業績《ぎょうせき》 子《こ》の頼通《よりみち》とともに摂関政治《せっかんせいじ》の全盛期《ぜんせいき》を築《きず》いた。「この世《よ》をば わが世《よ》とぞ思《おも》う 望月《もちづき》の 欠《か》けたることも なしと思《おも》へば」の歌《うた》は有名《ゆうめい》。

No.048 ▸出来事《できごと》カード 30ポイント

答《こた》え

日《にっ》宋《そう》貿《ぼう》易《えき》

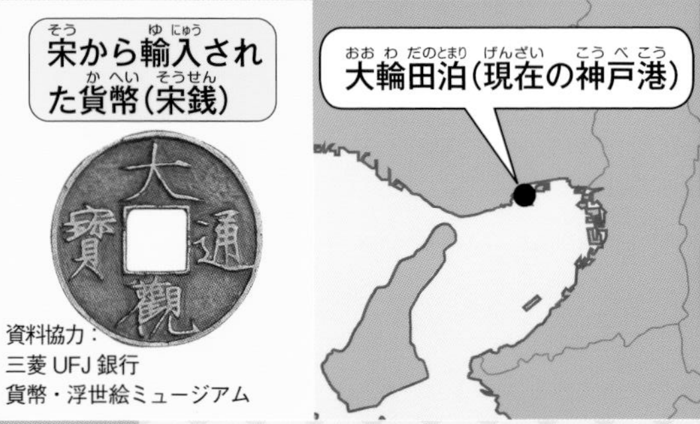

資料協力：
三菱 UFJ 銀行
貨幣・浮世絵ミュージアム

◆時期《じき》 10世紀《せいき》から13世紀《せいき》にかけて行《おこな》われた、日本《にほん》と宋《そう》(中国《ちゅうごく》)との間《あいだ》の貿易《ぼうえき》。

◆発展《はってん》 12世紀後半《せいきこうはん》に権力《けんりょく》をにぎった平清盛《たいらのきよもり》は、大輪田泊《おおわだのとまり》(現在《げんざい》の神戸港《こうべこう》)を改修《かいしゅう》し日宋貿易《にっそうぼうえき》に力《ちから》を入《い》れた。

◆輸入品《ゆにゅうひん》 貨幣《かへい》(宋銭《そうせん》)、陶磁器《とうじき》、絹織物《きぬおりもの》など。

No.047 ▸出来事《できごと》カード 30ポイント

答《こた》え

院《いん》政《せい》

東京国立博物館所蔵

◆院政《いんせい》 天皇《てんのう》がその地位《ちい》をゆずった後《あと》、上皇《じょうこう》となって権力《けんりょく》をにぎり行《おこな》う政治《せいじ》。上皇《じょうこう》の御所《ごしょ》を「院《いん》」とよぶことから、このような政治《せいじ》を「院政《いんせい》」という。

◆始《はじ》まり 1086年、白河上皇《しらかわじょうこう》が始《はじ》めた。

◆影響《えいきょう》 藤原《ふじわら》氏《し》の摂関政治《せっかんせいじ》がおとろえるようになった。

No.046 ▸出来事《できごと》カード 20ポイント

答《こた》え

平《たいらの》将《まさ》門《かど》の乱《らん》

宮内庁書陵部所蔵

◆始《はじ》まり 939年～940年にかけて平将門《たいらのまさかど》が起《お》こした、武士《ぶし》による反乱《はんらん》。

◆場所《ばしょ》 戦乱《せんらん》は関東地方一帯《かんとうちほういったい》に広《ひろ》がり、関東《かんとう》を制圧《せいあつ》した将門《まさかど》は自《みずか》らを「新皇《しんのう》」と名乗《なの》った。

◆終《お》わり 朝廷《ちょうてい》は関東《かんとう》の武士《ぶし》たちの力《ちから》を借《か》りて乱《らん》をしずめた。

No.045 ▸人物《じんぶつ》カード 40ポイント

答《こた》え

平《たいらの》清《きよ》盛《もり》

六波羅蜜寺所蔵
浅沼光晴撮影

◆人物《じんぶつ》 保元《ほうげん》の乱《らん》・平治《へいじ》の乱《らん》に勝利《しょうり》して12世紀後半《せいきこうはん》に勢力《せいりょく》を強《つよ》め、平氏《へいし》の全盛期《ぜんせいき》を築《きず》いた。

◆政治《せいじ》 朝廷《ちょうてい》の最高《さいこう》の地位《ちい》である太政大臣《だいじょうだいじん》の座《ざ》についた。

◆外交《がいこう》 大輪田泊《おおわだのとまり》(現在《げんざい》の神戸港《こうべこう》)を改修《かいしゅう》し、中国《ちゅうごく》との貿易《ぼうえき》(日宋貿易《にっそうぼうえき》)に力《ちから》を入《い》れた。

No.049 出来事《できごと》カード
平安時代《へいあんじだい》

- 一一八〇年 → 源 頼朝《みなもとのよりとも》が伊豆《いず》で兵《へい》を挙《あ》げる
- 一一八五年 → （？）で平氏《へいし》が滅亡《めつぼう》する
- 一一八五年 → 源 頼朝《みなもとのよりとも》が全国《ぜんこく》に守護《しゅご》・地頭《じとう》を置《お》く

クイズ
Q 1185年、源 義経《みなもとのよしつね》のかつやくにより平氏《へいし》がほろぼされた戦《たたか》いを何《なん》というでしょう？

No.050 文化《ぶんか》・産業《さんぎょう》カード
平安時代《へいあんじだい》

- 一〇五一年 → 前九年合戦《ぜんくねんかっせん》が起《お》こる
- 一〇五三年 → 藤原頼通《ふじわらのよりみち》が（？）を建《た》てる
- 一〇八三年 → 後三年合戦《ごさんねんかっせん》が起《お》こる

クイズ
Q 藤原頼通《ふじわらのよりみち》によって建《た》てられた、京都府宇治《きょうとふうじ》市《し》にある建物《たてもの》の名前《なまえ》は何《なん》でしょう？

No.051 文化《ぶんか》・産業《さんぎょう》カード
平安時代《へいあんじだい》

- 一一六七年 → 平 清盛《たいらのきよもり》が太政大臣《だいじょうだいじん》になる
- 一二世紀末《せいきまつ》 → 平 清盛《たいらのきよもり》によって（？）が現在《げんざい》のすがたにされる
- 一一八五年 → 壇ノ浦《だんのうら》の戦《たたか》いが起《お》こる

クイズ
Q 平氏《へいし》の守《まも》り神《がみ》として平 清盛《たいらのきよもり》に信仰《しんこう》された、広島県《ひろしまけん》の神社《じんじゃ》の名前《なまえ》は何《なん》でしょう？

No.052 文化《ぶんか》・産業《さんぎょう》カード
平安時代《へいあんじだい》

- 一〇八三年 → 後三年合戦《ごさんねんかっせん》が起《お》こる
- 一一二四年 → 奥州藤原氏《おうしゅうふじわらし》によって平泉《ひらいずみ》に（？）が建《た》てられる
- 一一五六年 → 保元《ほうげん》の乱《らん》が起《お》こる

クイズ
Q 奥州藤原氏《おうしゅうふじわらし》によって平泉《ひらいずみ》につくられた、全《ぜん》面《めん》に金箔《きんぱく》がはられた建物《たてもの》は何《なん》でしょう？

No.053 人物《じんぶつ》カード
鎌倉時代《かまくらじだい》

- 一一八五年 → 壇ノ浦《だんのうら》の戦《たたか》いが起《お》こる
- 一一八五年 → （？）が全国《ぜんこく》に守護《しゅご》・地頭《じとう》を置《お》く
- 一一九二年 → （？）が征夷大将軍《せいいたいしょうぐん》になる

クイズ
Q 1192年に征夷大将軍《せいいたいしょうぐん》となり、鎌倉《かまくら》に幕府《ばくふ》を開《ひら》いた人物《じんぶつ》はだれでしょう？

No.054 人物《じんぶつ》カード
鎌倉時代《かまくらじだい》

- 一一九二年 → 源 頼朝《みなもとのよりとも》が征夷大将軍《せいいたいしょうぐん》になる
- 一二二四年 → （？）が浄土真宗《じょうどしんしゅう》を開《ひら》く
- 一二三二年 → 御成敗式目《ごせいばいしきもく》（貞永式目《じょうえいしきもく》）の制定《せいてい》

クイズ
Q 阿弥陀仏《あみだぶつ》を信《しん》じることを人々《ひとびと》に説《と》き、浄土《じょうど》真宗《しんしゅう》を開《ひら》いた人物《じんぶつ》はだれでしょう？

No.055 人物《じんぶつ》カード
鎌倉時代《かまくらじだい》

- 一一九二年 → 源 頼朝《みなもとのよりとも》が征夷大将軍《せいいたいしょうぐん》になる
- 一二二一年 → （？）の力《ちから》で幕府《ばくふ》が承久《じょうきゅう》の乱《らん》に勝利《しょうり》する
- 一二三二年 → 御成敗式目《ごせいばいしきもく》（貞永式目《じょうえいしきもく》）の制定《せいてい》

クイズ
Q 鎌倉幕府《かまくらばくふ》の中《なか》で大《おお》きな力《ちから》をもち、「尼将軍《あましょうぐん》」とよばれた人物《じんぶつ》はだれでしょう？

No.056 出来事《できごと》カード
鎌倉時代《かまくらじだい》

- 一一八五年 → 源 頼朝《みなもとのよりとも》が全国《ぜんこく》に守護《しゅご》・地頭《じとう》を置《お》く
- 一一九二年 → 源 頼朝《みなもとのよりとも》が征夷大将軍《せいいたいしょうぐん》になり（？）を開《ひら》く
- 一二二一年 → 承久《じょうきゅう》の乱《らん》が起《お》こる

クイズ
Q 源 頼朝《みなもとのよりとも》によって開《ひら》かれた、日本最初《にほんさいしょ》の本格《ほんかく》的《てき》な武家政権《ぶけせいけん》を何《なん》というでしょう？

No.052 ▶文化《ぶんか》・産業《さんぎょう》カード 10ポイント

答《こた》え

中尊寺金色堂《ちゅうそんじこんじきどう》

中尊寺所蔵

◆所在地《しょざいち》 岩手県平泉町《いわてけんひらいずみちょう》。

◆創建《そうけん》 東北地方《とうほくちほう》で大《おお》きな力《ちから》をほこった奥州藤原《おうしゅうふじわら》氏《し》の初代《しょだい》・藤原清衡《ふじわらのきよひら》によって、12世紀《せいき》初《はじ》めにつくられた。

◆特色《とくしょく》 平等院鳳凰堂《びょうどういんほうおうどう》と同《おな》じく浄土教《じょうどきょう》の影響《えいきょう》を受《う》けた小型《こがた》の堂《どう》で、全面《ぜんめん》に金箔《きんぱく》がはられている。

No.051 ▶文化《ぶんか》・産業《さんぎょう》カード 10ポイント

答《こた》え

厳島神社《いつくしまじんじゃ》

◆所在地《しょざいち》 広島県廿日市市《ひろしまけんはつかいちし》、安芸《あき》の宮島《みやじま》(厳島《いつくしま》)にある。

◆創建《そうけん》 ６世紀末《せいきまつ》に創建《そうけん》されたといわれる。12世《せい》紀後半《きこうはん》に平清盛《たいらのきよもり》の信仰《しんこう》を受《う》け、現在《げんざい》のすがたになった。

◆特色《とくしょく》 満潮時《まんちょうじ》には、海《うみ》の上《うえ》に浮《う》かんでいるように見《み》えることで知《し》られる。世界遺産《せかいいさん》に登録《とうろく》されている。

No.050 ▶文化《ぶんか》・産業《さんぎょう》カード 20ポイント

答《こた》え

平等院鳳凰堂《びょうどういんほうおうどう》

◆所在地《しょざいち》 京都府宇治市《きょうとふうじし》。

◆創建《そうけん》 浄土教《じょうどきょう》を信《しん》じた藤原頼通《ふじわらのよりみち》(藤原道長《ふじわらのみちなが》の息子《むすこ》)によって、11世紀中《せいきなか》ごろにつくられた。

◆特色《とくしょく》 世界遺産《せかいいさん》に登録《とうろく》されている。10円玉《えんだま》に刻《きざ》まれていることでも有名《ゆうめい》。

No.049 ▶出来事《できごと》カード 50ポイント

答《こた》え

壇《だん》ノ浦《うら》の戦《たたか》い

赤間神宮蔵　中尊寺所蔵

◆始《はじ》まり 1185年、現在《げんざい》の山口県下関市《やまぐちけんしものせきし》で起《お》こった。

◆終《お》わり 源《みなもとの》　頼朝《よりとも》の弟《おとうと》・源《みなもとの》　義経《よしつね》のかつやくにより源《げん》氏《じ》が勝利《しょうり》をおさめ、敗《やぶ》れた平氏《へいし》は滅亡《めつぼう》した。

◆源義経《みなもとのよしつね》 義経《よしつね》はその後《ご》、頼朝《よりとも》に反抗《はんこう》したとの疑《うたが》いをもたれ、奥州藤原《おうしゅうふじわら》氏《し》のもとに逃《のが》れたが、兵《へい》たちに攻《せ》められ、平泉《ひらいずみ》で自害《じがい》した。

No.056 ▶出来事《できごと》カード 50ポイント

答《こた》え

鎌倉幕府《かまくらばくふ》

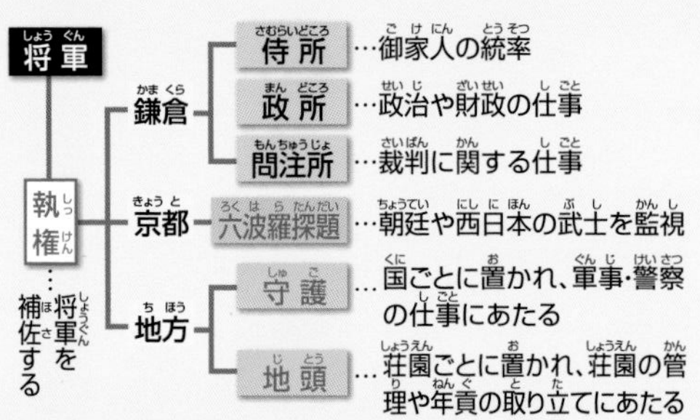

◆始《はじ》まり 源　頼朝《みなもとのよりとも》によって現在《げんざい》の神奈川県鎌倉市《かながわけんかまくらし》に開《ひら》かれ、1333年まで続《つづ》いた。

◆特色《とくしょく》 将軍《しょうぐん》を補佐《ほさ》する役職《やくしょく》として執権《しっけん》が置《お》かれた。源氏《げんじ》の将軍《しょうぐん》が３代《だい》で絶《た》えた後《あと》は京都《きょうと》の皇族《こうぞく》・貴族《きぞく》から形《かたち》だけの将軍《しょうぐん》をむかえ、執権《しっけん》の北条氏《ほうじょうし》が政治《せいじ》を行《おこな》った。

No.055 ▶人物《じんぶつ》カード 40ポイント

答《こた》え

北条政子《ほうじょうまさこ》

◆人物《じんぶつ》 鎌倉幕府《かまくらばくふ》の初代執権《しょだいしっけん》・北条時政《ほうじょうときまさ》の娘《むすめ》で、源　頼朝《みなもとのよりとも》の妻《つま》。頼朝《よりとも》の死後《しご》、幕府《ばくふ》の実権《じっけん》をにぎり「尼将軍《あましょうぐん》」とよばれた。

◆政治《せいじ》 承久《じょうきゅう》の乱《らん》では、頼朝《よりとも》の御恩《ごおん》を説《と》いた演説《えんぜつ》を行《おこな》い御家人《ごけにん》たちを団結《だんけつ》させ、幕府《ばくふ》を勝利《しょうり》へと導《みちび》いた。

No.054 ▶人物《じんぶつ》カード 20ポイント

答《こた》え

親鸞《しんらん》

奈良国立博物館提供
(撮影　森村欣司)

◆人物《じんぶつ》 浄土宗《じょうどしゅう》を開《ひら》いた法然《ほうねん》の弟子《でし》で、自《みずか》らはその教《おし》えを発展《はってん》させ浄土真宗《じょうどしんしゅう》(一向宗《いっこうしゅう》)を開《ひら》いた。

◆鎌倉新《かまくらしん》仏教《ぶっきょう》 浄土宗《じょうどしゅう》、浄土真宗《じょうどしんしゅう》、日蓮宗《にちれんしゅう》(法華宗《ほっけしゅう》)、曹洞宗《そうとうしゅう》、臨済宗《りんざいしゅう》など鎌倉時代《かまくらじだい》の新《あたら》しい仏教《ぶっきょう》は、教《おし》えがわかりやすかったこともあり、人々《ひとびと》の間《あいだ》に広《ひろ》まった。

No.053 ▶人物《じんぶつ》カード 50ポイント

答《こた》え

源頼朝《みなもとのよりとも》

神護寺所蔵

◆人物《じんぶつ》 平氏《へいし》をほろぼし、鎌倉幕府《かまくらばくふ》を開《ひら》いた。

◆政治《せいじ》 少年《しょうねん》のころ平治《へいじ》の乱《らん》で敗《やぶ》れ伊豆《いず》に流《なが》されたが、その後1180年に平氏打倒《へいしだとう》のために兵《へい》を挙《あ》げる。1185年、平氏《へいし》をほろぼすと全国《ぜんこく》に守護《しゅご》・地頭《じとう》を置《お》き支配力《しはいりょく》を強《つよ》め、1192年には征夷大将軍《せいいたいしょうぐん》に任命《にんめい》された。

No. 057 出来事《できごと》カード

鎌倉時代《かまくらじだい》

一一九二年 → 一二二一年 → 一二三二年

- 源《みなもとの》頼朝《よりとも》が征夷大将軍《せいいたいしょうぐん》になる
- ？ が起《お》こる
- 御成敗式目《ごせいばいしきもく》（貞永式目《じょうえいしきもく》）の制定《せいてい》

クイズ

Q 後鳥羽上皇《ごとばじょうこう》が鎌倉幕府《かまくらばくふ》をたおそうとしたが失敗《しっぱい》に終わった1221年の出来事《できごと》は何《なん》でしょう？

No. 058 出来事《できごと》カード

鎌倉時代《かまくらじだい》

一二二一年 → 一二三二年 → 一三世紀《せいき》中《なか》ごろ

- 承久《じょうきゅう》の乱《らん》が起《お》こる
- 北条泰時《ほうじょうやすとき》が ？ を制定《せいてい》する
- 『平家物語《へいけものがたり》』が成立《せいりつ》する

クイズ

Q 鎌倉幕府《かまくらばくふ》の３代執権北条泰時《だいしっけんほうじょうやすとき》が定《さだ》めた、最初《さいしょ》の武家法《ぶけほう》を何《なん》というでしょう？

No. 059 文化《ぶんか》・産業《さんぎょう》カード

鎌倉時代《かまくらじだい》

一一九二年 → 一二〇三年 → 一二二一年

- 源《みなもとの》頼朝《よりとも》が征夷大将軍《せいいたいしょうぐん》になる
- 運慶《うんけい》らが ？ を完成《かんせい》させる
- 承久《じょうきゅう》の乱《らん》が起《お》こる

クイズ

Q 運慶《うんけい》・快慶《かいけい》によってつくられ、東大寺南大門《とうだいじなんだいもん》におさめられた仁王像《におうぞう》を何《なん》というでしょう？

No. 060 文化《ぶんか》・産業《さんぎょう》カード

鎌倉時代《かまくらじだい》

一一九二年 → 一三世紀《せいき》ごろ → →

- 源《みなもとの》頼朝《よりとも》が征夷大将軍《せいいたいしょうぐん》になる
- 武士《ぶし》たちは農村《のうそん》の ？ の屋敷《やしき》に住《す》む
- 農業《のうぎょう》が発達《はったつ》する

クイズ

Q 鎌倉時代《かまくらじだい》の武士《ぶし》の屋敷《やしき》に見《み》られるような屋《や》敷《しき》の造《つく》りを何《なん》というでしょう？

No. 061 人物《じんぶつ》カード

鎌倉時代《かまくらじだい》

一二六八年 → 一二七四年 → 一二八一年

- ？ が八代執権《はちだいしっけん》になる
- 文永《ぶんえい》の役《えき》が起《お》こる
- 弘安《こうあん》の役《えき》が起《お》こる

クイズ

Q 鎌倉幕府《かまくらばくふ》の８代執権《だいしっけん》となり、２度《ど》にわたる元寇《げんこう》で元軍《げんぐん》を退《しりぞ》けた人物《じんぶつ》はだれでしょう？

No. 062 人物《じんぶつ》カード

鎌倉時代《かまくらじだい》

一二六八年 → 一二七四年 → 一二八一年

- 北条時宗《ほうじょうときむね》が八代執権《はちだいしっけん》になる
- ？ が日本《にほん》に大軍《たいぐん》を送《おく》り文永《ぶんえい》の役《えき》が起《お》こる
- 弘安《こうあん》の役《えき》が起《お》こる

クイズ

Q 元《げん》の皇帝《こうてい》として、２度《ど》にわたり日本《にほん》に大軍《たいぐん》を送《おく》った人物《じんぶつ》はだれでしょう？

No. 063 人物《じんぶつ》カード

鎌倉時代《かまくらじだい》

一二二四年 → 一二五三年 → 一二七四年

- 親鸞《しんらん》が浄土真宗《じょうどしんしゅう》を開《ひら》く
- ？ が日蓮宗《にちれんしゅう》（法華宗《ほっけしゅう》）を開《ひら》く
- 文永《ぶんえい》の役《えき》が起《お》こる

クイズ

Q 法華経《ほけきょう》を信《しん》じることを人々《ひとびと》に説《と》き、日蓮宗《にちれんしゅう》（法華宗《ほっけしゅう》）を開《ひら》いた人物《じんぶつ》はだれでしょう？

No. 064 出来事《できごと》カード

鎌倉時代《かまくらじだい》

一二六八年 → 一二七四年 → 一二八一年

- 北条時宗《ほうじょうときむね》が八代執権《はちだいしっけん》になる
- ？ が起《お》こる
- 弘安《こうあん》の役《えき》が起《お》こる

クイズ

Q 1274年、元《げん》の大軍《たいぐん》が九州北部《きゅうしゅうほくぶ》に上陸《じょうりく》して起《お》こった激《はげ》しい戦《たたか》いを何《なん》というでしょう？

No.060 ▸文化《ぶんか》・産業《さんぎょう》カード 10ポイント

答《こた》え

武《ぶ》家《け》造《づくり》

清浄光寺（遊行寺）蔵

◆武家造《ぶけづくり》 鎌倉時代《かまくらじだい》の武士《ぶし》の館《やかた》に見《み》られる建築様式《けんちくようしき》。

◆特色《とくしょく》 敵《てき》に備《そな》えて周《まわ》りを板塀《いたべい》で囲《かこ》んで堀《ほり》をつくり、門《もん》には見張《みは》りのためのやぐらがある。

◆いざ鎌倉《かまくら》 鎌倉時代《かまくらじだい》の武士《ぶし》はふだんは農村《のうそん》の領地《りょうち》で暮《く》らし、「いざ鎌倉《かまくら》」という時《とき》に備《そな》えて武芸《ぶげい》にはげんだ。

No.059 ▸文化《ぶんか》・産業《さんぎょう》カード 20ポイント

答《こた》え

金《こん》剛《ごう》力《りき》士《し》像《ぞう》

◆完成《かんせい》 運慶《うんけい》・快慶《かいけい》らによってつくられ、1203年に完成《かんせい》した。鎌倉文化《かまくらぶんか》を代表《だいひょう》する仏像《ぶつぞう》として有名《ゆうめい》。

◆設置《せっち》場所《ばしょ》 東大寺南大門《とうだいじなんだいもん》（奈良県奈良市《ならけんならし》）の内部《ないぶ》におさめられている。口《くち》を開《ひら》いた「阿形《あぎょう》」と口《くち》を閉《と》じた「吽形《うんぎょう》」の２体《たい》の像《ぞう》が向《む》きあうように設置《せっち》されている。

No.058 ▸出来事《できごと》カード 30ポイント

答《こた》え

御《ご》成《せい》敗《ばい》式《しき》目《もく》（貞《じょう》永《えい》式《しき》目《もく》）

ところでこの式目《しきもく》は何《なに》を根拠《こんきょ》にして書《か》いたものかと、都《みやこ》の貴族《きぞく》たちが非難《ひなん》するかもしれない。たしかにこれといった根拠《こんきょ》はないのだが、ただ武家社会《ぶけしゃかい》の道理《どうり》を書《か》き記《しる》したものである。

（中略《ちゅうりゃく》）このように裁判《さいばん》のきまりを定《さだ》めて、身分《みぶん》に関係《かんけい》なく公正《こうせい》な裁判《さいばん》ができるように細《こま》かく記《しる》したのである。…（北条泰時《ほうじょうやすとき》が弟《おとうと》に送《おく》った手紙《てがみ》より）

◆制定《せいてい》 1232年、鎌倉幕府《かまくらばくふ》の３代執権《だいしっけん》北条泰時《ほうじょうやすとき》によって定《さだ》められた。

◆内容《ないよう》 源　頼朝《みなもとのよりとも》以来《いらい》の武家社会《ぶけしゃかい》の慣習《かんしゅう》や先例《せんれい》をもとに、御家人《ごけにん》たちに裁判《さいばん》の基準《きじゅん》をわかりやすく示《しめ》したもので、日本《にほん》で最初の武家法《ぶけほう》とされる。

No.057 ▸出来事《できごと》カード 30ポイント

答《こた》え

承《じょう》久《きゅう》の乱《らん》

水無瀬神宮所蔵

◆始《はじ》まり 源氏《げんじ》の将軍《しょうぐん》がとだえた後《あと》、朝廷《ちょうてい》の後鳥羽上皇《ごとばじょうこう》が政権《せいけん》を取《と》りもどそうと、1221年に起《お》こした。

◆終《お》わり 北条政子《ほうじょうまさこ》の力《ちから》によって団結《だんけつ》した鎌倉幕府《かまくらばくふ》側《がわ》が勝利《しょうり》をおさめ、上皇《じょうこう》は隠岐《おき》に流《なが》された。乱《らん》の後《あと》、幕府《ばくふ》は朝廷《ちょうてい》の監視《かんし》のため京都《きょうと》に六波羅探題《ろくはらたんだい》を置《お》いた。

No.064 ▸出来事《できごと》カード 50ポイント

答《こた》え

文《ぶん》永《えい》の役《えき》

皇居三の丸尚蔵館収蔵

◆始《はじ》まり 1274年、元《げん》への服従《ふくじゅう》の要求《ようきゅう》を拒否《きょひ》した日《に》本《ほん》に対《たい》し、元《げん》の皇帝《こうてい》フビライが大軍《たいぐん》を送《おく》り、博多湾《はかたわん》をはじめとする九州北部《きゅうしゅうほくぶ》に攻《せ》めこんだ。

◆終《お》わり 日本《にほん》の御家人《ごけにん》は元軍《げんぐん》の火薬兵器《かやくへいき》や集団戦法《しゅうだんせんぽう》に苦《くる》しんだが、退《しりぞ》けることができた。

No.063 ▸人物《じんぶつ》カード 20ポイント

答《こた》え

日《にち》　蓮《れん》

妙法華寺所蔵

◆人物《じんぶつ》 日蓮宗《にちれんしゅう》（法華宗《ほっけしゅう》）を開《ひら》いた。

◆業績《ぎょうせき》 法華経《ほけきょう》を信《しん》じ「南無妙法蓮華経《なむみょうほうれんげきょう》」と題目《だいもく》を唱《とな》えることで救《すく》われると説《と》き、念仏《ねんぶつ》（「南無《なむ》阿弥陀仏《あみだぶつ》」と唱《とな》える）を重視《じゅうし》する浄土宗《じょうどしゅう》や、座禅《ざぜん》などの修行《しゅぎょう》を重視《じゅうし》する禅宗《ぜんしゅう》（臨済宗《りんざいしゅう》・曹洞宗《そうとうしゅう》など）を批判《ひはん》した。

No.062 ▸人物《じんぶつ》カード 30ポイント

答《こた》え

フビライ＝ハン

© ユニフォトプレス

◆人物《じんぶつ》 13世紀初《せいきはじ》めに広大《こうだい》なモンゴル帝国《ていこく》を築《きず》いたチンギス＝ハンの孫《まご》。モンゴル帝国《ていこく》の第《だい》５代皇帝《だいこうてい》となり、都《みやこ》を大都《だいと》（北京《ペキン》）に移《うつ》し国名《こくめい》を「元《げん》」と改《あらた》めた。

◆外交《がいこう》 服従《ふくじゅう》の要求《ようきゅう》を拒否《きょひ》されたことから２度《ど》にわたり日本《にほん》に大軍《たいぐん》を送《おく》った（元寇《げんこう》）が、敗退《はいたい》した。

No.061 ▸人物《じんぶつ》カード 30ポイント

答《こた》え

北《ほう》条《じょう》時《とき》宗《むね》

◆人物《じんぶつ》 鎌倉幕府《かまくらばくふ》の８代執権《だいしっけん》。２度《ど》にわたる元《げん》との戦《たたか》い（元寇《げんこう》）では、いずれも元軍《げんぐん》を退《しりぞ》けた。

◆政治《せいじ》 文永《ぶんえい》の役《えき》で元軍《げんぐん》を退《しりぞ》けた後《のち》、博多湾《はかたわん》に石塁《せきるい》を築《きず》き、再度《さいど》の襲来《しゅうらい》に備《そな》えた。元寇《げんこう》の後《のち》、戦《たたか》いで亡《な》くなった人々《ひとびと》を供養《くよう》するため鎌《かま》倉《くら》に円覚寺《えんがくじ》を建《た》てた。

No. 065 出来事《できごと》カード

鎌倉時代《かまくらじだい》

一二七四年 → 一二八一年 → 一二九七年

- 文永《ぶんえい》の役《えき》が起《お》こる
- ？が起《お》こる
- 永仁《えいにん》の徳政令《とくせいれい》が出《だ》される

クイズ

Q 1281年、元《げん》の大軍《たいぐん》が再《ふたた》び九州北部《きゅうしゅうほくぶ》をおそった戦《たたか》いを何《なん》というでしょう？

No. 066 出来事《できごと》カード

鎌倉時代《かまくらじだい》

一二九七年 → ？年 → 一三三四年

- 永仁《えいにん》の徳政令《とくせいれい》が出《だ》される
- 鎌倉幕府《かまくらばくふ》が滅亡《めつぼう》する
- 建武《けんむ》の新政《しんせい》が始《はじ》まる

クイズ

Q 後醍醐天皇《ごだいごてんのう》のよびかけに応《おう》じた武士《ぶし》によって、鎌倉幕府《かまくらばくふ》がたおされたのは何年《なんねん》でしょう？

No. 067 文化《ぶんか》・産業《さんぎょう》カード

鎌倉時代《かまくらじだい》

一一九二年 → 一三世紀《せいき》ごろ → →

- 源《みなもとの》頼朝《よりとも》が征夷大将軍《せいいたいしょうぐん》になる
- ？が広《ひろ》まる
- 近畿《きんき》地方《ちほう》で二毛作《にもうさく》が始《はじ》まる

クイズ

Q 鎌倉時代《かまくらじだい》から広《ひろ》まった、牛《うし》や馬《うま》などの家畜《かちく》を使《つか》って田畑《たはた》を耕《たがや》す方法《ほうほう》を何《なん》というでしょう？

No. 068 文化《ぶんか》・産業《さんぎょう》カード

鎌倉時代《かまくらじだい》

一一九二年 → 一三世紀《せいき》ごろ → →

- 源《みなもとの》頼朝《よりとも》が征夷大将軍《せいいたいしょうぐん》になる
- 各地《かくち》の寺社《じしゃ》の門前《もんぜん》で月三回《つきさんかい》の？が開《ひら》かれる
- 商業《しょうぎょう》が発達《はったつ》する

クイズ

Q 鎌倉時代《かまくらじだい》から各地《かくち》で定期的《ていきてき》に開《ひら》かれるようになった市場《いちば》を何《なん》というでしょう？

No. 069 人物《じんぶつ》カード

室町時代《むろまちじだい》

一三六八年 → 一三七八年 → 一三九二年

- ？が三代将軍《さんだいしょうぐん》になる
- ？が室町《むろまち》の「花《はな》の御所《ごしょ》」に移《うつ》る
- ？が南北朝《なんぼくちょう》を合一《ごういつ》する

クイズ

Q 室町幕府《むろまちばくふ》の３代将軍《だいしょうぐん》で、室町《むろまち》の「花《はな》の御所《ごしょ》」で政治《せいじ》を行《おこな》った人物《じんぶつ》はだれでしょう？

No. 070 出来事《できごと》カード

室町時代《むろまちじだい》

一三三三年 → 一三三四年 → 一三三六年

- 鎌倉幕府《かまくらばくふ》が滅亡《めつぼう》する
- 後醍醐天皇《ごだいごてんのう》が？を始《はじ》める
- 後醍醐天皇《ごだいごてんのう》が吉野《よしの》（奈良《なら》）へ逃《のが》れる

クイズ

Q 鎌倉幕府滅亡後《かまくらばくふめつぼうご》、後醍醐天皇《ごだいごてんのう》によって始《はじ》められた新《あたら》しい政治《せいじ》を何《なん》というでしょう？

No. 071 出来事《できごと》カード

室町時代《むろまちじだい》

一三三六年 → 一三三八年 → →

- 後醍醐天皇《ごだいごてんのう》が吉野《よしの》（奈良《なら》）へ逃《のが》れる
- 足利尊氏《あしかがたかうじ》が征夷大将軍《せいいたいしょうぐん》になり？を開《ひら》く
- 南北朝《なんぼくちょう》の騒乱《そうらん》が続《つづ》く

クイズ

Q 1338年に征夷大将軍《せいいたいしょうぐん》となった足利尊氏《あしかがたかうじ》が、京都《きょうと》に開《ひら》いた武家政権《ぶけせいけん》を何《なん》というでしょう？

No. 072 出来事《できごと》カード

室町時代《むろまちじだい》

一三九二年 → 一四〇四年 → 一四二八年

- 足利義満《あしかがよしみつ》が南北朝《なんぼくちょう》を合一《ごういつ》する
- 足利義満《あしかがよしみつ》が？を始《はじ》める
- 正長《しょうちょう》の土一揆《つちいっき》《どいっき》が起《お》こる

クイズ

Q 足利義満《あしかがよしみつ》により勘合《かんごう》という合《あ》い札《ふだ》を用《もち》いて始《はじ》められた中国《ちゅうごく》との貿易《ぼうえき》を何《なん》というでしょう？

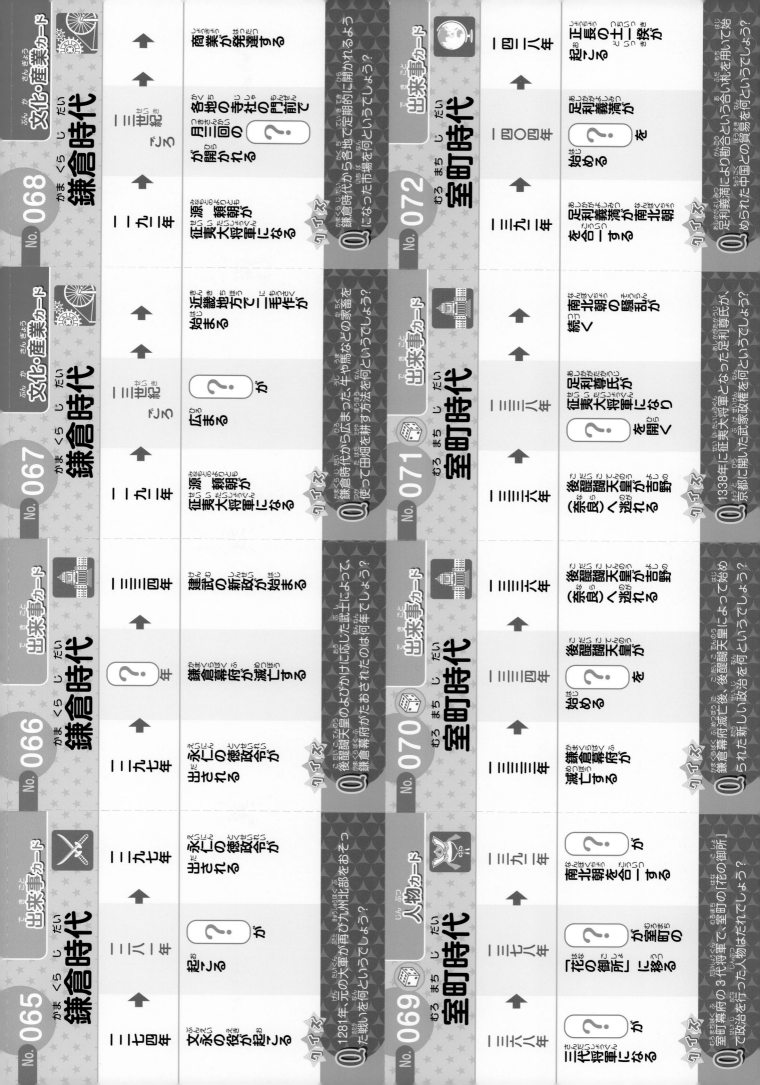

No.068 ▸文化《ぶんか》・産業《さんぎょう》カード 30ポイント

答《こた》え

定期市《ていきいち》

清浄光寺（遊行寺）蔵

特徴《とくちょう》 寺院《じいん》や神社《じんじゃ》の門前《もんぜん》などで月《つき》に3回開《かいひら》かれ、さまざまな物《もの》が取《と》り引《ひ》きされた。取《と》り引《ひ》きには中国《ちゅうごく》から輸入《ゆにゅう》された貨幣《かへい》も使用《しよう》された。

商業《しょうぎょう》の発達《はったつ》 定期市《ていきいち》は商業《しょうぎょう》の発達《はったつ》とともに鎌倉時代《かまくらじだい》から始《はじ》まり、室町時代《むろまちじだい》には月《つき》に6回開《かいひら》かれるようになった。

No.067 ▸文化《ぶんか》・産業《さんぎょう》カード 20ポイント

答《こた》え

牛馬耕《ぎゅうばこう》

山口県防府天満宮蔵

特徴《とくちょう》 牛《うし》や馬《うま》にすきを引《ひ》かせて田畑《たはた》を耕《たがや》す農法《のうほう》。

農業《のうぎょう》の発達《はったつ》 鎌倉時代《かまくらじだい》には、牛馬耕《ぎゅうばこう》のほかにも草木灰《そうもくばい》(草木《くさき》を焼《や》いた灰《はい》)などの新《あたら》しい肥料《ひりょう》が使《つか》われるようになり、近畿地方《きんきちほう》では米《こめ》と麦《むぎ》の二《に》毛作《もうさく》が始《はじ》まるなど農業《のうぎょう》が発達《はったつ》した。

No.066 ▸出来事《できごと》カード 10ポイント

答《こた》え

1333年

人物《じんぶつ》 後醍醐天皇《ごだいごてんのう》、足利尊氏《あしかがたかうじ》、楠木正成《くすのきまさしげ》、新田義貞《にったよしさだ》。

幕府《ばくふ》の滅亡《めつぼう》 後醍醐天皇《ごだいごてんのう》が立《た》てた鎌倉幕府《かまくらばくふ》打倒《だとう》の計画《けいかく》は失敗《しっぱい》に終《お》わった。しかし、近畿地方《きんきちほう》の武士《ぶし》・楠木正成《くすのきまさしげ》や、幕府《ばくふ》の御家人《ごけにん》の足利尊《あしかがたか》氏《うじ》、新田義貞《にったよしさだ》らが次々《つぎつぎ》に兵《へい》を挙《あ》げたため、1333年、鎌倉幕府《かまくらばくふ》は滅亡《めつぼう》した。

No.065 ▸出来事《できごと》カード 30ポイント

答《こた》え

弘安《こうあん》の役《えき》

皇居三の丸尚蔵館収蔵

始《はじ》まり 1281年、日本《にほん》と元《げん》の間《あいだ》で2度目《どめ》の戦《たたか》いが起《お》こった。

終《お》わり 元軍《げんぐん》は博多湾《はかたわん》の石塁《せきるい》によって上陸《じょうりく》することができず、暴風雨《ぼうふうう》によって被害《ひがい》を受《う》け敗《はい》退《たい》した。この後《あと》、幕府《ばくふ》は十分《じゅうぶん》な恩賞《おんしょう》をあたえることができず、御家人《ごけにん》の信頼《しんらい》を失《うしな》った。

No.072 ▸出来事《できごと》カード 40ポイント

答《こた》え

勘合貿易《かんごうぼうえき》(日明貿易《にちみんぼうえき》)

真正極楽寺所蔵

始《はじ》まり 倭寇《わこう》とよばれる海賊《かいぞく》の被害《ひがい》に苦《くる》しむ明《みん》(中《ちゅう》国《ごく》)が日本《にほん》に取《と》りしまりを求《もと》めて来《き》たことをきっかけに、足利義満《あしかがよしみつ》によって始《はじ》められた。

特色《とくしょく》 勘合《かんごう》という合《あ》い札《ふだ》を用《もち》いて正式《せいしき》な貿易船《ぼうえきせん》であることを証明《しょうめい》した。日本《にほん》は明《みん》から貨《か》幣《へい》(明銭《みんせん》)などを輸入《ゆにゅう》した。

No.071 ▸出来事《できごと》カード 30ポイント

答《こた》え

室町幕府《むろまちばくふ》

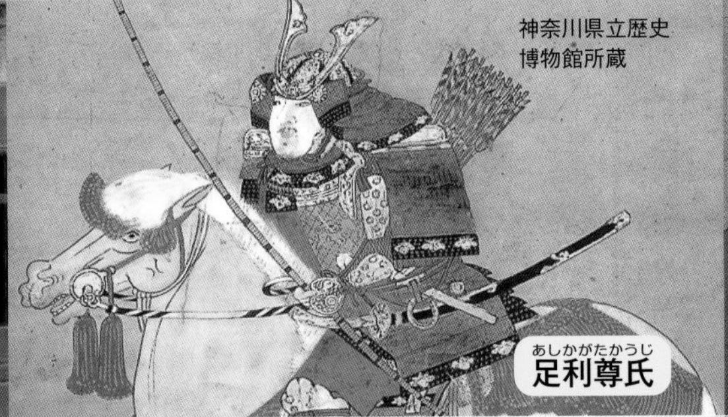

神奈川県立歴史博物館所蔵

始《はじ》まり 朝廷《ちょうてい》が北朝《ほくちょう》(京都《きょうと》)と南朝《なんちょう》(吉野《よしの》)に分裂《ぶんれつ》した中《なか》、1338年、足利尊氏《あしかがたかうじ》によって京都《きょうと》に開《ひら》かれ、1573年まで続《つづ》いた。足利義満《あしかがよしみつ》が室《むろ》町《まち》の「花《はな》の御所《ごしょ》」で政治《せいじ》を行《おこな》ったことから室町幕府《むろまちばくふ》とよばれるようになった。

特色《とくしょく》 将軍《しょうぐん》を補佐《ほさ》する役職《やくしょく》として管領《かんれい》が置《お》かれた。

No.070 ▸出来事《できごと》カード 20ポイント

答《こた》え

建武《けんむ》の新政《しんせい》

清浄光寺（遊行寺）蔵

始《はじ》まり 鎌倉幕府滅亡後《かまくらばくふめつぼうご》、後醍醐天皇《ごだいごてんのう》が始《はじ》めた。

特色《とくしょく》 天皇《てんのう》を中心《ちゅうしん》とし、貴族《きぞく》たちを重《おも》く用《もち》いたため、武士《ぶし》の反発《はんぱつ》をまねいた。

結果《けっか》 新政《しんせい》は足利尊氏《あしかがたかうじ》の反乱《はんらん》によりわずか2年《ねん》で失敗《しっぱい》に終《お》わり、後醍醐天皇《ごだいごてんのう》は吉野《よしの》(奈良《なら》県《けん》)に逃《のが》れた。

No.069 ▸人物《じんぶつ》カード 50ポイント

答《こた》え

足利義満《あしかがよしみつ》

鹿苑寺所蔵

人物《じんぶつ》 室町幕府《むろまちばくふ》の3代将軍《だいしょうぐん》として大《おお》きな力《ちから》をほこった。

政治《せいじ》 南北朝《なんぼくちょう》を合一《ごういつ》し、室町幕府《むろまちばくふ》の全盛期《ぜんせいき》を築《きず》いた。

外交《がいこう》 勘合貿易《かんごうぼうえき》(日明貿易《にちみんぼうえき》)を始《はじ》めた。

文化《ぶんか》 京都《きょうと》の北山《きたやま》に鹿苑寺金閣《ろくおんじきんかく》を建《た》て、能楽《のうがく》を保《ほ》護《ご》した。このころに栄《さか》えた文化《ぶんか》は北山文《きたやまぶん》化《か》とよばれる。

No. 073 出来事《できごと》カード

室町時代《むろまちじだい》

一四二八年 正長《しょうちょう》の土一揆《つちいっき／どいっき》が起《お》こる
→ 一四二九年 沖縄《おきなわ》で ? が成立《せいりつ》する
→ 一四六七年 応仁《おうにん》の乱《らん》が起《お》こる

クイズ
Q 現在《げんざい》の沖縄県《おきなわけん》にあたり、かつて王国《おうこく》として栄《さか》えていた国《くに》の名前《なまえ》は何《なん》でしょう？

No. 074 出来事《できごと》カード

室町時代《むろまちじだい》

一四〇四年 足利義満《あしかがよしみつ》が勘合貿易《かんごうぼうえき》を始《はじ》める
→ 一四二八年 近畿地方《きんきちほう》で ? が起《お》こる
→ 一四二九年 沖縄《おきなわ》で琉球王国《りゅうきゅうおうこく》が成立《せいりつ》する

クイズ
Q 1428年に近江国《おうみのくに》(滋賀県《しがけん》)の馬借《ばしゃく》たちから始《はじ》まった一揆《いっき》を何《なん》というでしょう？

No. 075 文化《ぶんか》・産業《さんぎょう》カード

室町時代《むろまちじだい》

一三七八年 足利義満《あしかがよしみつ》が室町《むろまち》の「花《はな》の御所《ごしょ》」に移《うつ》る
→ 一三九七年 足利義満《あしかがよしみつ》が ? をつくる
→ 一四〇四年 足利義満《あしかがよしみつ》が勘合貿易《かんごうぼうえき》を始《はじ》める

クイズ
Q 足利義満《あしかがよしみつ》によって京都《きょうと》の北山《きたやま》につくられた、北山文化《きたやまぶんか》を代表《だいひょう》する建物《たてもの》は何《なん》でしょう？

No. 076 文化《ぶんか》・産業《さんぎょう》カード

室町時代《むろまちじだい》

一三六八年 足利義満《あしかがよしみつ》が三代将軍《さんだいしょうぐん》になる
→ 一四世紀《せいき》後半《こうはん》 観阿弥《かんあみ》・世阿弥《ぜあみ》が ? を大成《たいせい》する
→ 一三九七年 足利義満《あしかがよしみつ》が鹿苑寺金閣《ろくおんじきんかく》をつくる

クイズ
Q 観阿弥《かんあみ》・世阿弥《ぜあみ》の親子《おやこ》によって室町時代《むろまちじだい》に大成《たいせい》された、日本《にほん》の伝統芸能《でんとうげいのう》は何《なん》でしょう？

No. 077 人物《じんぶつ》カード

室町時代《むろまちじだい》(戦国時代《せんごくじだい》)

一四二八年 正長《しょうちょう》の土一揆《つちいっき／どいっき》が起《お》こる
→ 一四六七年 ? のあとつぎ争《あらそ》いから応仁《おうにん》の乱《らん》が起《お》こる
→ 一四八五年 山城《やましろ》の国一揆《くにいっき》が起《お》こる

クイズ
Q 室町幕府《むろまちばくふ》の８代将軍《だいしょうぐん》で、京都《きょうと》の東山《ひがしやま》に銀閣《ぎんかく》をつくった人物《じんぶつ》はだれでしょう？

No. 078 人物《じんぶつ》カード

室町時代《むろまちじだい》(戦国時代《せんごくじだい》)

一四六七年 応仁《おうにん》の乱《らん》が起《お》こる
→ 一五世紀《せいき》後半《こうはん》 ? が水墨画《すいぼくが》を大成《たいせい》させる
→ 一四八二年 足利義政《あしかがよしまさ》が慈照寺《じしょうじ》銀閣《ぎんかく》をつくる

クイズ
Q 明《みん》にわたって絵《え》を学《まな》び、帰国後《きこくご》、水墨画《すいぼくが》(墨絵《すみえ》)を大成《たいせい》させた人物《じんぶつ》はだれでしょう？

No. 079 人物《じんぶつ》カード

室町時代《むろまちじだい》(戦国時代《せんごくじだい》)

一五四三年 ポルトガル人《じん》が鉄砲《てっぽう》を伝《つた》える
→ 一五四九年 ? がキリスト教《きょう》を伝《つた》える
→ 一五六〇年 織田信長《おだのぶなが》が桶狭間《おけはざま》の戦《たたか》いで勝利《しょうり》する

クイズ
Q スペイン人《じん》の宣教師《せんきょうし》で、日本《にほん》にキリスト教《きょう》を伝《つた》えた人物《じんぶつ》はだれでしょう？

No. 080 出来事《できごと》カード

室町時代《むろまちじだい》(戦国時代《せんごくじだい》)

一四二八年 正長《しょうちょう》の土一揆《つちいっき／どいっき》が起《お》こる
→ 一四六七年 ? が起《お》こる
→ 一四八五年 山城《やましろ》の国一揆《くにいっき》が起《お》こる

クイズ
Q 足利義政《あしかがよしまさ》のあとつぎをめぐる問題《もんだい》から1467年に京都《きょうと》で始《はじ》まった戦《たたか》いを何《なん》というでしょう？

No.073 ▶出来事《できごと》カード 30ポイント

答《こた》え

琉《りゅう》球《きゅう》王《おう》国《こく》

首里城《しゅりじょう》

◆成立《せいりつ》 1429年、尚巴志《しょうはし》によって沖縄《おきなわ》が統一《とういつ》され、琉球王国《りゅうきゅうおうこく》が成立《せいりつ》した。

◆歴史《れきし》 日本《にほん》をはじめアジア諸国《しょこく》の間《あいだ》を結《むす》ぶ中継《ちゅうけい》貿易《ぼうえき》によって栄《さか》えたが、17世紀初《せいきはじ》めに薩摩《さつま》藩《はん》(鹿児島県《かごしまけん》)によって攻《せ》められ、支配《しはい》されるようになった。

No.074 ▶出来事《できごと》カード 20ポイント

答《こた》え

正長《しょうちょう》の土一揆《つちいっき》《どいっき》

当時《とうじ》の一揆《いっき》の想像図《そうぞうず》

◆始《はじ》まり 1428年、近江国《おうみのくに》(滋賀県《しがけん》)の馬借《ばしゃく》(馬《うま》を使《つか》った運送業者《うんそうぎょうしゃ》)が徳政令《とくせいれい》(借金《しゃっきん》を帳消《ちょうけ》しにする命令《めいれい》)を求《もと》めて立《た》ち上《あ》がった。

◆農民《のうみん》の成長《せいちょう》 室町時代《むろまちじだい》の農民《のうみん》は、自分《じぶん》たちで村《むら》のきまりを定《さだ》めて自治《じち》を行《おこな》い、時《とき》には一揆《いっき》を起《お》こすようになった。

No.075 ▶文化《ぶんか》・産業《さんぎょう》カード 30ポイント

答《こた》え

鹿苑寺金閣《ろくおんじきんかく》

鹿苑寺提供
柴田秋介撮影

◆所在地《しょざいち》 京都府京都市《きょうとふきょうとし》。

◆創建《そうけん》 1397年、足利義満《あしかがよしみつ》によってつくられた。

◆特色《とくしょく》 北山文化《きたやまぶんか》を代表《だいひょう》する建築物《けんちくぶつ》で世界遺産《せかいいさん》に登録《とうろく》されている。1階《かい》は寝殿造風《しんでんづくりふう》、2階《かい》は武家造風《ぶけづくりふう》、3階《かい》は禅宗様《ぜんしゅうよう》の仏殿《ぶつでん》という造《つく》りになっている。

No.076 ▶文化《ぶんか》・産業《さんぎょう》カード 20ポイント

答《こた》え

能《のう》楽《がく》

能《のう》の舞台《ぶたい》

能面《のうめん》

◆始《はじ》まり 古《ふる》くから民衆《みんしゅう》の間《あいだ》で親《した》しまれていた猿楽《さるがく》(ものまねなどの芸《げい》)や田楽《でんがく》(田植《たう》えのときに行《おこな》われた踊《おど》り)をもとにして生《う》まれたといわれる。

◆大成《たいせい》 北山文化《きたやまぶんか》のころ、足利義満《あしかがよしみつ》の保護《ほご》を受《う》けた観阿弥《かんあみ》・世阿弥《ぜあみ》の親子《おやこ》によって大成《たいせい》された。

No.077 ▶人物《じんぶつ》カード 20ポイント

答《こた》え

足《あし》利《かが》義《よし》政《まさ》

東京国立博物館所蔵

◆人物《じんぶつ》 室町幕府《むろまちばくふ》の8代将軍《だいしょうぐん》。足利義満《あしかがよしみつ》の孫《まご》にあたる。

◆政治《せいじ》 自《みずか》らのあとつぎ争《あらそ》いから応仁《おうにん》の乱《らん》が起《お》こり、幕府《ばくふ》や将軍《しょうぐん》の権威《けんい》が失《うしな》われる結果《けっか》となった。

◆文化《ぶんか》 京都《きょうと》の東山《ひがしやま》に慈照寺銀閣《じしょうじぎんかく》を築《きず》いた。このころに栄《さか》えた文化《ぶんか》は東山文化《ひがしやまぶんか》とよばれる。

No.078 ▶人物《じんぶつ》カード 30ポイント

答《こた》え

雪《せっ》舟《しゅう》

常栄寺所蔵

『秋冬山水図《しゅうとうさんすいず》』
東京国立博物館所蔵

◆人物《じんぶつ》 禅宗《ぜんしゅう》の僧《そう》で、東山文化《ひがしやまぶんか》のころに水墨画《すいぼくが》(墨絵《すみえ》)を大成《たいせい》させた。「画聖《がせい》」ともよばれる。

◆業績《ぎょうせき》 明《みん》(中国《ちゅうごく》)にわたって水墨画《すいぼくが》を学《まな》び、帰国《きこく》後《ご》、日本《にほん》で水墨画《すいぼくが》を大成《たいせい》させた。

◆代表作《だいひょうさく》 『四季山水図巻《しきさんすいずかん》』『秋冬山水図《しゅうとうさんすいず》』など

No.079 ▶人物《じんぶつ》カード 40ポイント

答《こた》え

フランシスコ＝ザビエル

神戸市立博物館蔵

◆人物《じんぶつ》 スペイン出身《しゅっしん》の宣教師《せんきょうし》。

◆業績《ぎょうせき》 イエズス会《かい》の創立者《そうりつしゃ》の1人で、キリスト教《きょう》(カトリック)のアジアへの布教《ふきょう》につとめた。インドなど各地《かくち》を回《まわ》って布教《ふきょう》を行《おこな》い、1549年には鹿児島《かごしま》に上陸《じょうりく》して日本《にほん》にキリスト教《きょう》を伝《つた》えた。

No.080 ▶出来事《できごと》カード 50ポイント

答《こた》え

応《おう》仁《にん》の乱《らん》

真正極楽寺所蔵

◆原因《げんいん》 室町幕府《むろまちばくふ》の8代将軍足利義政《だいしょうぐんあしかがよしまさ》のあとつぎ争《あらそ》いと、有力守護大名《ゆうりょくしゅごだいみょう》どうしの対立《たいりつ》。

◆始《はじ》まり 1467年、全国《ぜんこく》の守護大名《しゅごだいみょう》が細川勝元《ほそかわかつもと》の東軍《とうぐん》と山名宗全《やまなそうぜん》の西軍《せいぐん》に分《わ》かれ、京都《きょうと》で戦《たたか》いが起《お》こった。

◆影響《えいきょう》 将軍《しょうぐん》は権威《けんい》を失《うしな》い、下剋上《げこくじょう》の風潮《ふうちょう》が高《たか》まった。

No. 081 出来事《できごと》カード

室町時代《むろまちじだい》(戦国時代《せんごくじだい》)

一四八八年 → 一五四三年 → 一五四九年

加賀《かが》の一向一揆《いっこういっき》が起《お》こる

ポルトガル人《じん》が？を伝《つた》える

ザビエルがキリスト教《きょう》を伝《つた》える

クイズ

Q 1543年、種子島《たねがしま》にたどりついたポルトガル人《じん》によって伝《つた》えられた武器《ぶき》は何《なん》でしょう？

No. 082 出来事《できごと》カード

室町時代《むろまちじだい》(戦国時代《せんごくじだい》)

一五四三年 → 一五四九年 → 一五六〇年

ポルトガル人《じん》が鉄砲《てっぽう》を伝《つた》える

ザビエルが？を伝《つた》える

織田信長《おだのぶなが》が桶狭間《おけはざま》の戦《たたか》いで勝利《しょうり》する

クイズ

Q 1549年、鹿児島《かごしま》に上陸《じょうりく》したザビエルによって伝《つた》えられた宗教《しゅうきょう》は何《なん》でしょう？

No. 083 文化《ぶんか》・産業《さんぎょう》カード

室町時代《むろまちじだい》(戦国時代《せんごくじだい》)

一五世紀《せいき》後半《こうはん》 → 一四八二年 → 一六世紀《せいき》初《はじ》め

雪舟《せっしゅう》が水墨画《すいぼくが》を大成《たいせい》させる

足利義政《あしかがよしまさ》が？で知《し》られる慈照寺《じしょうじ》銀閣《ぎんかく》をつくる

御伽草子《おとぎぞうし》が流行《りゅうこう》する

クイズ

Q 慈照寺銀閣《じしょうじぎんかく》に見《み》られる、現在《げんざい》の和室《わしつ》のもとになった建築様式《けんちくようしき》を何《なん》というでしょう？

No. 084 文化《ぶんか》・産業《さんぎょう》カード

室町時代《むろまちじだい》(戦国時代《せんごくじだい》)

一四八二年 → 一六世紀《せいき》初《はじ》め → 一五四三年

足利義政《あしかがよしまさ》が慈照寺《じしょうじ》銀閣《ぎんかく》をつくる

？が流行《りゅうこう》する

ポルトガル人《じん》が鉄砲《てっぽう》を伝《つた》える

クイズ

Q 室町時代後半《むろまちじだいこうはん》に流行《りゅうこう》した、『一寸法師《いっすんぼうし》』などのさし絵《え》の入《はい》った物語《ものがたり》を何《なん》というでしょう？

No. 085 人物《じんぶつ》カード

安土桃山時代《あづちももやまじだい》

一五六〇年 → 一五七三年 → 一五七五年

？が桶狭間《おけはざま》の戦《たたか》いで勝利《しょうり》する

？が室町幕府《むろまちばくふ》をほろぼす

？が長篠《ながしの》の戦《たたか》いで勝利《しょうり》する

クイズ

Q 室町幕府《むろまちばくふ》をたおし全国統一《ぜんこくとういつ》をめざしたが、家臣《かしん》の裏切《うらぎ》りでたおされた人物《じんぶつ》はだれでしょう？

No. 086 人物《じんぶつ》カード

安土桃山時代《あづちももやまじだい》

一五八二年 → 一五八八年 → 一五九〇年

？が太閤検地《たいこうけんち》を始《はじ》める

？が刀狩令《かたながりれい》を出《だ》す

？が全国《ぜんこく》を統一《とういつ》する

クイズ

Q 大阪城《おおさかじょう》を築《きず》き、織田信長《おだのぶなが》のあとをついで全《ぜん》国統一《こくとういつ》をはたした人物《じんぶつ》はだれでしょう？

No. 087 出来事《できごと》カード

安土桃山時代《あづちももやまじだい》

一五七三年 → 一五七五年 → 一五七六年

織田信長《おだのぶなが》が室町幕府《むろまちばくふ》をほろぼす

織田信長《おだのぶなが》が？で勝利《しょうり》する

安土城《あづちじょう》の建造《けんぞう》が始《はじ》まる

クイズ

Q 1575年、織田信長《おだのぶなが》が鉄砲隊《てっぽうたい》を用《もち》いて武田勝《たけだかつ》頼《より》を破《やぶ》った戦《たたか》いを何《なん》というでしょう？

No. 088 出来事《できごと》カード

安土桃山時代《あづちももやまじだい》

一五八二年 → 一五八二年 → 一五八八年

本能寺《ほんのうじ》の変《へん》が起《お》こる

豊臣秀吉《とよとみひでよし》が？を始《はじ》める

豊臣秀吉《とよとみひでよし》が刀狩令《かたながりれい》を出《だ》す

クイズ

Q 豊臣秀吉《とよとみひでよし》が1582年から始《はじ》めた、全国《ぜんこく》の田畑《たはた》を調査《ちょうさ》する事業《じぎょう》を何《なん》というでしょう？

No.081 ▶出来事《できごと》カード 40ポイント

答《こた》え

鉄《てっ》砲《ぽう》

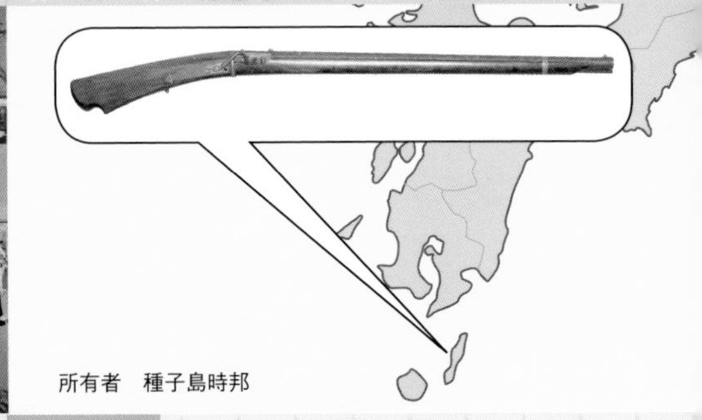

所有者　種子島時邦

伝来《でんらい》 1543年、種子島《たねがしま》にたどりついたポルトガル人《じん》によって伝《つた》えられた。

広《ひろ》まり 鉄砲《てっぽう》は戦国大名《せんごくだいみょう》の注目《ちゅうもく》を集《あつ》め、日本国内《にほんこくない》でも堺《さかい》(大阪府《おおさかふ》)などで生産《せいさん》が始《はじ》まった。

影響《えいきょう》 足軽《あしがる》の鉄砲隊《てっぽうたい》による集団戦法《しゅうだんせんぽう》が見《み》られるようになった。

No.082 ▶出来事《できごと》カード 40ポイント

答《こた》え

キリスト教《きょう》

神戸市立博物館蔵

伝来《でんらい》 1549年、鹿児島《かごしま》に上陸《じょうりく》したフランシスコ=ザビエルによって伝《つた》えられた。

広《ひろ》まり 西日本《にしにほん》を中心《ちゅうしん》に信者《しんじゃ》が広《ひろ》がり、戦国大名《せんごくだいみょう》の中《なか》には自《みずか》ら信者《しんじゃ》となったキリシタン大名《だいみょう》もいた。このころからスペイン・ポルトガルとの南蛮貿易《なんばんぼうえき》が始《はじ》まった。

No.083 ▶文化《ぶんか》・産業《さんぎょう》カード 20ポイント

答《こた》え

書《しょ》院《いん》造《づくり》

慈照寺提供

書院造《しょいんづくり》 東山文化《ひがしやまぶんか》を代表《だいひょう》する建築様式《けんちくようしき》で、室町幕府《むろまちばくふ》の８代将軍足利義政《だいしょうぐんあしかがよしまさ》がつくった慈照寺《じしょうじ》の東求堂《とうぐどう》などに見《み》られる。

特色《とくしょく》 もとは禅宗《ぜんしゅう》の寺院《じいん》の書院《しょいん》(書庫《しょこ》)に見《み》られた造《つく》りで、現在《げんざい》の日本住宅《にほんじゅうたく》の和室《わしつ》のもとになったといわれる。

No.084 ▶文化《ぶんか》・産業《さんぎょう》カード 20ポイント

答《こた》え

御《お》伽《とぎ》草《ぞう》子《し》

大阪公立大学
中百舌鳥図書館所蔵

特色《とくしょく》 東山文化《ひがしやまぶんか》のころに人々《ひとびと》の間《あいだ》で流行《りゅうこう》した、さし絵《え》の入《はい》った物語《ものがたり》。

主《おも》な作品《さくひん》 『一寸法師《いっすんぼうし》』『浦島太郎《うらしまたろう》』『物《もの》ぐさ太郎《たろう》』など、現代《げんだい》まで人々《ひとびと》に広《ひろ》く読《よ》みつがれている物語《ものがたり》もあるが、作者《さくしゃ》はいずれも不明《ふめい》。

No.085 ▶人物《じんぶつ》カード 50ポイント

答《こた》え

織《お》田《だ》信《のぶ》長《なが》

長興寺所蔵

人物《じんぶつ》 尾張国《おわりのくに》(愛知県《あいちけん》)の出身《しゅっしん》。桶狭間《おけはざま》の戦《たたか》いや長篠《ながしの》の戦《たたか》いなどで勝利《しょうり》し、全国統一《ぜんこくとういつ》をめざした。

政治《せいじ》 室町幕府《むろまちばくふ》をたおした。安土城《あづちじょう》を築《きず》いた。楽市《らくいち》・楽座《らくざ》や関所《せきしょ》の廃止《はいし》などの政策《せいさく》を行《おこな》い、商業《しょうぎょう》の発展《はってん》に力《ちから》を入《い》れた。

外交《がいこう》 南蛮貿易《なんばんぼうえき》に力《ちから》を入《い》れ、キリスト教《きょう》を保護《ほご》した。

No.086 ▶人物《じんぶつ》カード 50ポイント

答《こた》え

豊《とよ》臣《とみ》秀《ひで》吉《よし》

高台寺所蔵

人物《じんぶつ》 尾張国《おわりのくに》(愛知県《あいちけん》)の出身《しゅっしん》。織田信長《おだのぶなが》の後継者《こうけいしゃ》の地位《ちい》につき、1590年に全国統一《ぜんこくとういつ》をはたした。

政治《せいじ》 太閤検地《たいこうけんち》や刀狩《かたながり》などの政策《せいさく》を行《おこな》った。

外交《がいこう》 日本国内《にほんこくない》を統一後《とういつご》、２度《ど》にわたり朝鮮《ちょうせん》へ出兵《しゅっぺい》したが、いずれも失敗《しっぱい》に終《お》わった。

No.087 ▶出来事《できごと》カード 40ポイント

答《こた》え

長《なが》篠《しの》の戦《たたか》い

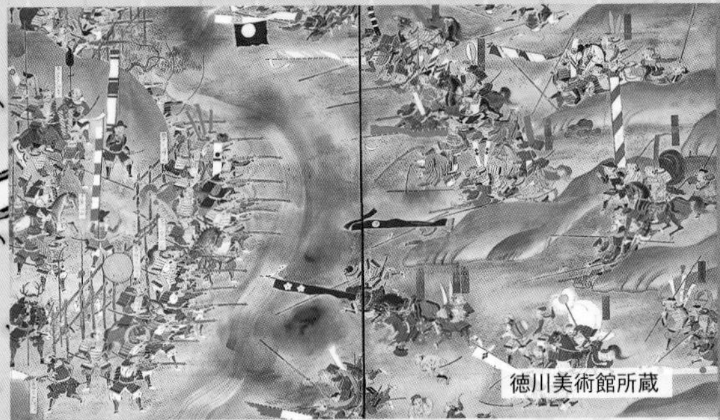

徳川美術館所蔵

始《はじ》まり 1575年、三河国《みかわのくに》(愛知県《あいちけん》)で、織田信長《おだのぶなが》・徳川家康《とくがわいえやす》の連合軍《れんごうぐん》と武田勝頼《たけだかつより》の軍《ぐん》が戦《たたか》った。

終《お》わり 織田信長軍《おだのぶながぐん》は大規模《だいきぼ》な鉄砲隊《てっぽうたい》を組織《そしき》し、武田勝頼《たけだかつより》の軍《ぐん》を破《やぶ》った。この戦《たたか》いの後《あと》、武田氏《たけだし》の勢力《せいりょく》は急速《きゅうそく》におとろえていった。

No.088 ▶出来事《できごと》カード 40ポイント

答《こた》え

太《たい》閤《こう》検《けん》地《ち》

始《はじ》まり 1582年、豊臣秀吉《とよとみひでよし》によって始《はじ》められた。

特色《とくしょく》 共通《きょうつう》の単位《たんい》を定《さだ》めて全国《ぜんこく》の田畑《たはた》を測量《そくりょう》し、面積《めんせき》や収穫高《しゅうかくだか》、耕作者《こうさくしゃ》などを検地帳《けんちちょう》に記《しる》した。

結果《けっか》 農民《のうみん》は田畑《たはた》を耕作《こうさく》する権利《けんり》を認《みと》められたが、年貢《ねんぐ》をおさめる義務《ぎむ》を負《お》うことになった。

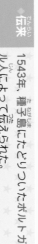

No. 089 出来事《できごと》カード

安土桃山時代《あづちももやまじだい》

一五八二年 → 一五八八年 → 一五九〇年

- 一五八二年：豊臣秀吉《とよとみひでよし》が太閤検地《たいこうけんち》を始《はじ》める
- 一五八八年：豊臣秀吉《とよとみひでよし》が ？ 令《れい》を出《だ》す
- 一五九〇年：豊臣秀吉《とよとみひでよし》が全国《ぜんこく》を統一《とういつ》する

クイズ

Q 豊臣秀吉《とよとみひでよし》が1588年に行《おこな》った、農民《のうみん》から武《ぶ》器《き》を取《と》りあげる政策《せいさく》を何《なん》というでしょう？

No. 090 出来事《できごと》カード

安土桃山時代《あづちももやまじだい》

一五九七年 → 一六〇〇年 → 一六〇三年

- 一五九七年：慶長《けいちょう》の役《えき》が起《お》こる
- 一六〇〇年：徳川家康《とくがわいえやす》が ？ で勝利《しょうり》する
- 一六〇三年：徳川家康《とくがわいえやす》が征夷大将軍《せいいたいしょうぐん》になる

クイズ

Q 1600年、徳川家康《とくがわいえやす》と石田三成《いしだみつなり》が戦《たたか》った、「天下《てんか》分《わ》け目《め》の戦《たたか》い」を何《なん》というでしょう？

No. 091 文化《ぶんか》・産業《さんぎょう》カード

安土桃山時代《あづちももやまじだい》

一五七五年 → 一五七六年 → 一五八二年

- 一五七五年：織田信長《おだのぶなが》が長篠《ながしの》の戦《たたか》いで勝利《しょうり》する
- 一五七六年：？ の築城《ちくじょう》が始《はじ》まる
- 一五八二年：本能寺《ほんのうじ》の変《へん》で織田信長《おだのぶなが》がたおされる

クイズ

Q 織田信長《おだのぶなが》が琵琶湖《びわこ》をのぞむ小高《こだか》い丘《おか》に築《きず》いた、壮大《そうだい》な城《しろ》の名前《なまえ》は何《なん》でしょう？

No. 092 文化《ぶんか》・産業《さんぎょう》カード

安土桃山時代《あづちももやまじだい》

一五八二年 → 一六世紀《せいき》後半《こうはん》 → 一五九二年

- 一五八二年：豊臣秀吉《とよとみひでよし》が太閤検地《たいこうけんち》を始《はじ》める
- 一六世紀《せいき》後半《こうはん》：千利休《せんのりきゅう》が ？ を大成《たいせい》する
- 一五九二年：文禄《ぶんろく》の役《えき》が起《お》こる

クイズ

Q 安土桃山時代《あづちももやまじだい》に千利休《せんのりきゅう》によって大成《たいせい》された、茶《ちゃ》をたしなむ作法《さほう》を何《なん》というでしょう？

No. 093 人物《じんぶつ》カード

江戸時代《えどじだい》

一六〇〇年 → 一六〇三年 → 一六一五年

- 一六〇〇年：？ が関ケ原《せきがはら》の戦《たたか》いで勝利《しょうり》する
- 一六〇三年：？ が征夷大将軍《せいいたいしょうぐん》になり江戸幕府《えどばくふ》を開《ひら》く
- 一六一五年：大阪夏《おおさかなつ》の陣《じん》で豊臣氏《とよとみし》が滅亡《めつぼう》する

クイズ

Q 関ケ原《せきがはら》の戦《たたか》いで石田三成《いしだみつなり》を破《やぶ》り、江戸《えど》に幕《ばく》府《ふ》を開《ひら》いた人物《じんぶつ》はだれでしょう？

No. 094 人物《じんぶつ》カード

江戸時代《えどじだい》

一六二三年 → 一六三五年 → 一六三九年

- 一六二三年：？ が三代将軍《さんだいしょうぐん》になる
- 一六三五年：？ が参勤交代《さんきんこうたい》を制度化《せいどか》する
- 一六三九年：？ が鎖国《さこく》を完成《かんせい》させる

クイズ

Q 江戸幕府《えどばくふ》の3代将軍《だいしょうぐん》で、参勤交代制《さんきんこうたいせい》を定《さだ》めたり鎖国《さこく》を行《おこな》ったりした人物《じんぶつ》はだれでしょう？

No. 095 出来事《できごと》カード

江戸時代《えどじだい》

一六〇〇年 → 一六〇三年 → 一六一五年

- 一六〇〇年：徳川家康《とくがわいえやす》が関ケ原《せきがはら》の戦《たたか》いで勝利《しょうり》する
- 一六〇三年：徳川家康《とくがわいえやす》が征夷大将軍《せいいたいしょうぐん》になり ？ を開《ひら》く
- 一六一五年：大阪夏《おおさかなつ》の陣《じん》で豊臣氏《とよとみし》が滅亡《めつぼう》する

クイズ

Q 1603年に征夷大将軍《せいいたいしょうぐん》になった徳川家康《とくがわいえやす》が開《ひら》いた武家政権《ぶけせいけん》を何《なん》というでしょう？

No. 096 出来事《できごと》カード

江戸時代《えどじだい》

一六〇三年 → 一六〇七年 → 一六〇九年

- 一六〇三年：徳川家康《とくがわいえやす》が江戸幕府《えどばくふ》を開《ひら》く
- 一六〇七年：？ が来日《らいにち》する
- 一六〇九年：薩摩藩《さつまはん》が琉球《りゅうきゅう》を支配《しはい》する

クイズ

Q 江戸時代《えどじだい》、幕府《ばくふ》の将軍《しょうぐん》がかわるごとに朝鮮《ちょうせん》から送《おく》られて来《き》た使節《しせつ》を何《なん》というでしょう？

No.089 ▸出来事《できごと》カード 40ポイント

答《こた》え

刀《かたな》狩《がり》

◆始《はじ》まり 1588年、豊臣秀吉《とよとみひでよし》によって始《はじ》められた。

◆特色《とくしょく》 農民《のうみん》から刀《かたな》や鉄砲《てっぽう》などの武器《ぶき》を取《と》りあげた。

◆目的《もくてき》 農民《のうみん》を農業《のうぎょう》に専念《せんねん》させるとともに、一揆《いっき》を防《ふせ》ぐ。

◆結果《けっか》 兵農分離《へいのうぶんり》が進《すす》み、武士《ぶし》と農民《のうみん》の身分《みぶん》の区別《くべつ》がはっきりするようになった。

No.090 ▸出来事《できごと》カード 50ポイント

答《こた》え

関《せき》ヶ原《がはら》の戦《たたか》い

関ケ原町歴史民俗資料館蔵

◆始《はじ》まり 1600年、豊臣秀吉《とよとみひでよし》の死後《しご》の権力争《けんりょくあらそ》いから、徳川家康《とくがわいえやす》と石田三成《いしだみつなり》が美濃国《みののくに》(岐阜県《ぎふけん》)で戦《たたか》った。

◆終《お》わり 徳川家康率《とくがわいえやすひき》いる東軍《とうぐん》が石田三成率《いしだみつなりひき》いる西軍《せいぐん》を破《やぶ》った。これにより、徳川家康《とくがわいえやす》は全国《ぜんこく》を支配《しはい》する力《ちから》を手《て》に入《い》れた。

No.091 ▸文化《ぶんか》・産業《さんぎょう》カード 30ポイント

答《こた》え

安《あ》土《づち》城《じょう》

伊勢忍者キングダム・安土桃山文化村提供

復元《ふくげん》された安土城《あづちじょう》(天主《てんしゅ》)

◆築城《ちくじょう》 1576年に築城開始《ちくじょうかいし》。近江国《おうみのくに》(滋賀県《しがけん》)安土《あづち》の琵琶湖《びわこ》をのぞむ小高《こだか》い丘《おか》の上《うえ》につくられた。

◆特色《とくしょく》 城下町《じょうかまち》では織田信長《おだのぶなが》によって楽市《らくいち》・楽座《らくざ》が実施《じっし》された。

No.092 ▸文化《ぶんか》・産業《さんぎょう》カード 20ポイント

答《こた》え

茶《さ》道《どう》

千利休《せんのりきゅう》

不審菴所蔵

◆歴史《れきし》 室町時代後半《むろまちじだいこうはん》に広《ひろ》まった茶《ちゃ》の湯《ゆ》の風習《ふうしゅう》が、千利休《せんのりきゅう》によって安土桃山時代《あづちももやまじだい》に大成《たいせい》された。

◆千利休《せんのりきゅう》 堺《さかい》(大阪府《おおさかふ》)の大商人《だいしょうにん》の家《いえ》に生《う》まれた。織田信長《おだのぶなが》や豊臣秀吉《とよとみひでよし》に仕《つか》え、茶道《さどう》を芸術《げいじゅつ》として大成《たいせい》させたが、後《のち》に秀吉《ひでよし》の怒《いか》りにふれ切腹《せっぷく》を命《めい》じられた。

No.093 ▸人物《じんぶつ》カード 50ポイント

答《こた》え

徳《とく》川《がわ》家《いえ》康《やす》

岡崎市所蔵

◆人物《じんぶつ》 三河国《みかわのくに》(愛知県《あいちけん》)の出身《しゅっしん》。関《せき》ヶ原《がはら》の戦《たたか》いで勝利《しょうり》し、全国《ぜんこく》を支配《しはい》する力《ちから》を手《て》に入《い》れた。

◆政治《せいじ》 1603年に征夷大将軍《せいいたいしょうぐん》となり江戸幕府《えどばくふ》を開《ひら》いた。1615年に大阪夏《おおさかなつ》の陣《じん》で豊臣氏《とよとみし》をほろぼした。

◆外交《がいこう》 朝鮮《ちょうせん》との国交《こっこう》を回復《かいふく》した。朱印船貿易《しゅいんせんぼうえき》を進《すす》めた。

No.094 ▸人物《じんぶつ》カード 40ポイント

答《こた》え

徳《とく》川《がわ》家《いえ》光《みつ》

日光山輪王寺宝物殿所蔵

◆人物《じんぶつ》 江戸幕府《えどばくふ》の3代将軍《だいしょうぐん》。「生《う》まれながらの将軍《しょうぐん》」として、有力大名《ゆうりょくだいみょう》たちにも強《つよ》い態度《たいど》でのぞんだ。

◆政治《せいじ》 参勤交代《さんきんこうたい》を制度化《せいどか》した。

◆外交《がいこう》 キリスト教禁止《きょうきんし》を徹底《てってい》するとともに、幕府《ばくふ》が貿易《ぼうえき》の利益《りえき》を独占《どくせん》するために、鎖国《さこく》を完成《かんせい》させた。

No.095 ▸出来事《できごと》カード 50ポイント

答《こた》え

江《え》戸《ど》幕《ばく》府《ふ》

国立歴史民俗博物館所蔵

江戸城《えどじょう》

◆始《はじ》まり 1603年、徳川家康《とくがわいえやす》によって現在《げんざい》の東京《とうきょう》に開《ひら》かれ、1867年まで続《つづ》いた。

◆特色《とくしょく》 政治一般《せいじいっぱん》の仕事《しごと》を行《おこな》う役職《やくしょく》として数名《すうめい》の老中《ろうじゅう》が置《お》かれ、重大《じゅうだい》な事件《じけん》が起《お》こった場合《ばあい》などには臨時《りんじ》の最高職《さいこうしょく》として大老《たいろう》が置《お》かれた。

No.096 ▸出来事《できごと》カード 30ポイント

答《こた》え

朝鮮《ちょうせん》通《つう》信《しん》使《し》

神戸市立博物館蔵

◆始《はじ》まり 豊臣秀吉《とよとみひでよし》による朝鮮出兵以来国交《ちょうせんしゅっぺいいらいこっこう》がとだえていたが、徳川家康《とくがわいえやす》のころに国交《こっこう》が回復《かいふく》し、1607年に朝鮮通信使《ちょうせんつうしんし》が初《はじ》めて来日《らいにち》した。

◆特色《とくしょく》 江戸幕府《えどばくふ》の将軍《しょうぐん》がかわるごとに来日《らいにち》し、鎖国中《さこくちゅう》も続《つづ》いた。対馬藩《つしまはん》(長崎県《ながさきけん》)が仲介《ちゅうかい》した。

No. 097 出来事《できごと》カード

江戸時代《えどじだい》

一六二九年 → 一六三七年 → 一六三九年

- 一六二九年：踏絵《ふみえ》が始《はじ》まる
- 一六三七年：九州《きゅうしゅう》で ？ が起《お》こる
- 一六三九年：徳川家光《とくがわいえみつ》が鎖国《さこく》を完成《かんせい》させる

クイズ

Q 1637年、キリスト教信者《きょうしんじゃ》や農民《のうみん》たちが天草四郎《あまくさしろう》を中心《ちゅうしん》として起《お》こした一揆《いっき》は何《なん》でしょう？

No. 098 出来事《できごと》カード

江戸時代《えどじだい》

一六三七年 → 一六三九年 → 一六四一年

- 一六三七年：島原《しまばら》・天草一揆《あまくさいっき》が起《お》こる
- 一六三九年：徳川家光《とくがわいえみつ》が ？ を完成《かんせい》させる
- 一六四一年：オランダ商館《しょうかん》を出島《でじま》に移《うつ》す

クイズ

Q キリスト教禁止《きょうきんし》などのために江戸幕府《えどばくふ》が行《おこな》った、外交《がいこう》を制限《せいげん》する政策《せいさく》は何《なん》でしょう？

No. 099 出来事《できごと》カード

江戸時代《えどじだい》

一六三九年 → 一六四一年 → 一六四九年

- 一六三九年：徳川家光《とくがわいえみつ》が鎖国《さこく》を完成《かんせい》させる
- 一六四一年：オランダ商館《しょうかん》を ？ に移《うつ》す
- 一六四九年：慶安《けいあん》の御触書《おふれがき》が出《だ》される

クイズ

Q 鎖国中《さこくちゅう》にオランダ人《じん》たちが住《す》まわされた、長崎港《ながさきこう》の人工島《じんこうとう》を何《なん》というでしょう？

No. 100 文化《ぶんか》・産業《さんぎょう》カード

江戸時代《えどじだい》

一六〇〇年 → 一六〇一年 → 一六〇三年

- 一六〇〇年：徳川家康《とくがわいえやす》が関《せき》ケ原《がはら》の戦《たたか》いで勝利《しょうり》する
- 一六〇一年：？ で金山《きんざん》が発見《はっけん》される
- 一六〇三年：徳川家康《とくがわいえやす》が江戸幕府《えどばくふ》を開《ひら》く

クイズ

Q かつて金山《きんざん》が開《ひら》かれ、江戸幕府《えどばくふ》によって直接支配《ちょくせつしはい》されていた島《しま》はどこでしょう？

No. 101 人物《じんぶつ》カード

江戸時代《えどじだい》

一七〇九年 → 一七一六年 → 一七四二年

- 一七〇九年：新井白石《あらいはくせき》が正徳《しょうとく》の治《ち》を始《はじ》める
- 一七一六年：？ が八代将軍《はちだいしょうぐん》になり享保《きょうほう》の改革《かいかく》を始《はじ》める
- 一七四二年：？ が公事方御定書《くじかたおさだめがき》を定《さだ》める

クイズ

Q 江戸幕府《えどばくふ》の8代将軍《だいしょうぐん》で、享保《きょうほう》の改革《かいかく》を行《おこな》い、「米将軍《こめしょうぐん》」とよばれた人物《じんぶつ》はだれでしょう？

No. 102 人物《じんぶつ》カード

江戸時代《えどじだい》

一六八〇年 → 一六八九年 → 一七〇九年

- 一六八〇年：徳川綱吉《とくがわつなよし》が五代将軍《ごだいしょうぐん》になる
- 一六八九年：？ が『おくのほそ道《みち》』の旅《たび》に出《で》る
- 一七〇九年：新井白石《あらいはくせき》が正徳《しょうとく》の治《ち》を始《はじ》める

クイズ

Q 東北地方《とうほくちほう》を旅《たび》して『おくのほそ道《みち》』を著《あらわ》し、多《おお》くの俳句《はいく》を残《のこ》した人物《じんぶつ》はだれでしょう？

No. 103 人物《じんぶつ》カード

江戸時代《えどじだい》

一六八九年 → 一七〇三年 → 一七〇九年

- 一六八九年：松尾芭蕉《まつおばしょう》が『おくのほそ道《みち》』の旅《たび》に出《で》る
- 一七〇三年：？ が『曽根崎心中《そねざきしんじゅう》』を発表《はっぴょう》する
- 一七〇九年：新井白石《あらいはくせき》が正徳《しょうとく》の治《ち》を始《はじ》める

クイズ

Q 江戸時代《えどじだい》の人形浄瑠璃《にんぎょうじょうるり》の脚本家《きゃくほんか》で、『曽根崎《そねざき》心中《しんじゅう》』などで知《し》られる人物《じんぶつ》はだれでしょう？

No. 104 文化《ぶんか》・産業《さんぎょう》カード

江戸時代《えどじだい》

一六八九年 → 一七世紀末 → 一七〇九年

- 一六八九年：松尾芭蕉《まつおばしょう》が『おくのほそ道《みち》』の旅《たび》に出《で》る
- 一七世紀末：菱川師宣《ひしかわもろのぶ》が ？ をえがく
- 一七〇九年：新井白石《あらいはくせき》が正徳《しょうとく》の治《ち》を始《はじ》める

クイズ

Q 女性《じょせい》がふり向《む》いたすがたをえがいた有名《ゆうめい》な浮世絵《うきよえ》で、菱川師宣《ひしかわもろのぶ》の代表作《だいひょうさく》は何《なん》でしょう？

No.100 ▸文化《ぶんか》・産業《さんぎょう》カード 10ポイント

答《こた》え

佐《さ》渡《どが》島《しま》

「佐渡金山金掘之図《さどきんざんきんほりのず》」

独立行政法人国立公文書館所蔵

所在地《しょざいち》 新潟県《にいがたけん》佐渡市《さどし》(佐渡島《さどがしま》)。

特色《とくしょく》 17世紀《せいき》の初《はじ》めごろに金山《きんざん》が開《ひら》かれ、江戸《えど》時代初期《じだいしょき》には日本最大《にほんさいだい》の金山《きんざん》となった。金《きん》のほかに銀《ぎん》も産出《さんしゅつ》し、江戸幕府《えどばくふ》の財源《ざいげん》として重要《じゅうよう》な役割《やくわり》をはたした。

現在《げんざい》 現在《げんざい》では採掘《さいくつ》は中止《ちゅうし》されている。

No.099 ▸出来事《できごと》カード 40ポイント

答《こた》え

出《で》島《じま》

長崎歴史文化博物館所蔵

所在地《しょざいち》 長崎県長崎市《ながさきけんながさきし》。

特色《とくしょく》 1641年に平戸《ひらど》にあったオランダ商館《しょうかん》がこの地《ち》に移《うつ》された。以後《いご》、オランダ人《じん》たちが生活《せいかつ》するようになり、貿易《ぼうえき》だけでなく西洋《せいよう》の情報《じょうほう》や学問《がくもん》にふれるための「窓口《まどぐち》」として重要《じゅうよう》な役割《やくわり》をはたした。

No.098 ▸出来事《できごと》カード 50ポイント

答《こた》え

鎖《さ》国《こく》

一、外国《がいこく》へ日本《にほん》の船《ふね》を送《おく》ることはかたく禁止《きんし》する。

一、外国《がいこく》に住《す》んでいる日本人《にほんじん》が帰国《きこく》した場合《ばあい》は死罪《しざい》とする。(一六三五年の鎖国令《さこくれい》)

一、日本《にほん》がキリスト教《きょう》を禁止《きんし》していることを知《し》りながら、その教《おし》えを広《ひろ》める者《もの》が密《ひそ》かにやって来《き》ている。(中略《ちゅうりゃく》) 右《みぎ》の理由《りゆう》により、今後《こんご》ポルトガル船《せん》の来航《らいこう》は一切禁止《いっさいきんし》する。

(一六三九年の鎖国令《さこくれい》)

鎖国《さこく》の目的《もくてき》 キリスト教《きょう》の禁止《きんし》を徹底《てってい》するとともに、江戸幕《えどばく》府《ふ》が貿易《ぼうえき》の利益《りえき》を独占《どくせん》するために行《おこな》われた。

鎖国《さこく》の完成《かんせい》 幕府《ばくふ》は外国船《がいこくせん》の来航《らいこう》を制限《せいげん》し、1639年のポルトガル船《せん》の来航禁止《らいこうきんし》により鎖国《さこく》が完《かん》成《せい》。以後《いご》、長崎《ながさき》ではオランダと中国《ちゅうごく》のみが貿易《ぼうえき》を許《ゆる》された。

No.097 ▸出来事《できごと》カード 20ポイント

答《こた》え

島原《しまばら》・天草一揆《あまくさいっき》(島原《しまばら》の乱《らん》)

天草キリシタン館所蔵

天草四郎《あまくさしろう》

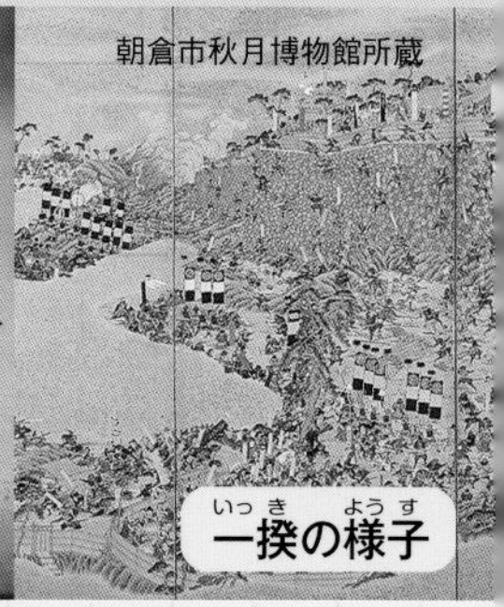

朝倉市秋月博物館所蔵

一揆《いっき》の様子《ようす》

始《はじ》まり 1637年、九州《きゅうしゅう》の島原《しまばら》・天草地方《あまくさちほう》のキリスト教信者《きょうしんじゃ》や農民《のうみん》たちが、天草四郎《あまくさしろう》(益田時貞《ますだときさだ》)という少年《しょうねん》を中心《ちゅうしん》として大規模《だいきぼ》な一揆《いっき》を起《お》こした。

影響《えいきょう》 この乱《らん》の後《のち》、江戸幕府《えどばくふ》はキリスト教《きょう》の取《と》りしまりを強化《きょうか》し、やがて鎖国《さこく》を完成《かんせい》させた。

No.104 ▸文化《ぶんか》・産業《さんぎょう》カード 30ポイント

答《こた》え

見《み》返《かえ》り美《び》人《じん》図《ず》

東京国立博物館所蔵

特色《とくしょく》 17世紀終《せいきお》わりから18世紀初《せいきはじ》めに栄《さか》えた元《げん》禄文化《ろくぶんか》のころにかつやくした浮世絵師《うきよえし》・菱《ひし》川師宣《かわもろのぶ》の代表作《だいひょうさく》。

浮世絵《うきよえ》 江戸時代《えどじだい》の人々《ひとびと》や風景《ふうけい》をえがいた日本独自《にほんどくじ》の絵画《かいが》で、木版画《もくはんが》が多《おお》い。あざやかな色《いろ》づかいやすぐれた構図《こうず》は海外《かいがい》でも高《たか》い評価《ひょうか》を受《う》けた。

No.103 ▸人物《じんぶつ》カード 20ポイント

答《こた》え

近《ちか》松《まつ》門《もん》左《ざ》衛《え》門《もん》

柿衞文庫所蔵

人物《じんぶつ》 17世紀終《せいきお》わりから18世紀初《せいきはじ》めに栄《さか》えた元《げん》禄文化《ろくぶんか》を代表《だいひょう》する作家《さっか》。人形浄瑠璃《にんぎょうじょうるり》や歌《か》舞伎《ぶき》などの脚本《きゃくほん》にすぐれた作品《さくひん》を数多《かずおお》く残《のこ》した。

実績《じっせき》 『曽根崎心中《そねざきしんじゅう》』や『国性爺合戦《こくせんやかっせん》』などが代表《だいひょう》作《さく》として知《し》られる。

No.102 ▸人物《じんぶつ》カード 30ポイント

答《こた》え

松《まつ》尾《お》芭《ば》蕉《しょう》

松尾芭蕉《まつおばしょう》

天理大学附属天理図書館蔵

人物《じんぶつ》 伊賀国《いがのくに》(三重県《みえけん》)の出身《しゅっしん》。京都《きょうと》や江戸《えど》で俳《はい》諧《かい》を学《まな》び、元禄文化《げんろくぶんか》のころにすぐれた俳句《はいく》を数多《かずおお》く残《のこ》した。

実績《じっせき》 東北《とうほく》・北陸地方《ほくりくちほう》を旅《たび》し『おくのほそ道《みち》』を著《あらわ》した。「閑《しず》かさや 岩《いわ》にしみ入《い》る 蝉《せみ》の声《こえ》」などの句《く》が有名《ゆうめい》。

No.101 ▸人物《じんぶつ》カード 30ポイント

答《こた》え

徳《とく》川《がわ》吉《よし》宗《むね》

徳川記念財団蔵

人物《じんぶつ》 紀伊藩《きいはん》(和歌山県《わかやまけん》)の出身《しゅっしん》。江戸幕府《えどばくふ》の8代将軍《だいしょうぐん》となり、享保《きょうほう》の改革《かいかく》を行《おこな》った。米《こめ》の価格《かかく》を安定《あんてい》させることに心《こころ》をくだいたため「米将軍《こめしょうぐん》」とよばれた。

政治《せいじ》 新田開発《しんでんかいはつ》を進《すす》めた。目安箱《めやすばこ》を設置《せっち》した。公事方御定書《くじかたおさだめがき》を定《さだ》め裁判《さいばん》の基準《きじゅん》とした。

No. 105 文化《ぶんか》・産業《さんぎょう》カード

江戸時代《えどじだい》

- 一七一六年：徳川吉宗《とくがわよしむね》が享保《きょうほう》の改革《かいかく》を始《はじ》める
- 十八世紀《せいき》ごろ：（？）が使用《しよう》される
- 新田開発《しんでんかいはつ》が進《すす》む

クイズ

Q 江戸時代《えどじだい》から使《つか》われるようになった、先端《せんたん》が分《わ》かれた田畑《たはた》を耕《たがや》す道具《どうぐ》は何《なん》でしょう？

No. 106 文化《ぶんか》・産業《さんぎょう》カード

江戸時代《えどじだい》

- 一七世紀《せいき》後半《こうはん》：東廻《ひがしまわ》り航路《こうろ》・西廻《にしまわ》り航路《こうろ》が開《ひら》かれる
- 一八世紀《せいき》ごろ：大阪《おおさか》には（？）が立《た》ち並《なら》び「天下《てんか》の台所《だいどころ》」とよばれる
- 商業《しょうぎょう》が発達《はったつ》する

クイズ

Q 各地《かくち》の大名《だいみょう》が年貢米《ねんぐまい》や特産物《とくさんぶつ》を売《う》るために、大阪《おおさか》や江戸《えど》においた建物《たてもの》は何《なん》でしょう？

No. 107 人物《じんぶつ》カード

江戸時代《えどじだい》

- 一七二〇年：徳川吉宗《とくがわよしむね》が洋書《ようしょ》の輸入禁止《ゆにゅうきんし》をゆるめる
- 一七七四年：（？）らが『解体新書《かいたいしんしょ》』を著《あらわ》す
- 一七八七年：松平定信《まつだいらさだのぶ》が寛政《かんせい》の改革《かいかく》を始《はじ》める

クイズ

Q 前野良沢《まえのりょうたく》らとともに西洋《せいよう》の医学書《いがくしょ》を翻訳《ほんやく》し、『解体新書《かいたいしんしょ》』を著《あらわ》した人物《じんぶつ》はだれでしょう？

No. 108 人物《じんぶつ》カード

江戸時代《えどじだい》

- 一七八七年：松平定信《まつだいらさだのぶ》が寛政《かんせい》の改革《かいかく》を始《はじ》める
- 一七九〇年：（？）が『古事記伝《こじきでん》』を完成《かんせい》させる
- 一七九二年：ラクスマンが根室《ねむろ》に来航《らいこう》する

クイズ

Q 古事記《こじき》を研究《けんきゅう》して『古事記伝《こじきでん》』を著《あらわ》し、国学《こくがく》を大成《たいせい》した人物《じんぶつ》はだれでしょう？

No. 109 人物《じんぶつ》カード

江戸時代《えどじだい》

- 一七九二年：ラクスマンが根室《ねむろ》に来航《らいこう》する
- 一八〇〇年：（？）が最初《さいしょ》の測量《そくりょう》に出発《しゅっぱつ》する
- 一八二一年：（？）の日本《にほん》地図《ちず》が完成《かんせい》する

クイズ

Q 江戸時代《えどじだい》に日本全国《にほんぜんこく》を測量《そくりょう》し、とても正確《せいかく》な日本地図《にほんちず》をつくった人物《じんぶつ》はだれでしょう？

No. 110 人物《じんぶつ》カード

江戸時代《えどじだい》

- 一八三三年：天保《てんぽう》のききんが始《はじ》まる
- 一八三七年：（？）が大阪《おおさか》で反乱《はんらん》を起《お》こす
- 一八三九年：蛮社《ばんしゃ》の獄《ごく》が起《お》こる

クイズ

Q ききんに苦《くる》しむ人々《ひとびと》を救《すく》うため、1837年に大阪《おおさか》で反乱《はんらん》を起《お》こした人物《じんぶつ》はだれでしょう？

No. 111 文化《ぶんか》・産業《さんぎょう》カード

江戸時代《えどじだい》

- 一六〇三年：徳川家康《とくがわいえやす》が江戸幕府《えどばくふ》を開《ひら》く
- 一七世紀《せいき》前半《ぜんはん》：五街道《ごかいどう》が整備《せいび》され（？）が発達《はったつ》する
- 一七世紀《せいき》後半《こうはん》：東廻《ひがしまわ》り航路《こうろ》・西廻《にしまわ》り航路《こうろ》が開《ひら》かれる

クイズ

Q 江戸時代《えどじだい》、街道《かいどう》ぞいに旅館《りょかん》や商店《しょうてん》が集《あつ》まり発達《はったつ》したまちを何《なん》というでしょう？

No. 112 文化《ぶんか》・産業《さんぎょう》カード

江戸時代《えどじだい》

- 一六〇三年：徳川家康《とくがわいえやす》が江戸幕府《えどばくふ》を開《ひら》く
- 一七世紀《せいき》前半《ぜんはん》：五街道《ごかいどう》が整備《せいび》され街道《かいどう》に（？）が置《お》かれる
- 一七世紀《せいき》後半《こうはん》：東廻《ひがしまわ》り航路《こうろ》・西廻《にしまわ》り航路《こうろ》が開《ひら》かれる

クイズ

Q 江戸時代《えどじだい》、「入《い》り鉄砲《てっぽう》に出女《でおんな》」を見張《みは》るために街道《かいどう》に設《もう》けられたものは何《なん》でしょう？

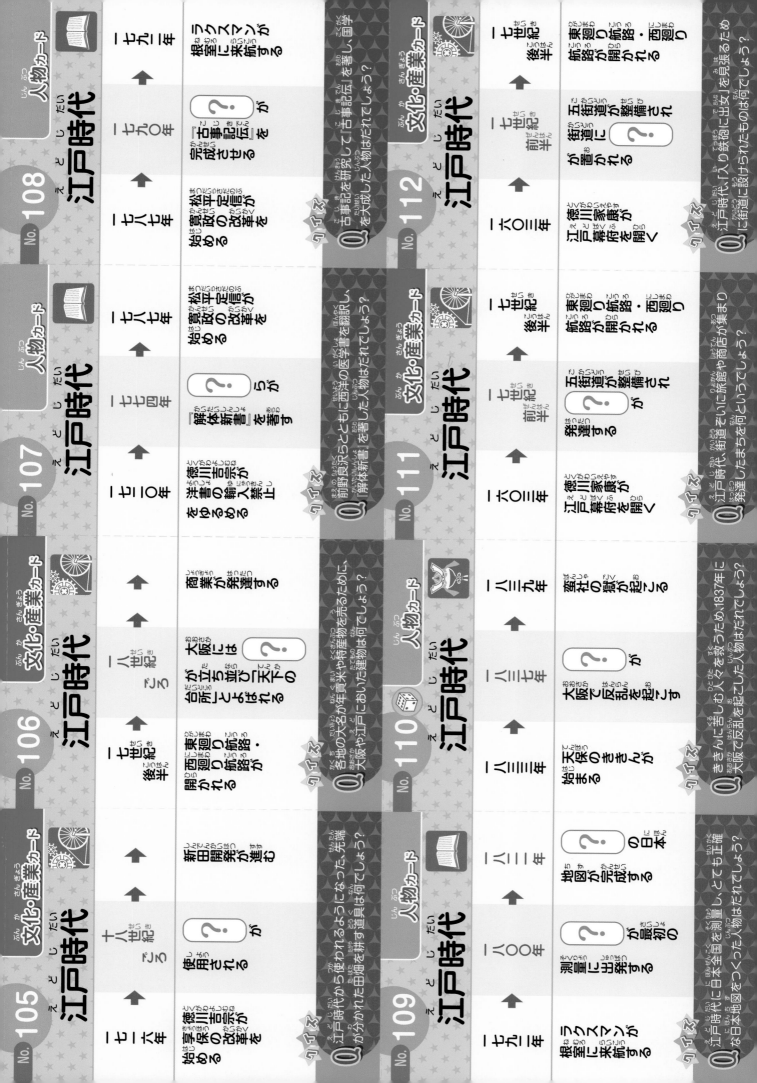

No.108 ▸人物《じんぶつ》カード 20ポイント

答《こた》え

本居宣長《もとおりのりなが》

本居宣長記念館所蔵

人物《じんぶつ》 18世紀後半《せいきこうはん》にかつやくした国学者《こくがくしゃ》。

実績《じっせき》 古事記《こじき》を研究《けんきゅう》し『古事記伝《こじきでん》』を著《あらわ》した。

国学《こくがく》 仏教《ぶっきょう》や儒教《じゅきょう》が伝《つた》わる以前《いぜん》の日本人《にほんじん》のものの考《かんが》え方《かた》や文化《ぶんか》などを研究《けんきゅう》する学問《がくもん》。江戸《えど》時代《じだい》に発展《はってん》し、幕末《ばくまつ》の尊王攘夷運動《そんのうじょういうんどう》にも影響《えいきょう》をあたえた。

No.107 ▸人物《じんぶつ》カード 30ポイント

答《こた》え

杉田玄白《すぎたげんぱく》

早稲田大学図書館所蔵

人物《じんぶつ》 18世紀後半《せいきこうはん》から19世紀初《せいきはじ》めにかけてかつやくした蘭学者《らんがくしゃ》。

実績《じっせき》 前野良沢《まえのりょうたく》らとともにオランダ語《ご》で書《か》かれた解剖書《かいぼうしょ》『ターヘル・アナトミア』を翻訳《ほんやく》し、『解体新書《かいたいしんしょ》』を著《あらわ》した。

No.106 ▸文化《ぶんか》・産業《さんぎょう》カード 30ポイント

答《こた》え

蔵屋敷《くらやしき》

「摂津名所図会」
独立行政法人国立公文書館所蔵

蔵屋敷《くらやしき》 大名《だいみょう》が領地《りょうち》でとれた年貢米《ねんぐまい》や特産物《とくさんぶつ》などを保管《ほかん》し、商人《しょうにん》に販売《はんばい》して現金《げんきん》を得《え》るためにつくった建物《たてもの》。大阪《おおさか》や江戸《えど》に多《おお》かった。

天下《てんか》の台所《だいどころ》 江戸時代《えどじだい》の大阪《おおさか》は蔵屋敷《くらやしき》が立《た》ち並《なら》び、全国《ぜんこく》から米《こめ》や特産物《とくさんぶつ》が集《あつ》まったため「天下《てんか》の台所《だいどころ》」とよばれた。

No.105 ▸文化《ぶんか》・産業《さんぎょう》カード 20ポイント

答《こた》え

備中《びっちゅう》ぐわ

特色《とくしょく》 千歯《せんば》こきや唐箕《とうみ》などと同《おな》じく、江戸時代《えどじだい》から使《つか》われるようになった農具《のうぐ》のひとつ。刃先《はさき》がいくつかに分《わ》かれているのが特徴《とくちょう》。

使《つか》い方《かた》 田畑《たはた》を耕《たがや》すのに用《もち》いられた。刃先《はさき》が分《わ》かれているため、土《つち》をより深《ふか》くほり起《お》こすことができた。

No.112 ▸文化《ぶんか》・産業《さんぎょう》カード 20ポイント

答《こた》え

関所《せきしょ》

東京大学史料編纂所所蔵

関所《せきしょ》 江戸時代《えどじだい》の街道《かいどう》の要所《ようしょ》に設《もう》けられた、通行人《つうこうにん》を監視《かんし》する施設《しせつ》。箱根《はこね》や碓氷《うすい》が有名《ゆうめい》。

特色《とくしょく》 「入《い》り鉄砲《てっぽう》に出女《でおんな》」(江戸《えど》に武器《ぶき》をもちこむことと、参勤交代《さんきんこうたい》の人質《ひとじち》として江戸《えど》に置《お》いている大名《だいみょう》の妻子《さいし》が逃《に》げ出《だ》すこと)には特《とく》に注意《ちゅうい》がはらわれた。

No.111 ▸文化《ぶんか》・産業《さんぎょう》カード 20ポイント

答《こた》え

宿場町《しゅくばまち》

東京国立博物館所蔵

宿場町《しゅくばまち》 江戸時代《えどじだい》の街道《かいどう》ぞいに旅館《りょかん》や商店《しょうてん》などが集《あつ》まり発展《はってん》した町《まち》。多《おお》くの旅人《たびびと》でにぎわった。

五街道《ごかいどう》 江戸時代《えどじだい》には、東海道《とうかいどう》・中山道《なかせんどう》・甲州道中《こうしゅうどうちゅう》・日光道中《にっこうどうちゅう》・奥州道中《おうしゅうどうちゅう》の「五街道《ごかいどう》」が発達《はったつ》した。品川《しながわ》は東海道《とうかいどう》の宿場町《しゅくばまち》、新宿《しんじゅく》は甲州道中《こうしゅうどうちゅう》の宿場町《しゅくばまち》だった。

No.110 ▸人物《じんぶつ》カード 30ポイント

答《こた》え

大塩平八郎《おおしおへいはちろう》

大阪歴史博物館所蔵

大塩《おおしお》の乱《らん》 大阪町奉行所《おおさかまちぶぎょうしょ》を辞《や》めた後《あと》、私塾《しじゅく》を開《ひら》いていたが、天保《てんぽう》のききんで苦《くる》しむ人々《ひとびと》を救《すく》うために仲間《なかま》とともに大阪《おおさか》で反乱《はんらん》を起《お》こした。

乱《らん》の影響《えいきょう》 大塩《おおしお》の乱《らん》は1日でしずめられたが、その影響《えいきょう》は大《おお》きく、各地《かくち》で打《う》ちこわしが続《つづ》くようになった。

No.109 ▸人物《じんぶつ》カード 30ポイント

答《こた》え

伊能忠敬《いのうただたか》

伊能忠敬記念館所蔵

人物《じんぶつ》 佐原《さわら》(千葉県《ちばけん》)の商人《しょうにん》だったが50歳《さい》をすぎてから江戸《えど》に出《で》て学問《がくもん》を修《おさ》め、日本全国《にほんぜんこく》を測量《そくりょう》して正確《せいかく》な日本地図《にほんちず》をつくった。

実績《じっせき》 17年間《ねんかん》にわたり北海道《ほっかいどう》から九州《きゅうしゅう》までの沿岸部《えんがんぶ》を歩《ある》いて測量《そくりょう》した。彼《かれ》の死後《しご》、弟子《でし》たちが『大日本沿海輿地全図《だいにほんえんかいよちぜんず》』を完成《かんせい》させた。

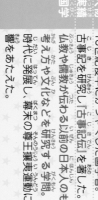

No. 113 文化《ぶんか》・産業《さんぎょう》カード

江戸時代《えどじだい》

一六〇三年	→	一七世紀《せいき》前半《ぜんはん》	→	一七世紀《せいき》後半《こうはん》
徳川家康《とくがわいえやす》が江戸幕府《えどばくふ》を開《ひら》く		五街道《ごかいどう》や宿場町《しゅくばまち》が整備《せいび》され ？ がかつやくする		東廻《ひがしまわ》り航路《こうろ》・西廻《にしまわ》り航路が開《ひら》かれる

クイズ

Q 江戸時代《えどじだい》に、手紙《てがみ》などを届《とど》ける仕事《しごと》をしていた人々《ひとびと》を何《なん》というでしょう？

No. 114 文化《ぶんか》・産業《さんぎょう》カード

江戸時代《えどじだい》

一六八〇年	→	一七世紀《せいき》末《まつ》	→	一九世紀《せいき》
徳川綱吉《とくがわつなよし》が五代将軍《ごだいしょうぐん》になる		各地《かくち》に ？ がつくられる		各地《かくち》で ？ が増加《ぞうか》する

クイズ

Q 江戸時代《えどじだい》の子《こ》どもたちに読《よ》み・書《か》き・そろばんを教《おし》えていたところを何《なん》というでしょう？

No. 115 人物《じんぶつ》カード

江戸時代《えどじだい》

一八五八年	→	一八五九年	→	一八六〇年
日米修好通商条約《にちべいしゅうこうつうしょうじょうやく》が結《むす》ばれる		安政《あんせい》の大獄《たいごく》で ？ らが処刑《しょけい》される		桜田門外《さくらだもんがい》の変《へん》が起《お》こる

クイズ

Q 山口県《やまぐちけん》の萩《はぎ》に松下村塾《しょうかそんじゅく》を開《ひら》き、尊王攘夷運動《そんのうじょういうんどう》に大《おお》きな影響《えいきょう》をあたえた人物《じんぶつ》はだれでしょう？

No. 116 人物《じんぶつ》カード

江戸時代《えどじだい》

一八六三年	→	一八六六年	→	一八六七年
薩英戦争《さつえいせんそう》が起《お》こる		？ の仲介《ちゅうかい》で薩長同盟《さっちょうどうめい》が成立《せいりつ》する		大政奉還《たいせいほうかん》が行《おこな》われ江戸幕府《えどばくふ》が滅亡《めつぼう》する

クイズ

Q 土佐藩出身《とさはんしゅっしん》の武士《ぶし》で、薩長同盟《さっちょうどうめい》の成立《せいりつ》に力《ちから》をつくした人物《じんぶつ》はだれでしょう？

No. 117 人物《じんぶつ》カード

江戸時代《えどじだい》

一八六〇年	→	一八六八年	→	一八六八年
？ が咸臨丸《かんりんまる》で太平洋《たいへいよう》の横断《おうだん》に成功《せいこう》する		戊辰戦争《ぼしんせんそう》が始《はじ》まる		？ の交渉《こうしょう》により江戸城《えどじょう》が明《あ》けわたされる

クイズ

Q 坂本竜馬《さかもとりょうま》の師匠《ししょう》にあたり、江戸幕府《えどばくふ》で海軍《かいぐん》の仕事《しごと》などを行《おこな》った人物《じんぶつ》はだれでしょう？

No. 118 出来事《できごと》カード

江戸時代《えどじだい》

一八四〇年	→	？年	→	一八五四年
中国《ちゅうごく》でアヘン戦争《せんそう》が起《お》こる		ペリーが四せきの黒船《くろふね》を率《ひき》いて浦賀《うらが》に来航《らいこう》する		日米和親条約《にちべいわしんじょうやく》を結《むす》び開国《かいこく》する

クイズ

Q ペリーが４せきの黒船《くろふね》を率《ひき》いて浦賀《うらが》に来航《らいこう》したのは何年《なんねん》でしょう？

No. 119 出来事《できごと》カード

江戸時代《えどじだい》

一八六三年	→	一八六六年	→	一八六七年
薩英戦争《さつえいせんそう》が起《お》こる		坂本竜馬《さかもとりょうま》の仲介《ちゅうかい》で ？ が成立《せいりつ》する		大政奉還《たいせいほうかん》が行《おこな》われ江戸幕府《えどばくふ》が滅亡《めつぼう》する

クイズ

Q 倒幕運動《とうばくうんどう》の中心《ちゅうしん》となった、薩摩藩《さつまはん》と長州藩《ちょうしゅうはん》による同盟《どうめい》を何《なん》というでしょう？

No. 120 出来事《できごと》カード

江戸時代《えどじだい》

一八六六年	→	一八六七年	→	一八六八年
薩長同盟《さっちょうどうめい》が成立《せいりつ》する		徳川慶喜《とくがわよしのぶ》が ？ を行《おこな》い江戸幕府《えどばくふ》が滅亡《めつぼう》する		戊辰戦争《ぼしんせんそう》が始《はじ》まる

クイズ

Q 1867年、徳川慶喜《とくがわよしのぶ》が政権《せいけん》を朝廷《ちょうてい》に返上《へんじょう》した出来事《できごと》を何《なん》というでしょう？

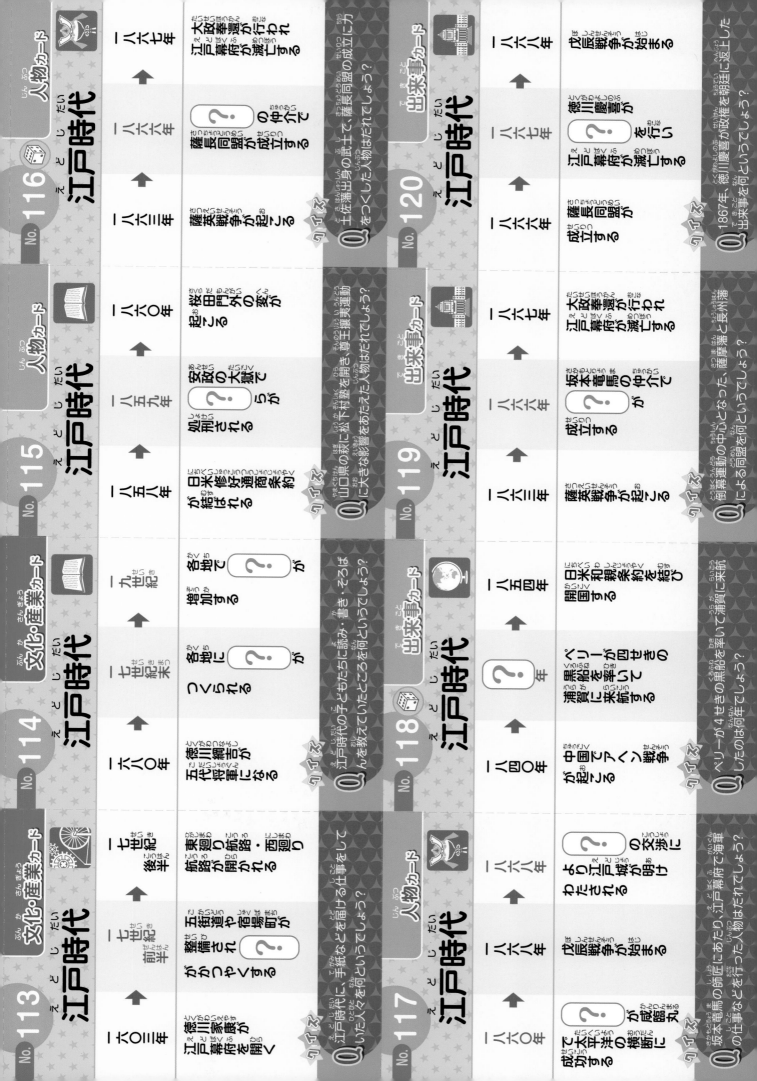

No.116 ▶人物《じんぶつ》カード 40ポイント

答《こた》え

坂《さか》本《もと》竜《りょう》馬《ま》

高知県立歴史民俗資料館所蔵

◆人物《じんぶつ》 土佐藩《とさはん》（高知県《こうちけん》）の出身《しゅっしん》。江戸《えど》で剣術《けんじゅつ》を学《まな》び、勝海舟《かつかいしゅう》の弟子《でし》となり、倒幕《とうばく》に大《おお》きな影響《えいきょう》をあたえた。

◆実績《じっせき》 薩長同盟《さっちょうどうめい》を成立《せいりつ》させた。日本初《にほんはつ》の株式会社《かぶしきがいしゃ》・亀山社中《かめやましゃちゅう》（のちの海援隊《かいえんたい》）を設立《せつりつ》した。前《ぜん》土佐藩主《とさはんしゅ》を動《うご》かし、大政奉還《たいせいほうかん》を実現《じつげん》させた。

No.115 ▶人物《じんぶつ》カード 20ポイント

答《こた》え

吉《よし》田《だ》松《しょう》陰《いん》

松陰神社所蔵

◆人物《じんぶつ》 長州藩《ちょうしゅうはん》（山口県《やまぐちけん》）の出身《しゅっしん》。叔父《おじ》から引《ひ》きついだ学問所《がくもんじょ》・松下村塾《しょうかそんじゅく》を発展《はってん》させ、高杉晋作《たかすぎしんさく》、桂小五郎《かつらこごろう》（木戸孝允《きどたかよし》）、伊藤博文《いとうひろぶみ》らの人材《じんざい》を育《そだ》てた。

◆安政《あんせい》の大獄《たいごく》 朝廷《ちょうてい》の許可《きょか》なく日米修好通商条約《にちべいしゅうこうつうしょうじょうやく》を結《むす》んだ井伊直弼《いいなおすけ》を批判《ひはん》し、安政《あんせい》の大獄《たいごく》で処刑《しょけい》された。

No.114 ▶文化《ぶんか》・産業《さんぎょう》カード 20ポイント

答《こた》え

寺《てら》子《こ》屋《や》

田原市博物館所蔵

◆寺子屋《てらこや》 江戸時代《えどじだい》の子《こ》どもたちに「読《よ》み・書《か》き・そろばん」などを教《おし》えていたところ。都市《とし》から農村《のうそん》まで、全国各地《ぜんこくかくち》で開《ひら》かれていた。

◆特色《とくしょく》 武士《ぶし》や僧《そう》などが先生《せんせい》となって、各地《かくち》の寺《てら》や民家《みんか》などで子《こ》どもたちを教《おし》えた。

No.113 ▶文化《ぶんか》・産業《さんぎょう》カード 10ポイント

答《こた》え

飛《ひ》脚《きゃく》

郵政資料館所蔵

◆飛脚《ひきゃく》 江戸時代《えどじだい》に手紙《てがみ》などを届《とど》ける仕事《しごと》をしていた人々《ひとびと》。

◆特色《とくしょく》 各地《かくち》の宿場町《しゅくばまち》に置《お》かれ、手紙《てがみ》や荷物《にもつ》などをリレー形式《けいしき》で目的地《もくてきち》まで届《とど》けた。江戸《えど》～京都間《きょうとかん》の約《やく》500km《キロメートル》の道《みち》のりを、最短《さいたん》の場合《ばあい》3日～4日で結《むす》んだといわれる。

No.120 ▶出来事《できごと》カード 30ポイント

答《こた》え

大《たい》政《せい》奉《ほう》還《かん》

★1

茨城県立歴史館所蔵

◆江戸幕府《えどばくふ》の滅亡《めつぼう》 1867年、江戸幕府《えどばくふ》の15代将軍徳川慶喜《だいしょうぐんとくがわよしのぶ》が政権《せいけん》を朝廷《ちょうてい》に返上《へんじょう》した（大政奉還《たいせいほうかん》）。これにより江戸幕府《えどばくふ》は滅亡《めつぼう》し、源　頼朝《みなもとのよりとも》から続《つづ》く武家政権《ぶけせいけん》の歴史《れきし》も終《お》わりをむかえた。

◆新《あたら》しい時代《じだい》へ この後《のち》、朝廷《ちょうてい》は王政復古《おうせいふっこ》の大号令《だいごうれい》を出《だ》し、天皇中心《てんのうちゅうしん》の新《あら》たな政治《せいじ》の始《はじ》まりを宣言《せんげん》した。

No.119 ▶出来事《できごと》カード 30ポイント

答《こた》え

薩《さっ》長《ちょう》同《どう》盟《めい》

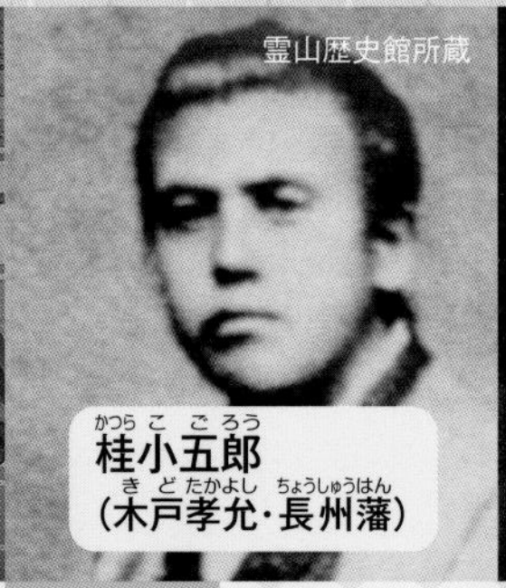

霊山歴史館所蔵

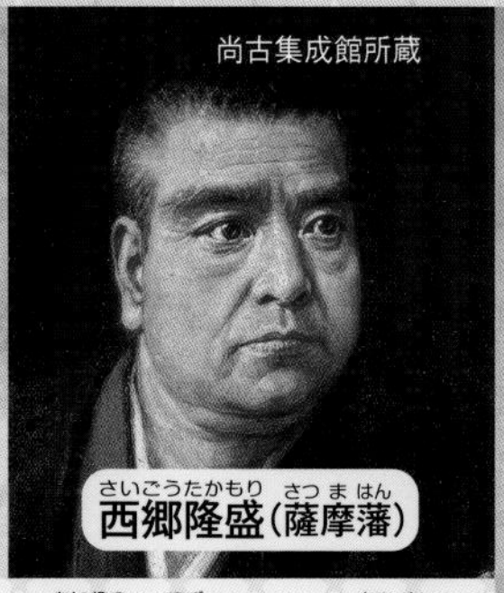

尚古集成館所蔵

◆成立《せいりつ》 1866年、それまで対立《たいりつ》を続《つづ》けていた薩摩藩《さつまはん》（鹿児島県《かごしまけん》）と長州藩《ちょうしゅうはん》（山口県《やまぐちけん》）が、坂本竜馬《さかもとりょうま》の仲介《ちゅうかい》により手《て》を結《むす》び、成立《せいりつ》した。

◆影響《えいきょう》 薩摩《さつま》と長州《ちょうしゅう》という強大《きょうだい》な２つの勢力《せいりょく》が手《て》を結《むす》んだことにより、倒幕《とうばく》の気運《きうん》が一気《いっき》に高《たか》まった。

No.118 ▶出来事《できごと》カード 50ポイント

答《こた》え

1853年

日本カメラ博物館所蔵
横浜市中央図書館所蔵

◆ペリー来航《らいこう》 1853年、ペリー率《ひき》いる4せきの黒船《くろふね》（軍艦《ぐんかん》）が浦賀《うらが》に来航《らいこう》し、日本《にほん》に開国《かいこく》を要求《ようきゅう》した。

◆影響《えいきょう》 ペリーは翌年《よくとし》7せきの黒船《くろふね》を率《ひき》いて再来航《さいらいこう》したため、幕府《ばくふ》は要求《ようきゅう》を認《みと》めざるを得《え》ず、アメリカとの間《あいだ》で日米和親条約《にちべいわしんじょうやく》を結《むす》び、開国《かいこく》した。

No.117 ▶人物《じんぶつ》カード 10ポイント

答《こた》え

勝《かつ》海《かい》舟《しゅう》

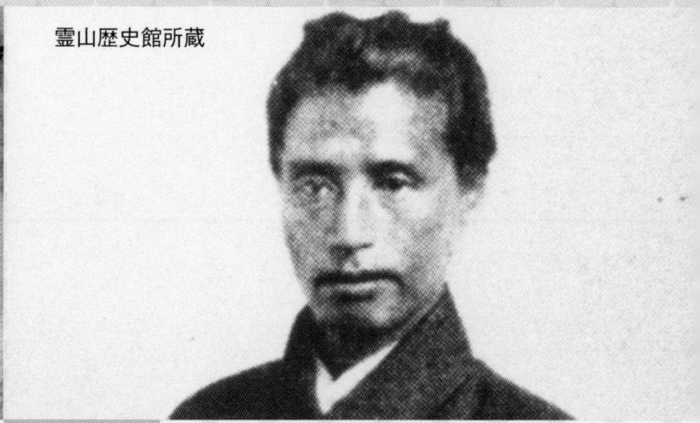
霊山歴史館所蔵

◆人物《じんぶつ》 江戸幕府《えどばくふ》の軍艦奉行《ぐんかんぶぎょう》となり、幕末《ばくまつ》にかつやくした。坂本竜馬《さかもとりょうま》の師匠《ししょう》としても知《し》られる。

◆実績《じっせき》 江戸時代末《えどじだいまつ》に咸臨丸《かんりんまる》で太平洋《たいへいよう》の横断《おうだん》に成功《せいこう》した。戊辰戦争《ぼしんせんそう》の際《さい》には西郷隆盛《さいごうたかもり》との会談《かいだん》により江戸城《えどじょう》の明《あ》けわたしを決定《けってい》し、江戸《えど》が戦場《せんじょう》になるのを防《ふせ》いだ。

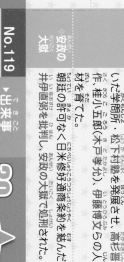

No. 121 文化・産業《ぶんかさんぎょう》カード

江戸時代《えどじだい》

一八二五年：外国船打払令《がいこくせんうちはらいれい》が出《だ》される
→ 一八二九年：葛飾北斎《かつしかほくさい》が『？』を刊行《かんこう》する
→ 一八三七年：大塩平八郎《おおしおへいはちろう》が大阪《おおさか》で反乱《はんらん》を起《お》こす

クイズ

Q 日本《にほん》の各地《かくち》から見《み》た富士山《ふじさん》をえがいた浮世絵《うきよえ》の連作《れんさく》で、葛飾北斎《かつしかほくさい》の代表作《だいひょうさく》は何《なん》でしょう？

No. 122 文化・産業《ぶんかさんぎょう》カード

江戸時代《えどじだい》

一八二五年：外国船打払令《がいこくせんうちはらいれい》が出《だ》される
→ 一八三三年：歌川広重《うたがわひろしげ》が『？』を刊行《かんこう》する
→ 一八三七年：大塩平八郎《おおしおへいはちろう》が大阪《おおさか》で反乱《はんらん》を起《お》こす

クイズ

Q 東海道《とうかいどう》の宿場町《しゅくばまち》の風景《ふうけい》をえがいた浮世絵《うきよえ》の連作《れんさく》で、歌川広重《うたがわひろしげ》の代表作《だいひょうさく》は何《なん》でしょう？

No. 123 人物《じんぶつ》カード

明治時代《めいじじだい》

一八七四年：民撰議院設立《みんせんぎいんせつりつ》の建白書《けんぱくしょ》が出《だ》される
→ 一八七七年：？が西南戦争《せいなんせんそう》で敗《やぶ》れる
→ 一八八一年：自由党《じゆうとう》が結成《けっせい》される

クイズ

Q 「維新三傑《いしんさんけつ》」の1人で、のちに政府《せいふ》をはなれ西《せい》南戦争《なんせんそう》を起《お》こした人物《じんぶつ》はだれでしょう？

No. 124 人物《じんぶつ》カード

明治時代《めいじじだい》

一八七一年：？らが欧米《おうべい》に派遣《はけん》される
→ 一八七三年：徴兵令《ちょうへいれい》が出《だ》される
→ 一八七三年：？を中心《ちゅうしん》に地租改正《ちそかいせい》が行《おこな》われる

クイズ

Q 薩摩藩出身《さつまはんしゅっしん》の「維新三傑《いしんさんけつ》」の1人で、富国強兵《ふこくきょうへい》や殖産興業《しょくさんこうぎょう》を進《すす》めた人物《じんぶつ》はだれでしょう？

No. 125 人物《じんぶつ》カード

明治時代《めいじじだい》

一八六六年：長州藩代表《ちょうしゅうはんだいひょう》として？が薩長同盟《さっちょうどうめい》を結《むす》ぶ
→ 一八六八年：戊辰戦争《ぼしんせんそう》が始《はじ》まる
→ 一八六八年：？がまとめた五箇条《ごかじょう》の御誓文《ごせいもん》が発表《はっぴょう》される

クイズ

Q 長州藩出身《ちょうしゅうはんしゅっしん》の「維新三傑《いしんさんけつ》」の１人で、五箇条《ごかじょう》の御誓文《ごせいもん》をまとめた人物《じんぶつ》はだれでしょう？

No. 126 人物《じんぶつ》カード

明治時代《めいじじだい》

一八六七年：？が即位《そくい》する
→ 一八六七年：大政奉還《たいせいほうかん》により江戸幕府《えどばくふ》が滅亡《めつぼう》する
→ 一八六八年：？が五箇条《ごかじょう》の御誓文《ごせいもん》を発表《はっぴょう》する

クイズ

Q 王政復古《おうせいふっこ》の大号令《だいごうれい》や五箇条《ごかじょう》の御誓文《ごせいもん》を発表《はっぴょう》した天皇《てんのう》はだれでしょう？

No. 127 出来事《できごと》カード

明治時代《めいじじだい》

一八六八年：戊辰戦争《ぼしんせんそう》が始《はじ》まる
→ 一八六九年：函館《はこだて》で？が起《お》こる
→ 一八六九年：版籍奉還《はんせきほうかん》が行《おこな》われる

クイズ

Q 1869年に終結《しゅうけつ》した戊辰戦争《ぼしんせんそう》の最後《さいご》の戦《たたか》いを何《なん》というでしょう？

No. 128 出来事《できごと》カード

明治時代《めいじじだい》

一八七三年：徴兵令《ちょうへいれい》が出《だ》される
→ 一八七三年：？が行《おこな》われる
→ 一八七四年：民撰議院設立《みんせんぎいんせつりつ》の建白書《けんぱくしょ》が出《だ》される

クイズ

Q 明治政府《めいじせいふ》が、年貢《ねんぐ》にかわり現金《げんきん》で納税《のうぜい》するように税制《ぜいせい》を改《あらた》めた改革《かいかく》を何《なん》というでしょう？

No.124 ▶人物《じんぶつ》カード 10ポイント

答《こた》え

大《おお》久《く》保《ぼ》利《とし》通《みち》

出典：国立国会図書館「近代日本人の肖像」

人物《じんぶつ》 薩摩藩《さつまはん》(鹿児島県《かごしまけん》)の出身《しゅっしん》。西郷隆盛《さいごうたかもり》とともに明治維新《めいじいしん》の中心人物《ちゅうしんじんぶつ》となった。

業績《ぎょうせき》 西郷《さいごう》が政府《せいふ》を去《さ》った後《あと》、明治政府《めいじせいふ》の有力者《ゆうりょくしゃ》として大《おお》きな権力《けんりょく》をにぎり、廃藩置県《はいはんちけん》などさまざまな改革《かいかく》を進《すす》めたが、1878年に東京《とうきょう》の紀尾井坂《きおいざか》で暗殺《あんさつ》された。

No.123 ▶人物《じんぶつ》カード 50ポイント

答《こた》え

西《さい》郷《ごう》隆《たか》盛《もり》

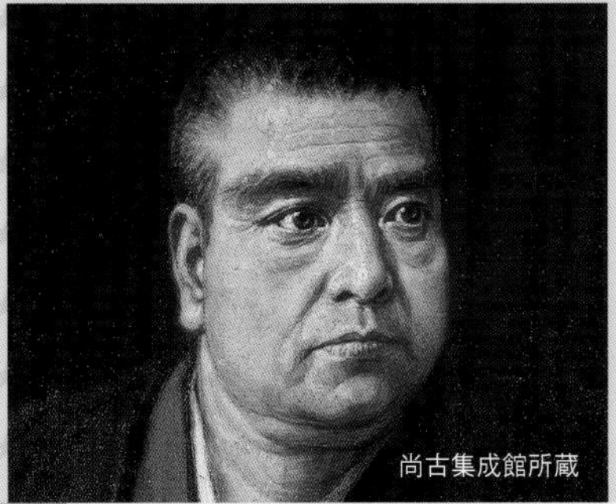
尚古集成館所蔵

人物《じんぶつ》 薩摩藩《さつまはん》(鹿児島県《かごしまけん》)の出身《しゅっしん》。大久保利通《おおくぼとしみち》とともに明治維新《めいじいしん》の中心人物《ちゅうしんじんぶつ》となった。

西南《せいなん》戦争《せんそう》 征韓論《せいかんろん》(朝鮮《ちょうせん》を武力《ぶりょく》で開国《かいこく》させる考《かんが》え)が退《しりぞ》けられたことから明治政府《めいじせいふ》をはなれた。その後《ご》、1877年に故郷《こきょう》の鹿児島《かごしま》で西南戦《せいなんせん》争《そう》を起《お》こしたが敗《やぶ》れ、自《みずか》ら命《いのち》を絶《た》った。

No.122 ▶文化《ぶんか》・産業《さんぎょう》カード 40ポイント

答《こた》え

東《とう》海《かい》道《どう》五《ご》十三《じゅうさん》次《つぎ》

東京国立博物館所蔵

作者《さくしゃ》 19世紀前半《せいきぜんはん》に栄《さか》えた化政文化《かせいぶんか》のころにかつやくした浮世絵師《うきよえし》・歌川広重《うたがわひろしげ》(安藤広重《あんどうひろしげ》)の代表作《だいひょうさく》。

特色《とくしょく》 東海道《とうかいどう》の風景《ふうけい》や宿場町《しゅくばまち》の様子《ようす》、江戸時代《えどじだい》の人々《ひとびと》の様子《ようす》を生《い》き生《い》きとえがき、ヨーロッパの画家《がか》にも大《おお》きな影響《えいきょう》をあたえた。

No.121 ▶文化《ぶんか》・産業《さんぎょう》カード 40ポイント

答《こた》え

富《ふ》嶽《がく》三十六《さんじゅうろっ》景《けい》

東京国立博物館所蔵

作者《さくしゃ》 19世紀前半《せいきぜんはん》に栄《さか》えた化政文化《かせいぶんか》のころにかつやくした浮世絵師《うきよえし》・葛飾北斎《かつしかほくさい》の代表作《だいひょうさく》。

特色《とくしょく》 季節《きせつ》や地域《ちいき》ごとの富士山《ふじさん》のすがたをえがくとともに、江戸時代《えどじだい》の人々《ひとびと》の様子《ようす》を生《い》き生《い》きとえがき、ヨーロッパの画家《がか》にも大《おお》きな影響《えいきょう》をあたえた。

No.128 ▶出来事《できごと》カード 50ポイント

答《こた》え

地《ち》租《そ》改《かい》正《せい》

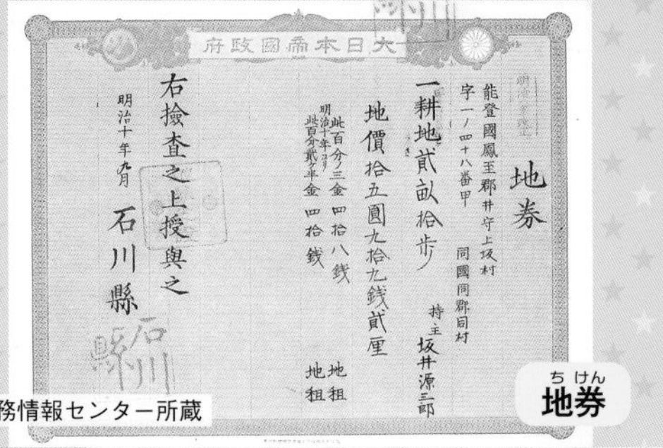

税務情報センター所蔵
地券《ちけん》

米《こめ》から現金《げんきん》へ 明治政府《めいじせいふ》は、それまでの米《こめ》でおさめる年貢《ねんぐ》にかわり、地価《ちか》(土地《とち》の値段《ねだん》)の3%《パーセント》を地主《じぬし》に現金《げんきん》で納税《のうぜい》させるよう、1873年に税制《ぜいせい》を改《あらた》めた。

目的《もくてき》 米《こめ》の収穫高《しゅうかくだか》にかかわらず安定《あんてい》した収入《しゅうにゅう》を得《え》る。

影響《えいきょう》 農民《のうみん》の負担《ふたん》が重《おも》かったため、反対一揆《はんたいいっき》が起《お》こった。

No.127 ▶出来事《できごと》カード 10ポイント

答《こた》え

五稜郭《ごりょうかく》の戦《たたか》い

始《はじ》まり 1868年に始《はじ》まった明治新政府軍《めいじしんせいふぐん》と旧江戸《きゅうえど》幕府軍《ばくふぐん》による戊辰戦争《ぼしんせんそう》の最後《さいご》の戦《たたか》いとして、1869年に北海道《ほっかいどう》の函館《はこだて》で起《お》こった。

終《お》わり 明治新政府軍《めいじしんせいふぐん》が勝利《しょうり》をおさめ、およそ1年《ねん》半《はん》にわたって続《つづ》いた戊辰戦争《ぼしんせんそう》は終結《しゅうけつ》した。

No.126 ▶人物《じんぶつ》カード 10ポイント

答《こた》え

明《めい》治《じ》天《てん》皇《のう》

神奈川県立歴史博物館所蔵

人物《じんぶつ》 江戸幕府滅亡《えどばくふめつぼう》の直前《ちょくぜん》(1867年)にわずか14歳《さい》で天皇《てんのう》の地位《ちい》を受《う》けつぎ、日本《にほん》の近代化《きんだいか》を進《すす》めた。

業績《ぎょうせき》 王政復古《おうせいふっこ》の大号令《だいごうれい》を発《はっ》し、天皇《てんのう》を中心《ちゅうしん》とする政治体制《せいじたいせい》を宣言《せんげん》した。五箇条《ごかじょう》の御誓文《ごせいもん》を発表《はっぴょう》し、明治政府《めいじせいふ》の基本方針《きほんほうしん》を示《しめ》した。

No.125 ▶人物《じんぶつ》カード 10ポイント

答《こた》え

木《き》戸《ど》孝《たか》允《よし》

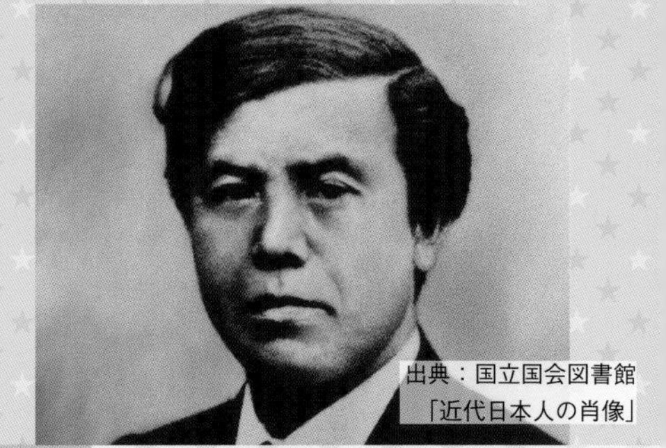
出典：国立国会図書館「近代日本人の肖像」

人物《じんぶつ》 長州藩《ちょうしゅうはん》(山口県《やまぐちけん》)の出身《しゅっしん》。長州藩《ちょうしゅうはん》の代表《だいひょう》として薩長同盟《さっちょうどうめい》を結《むす》び、明治維新《めいじいしん》の中心人物《ちゅうしんじんぶつ》となった。

業績《ぎょうせき》 明治政府《めいじせいふ》では五箇条《ごかじょう》の御誓文《ごせいもん》をまとめたり、版籍奉還《はんせきほうかん》や廃藩置県《はいはんちけん》などの改革《かいかく》を進《すす》めたりしたが、西南戦争《せいなんせんそう》の最中《さいちゅう》に病気《びょうき》で亡《な》くなった。

No. 129 文化《ぶんか》・産業《さんぎょう》カード

明《めい》治《じ》時《じ》代《だい》

- 一八七一年 郵便制度《ゆうびんせいど》が始《はじ》まる
- → 一八七二年 福沢諭吉《ふくざわゆきち》が『?』を著《あらわ》す
- → 一八七二年 最初《さいしょ》の鉄道《てつどう》が開通《かいつう》する

クイズ

Q 「天《てん》は人《ひと》の上《うえ》に人《ひと》をつくらず…」という言葉《ことば》で有名《ゆうめい》な福沢諭吉《ふくざわゆきち》の著書《ちょしょ》は何《なん》でしょう？

No. 130 文化《ぶんか》・産業《さんぎょう》カード

明《めい》治《じ》時《じ》代《だい》

- 一八七二年 最初《さいしょ》の鉄道《てつどう》が開通《かいつう》する
- → 一八七二年 ? が操業《そうぎょう》を開始《かいし》する
- → 一八七三年 徴兵令《ちょうへいれい》が出《だ》される

クイズ

Q フランスの技術《ぎじゅつ》を取《と》り入《い》れて群馬県《ぐんまけん》につくられた、最初《さいしょ》の官営工場《かんえいこうじょう》の名前《なまえ》は何《なん》でしょう？

No. 131 人物《じんぶつ》カード

明《めい》治《じ》時《じ》代《だい》

- 一八七四年 ? らが民撰議院設立《みんせんぎいんせつりつ》の建白書《けんぱくしょ》を出《だ》す
- → 一八七七年 西南戦争《せいなんせんそう》が起《お》こる
- → 一八八一年 ? らが自由党《じゆうとう》を結成《けっせい》する

クイズ

Q 議会《ぎかい》の開設《かいせつ》を要求《ようきゅう》し、「自由民権運動《じゆうみんけんうんどう》の父《ちち》」とよばれかつやくした人物《じんぶつ》はだれでしょう？

No. 132 人物《じんぶつ》カード

明《めい》治《じ》時《じ》代《だい》

- 一八八一年 板垣退助《いたがきたいすけ》らが自由党《じゆうとう》を結成《けっせい》する
- → 一八八二年 ? らが立憲改進党《りっけんかいしんとう》を結成《けっせい》する
- → 一八八四年 秩父事件《ちちぶじけん》が起《お》こる

クイズ

Q 立憲改進党《りっけんかいしんとう》を結成《けっせい》し、現在《げんざい》の早稲田大学《わせだだいがく》の設立者《せつりつしゃ》でもある人物《じんぶつ》はだれでしょう？

No. 133 人物《じんぶつ》カード

明《めい》治《じ》時《じ》代《だい》

- 一八八四年 秩父事件《ちちぶじけん》が起《お》こる
- → 一八八五年 ? が初代《しょだい》内閣総理大臣《ないかくそうりだいじん》になる
- → 一八八九年 大日本帝国憲法《だいにほんていこくけんぽう》が発布《はっぷ》される

クイズ

Q 大日本帝国憲法制定《だいにほんていこくけんぽうせいてい》の中心《ちゅうしん》となり、初代内閣《しょだいないかく》総理大臣《そうりだいじん》にもなった人物《じんぶつ》はだれでしょう？

No. 134 人物《じんぶつ》カード

明《めい》治《じ》時《じ》代《だい》

- 一八九四年 日清戦争《にっしんせんそう》が始《はじ》まる
- → 一八九五年 ? が『たけくらべ』を著《あらわ》す
- → 一八九五年 下関条約《しものせきじょうやく》が結《むす》ばれる

クイズ

Q 『たけくらべ』で知《し》られる女流作家《じょりゅうさっか》で、五千円《ごせんえん》札《さつ》にえがかれている人物《じんぶつ》はだれでしょう？

No. 135 人物《じんぶつ》カード

明《めい》治《じ》時《じ》代《だい》

- 一八九〇年 第一回帝国議会《だいいっかいていこくぎかい》が開《ひら》かれる
- → 一八九四年 ? が領事裁判権《りょうじさいばんけん》(治外法権《ちがいほうけん》)の撤廃《てっぱい》に成功《せいこう》する
- → 一八九四年 日清戦争《にっしんせんそう》が始《はじ》まる

クイズ

Q 1894年に、イギリスとの間《あいだ》で領事裁判権《りょうじさいばんけん》(治外法権《ちがいほうけん》)の撤廃《てっぱい》に成功《せいこう》した外務大臣《がいむだいじん》はだれでしょう？

No. 136 出来事《できごと》カード

明《めい》治《じ》時《じ》代《だい》

- 一八八五年 伊藤博文《いとうひろぶみ》が初代内閣総理大臣《しょだいないかくそうりだいじん》になる
- → 一八八九年 ? が発布《はっぷ》される
- → 一八九〇年 第一回帝国議会《だいいっかいていこくぎかい》が開《ひら》かれる

クイズ

Q 1889年2月11日に発布《はっぷ》された、天皇《てんのう》を主権者《しゅけんしゃ》とする憲法《けんぽう》は何《なん》でしょう？

No.132 ▶人物《じんぶつ》カード 20ポイント

答《こた》え

大《おお》隈《くま》重《しげ》信《のぶ》

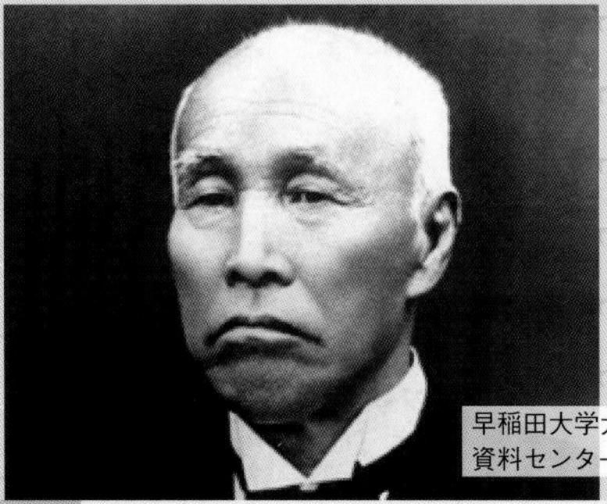

早稲田大学大学史資料センター所蔵

人物《じんぶつ》 肥前藩《ひぜんはん》(佐賀県《さがけん》)の出身《しゅっしん》。明治政府《めいじせいふ》をはなれた後《あと》、自由民権運動《じゆうみんけんうんどう》を進《すす》めた。

業績《ぎょうせき》 1882年には国会開設《こっかいかいせつ》に向《む》けて立憲改進党《りっけんかいしんとう》を結成《けっせい》した。第一次世界大戦中《だいいちじせかいたいせんちゅう》には、内閣《ないかく》総理大臣《そうりだいじん》として中国《ちゅうごく》に対《たい》し二十一か条《にじゅういっかじょう》の要求《ようきゅう》を出《だ》し、その大部分《だいぶぶん》を認《みと》めさせた。

No.131 ▶人物《じんぶつ》カード 40ポイント

答《こた》え

板《いた》垣《がき》退《たい》助《すけ》

出典：国立国会図書館「近代日本人の肖像」

人物《じんぶつ》 土佐藩《とさはん》(高知県《こうちけん》)の出身《しゅっしん》。明治政府《めいじせいふ》をはなれた後《あと》、自由民権運動《じゆうみんけんうんどう》を進《すす》めた。

業績《ぎょうせき》 1874年に民撰議院設立《みんせんぎいんせつりつ》の建白書《けんぱくしょ》を提出《ていしゅつ》して明治政府《めいじせいふ》を批判《ひはん》し、自由民権運動《じゆうみんけんうんどう》を進《すす》めた。1881年には国会開設《こっかいかいせつ》に向《む》けて自由党《じゆうとう》を結成《けっせい》した。

No.130 ▶文化《ぶんか》・産業《さんぎょう》カード 30ポイント

答《こた》え

富《とみ》岡《おか》製《せい》糸《し》場《じょう》

市立岡谷蚕糸博物館所蔵

操業《そうぎょう》開始《かいし》 フランスの技術《ぎじゅつ》を導入《どうにゅう》して現在《げんざい》の群馬県富岡市《ぐんまけんとみおかし》につくられ、1872年から操業《そうぎょう》を開始《かいし》した。

特色《とくしょく》 明治政府《めいじせいふ》がつくった官営工場《かんえいこうじょう》で、士族《しぞく》(江戸時代《えどじだい》までの武士《ぶし》)の娘《むすめ》が工女《こうじょ》として集《あつ》められた。ここで学《まな》んだ工女《こうじょ》たちは、やがて各地《かくち》の製糸工場《せいしこうじょう》に技術《ぎじゅつ》を広《ひろ》めていった。

No.129 ▶文化《ぶんか》・産業《さんぎょう》カード 30ポイント

答《こた》え

学問《がくもん》のすゝ《(す)》め

天《てん》は人《ひと》の上《うえ》に人《ひと》をつくらず
人《ひと》の下《した》に人《ひと》をつくらず…

福沢諭吉《ふくざわゆきち》

画像提供：慶應義塾福澤研究センター

著者《ちょしゃ》 福沢諭吉《ふくざわゆきち》によって明治時代《めいじじだい》の初《はじ》めに著《あらわ》され、当時《とうじ》の大《だい》ベストセラーとなった。

内容《ないよう》 学問《がくもん》を身《み》につけるかどうかで人生《じんせい》が大《おお》きく左右《さゆう》されるとし、学問《がくもん》の大切《たいせつ》さを説《と》いた。「天《てん》は人《ひと》の上《うえ》に人《ひと》をつくらず」で始《はじ》まる文章《ぶんしょう》は特《とく》に有名《ゆうめい》。

No.136 ▶出来事《できごと》カード 50ポイント

答《こた》え

大日本帝国憲法《だいにほんていこくけんぽう》

★2

発布《はっぷ》 ドイツ(プロイセン)の憲法《けんぽう》を学《まな》んだ伊藤博文《いとうひろぶみ》を中心《ちゅうしん》に制定《せいてい》され、1889年２月11日に発布《はっぷ》された。

特色《とくしょく》 天皇《てんのう》が国民《こくみん》にあたえるという形式《けいしき》で発布《はっぷ》された。天皇《てんのう》が主権者《しゅけんしゃ》として国《くに》を治《おさ》め、軍隊《ぐんたい》を指揮《しき》する権力《けんりょく》をもつとされた。

No.135 ▶人物《じんぶつ》カード 30ポイント

答《こた》え

陸《む》奥《つ》宗《むね》光《みつ》

出典：国立国会図書館「近代日本人の肖像」

人物《じんぶつ》 紀伊藩《きいはん》(和歌山県《わかやまけん》)の出身《しゅっしん》。外務大臣《がいむだいじん》としてかつやくし、領事裁判権《りょうじさいばんけん》(治外法権《ちがいほうけん》)の撤廃《てっぱい》に成功《せいこう》した。

業績《ぎょうせき》 1894年にイギリスとの間《あいだ》で交渉《こうしょう》にあたり、領事裁判権《りょうじさいばんけん》(治外法権《ちがいほうけん》)の撤廃《てっぱい》に成功《せいこう》した。日清戦争《にっしんせんそう》後《ご》の1895年には伊藤博文《いとうひろぶみ》とともに日本全権《にほんぜんけん》として下関条約《しものせきじょうやく》を結《むす》んだ。

No.134 ▶人物《じんぶつ》カード 20ポイント

答《こた》え

樋《ひ》口《ぐち》一《いち》葉《よう》

台東区立一葉記念館提供

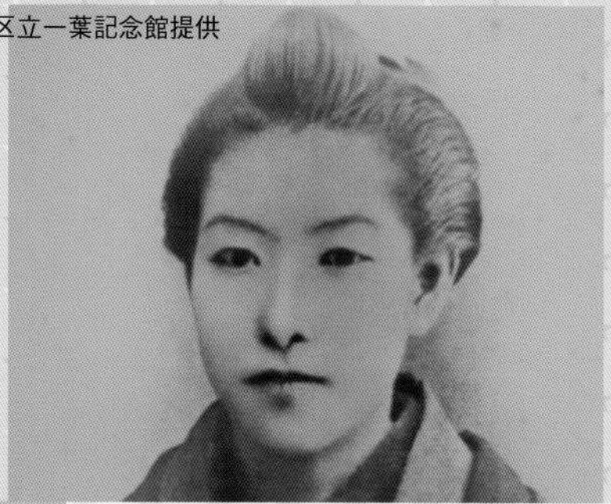

人物《じんぶつ》 東京出身《とうきょうしゅっしん》の明治時代《めいじじだい》の女性作家《じょせいさっか》・歌人《かじん》。

業績《ぎょうせき》 作家《さっか》としての活動期間《かつどうきかん》はわずか数年《すうねん》だったが、その間《かん》にすぐれた作品《さくひん》をいくつも残《のこ》し、24歳《さい》で一生《いっしょう》を終《お》えた。

代表作《だいひょうさく》 『たけくらべ』『にごりえ』など。

No.133 ▶人物《じんぶつ》カード 50ポイント

答《こた》え

伊《い》藤《とう》博《ひろ》文《ぶみ》

出典：国立国会図書館「近代日本人の肖像」

人物《じんぶつ》 長州藩《ちょうしゅうはん》(山口県《やまぐちけん》)の出身《しゅっしん》。明治政府《めいじせいふ》の中心《ちゅうしん》人物《じんぶつ》としてかつやくした。

業績《ぎょうせき》 大日本帝国憲法制定《だいにほんていこくけんぽうせいてい》の中心《ちゅうしん》となり、初代《しょだい》内閣総理大臣《ないかくそうりだいじん》となった。その後《ご》、韓国統監《かんこくとうかん》もつとめたが、1909年、韓国人青年《かんこくじんせいねん》の安重根《アンジュングン》に暗殺《あんさつ》された。

No.137 文化《ぶんか》・産業《さんぎょう》カード

明治時代《めいじじだい》

一八八二年 → 一八八三年 → 一八八四年

大隈重信《おおくましげのぶ》らが立憲改進党《りっけんかいしんとう》を結成《けっせい》する → 東京《とうきょう》の日比谷《ひびや》に ？ が完成《かんせい》する → 秩父事件《ちちぶじけん》が起《お》こる

クイズ

Q 日本《にほん》の近代化《きんだいか》を示《しめ》すために東京《とうきょう》の日比谷《ひびや》につくられた西洋風《せいようふう》の建物《たてもの》を何《なん》というでしょう？

No.138 文化《ぶんか》・産業《さんぎょう》カード

明治時代《めいじじだい》

一八七四年 → 一八七四年 → 一八七七年

民撰議院設立《みんせんぎいんせつりつ》の建白書《けんぱくしょ》が出《だ》される → 北海道《ほっかいどう》に ？ が置《お》かれる → 西南戦争《せいなんせんそう》が起《お》こる

クイズ

Q 明治時代《めいじじだい》に、北海道《ほっかいどう》の開拓《かいたく》と防衛《ぼうえい》のために置《お》かれた人々《ひとびと》を何《なん》というでしょう？

No.139 人物《じんぶつ》カード

明治時代《めいじじだい》

一九〇四年 → 一九〇五年 → 一九〇五年

日露戦争《にちろせんそう》が始《はじ》まる → ？ が日本海海戦《にほんかいかいせん》で勝利《しょうり》する → ポーツマス条約《じょうやく》が結《むす》ばれる

クイズ

Q 日本海海戦《にほんかいかいせん》で連合艦隊《れんごうかんたい》を率《ひき》い、ロシアのバルチック艦隊《かんたい》を破《やぶ》った人物《じんぶつ》はだれでしょう？

No.140 人物《じんぶつ》カード

明治時代《めいじじだい》

一九〇四年 → 一九〇四年 → 一九〇五年

日露戦争《にちろせんそう》が始《はじ》まる → ？ が『君死《きみし》にたまふ《う》ことなかれ』を発表《はっぴょう》する → ポーツマス条約《じょうやく》が結《むす》ばれる

クイズ

Q 日露戦争《にちろせんそう》に反対《はんたい》し、『君死《きみし》にたまふ《う》ことなかれ』という詩《し》を書《か》いた人物《じんぶつ》はだれでしょう？

No.141 人物《じんぶつ》カード

明治時代《めいじじだい》

一九〇五年 → 一九一〇年 → 一九一一年

？ がポーツマス条約《じょうやく》を結《むす》ぶ → 韓国併合《かんこくへいごう》が行《おこな》われる → ？ が関税自主権《かんぜいじしゅけん》の回復《かいふく》に成功《せいこう》する

クイズ

Q 1911年に、アメリカとの間《あいだ》で関税自主権《かんぜいじしゅけん》の回復《かいふく》に成功《せいこう》した外務大臣《がいむだいじん》はだれでしょう？

No.142 出来事《できごと》カード

明治時代《めいじじだい》

一八九四年 → 一八九四年 → 一八九五年

朝鮮《ちょうせん》で甲午農民戦争《こうごのうみんせんそう》が起《お》こる → ？ が始《はじ》まる → 下関条約《しものせきじょうやく》が結《むす》ばれる

クイズ

Q 朝鮮《ちょうせん》の支配《しはい》をめぐり1894年に始《はじ》まった、日本《にほん》と清《しん》の間《あいだ》の戦争《せんそう》を何《なん》というでしょう？

No.143 出来事《できごと》カード

明治時代《めいじじだい》

一八九五年 → 一九〇二年 → 一九〇四年

三国干渉《さんごくかんしょう》が起《お》こる → ？ が結《むす》ばれる → 日露戦争《にちろせんそう》が始《はじ》まる

クイズ

Q ロシアに対抗《たいこう》するために、日本《にほん》とイギリスが1902年に結《むす》んだ同盟《どうめい》を何《なん》というでしょう？

No.144 出来事《できごと》カード

明治時代《めいじじだい》

一九〇二年 → 一九〇四年 → 一九〇五年

日英同盟《にちえいどうめい》が結《むす》ばれる → ？ が始《はじ》まる → ポーツマス条約《じょうやく》が結《むす》ばれる

クイズ

Q 朝鮮《ちょうせん》や中国《ちゅうごく》への進出《しんしゅつ》をめぐり、日本《にほん》とロシアの間《あいだ》で1904年に始《はじ》まった戦争《せんそう》は何《なん》でしょう？

No.140 ▸人物《じんぶつ》カード 30ポイント

答《こた》え

与謝野晶子《よさのあきこ》

ああおとうとよ君《きみ》を泣《な》く
君死《きみし》にたまふ《う》ことなかれ

『君死《きみし》にたまふ《う》ことなかれ』
より

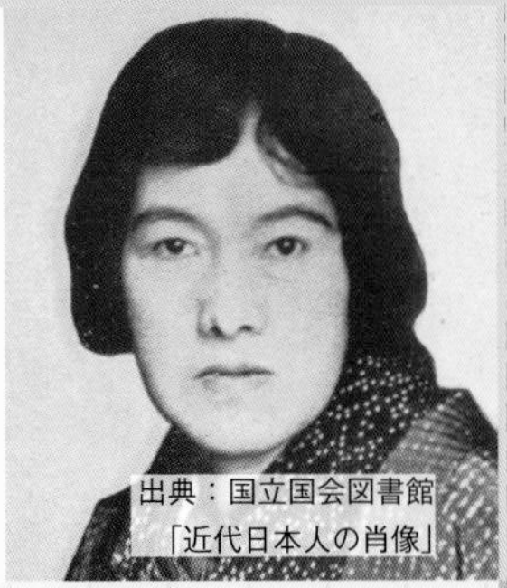

出典：国立国会図書館
「近代日本人の肖像」

◆人物《じんぶつ》 明治時代《めいじじだい》を代表《だいひょう》する女性作家《じょせいさっか》・歌人《かじん》の1人。

◆業績《ぎょうせき》 日露戦争《にちろせんそう》の際《さい》には、戦場《せんじょう》に送《おく》られた弟《おとうと》を思《おも》い『君死《きみし》にたまふ《う》ことなかれ』という詩《し》を発表《はっぴょう》し、戦争《せんそう》を批判《ひはん》した。

No.139 ▸人物《じんぶつ》カード 20ポイント

答《こた》え

東郷平八郎《とうごうへいはちろう》

財団法人三笠保存会
所蔵

◆人物《じんぶつ》 薩摩藩《さつまはん》（鹿児島県《かごしまけん》）の出身《しゅっしん》。海軍《かいぐん》の軍人《ぐんじん》としてかつやくした。

◆業績《ぎょうせき》 日露戦争《にちろせんそう》では日本《にほん》の連合艦隊《れんごうかんたい》を指揮《しき》し、日《に》本海海戦《ほんかいかいせん》でロシアのバルチック艦隊《かんたい》を破《やぶ》り、世界《せかい》にその名《な》をとどろかせた。

No.138 ▸文化《ぶんか》・産業《さんぎょう》カード 10ポイント

答《こた》え

屯田兵《とんでんへい》

「明治・大正期の北海道（写真編）」より

◆屯田兵《とんでんへい》 明治時代《めいじじだい》に、北海道《ほっかいどう》の防衛《ぼうえい》と開拓《かいたく》のために置《お》かれた兵士《へいし》。はじめは士族《しぞく》（江戸時代《えどじだい》までの武士《ぶし》）が対象《たいしょう》とされたが、後《のち》に平民《へいみん》も採用《さいよう》された。

◆北海道《ほっかいどう》の開拓《かいたく》 屯田兵《とんでんへい》は家族《かぞく》を連《つ》れて北海道《ほっかいどう》にわたり、各《かく》地《ち》に屯田兵村《とんでんへいそん》をつくって開拓《かいたく》を進《すす》めた。

No.137 ▸文化《ぶんか》・産業《さんぎょう》カード 20ポイント

答《こた》え

鹿鳴館《ろくめいかん》

横浜開港資料館所蔵

◆完成《かんせい》 欧化政策《おうかせいさく》をおし進《すす》めた井上馨《いのうえかおる》によって、東《とう》京《きょう》の日比谷《ひびや》につくられた西洋式《せいようしき》の建物《たてもの》。1883年に完成《かんせい》。

◆目的《もくてき》 舞踏会《ぶとうかい》を開《ひら》き、欧米諸国《おうべいしょこく》に対《たい》して日本《にほん》の近《きん》代化《だいか》を示《しめ》し、不平等条約《ふびょうどうじょうやく》の改正《かいせい》を進《すす》めようとしたが、失敗《しっぱい》に終《お》わった。

No.144 ▸出来事《できごと》カード 40ポイント

答《こた》え

日露戦争《にちろせんそう》

日本海海戦《にほんかいかいせん》の様子《ようす》

財団法人三笠保存会所蔵

◆始《はじ》まり 朝鮮《ちょうせん》や中国《ちゅうごく》への進出《しんしゅつ》をめぐる日本《にほん》とロシアの対立《たいりつ》から、1904年に戦争《せんそう》が始《はじ》まった。

◆終《お》わり 日本海海戦《にほんかいかいせん》の勝利《しょうり》もあり、日本《にほん》は苦《くる》しみながらも勝利《しょうり》をおさめた。しかし、その後《ご》に結《むす》ばれたポーツマス条約《じょうやく》では賠償金《ばいしょうきん》を得《え》ることはできなかった。

No.143 ▸出来事《できごと》カード 30ポイント

答《こた》え

日英同盟《にちえいどうめい》

日英同盟《にちえいどうめい》の風刺画《ふうしが》

毎日新聞社提供

◆成立《せいりつ》 1902年、日本《にほん》とイギリスの間《あいだ》で結《むす》ばれた。

◆目的《もくてき》 当時《とうじ》朝鮮《ちょうせん》や満州《まんしゅう》（中国東北部《ちゅうごくとうほくぶ》）に勢力《せいりょく》をのばしつつあったロシアに対抗《たいこう》するため。

◆影響《えいきょう》 同盟成立《どうめいせいりつ》の２年後《ねんご》、日本《にほん》はロシアとの全面《ぜんめん》戦争《せんそう》（日露戦争《にちろせんそう》）にふみ切《き》った。

No.142 ▸出来事《できごと》カード 50ポイント

答《こた》え

日清戦争《にっしんせんそう》

★3

◆背景《はいけい》 朝鮮《ちょうせん》の支配《しはい》をめぐる日本《にほん》と清《しん》（中国《ちゅうごく》）の対立《たいりつ》。

◆始《はじ》まり 1894年、朝鮮《ちょうせん》で起《お》こった甲午農民戦争《こうごのうみんせんそう》をきっかけに日清両国《にっしんりょうこく》が軍隊《ぐんたい》を送《おく》り、全面戦《ぜんめんせん》争《そう》となった。

◆終《お》わり 戦争《せんそう》は日本《にほん》の勝利《しょうり》に終《お》わり、日本《にほん》は下関条約《しものせきじょうやく》で清《しん》から多額《たがく》の賠償金《ばいしょうきん》と領土《りょうど》を手《て》に入《い》れた。

No.141 ▸人物《じんぶつ》カード 20ポイント

答《こた》え

小村寿太郎《こむらじゅたろう》

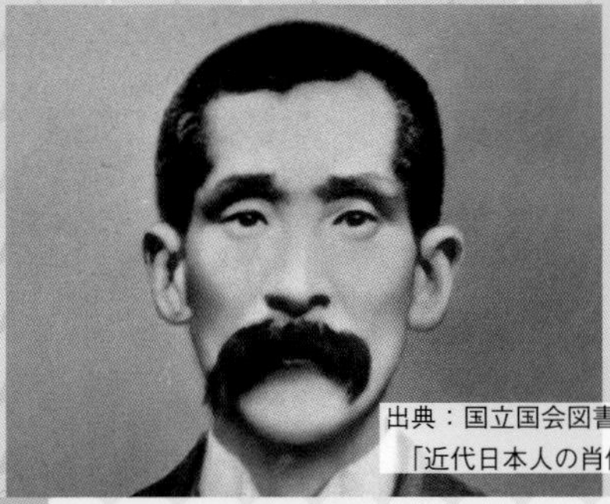

出典：国立国会図書館
「近代日本人の肖像」

◆人物《じんぶつ》 明治時代《めいじじだい》に外務大臣《がいむだいじん》としてかつやくし、関《かん》税自主権《ぜいじしゅけん》の回復《かいふく》に成功《せいこう》した。

◆業績《ぎょうせき》 日露戦争後《にちろせんそうご》の1905年には日本全権《にほんぜんけん》としてポーツマス条約《じょうやく》を結《むす》んだ。1911年にはアメリカとの間《あいだ》で交渉《こうしょう》にあたり、関税自主権《かんぜいじしゅけん》の回復《かいふく》に成功《せいこう》した。

No.145 文化《ぶんか》・産業《さんぎょう》カード

明治時代《めいじじだい》

一八九五年 → 一九〇一年 → 一九〇二年

下関条約《しものせきじょうやく》が結《むす》ばれる

？が操業《そうぎょう》を開始《かいし》する

日英同盟《にちえいどうめい》が結《むす》ばれる

クイズ

Q 官営工場《かんえいこうじょう》として北九州《きたきゅうしゅう》につくられた、日本最《にほんさい》初《しょ》の本格的《ほんかくてき》な製鉄所《せいてつじょ》の名前《なまえ》は何《なん》でしょう？

No.146 文化《ぶんか》・産業《さんぎょう》カード

明治時代《めいじじだい》

一九〇一年 → 一九〇一年 → 一九〇二年

八幡製鉄所《やはたせいてつじょ》が操業《そうぎょう》を開始《かいし》する

田中正造《たなかしょうぞう》が？を、天皇《てんのう》に直訴《じきそ》する

日英同盟《にちえいどうめい》が結《むす》ばれる

クイズ

Q 明治時代《めいじじだい》に渡良瀬川流域《わたらせがわりゅういき》で発生《はっせい》し、田中正造《たなかしょうぞう》が解決《かいけつ》に力《ちから》をつくした公害事件《こうがいじけん》は何《なん》でしょう？

No.147 人物《じんぶつ》カード

大正時代《たいしょうじだい》

一九一〇年 → 一九一一年 → 一九一二年

韓国併合《かんこくへいごう》が行《おこな》われる

？らが青鞜社《せいとうしゃ》を結成《けっせい》する

第一次護憲運動《だいいちじごけんうんどう》が起《お》こる

クイズ

Q 青鞜社《せいとうしゃ》を結成《けっせい》し、女性《じょせい》の地位《ちい》を高《たか》める婦人《ふじん》運動《うんどう》に力《ちから》を注《そそ》いだ人物《じんぶつ》はだれでしょう？

No.148 人物《じんぶつ》カード

大正時代《たいしょうじだい》

一九一六年 → 一九一八年 → 一九一八年

吉野作造《よしのさくぞう》が民本主義《みんぽんしゅぎ》の考《かんが》えを主張《しゅちょう》する

？が黄熱病《おうねつびょう》の研究《けんきゅう》に取《と》り組《く》む

米騒動《こめそうどう》が起《お》こる

クイズ

Q 黄熱病《おうねつびょう》の研究《けんきゅう》に力《ちから》をつくし、千円札《せんえんさつ》にえがかれている人物《じんぶつ》はだれでしょう？

No.149 出来事《できごと》カード

大正時代《たいしょうじだい》

一九一六年 → 一九一八年 → 一九一八年

吉野作造《よしのさくぞう》が民本主義《みんぽんしゅぎ》の考《かんが》えを主張《しゅちょう》する

？が起《お》こる

原敬内閣《はらたかしないかく》が成立《せいりつ》する

クイズ

Q 1918年に富山県《とやまけん》の漁村《ぎょそん》から始《はじ》まり、全国的《ぜんこくてき》に広《ひろ》まった民衆《みんしゅう》の騒動《そうどう》を何《なん》というでしょう？

No.150 出来事《できごと》カード

大正時代《たいしょうじだい》

一九二二年 → 一九二三年 → 一九二五年

全国水平社《ぜんこくすいへいしゃ》が結成《けっせい》される

？が起《お》こる

普通選挙法《ふつうせんきょほう》が成立《せいりつ》する

クイズ

Q 1923年、関東地方南部《かんとうちほうなんぶ》で発生《はっせい》し大《おお》きな被害《ひがい》を出《だ》した震災《しんさい》を何《なん》というでしょう？

No.151 人物《じんぶつ》カード

昭和時代《しょうわじだい》

一九三二年 → 一九三二年 → 一九三三年

軍部《ぐんぶ》が満州国《まんしゅうこく》の建国《けんこく》を宣言《せんげん》する

五《ご》・一五事件《いちごじけん》が起《お》こり？首相《しゅしょう》が暗殺《あんさつ》される

日本《にほん》が国際連盟《こくさいれんめい》から脱退《だったい》する

クイズ

Q 護憲運動《ごけんうんどう》でかつやくしましたが、五《ご》・一五事《いちごじ》件《けん》で暗殺《あんさつ》された当時《とうじ》の首相《しゅしょう》はだれでしょう？

No.152 出来事《できごと》カード

昭和時代《しょうわじだい》

一九四〇年 → 一九四一年 → 一九四五年

日独伊三国同盟《にちどくいさんごくどうめい》が結《むす》ばれる

日本《にほん》の真珠湾攻撃《しんじゅわんこうげき》から？が始《はじ》まる

太平洋戦争《たいへいようせんそう》が終結《しゅうけつ》する

クイズ

Q 1941年12月８日の日本軍《にほんぐん》による真珠湾攻《しんじゅわんこう》撃《げき》から始《はじ》まった戦争《せんそう》は何《なん》でしょう？

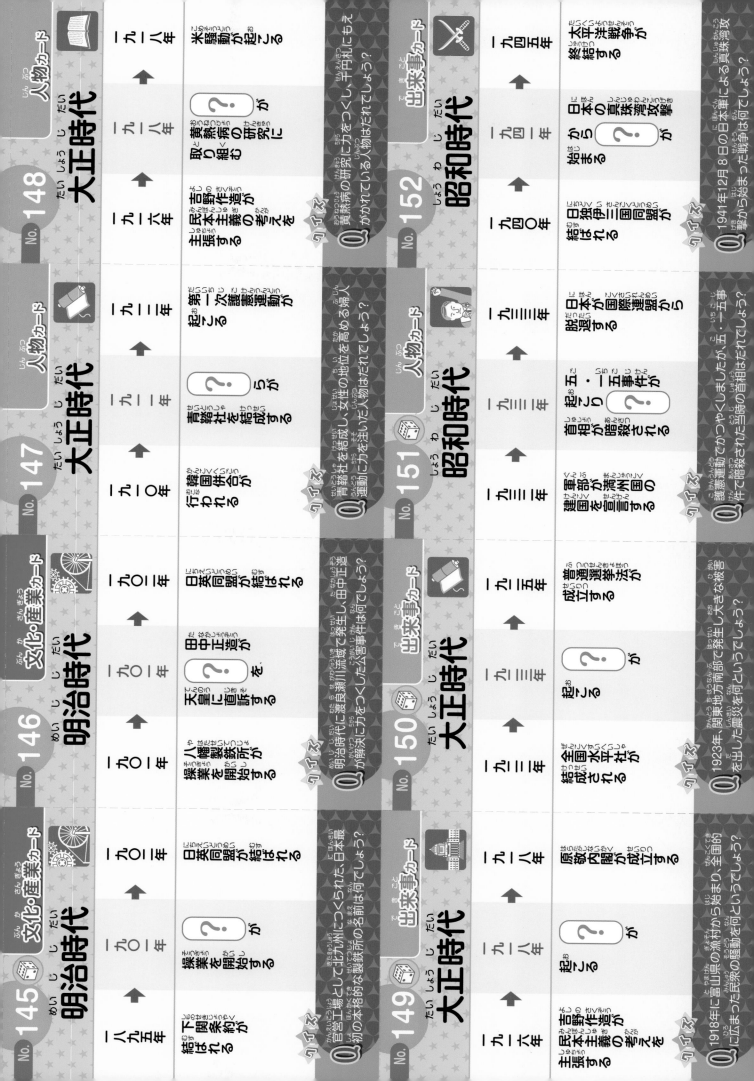

No.148 ▶人物《じんぶつ》カード 30ポイント

答《こた》え

野《の》口《ぐち》英《ひで》世《よ》

野口英世記念会所蔵

人物《じんぶつ》 福島県《ふくしまけん》の貧《まず》しい農家《のうか》に生《う》まれ、15歳《さい》のとき幼《おさな》いころのやけどで不自由《ふじゆう》になっていた左手《ひだりて》の手術《しゅじゅつ》を受《う》け、感激《かんげき》したことから医者《いしゃ》をめざすようになった。

業績《ぎょうせき》 海外《かいがい》へ留学《りゅうがく》し細菌学《さいきんがく》の分野《ぶんや》で実績《じっせき》をあげたが、黄熱病《おうねつびょう》の研究中《けんきゅうちゅう》にアフリカで亡《な》くなった。

No.147 ▶人物《じんぶつ》カード 30ポイント

答《こた》え

平塚《ひらつか》らいてう《ちょう》(雷鳥《らいちょう》)

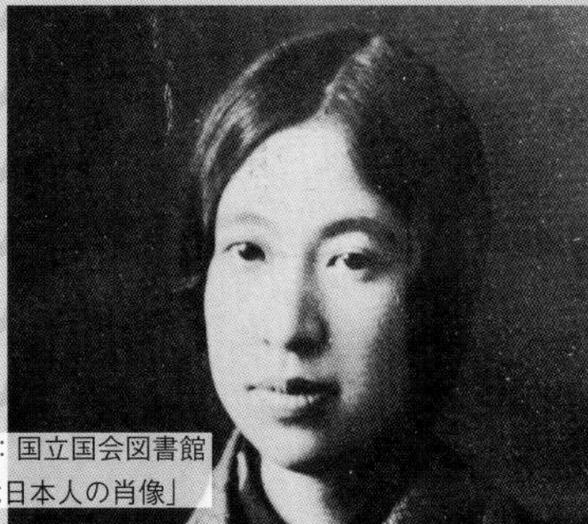

出典：国立国会図書館「近代日本人の肖像」

人物《じんぶつ》 女性文学者《じょせいぶんがくしゃ》による団体《だんたい》・青鞜社《せいとうしゃ》を結成《けっせい》し、女性《じょせい》の地位《ちい》を高《たか》める運動《うんどう》に力《ちから》をつくした。東京出身《とうきょうしゅっしん》。

業績《ぎょうせき》 自《みずか》らを「新《あたら》しい女《おんな》」と名乗《なの》り、婦人解放運動《ふじんかいほううんどう》に積極的《せっきょくてき》に取《と》り組《く》んだ。1920年には市川《いちかわ》房枝《ふさえ》らとともに新婦人協会《しんふじんきょうかい》を設立《せつりつ》した。

No.146 ▶文化《ぶんか》・産業《さんぎょう》カード 20ポイント

答《こた》え

足尾鉱毒事件《あしおこうどくじけん》

出典：国立国会図書館「近代日本人の肖像」

足尾《あしお》銅山《どうざん》 栃木県《とちぎけん》にあった銅山《どうざん》。明治時代《めいじじだい》に大規模《だいきぼ》な開発《かいはつ》が進《すす》められた。

公害《こうがい》の発生《はっせい》 銅山《どうざん》からの鉱毒《こうどく》により渡良瀬川流域《わたらせがわりゅういき》の農《のう》村《そん》では1890年ごろから公害《こうがい》が広《ひろ》がった。

田中《たなか》正造《しょうぞう》 栃木県《とちぎけん》の衆議院議員《しゅうぎいんぎいん》・田中正造《たなかしょうぞう》が解決《かいけつ》に力《ちから》をつくした。

No.145 ▶文化《ぶんか》・産業《さんぎょう》カード 30ポイント

答《こた》え

八幡製鉄所《やはたせいてつじょ》

日本製鉄株式会社 九州製鉄所所蔵

操業《そうぎょう》開始《かいし》 日清戦争《にっしんせんそう》の賠償金《ばいしょうきん》などをもとに、政府《せいふ》によって現在《げんざい》の北九州市《きたきゅうしゅうし》につくられた官営《かんえい》工場《こうじょう》で、1901年に操業《そうぎょう》を開始《かいし》した。

特色《とくしょく》 中国《ちゅうごく》から輸入《ゆにゅう》した鉄鉱石《てっこうせき》と地元《じもと》でとれる石炭《せきたん》や石灰石《せっかいせき》を利用《りよう》して鉄鋼《てっこう》を生産《せいさん》し、日本《にほん》の重工業《じゅうこうぎょう》の発展《はってん》を支《ささ》えた。

No.152 ▶出来事《できごと》カード 50ポイント

答《こた》え

太平洋戦争《たいへいようせんそう》

毎日新聞社提供

背景《はいけい》 当時《とうじ》ドイツ・イタリアと同盟《どうめい》を結《むす》んでいた日本《にほん》と、アメリカ・イギリスを中心《ちゅうしん》とする連《れん》合国《ごうこく》との対立《たいりつ》。

開戦《かいせん》と終戦《しゅうせん》 1941年12月8日、日本軍《にほんぐん》によるマレー半島上陸《はんとうじょうりく》とハワイの真珠湾攻撃《しんじゅわんこうげき》により開戦《かいせん》。1945年8月15日、日本《にほん》のポツダム宣言受諾《せんげんじゅだく》により終戦《しゅうせん》。

No.151 ▶人物《じんぶつ》カード 30ポイント

答《こた》え

犬《いぬ》養《かい》毅《つよし》

出典：国立国会図書館「近代日本人の肖像」

人物《じんぶつ》 備中国《びっちゅうのくに》(岡山県《おかやまけん》)の出身《しゅっしん》。護憲運動《ごけんうんどう》でかつやくし、尾崎行雄《おざきゆきお》とともに「憲政《けんせい》の神様《かみさま》」とよばれた。

五《ご》・一五《いちご》事件《じけん》 1931年に内閣総理大臣《ないかくそうりだいじん》となったが、軍部《ぐんぶ》からの満州国承認要求《まんしゅうこくしょうにんようきゅう》を拒否《きょひ》したため、翌年《よくとし》、五・一五事件《ごいちごじけん》で海軍青年将校《かいぐんせいねんしょうこう》に暗殺《あんさつ》された。

No.150 ▶出来事《できごと》カード 20ポイント

答《こた》え

関東大震災《かんとうだいしんさい》

毎日新聞社提供

発生《はっせい》 1923年9月1日午前《ごぜん》11時《じ》58分《ふん》、神奈川県相模《かながわけんさがみ》湾《わん》でマグニチュード7.9の大地震《おおじしん》が発生《はっせい》した。

災害《さいがい》の広《ひろ》がり 大規模《だいきぼ》な火災《かさい》が起《お》こり、東京《とうきょう》や横浜《よこはま》は火《ひ》につつまれた。また、混乱《こんらん》した人々《ひとびと》によってデマが広《ひろ》がり朝鮮人《ちょうせんじん》がおそわれる事件《じけん》が発生《はっせい》した。

No.149 ▶出来事《できごと》カード 40ポイント

答《こた》え

米《こめ》騒《そう》動《どう》

徳川美術館所蔵

背景《はいけい》 シベリア出兵《しゅっぺい》による米《こめ》の値上《ねあ》がりを見込《みこ》んだ商人《しょうにん》が米《こめ》を買《か》い占《し》めていた。

始《はじ》まり 1918年、富山県《とやまけん》の主婦《しゅふ》たちが米《こめ》の安売《やすう》りを求《もと》めて米屋《こめや》におしかけたことが始《はじ》まり。

影響《えいきょう》 騒動《そうどう》は全国《ぜんこく》に広《ひろ》がり、当時《とうじ》の寺内正毅内閣《てらうちまさたけないかく》は総辞職《そうじしょく》した。

No. 153 文化《ぶんか》・産業《さんぎょう》カード

昭《しょう》和《わ》時《じ》代《だい》

- 一九四一年　太平洋戦争《たいへいようせんそう》が始《はじ》まる
- → 一九四四年　？が始《はじ》まる
- → 一九四五年　太平洋戦争《たいへいようせんそう》が終結《しゅうけつ》する

クイズ

Q 戦争中《せんそうちゅう》、都市《とし》の子《こ》どもたちが空襲《くうしゅう》をさけて地方《ちほう》に避難《ひなん》したことを何《なん》というでしょう？

No. 154 文化《ぶんか》・産業《さんぎょう》カード

昭《しょう》和《わ》時《じ》代《だい》

- 一九四一年　太平洋戦争《たいへいようせんそう》が始《はじ》まる
- → 一九四五年　広島市にある現在《げんざい》の？の上空《じょうくう》で原子爆弾《げんしばくだん》が爆発《ばくはつ》する
- → 一九四五年　太平洋戦争《たいへいようせんそう》が終結《しゅうけつ》する

クイズ

Q 原爆《げんばく》のおそろしさを人々《ひとびと》に伝《つた》える、広島市《ひろしまし》の「負《ふ》の世界遺産《せかいいさん》」は何《なん》でしょう？

No. 155 出来事《できごと》カード

昭《しょう》和《わ》時《じ》代《だい》

- 一九四一年　太平洋戦争《たいへいようせんそう》が始《はじ》まる
- → ？年　広島《ひろしま》・長崎《ながさき》に原子爆弾《げんしばくだん》が投下《とうか》される
- → ？年　太平洋戦争《たいへいようせんそう》が終結《しゅうけつ》する

クイズ

Q 日本《にほん》がポツダム宣言《せんげん》を受《う》け入《い》れ、太平洋戦《たいへいようせん》争《そう》が終結《しゅうけつ》したのは何年《なんねん》でしょう？

No. 156 人物《じんぶつ》カード

昭《しょう》和《わ》時《じ》代《だい》

- 一九四五年　日本《にほん》がポツダム宣言《せんげん》を受諾《じゅだく》する
- → 一九四五年　？がGHQ《ジーエイチキュー》最高司令官《さいこうしれいかん》として来日《らいにち》する
- → 一九四五年　男女平等《だんじょびょうどう》の普通選挙法《ふつうせんきょほう》が実現《じつげん》する

クイズ

Q GHQ《ジーエイチキュー》の最高司令官《さいこうしれいかん》として来日《らいにち》し、戦後《せんご》のさまざまな改革《かいかく》を命《めい》じた人物《じんぶつ》はだれでしょう？

No. 157 人物《じんぶつ》カード

昭《しょう》和《わ》時《じ》代《だい》

- 一九五〇年　朝鮮戦争《ちょうせんせんそう》が始《はじ》まる
- → 一九五一年　？首相《しゅしょう》がサンフランシスコ平和条約《へいわじょうやく》に調印《ちょういん》する
- → 一九五一年　？首相《しゅしょう》が日米安全保障条約《にちべいあんぜんほしょうじょうやく》に調印《ちょういん》する

クイズ

Q 戦後《せんご》、5期《き》にわたって内閣総理大臣《ないかくそうりだいじん》を務《つと》め、日本《にほん》の復興《ふっこう》に貢献《こうけん》した人物《じんぶつ》はだれでしょう？

No. 158 出来事《できごと》カード

昭《しょう》和《わ》時《じ》代《だい》

- 一九四五年　農地改革《のうちかいかく》が始《はじ》まる
- → 一九四六年　？が公布《こうふ》される
- → 一九四七年　？が施行《しこう》される

クイズ

Q 1946年11月3日に公布《こうふ》された、国民主権《こくみんしゅけん》や平和主義《へいわしゅぎ》などを定《さだ》めた憲法《けんぽう》は何《なん》でしょう？

No. 159 文化《ぶんか》・産業《さんぎょう》カード

昭《しょう》和《わ》時《じ》代《だい》

- 一九五〇年代　朝鮮戦争《ちょうせんせんそう》の特需景気《とくじゅけいき》により経済《けいざい》が復興《ふっこう》する
- → 一九六〇年ごろ　日本国内《にほんこくない》が？をむかえる
- → 一九六四年　東京《とうきょう》オリンピックが開《ひら》かれる

クイズ

Q 1960年代《ねんだい》、日本《にほん》の産業《さんぎょう》や経済《けいざい》が大《おお》きく発展《はってん》した時期《じき》を何《なん》というでしょう？

No. 160 人物《じんぶつ》カード

昭《しょう》和《わ》時《じ》代《だい》

- 一九六五年　？首相《しゅしょう》が日韓基本条約《にっかんきほんじょうやく》に調印《ちょういん》する
- → 一九六七年　？首相《しゅしょう》が非核三原則《ひかくさんげんそく》を発表《はっぴょう》する
- → 一九七二年　沖縄《おきなわ》が日本《にほん》に復帰《ふっき》する

クイズ

Q 「非核三原則《ひかくさんげんそく》」を発表《はっぴょう》し、後《のち》にノーベル平和《へいわ》賞《しょう》を受賞《じゅしょう》した人物《じんぶつ》はだれでしょう？

No.156 ▶人物《じんぶつ》カード 20ポイント

答《こた》え

マッカーサー

毎日新聞社提供

人物《じんぶつ》 アメリカの軍人《ぐんじん》で、日本《にほん》の敗戦後《はいせんご》、連合国《れんごうこく》軍最高司令官総司令部《ぐんさいこうしれいかんそうしれいぶ》（GHQ《ジーエイチキュー》）の最高司令《さいこうしれい》官《かん》として来日《らいにち》した。

業績《ぎょうせき》 日本《にほん》の民主化《みんしゅか》を進《すす》め、男女平等《だんじょびょうどう》の普通選挙《ふつうせんきょ》の実現《じつげん》や、財閥解体《ざいばつかいたい》、農地改革《のうちかいかく》、日本国憲法《にほんこくけんぽう》の制《せい》定《てい》など日本政府《にほんせいふ》にさまざまな指示《しじ》を出《だ》した。

No.155 ▶出来事《できごと》カード 40ポイント

答《こた》え

1945年

一、われわれアメリカ合衆国《がっしゅうこく》大統領《だいとうりょう》、中華民国主席《ちゅうかみんこくしゅせき》、グレートブリテン国《こく》（イギリス）総理大臣《そうりだいじん》は、日本《にほん》に対《たい》し戦争《せんそう》を終結《しゅうけつ》する機会《きかい》をあたえることにした。

七、日本《にほん》の戦争能力《せんそうのうりょく》がなくなったことを見届《みとど》けるまで、連合国《れんごうこく》が日本《にほん》を占領《せんりょう》する。

八、日本《にほん》の領土《りょうど》は、本州《ほんしゅう》、北《ほっ》海道《かいどう》、九州《きゅうしゅう》、四国《しこく》に限《かぎ》る。

十三、連合国《れんごうこく》は、日本《にほん》の無条《むじょう》件降伏《けんこうふく》を求《もと》める。

（ポツダム宣言《せんげん》より）

ポツダム宣言《せんげん》 日本《にほん》の敗戦《はいせん》が確実《かくじつ》となった1945年７月、アメリカ・イギリス・中国《ちゅうごく》の３か国《こく》が日本《にほん》の無条《むじょう》件降伏《けんこうふく》を求《もと》めるポツダム宣言《せんげん》を発表《はっぴょう》した。

日本《にほん》の敗戦《はいせん》 日本《にほん》ははじめこの宣言《せんげん》を受《う》け入《い》れなかったが、原爆《げんばく》の投下《とうか》などを経《へ》て８月15日には受諾《じゅだく》を発表《はっぴょう》し、終戦《しゅうせん》した。

No.154 ▶文化《ぶんか》・産業《さんぎょう》カード 30ポイント

答《こた》え

原爆《げんばく》ドーム

原爆《げんばく》の投下《とうか》 1945年８月６日、アメリカ軍《ぐん》によって原《げん》子爆弾《しばくだん》が広島《ひろしま》に世界《せかい》で初《はじ》めて投下《とうか》された。

負《ふ》の遺産《いさん》 原爆《げんばく》により、当時《とうじ》の広島市《ひろしまし》の人口《じんこう》の半数近《はんすうちか》い人々《ひとびと》が亡《な》くなったといわれる。原爆《げんばく》ドームはこの悲劇《ひげき》を人々《ひとびと》に伝《つた》えるために世界《せかい》遺産《いさん》に登録《とうろく》されている。

No.153 ▶文化《ぶんか》・産業《さんぎょう》カード 10ポイント

答《こた》え

学《がく》 童《どう》 疎《そ》 開《かい》

毎日新聞社提供

背景《はいけい》 1944年ごろから太平洋《たいへいよう》の島々《しまじま》を占領《せんりょう》したアメリカ軍《ぐん》は、日本《にほん》の都市《とし》への空襲《くうしゅう》を始《はじ》めた。

疎開《そかい》生活《せいかつ》 空襲《くうしゅう》から逃《のが》れるため、都市《とし》の子《こ》どもたちは親元《おやもと》をはなれ地方《ちほう》へと集団《しゅうだん》で避難《ひなん》した。疎開先《そかいさき》での集団生活《しゅうだんせいかつ》は十分《じゅうぶん》な食《た》べ物《もの》もなく、苦《くる》しいものだった。

No.160 ▶人物《じんぶつ》カード 10ポイント

答《こた》え

佐《さ》 藤《とう》 栄《えい》 作《さく》

時事通信社提供

人物《じんぶつ》 1960年代《ねんだい》から70年代初《ねんだいはじ》めにかけての日本《にほん》の高度経済成長期《こうどけいざいせいちょうき》に内閣総理大臣《ないかくそうりだいじん》を務《つと》めた。

業績《ぎょうせき》 日韓基本条約《にっかんきほんじょうやく》を結《むす》び韓国《かんこく》との国交《こっこう》を樹立《じゅりつ》した。沖縄返還《おきなわへんかん》を実現《じつげん》させた。「非核三原《ひかくさんげん》則《そく》」を発表《はっぴょう》し、後《のち》にノーベル平和賞《へいわしょう》を受賞《じゅしょう》した。

No.159 ▶文化《ぶんか》・産業《さんぎょう》カード 40ポイント

答《こた》え

高度経済成長期《こうどけいざいせいちょうき》

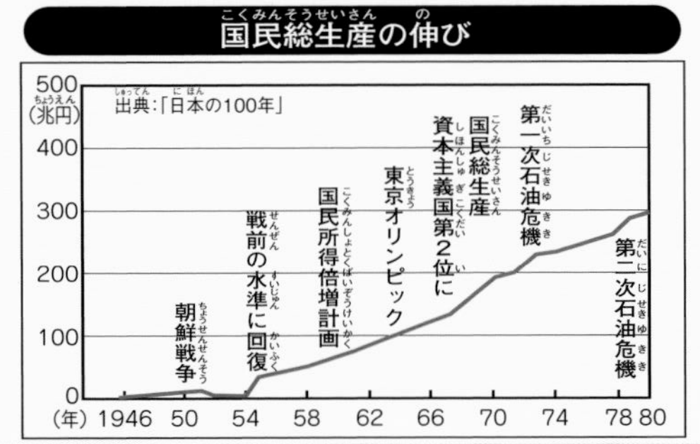

始《はじ》まり 1950年代《ねんだい》に復興《ふっこう》をとげた日本経済《にほんけいざい》はその後《ご》も成長《せいちょう》を続《つづ》け、特《とく》に1950年代半《ねんだいなか》ばから1970年代初《ねんだいはじ》めにかけての時期《じき》には急激《きゅうげき》な成長《せいちょう》をとげた。

影響《えいきょう》 国民生活《こくみんせいかつ》が豊《ゆた》かになった一方《いっぽう》で、公害《こうがい》が深刻《しんこく》化《か》し、四大公害病《よんだいこうがいびょう》などが大《おお》きな問題《もんだい》となった。

No.158 ▶出来事《できごと》カード 50ポイント

答《こた》え

日本国憲法《にほんこくけんぽう》

独立行政法人
国立公文書館所蔵

公布《こうふ》 1946年11月３日(文化《ぶんか》の日《ひ》)。

施行《しこう》 1947年５月３日(憲法記念日《けんぽうきねんび》)。

三大《さんだい》原則《げんそく》 それまでの大日本帝国憲法《だいにほんていこくけんぽう》にかわって制《せい》定《てい》された。国民主権《こくみんしゅけん》・平和主義《へいわしゅぎ》(戦争放棄《せんそうほうき》)・基本的人権《きほんてきじんけん》の尊重《そんちょう》の３つが三大原則《さんだいげんそく》とされる。

No.157 ▶人物《じんぶつ》カード 30ポイント

答《こた》え

吉《よし》 田《だ》 茂《しげる》

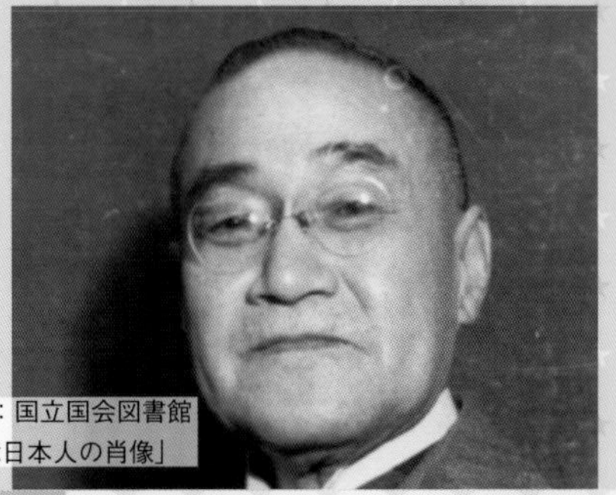

出典：国立国会図書館
「近代日本人の肖像」

人物《じんぶつ》 1946年から54年までの間《あいだ》に５期《き》にわたって内閣総理大臣《ないかくそうりだいじん》を務《つと》め、戦後《せんご》の日本《にほん》の復興《ふっこう》に貢献《こうけん》した。

業績《ぎょうせき》 内閣総理大臣《ないかくそうりだいじん》として、日本国憲法《にほんこくけんぽう》の公布《こうふ》・施行《しこう》やサンフランシスコ平和条約《へいわじょうやく》の調印《ちょういん》、日米安全保障条約《にちべいあんぜんほしょうじょうやく》の締結《ていけつ》などにあたった。

No.161 文化《ぶんか》・産業《さんぎょう》カード

昭和時代《しょうわじだい》

一九六四年 東海道新幹線《とうかいどうしんかんせん》が開業《かいぎょう》する
→ 一九六四年 ？が開《ひら》かれる
→ 一九六五年 日韓基本条約《にっかんきほんじょうやく》が結《むす》ばれる

クイズ

Q 1964年に開《ひら》かれた、アジアで最初《さいしょ》のオリンピックを何《なん》というでしょう？

No.162 出来事《できごと》カード

昭和時代《しょうわじだい》

一九六七年 佐藤栄作首相《さとうえいさくしゅしょう》が非核三原則《ひかくさんげんそく》を発表《はっぴょう》する
→ 一九七二年 ？が日本《にほん》に復帰《ふっき》する
→ 一九七二年 日中共同声明《にっちゅうきょうどうせいめい》が発表《はっぴょう》される

クイズ

Q 戦後《せんご》27年間《ねんかん》アメリカ軍《ぐん》に占領《せんりょう》されましたが、1972年に返還《へんかん》されたのはどこでしょう？

No.163 出来事《できごと》カード

昭和時代《しょうわじだい》

一九七二年 沖縄《おきなわ》が日本《にほん》に復帰《ふっき》する
→ 一九七二年 ？が発表《はっぴょう》される
→ 一九七三年 第一次石油危機《だいいちじせきゆきき》（オイルショック）が起《お》こる

クイズ

Q 1972年に発表《はっぴょう》された、日本《にほん》と中国《ちゅうごく》の国交《こっこう》を正常化《せいじょうか》するための声明《せいめい》は何《なん》でしょう？

No.164 出来事《できごと》カード

昭和時代《しょうわじだい》

一九七二年 日中共同声明《にっちゅうきょうどうせいめい》が発表《はっぴょう》される
→ 一九七三年 第一次《だいいちじ》？が起《お》こる
→ 一九七九年 第二次《だいにじ》？が起《お》こる

クイズ

Q 1970年代《ねんだい》に起《お》こった、石油《せきゆ》が急激《きゅうげき》に値上《ねあ》がりした出来事《できごと》を何《なん》というでしょう？

No.165 文化《ぶんか》・産業《さんぎょう》カード

平成時代《へいせいじだい》

一九九五年 阪神《はんしん》・淡路大震災《あわじだいしんさい》が起《お》こる
→ 二〇一〇年ごろ 日本《にほん》で？が急速《きゅうそく》に普及《ふきゅう》する
→ 二〇一五年 選挙権《せんきょけん》の年齢《ねんれい》が十八歳以上《じゅうはっさいいじょう》に引《ひ》き下《さ》げられる

クイズ

Q 2010年《ねん》ごろから急速《きゅうそく》に普及《ふきゅう》した携帯情報《けいたいじょうほう》端末《たんまつ》を何《なん》というでしょう？

No.166 出来事《できごと》カード

平成時代《へいせいじだい》

一九九五年 阪神《はんしん》・淡路大震災《あわじだいしんさい》が起《お》こる
→ 二〇一一年 三月《がつ》一一日《にち》、？が発生《はっせい》する
→ 二〇一五年 選挙権《せんきょけん》の年齢《ねんれい》が十八歳以上《じゅうはっさいいじょう》に引《ひ》き下《さ》げられる

クイズ

Q 2011年《ねん》3月《がつ》11日《にち》に発生《はっせい》した地震災害《じしんさいがい》を何《なん》というでしょう？

No.167 出来事《できごと》カード

令和時代《れいわじだい》

二〇一九年 「令和《れいわ》」に改元《かいげん》される
→ 二〇二〇年 ？が、世界的《せかいてき》流行《りゅうこう》（パンデミック）をもたらす
→ 二〇二二年 成年年齢《せいねんねんれい》が十八歳以上《じゅうはっさいいじょう》に引《ひ》き下《さ》げられる

クイズ

Q 2020年《ねん》に世界的流行《せかいてきりゅうこう》（パンデミック）をもたらした感染症《かんせんしょう》を何《なん》というでしょう？

No.168 文化《ぶんか》・産業《さんぎょう》カード

令和時代《れいわじだい》

二〇一九年 「令和《れいわ》」に改元《かいげん》される
→ 二〇二一年 日本《にほん》で？が開《ひら》かれる
→ 二〇二二年 成年年齢《せいねんねんれい》が十八歳以上《じゅうはっさいいじょう》に引《ひ》き下《さ》げられる

クイズ

Q 2021年《ねん》に1年延期《ねんえんき》で東京《とうきょう》で開催《かいさい》された国《こく》際的《さいてき》なイベントを何《なん》というでしょう？

No.164 ▸出来事《できごと》カード 40ポイント

答《こた》え

石油危機《せきゆきき》(オイルショック)

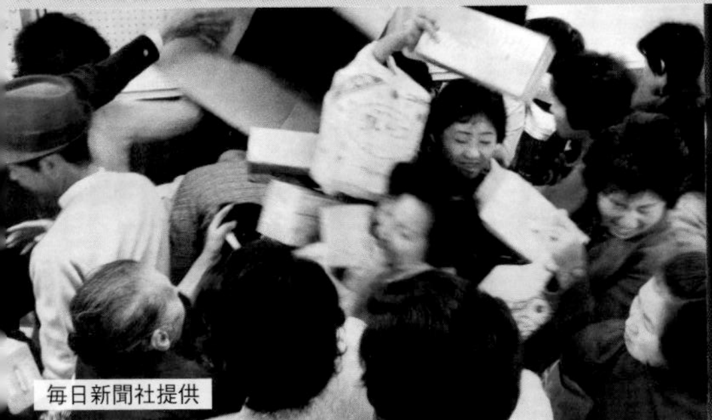
毎日新聞社提供

◆原因《げんいん》
1973年には第四次中東戦争《だいよじちゅうとうせんそう》の影響《えいきょう》で第一《だいいち》次石油危機《じせきゆきき》が起《お》こり、1979年にはイラン革命《かくめい》の影響《えいきょう》で第二次石油危機《だいにじせきゆきき》が起《お》こった。

◆影響《えいきょう》
大量《たいりょう》に生産《せいさん》し、大量《たいりょう》に消費《しょうひ》することで発展《はってん》してきた高度経済成長期《こうどけいざいせいちょうき》が終《お》わりをむかえた。

No.163 ▸出来事《できごと》カード 10ポイント

答《こた》え

日中共同声明《にっちゅうきょうどうせいめい》

◆中国《ちゅうごく》の分裂《ぶんれつ》
1949年に中華人民共和国《ちゅうかじんみんきょうわこく》が成立《せいりつ》すると、それまでの中華民国政府《ちゅうかみんこくせいふ》は台湾《たいわん》へ追《お》われるかたちとなった。

◆国交《こっこう》正常化《せいじょうか》
1972年、田中角栄内閣《たなかかくえいないかく》は中華人民共和国《ちゅうかじんみんきょうわこく》との間《あいだ》で日中共同声明《にっちゅうきょうどうせいめい》を発表《はっぴょう》し、中華人民共和国《ちゅうかじんみんきょうわこく》を国家《こっか》として承認《しょうにん》し、国交《こっこう》を正常化《せいじょうか》した。

No.162 ▸出来事《できごと》カード 40ポイント

答《こた》え

沖《おき》縄《なわ》

「沖縄県」いま祖国に帰る
27年ぶり —'72・5・15
豪雨のあと再生の朝
次の課題に浮かぶ中国
日米関係に新
ベトナム戦激
毎日新聞社（昭和47年5月15日）提供

◆占領《せんりょう》
日本《にほん》の敗戦後《はいせんご》、アメリカ軍《ぐん》によって占領《せんりょう》された。日本《にほん》が独立《どくりつ》を回復《かいふく》した後《あと》も、沖縄《おきなわ》の占領《せんりょう》は続《つづ》いた。

◆返還《へんかん》
1972年、佐藤栄作内閣《さとうえいさくないかく》の時《とき》に返還《へんかん》された。

◆現在《げんざい》
沖縄《おきなわ》には現在《げんざい》も多《おお》くのアメリカ軍基地《ぐんきち》があり、さまざまな問題《もんだい》が発生《はっせい》している。

No.161 ▸文化《ぶんか》・産業《さんぎょう》カード 20ポイント

答《こた》え

東京《とうきょう》オリンピック

◆開催《かいさい》
1964年10月10日からアジア初《はつ》となるオリンピックが東京《とうきょう》で開《ひら》かれた。

◆意義《いぎ》
日本《にほん》の復興《ふっこう》と経済成長《けいざいせいちょう》を世界中《せかいじゅう》に示《しめ》した。
また、オリンピックの直前《ちょくぜん》には東京《とうきょう》・新大阪《しんおおさか》間《かん》に東海道新幹線《とうかいどうしんかんせん》が開通《かいつう》した。

No.168 ▸文化《ぶんか》・産業《さんぎょう》カード 10ポイント

答《こた》え

東京《とうきょう》2020オリンピック・パラリンピック

株式会社アフロ提供

◆開催《かいさい》
新型《しんがた》コロナウイルス感染症《かんせんしょう》の影響《えいきょう》により、当初《とうしょ》の予定《よてい》より1年延期《ねんえんき》され、2021年に開《ひら》かれた。

◆意義《いぎ》
「復興五輪《ふっこうごりん》」として、一部《いちぶ》の競技《きょうぎ》は、東日本《ひがしにほん》大震災《だいしんさい》の被災地《ひさいち》で開催《かいさい》された。

No.167 ▸出来事《できごと》カード 30ポイント

答《こた》え

新型《しんがた》コロナウイルス感染症《かんせんしょう》

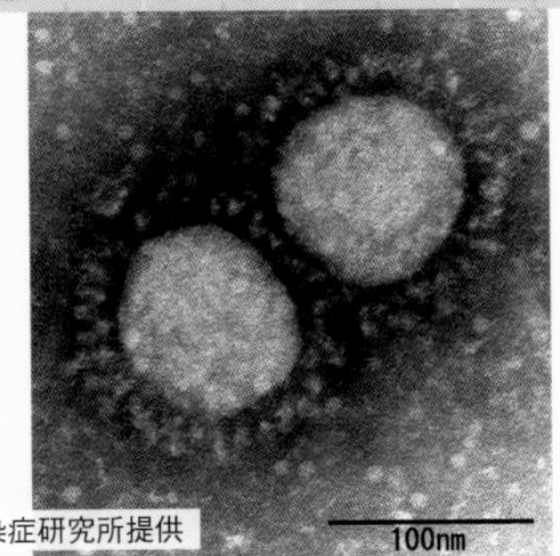

国立感染症研究所提供

◆発生《はっせい》
2019年末《まつ》に初《はじ》めて確認《かくにん》され、2020年に入《はい》ってから世界中《せかいじゅう》で感染《かんせん》が拡大《かくだい》し、世界的《せかいてき》流行《りゅうこう》（パンデミック）をもたらした。

◆影響《えいきょう》
感染拡大防止《かんせんかくだいぼうし》のため、日本《にほん》では緊急事態宣言《きんきゅうじたいせんげん》が出《だ》され、私《わたし》たちの生活《せいかつ》に大《おお》きな影響《えいきょう》を与《あた》え、消費《しょうひ》の落《お》ち込《こ》みによって経済《けいざい》にも大《おお》きな影響《えいきょう》を与《あた》えた。

No.166 ▸出来事《できごと》カード 10ポイント

答《こた》え

東日本大震災《ひがしにほんだいしんさい》

毎日新聞社提供

◆発生《はっせい》
2011年3月11日に、マグニチュード9.0の東北地方太平洋沖地震《とうほくちほうたいへいようおきじしん》が起《お》こった。

◆被害《ひがい》
巨大《きょだい》な津波《つなみ》が東日本《ひがしにほん》の太平洋沿岸部《たいへいようえんがんぶ》に押《お》し寄《よ》せ、壊滅的《かいめつてき》な被害《ひがい》が発生《はっせい》した。また、福島第一原子力発電所《ふくしまだいいちげんしりょくはつでんしょ》では原子力事故《げんしりょくじこ》が発生《はっせい》した。

No.165 ▸文化《ぶんか》・産業《さんぎょう》カード 10ポイント

答《こた》え

スマートフォン

◆普及《ふきゅう》
2010年ごろから急速《きゅうそく》に普及《ふきゅう》し、現在《げんざい》の世帯普及率《せたいふきゅうりつ》は9割以上《わりいじょう》に達《たっ》する。

◆特色《とくしょく》
携帯情報端末《けいたいじょうほうたんまつ》として、電話《でんわ》の機能《きのう》のほか、カメラやインターネットの利用《りよう》も可能《かのう》で、アプリを通《つう》じて様々《さまざま》な用途《ようと》に利用可能《りようかのう》。

S-001 出来事《できごと》カード

弥生時代《やよいじだい》

前漢《ぜんかん》	?	三国時代《さんごくじだい》
紀元前《きげんぜん》一世紀《せいき》ごろ	五七年	二三九年
日本国内《にほんこくない》に百余《ひゃくあま》りの国《くに》が分立《ぶんりつ》	奴国《なのくに》《なこく》の王《おう》が金印《きんいん》を授《さず》かる	卑弥呼《ひみこ》が魏《ぎ》に使《つか》いを送《おく》る

クイズ

Q 倭《わ》(日本《にほん》)の奴国《なのくに》《なこく》の王《おう》が金印《きんいん》を授《さず》かったときの中国《ちゅうごく》の王朝《おうちょう》を何《なん》というでしょう？

S-002 出来事《できごと》カード

弥生時代《やよいじだい》

後漢《ごかん》	?	晋《しん》
五七年	二三九年	四世紀《せいき》ごろ
奴国《なのくに》《なこく》の王《おう》が金印《きんいん》を授《さず》かる	卑弥呼《ひみこ》が使《つか》いを送《おく》る	大和政権《やまとせいけん》が日本《にほん》を統一《とういつ》する

クイズ

Q 邪馬台国《やまたいこく》の女王《じょおう》・卑弥呼《ひみこ》が使者《ししゃ》を送《おく》った中国《ちゅうごく》の王朝《おうちょう》を何《なん》というでしょう？

S-003 文化《ぶんか》・産業《さんぎょう》カード

古墳時代《こふんじだい》(飛鳥時代《あすかじだい》)

南北朝《なんぼくちょう》	?	唐《とう》
五三八年	六〇七年	六三〇年
日本《にほん》に仏教《ぶっきょう》が伝《つた》わる	小野妹子《おののいもこ》が派遣《はけん》される	遣唐使《けんとうし》が始《はじ》まる

クイズ

Q 聖徳太子《しょうとくたいし》が小野妹子《おののいもこ》を使者《ししゃ》として送《おく》ったときの中国《ちゅうごく》の王朝《おうちょう》を何《なん》というでしょう？

S-004 文化《ぶんか》・産業《さんぎょう》カード

古墳《こふん》・奈良《なら》・平安時代《へいあんじだい》

隋《ずい》	?	宋《そう》
六〇七年	七一七年	一二世紀末《せいきまつ》
遣隋使《けんずいし》が派遣《はけん》される	阿倍仲麻呂《あべのなかまろ》が派遣《はけん》される	日宋貿易《にっそうぼうえき》がさかんになる

クイズ

Q 日本国内《にほんこくない》で天平文化《てんぴょうぶんか》が栄《さか》えていたころの中国《ちゅうごく》の王朝《おうちょう》を何《なん》というでしょう？

S-005 文化《ぶんか》・産業《さんぎょう》カード

平安《へいあん》・鎌倉時代《かまくらじだい》

唐《とう》	?	元《げん》
八九四年	一二世紀末《せいきまつ》	一三世紀《せいき》後半《こうはん》
遣唐使《けんとうし》が廃止《はいし》される	日本《にほん》との貿易《ぼうえき》がさかんになる	元寇《げんこう》が起《お》こる

クイズ

Q 平清盛《たいらのきよもり》がさかんに貿易《ぼうえき》を行《おこな》っていたときの中国《ちゅうごく》の王朝《おうちょう》を何《なん》というでしょう？

S-006 出来事《できごと》カード

鎌倉《かまくら》・室町時代《むろまちじだい》

宋《そう》	?	明《みん》
一二世紀末《せいきまつ》	一三世紀《せいき》後半《こうはん》	一四〇四年
日宋貿易《にっそうぼうえき》がさかんになる	二度《にど》にわたり日本《にほん》を攻《せ》める	勘合貿易《かんごうぼうえき》が始《はじ》まる

クイズ

Q 13世紀後半《せいきこうはん》に2度《ど》にわたり日本《にほん》を攻《せ》めたときの中国《ちゅうごく》の王朝《おうちょう》を何《なん》というでしょう？

S-007 文化《ぶんか》・産業《さんぎょう》カード

室町《むろまち》・安土桃山《あづちももやま》・江戸時代《えどじだい》

元《げん》	?	清《しん》
一三世紀《せいき》後半《こうはん》	一四〇四年	江戸時代《えどじだい》
元寇《げんこう》が起《お》こる	日本《にほん》との貿易《ぼうえき》が始《はじ》まる	鎖国中《さこくちゅう》も貿易《ぼうえき》が行《おこな》われた

クイズ

Q 足利義満《あしかがよしみつ》によって勘合貿易《かんごうぼうえき》が始《はじ》められたときの中国《ちゅうごく》の王朝《おうちょう》を何《なん》というでしょう？

S-008 出来事《できごと》カード

江戸《えど》・明治時代《めいじじだい》

明《みん》	?	中華民国《ちゅうかみんこく》
一四〇四年	一八九四年	一九一五年
勘合貿易《かんごうぼうえき》が始《はじ》まる	日本《にほん》との戦争《せんそう》が始《はじ》まる	日本政府《にほんせいふ》から二十一《にじゅういっ》か条《じょう》の要求《ようきゅう》をつきつけられる

クイズ

Q 明治時代後半《めいじじだいこうはん》に日本《にほん》との間《あいだ》で戦争《せんそう》が起《お》こったときの中国《ちゅうごく》の王朝《おうちょう》を何《なん》というでしょう？

S-004
答《こた》え
▸文化《ぶんか》・産業《さんぎょう》カード
50ポイント

唐《とう》

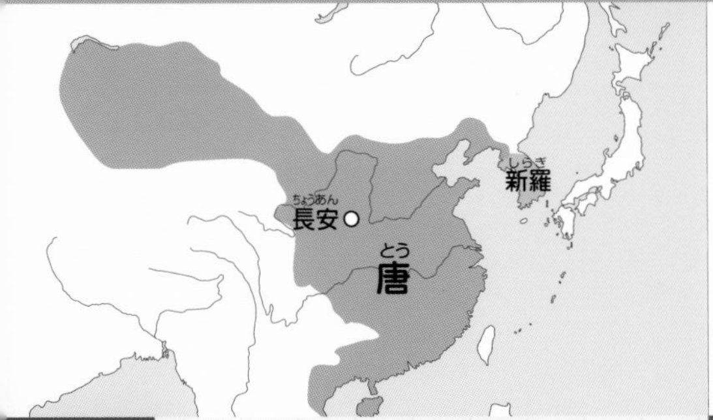

◆成立《せいりつ》
618年に、隋《ずい》をほろぼして成立《せいりつ》した。

◆日本《にほん》との関係《かんけい》
日本《にほん》からは遣唐使《けんとうし》が派遣《はけん》された。遣唐使《けんとうし》は630年に始《はじ》まり、阿倍仲麻呂《あべのなかまろ》や空海《くうかい》をはじめさまざまな人物《じんぶつ》が唐《とう》にわたった。唐《とう》の政治制度《せいじせいど》やさまざまな技術《ぎじゅつ》・文化《ぶんか》などは、日本《にほん》に大《おお》きな影響《えいきょう》をあたえた。

S-003
答《こた》え
▸文化《ぶんか》・産業《さんぎょう》カード
30ポイント

隋《ずい》

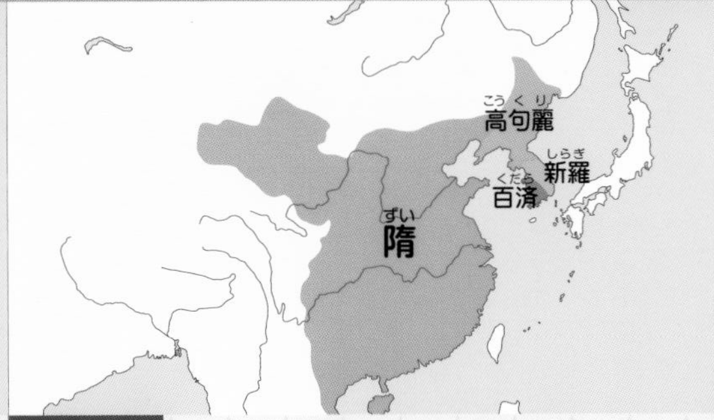

◆成立《せいりつ》
581年、それまで分裂《ぶんれつ》や対立《たいりつ》が続《つづ》いていた中国国内《ちゅうごくこくない》を統一《とういつ》して成立《せいりつ》した。

◆日本《にほん》との関係《かんけい》
607年には、小野妹子《おののいもこ》が「日《ひ》の昇《のぼ》る国《くに》の天子《てんし》が、日《ひ》の沈《しず》む国《くに》の天子《てんし》に手紙《てがみ》を送《おく》ります」と書《か》かれた聖徳太子《しょうとくたいし》の手紙をもち、遣隋使《けんずいし》として隋《ずい》にわたった。

S-002
答《こた》え
▸出来事《できごと》カード
10ポイント

魏《ぎ》

◆成立《せいりつ》
３世紀前半《せいきぜんはん》、後漢《ごかん》の有力武将《ゆうりょくぶしょう》の１人だった曹操《そうそう》によって建国《けんこく》された。そのころ中国《ちゅうごく》には魏《ぎ》・呉《ご》・蜀《しょく》の３つの王朝《おうちょう》が成立《せいりつ》し「三国《さんごく》時代《じだい》」をむかえていた。

◆日本《にほん》との関係《かんけい》
239年に邪馬台国《やまたいこく》の女王卑弥呼《じょおうひみこ》が魏《ぎ》に使《つか》いを送《おく》ったことが『魏志倭人伝《ぎしわじんでん》』に記《しる》されている。

S-001
答《こた》え
▸出来事《できごと》カード
10ポイント

後《ご》漢《かん》

◆成立《せいりつ》
西暦《せいれき》25年、光武帝《こうぶてい》がかつての漢王朝《かんおうちょう》を再興《さいこう》し、成立《せいりつ》した。

◆日本《にほん》との関係《かんけい》
西暦《せいれき》57年に倭《わ》（日本《にほん》）の奴国《なのくに》の王《おう》の使者《ししゃ》に、光武帝《こうぶてい》が「漢委奴国王《かんのわのなのこくおう》」と刻《きざ》まれた金印《きんいん》をあたえたことが『後漢書東夷伝《ごかんじょとういでん》』に記《しる》されている。

S-008
答《こた》え
▸出来事《できごと》カード
40ポイント

清《しん》

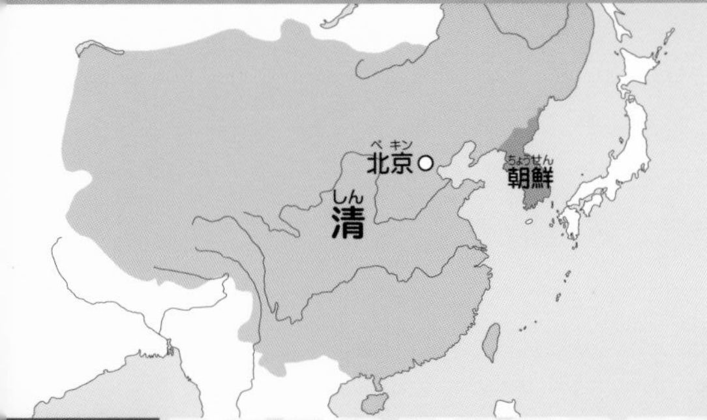

◆成立《せいりつ》
1636年に満州《まんしゅう》（中国東北部《ちゅうごくとうほくぶ》）で成立《せいりつ》し、1644年に中国国内《ちゅうごくこくない》を統一《とういつ》した。

◆日本《にほん》との関係《かんけい》
鎖国中《さこくちゅう》も長崎《ながさき》での貿易《ぼうえき》を許《ゆる》された。明治《めいじ》時代《じだい》には朝鮮《ちょうせん》の支配《しはい》をめぐり日清戦争《にっしんせんそう》が起《お》こり、日本《にほん》に敗《やぶ》れた後《あと》は欧米諸国《おうべいしょこく》が進出《しんしゅつ》し、半植民地《はんしょくみんち》となった。

S-007
答《こた》え
▸文化《ぶんか》・産業《さんぎょう》カード
30ポイント

明《みん》

◆成立《せいりつ》
元《げん》を北方《ほっぽう》へと追《お》いやって1368年に成立《せいりつ》し、中国国内《ちゅうごくこくない》を統一《とういつ》した。

◆日本《にほん》との関係《かんけい》
日本《にほん》に対《たい》し倭寇《わこう》（海賊《かいぞく》）の取《と》りしまりを求《もと》めたことをきっかけとして、足利義満《あしかがよしみつ》によって勘合貿易《かんごうぼうえき》（日明貿易《にちみんぼうえき》）が始《はじ》められた。

S-006
答《こた》え
▸出来事《できごと》カード
30ポイント

元《げん》

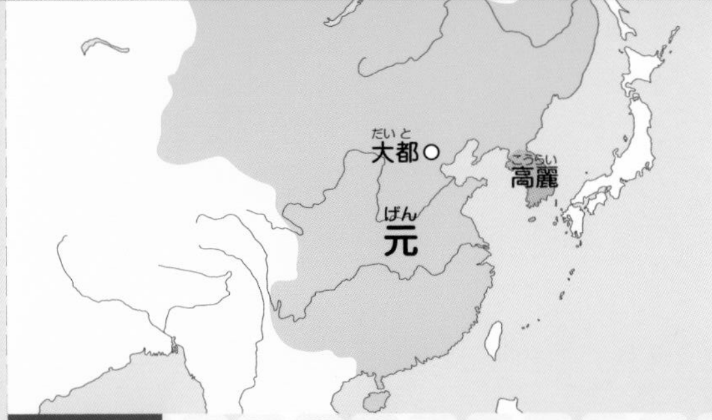

◆成立《せいりつ》
モンゴル帝国《ていこく》を築《きず》いたチンギス＝ハンの孫《まご》・フビライ＝ハンが、1271年に国号《こくごう》を元《げん》と改《あらた》めた。

◆日本《にほん》との関係《かんけい》
高麗《こうらい》（朝鮮《ちょうせん》）を従《したが》え、1274年（文永《ぶんえい》の役《えき》）と1281年（弘安《こうあん》の役《えき》）の２度《ど》にわたり日本《にほん》を攻《せ》めた（元寇《げんこう》）が、いずれも敗走《はいそう》した。

S-005
答《こた》え
▸文化《ぶんか》・産業《さんぎょう》カード
20ポイント

宋《そう》

◆成立《せいりつ》
960年に成立《せいりつ》し、唐《とう》の滅亡後《めつぼうご》いくつかの国《くに》に分《わ》かれていた中国国内《ちゅうごくこくない》を統一《とういつ》した。

◆日本《にほん》との関係《かんけい》
平安時代末《へいあんじだいまつ》には平清盛《たいらのきよもり》によって日宋貿易《にっそうぼうえき》がさかんに行《おこな》われた。日宋貿易《にっそうぼうえき》では宋《そう》の貨幣《かへい》（宋銭《そうせん》）が日本《にほん》に輸入《ゆにゅう》された。

ゲーム2 壁《かべ》にはれる! 日本《にほん》の歴史《れきし》★年表《ねんぴょう》カードパズル用《よう》カード

年表《ねんぴょう》カードは48枚《まい》あります。

打製石器《だせいせっき》の使用《しよう》

狩猟採集《しゅりょうさいしゅう》による生活《せいかつ》

氷《こおり》におおわれた氷河期《ひょうがき》

稲作《いなさく》が伝《つた》わる

縄文土器《じょうもんどき》が使《つか》われる

日本列島《にほんれっとう》ができる

卑弥呼《ひみこ》が魏《ぎ》に使《つか》いを送《おく》る

奴国《なのくに》《なこく》の王《おう》が金印《きんいん》を授《さず》かる

弥生土器《やよいどき》が使《つか》われる

百済《くだら》から仏教《ぶっきょう》が伝《つた》わる

渡来人《とらいじん》が大陸《たいりく》の文化《ぶんか》を伝《つた》える

大和政権《やまとせいけん》が国内《こくない》を統一《とういつ》する

聖徳太子《しょうとくたいし》が十七条《じゅうしちじょう》の憲法《けんぽう》を定《さだ》める

聖徳太子《しょうとくたいし》が冠位十二階《かんいじゅうにかい》の制度《せいど》を定《さだ》める

聖徳太子《しょうとくたいし》が摂政《せっしょう》になる

中大兄皇子《なかのおおえのおうじ》らによって大化《たいか》の改新《かいしん》が始《はじ》められる

最初《さいしょ》の遣唐使《けんとうし》を派遣《はけん》する

小野妹子《おののいもこ》を遣隋使《けんずいし》として派遣《はけん》する

平城京《へいじょうきょう》に都《みやこ》を移《うつ》す

大宝律令《たいほうりつりょう》が完成《かんせい》する

白村江《はくすきのえ》《はくそんこう》の戦《たたか》いで敗《やぶ》れる

東大寺《とうだいじ》の大仏《だいぶつ》が完成《かんせい》する

墾田永年私財法《こんでんえいねんしざいのほう》を定《さだ》める

聖武天皇《しょうむてんのう》が全国《ぜんこく》に国分寺《こくぶんじ》をつくらせる

空海《くうかい》が真言宗《しんごんしゅう》を伝《つた》える

最澄《さいちょう》が天台宗《てんだいしゅう》を伝《つた》える

平安京《へいあんきょう》に都《みやこ》を移《うつ》す

藤原純友《ふじわらのすみとも》の乱《らん》が起《お》こる

平将門《たいらのまさかど》の乱《らん》が起《お》こる

遣唐使《けんとうし》を廃止《はいし》する

保元《ほうげん》の乱《らん》が起《お》こる

白河上皇《しらかわじょうこう》が院政《いんせい》を始《はじ》める

藤原道長《ふじわらのみちなが》が摂政《せっしょう》になる

壇ノ浦《だんのうら》の戦《たたか》いで平氏《へいし》が滅亡《めつぼう》する

平清盛《たいらのきよもり》が太政大臣《だいじょうだいじん》になる

平治《へいじ》の乱《らん》が起《お》こる

承久《じょうきゅう》の乱《らん》が起《お》こる

源頼朝《みなもとのよりとも》が征夷大将軍《せいいたいしょうぐん》になる

源頼朝《みなもとのよりとも》が守護《しゅご》・地頭《じとう》を置《お》く

弘安《こうあん》の役《えき》が起《お》こる

文永《ぶんえい》の役《えき》が起《お》こる

北条泰時《ほうじょうやすとき》が御成敗式目《ごせいばいしきもく》を定《さだ》める

後醍醐天皇《ごだいごてんのう》が建武《けんむ》の新政《しんせい》を始《はじ》める

鎌倉幕府《かまくらばくふ》が滅亡《めつぼう》する

永仁《えいにん》の徳政令《とくせいれい》を出《だ》す

足利義満《あしかがよしみつ》が花《はな》の御所《ごしょ》に移《うつ》る

足利尊氏《あしかがたかうじ》が征夷大将軍《せいいたいしょうぐん》になる

南北朝時代《なんぼくちょうじだい》が始《はじ》まる

沖縄《おきなわ》で琉球王国《りゅうきゅうおうこく》が成立《せいりつ》する

正長《しょうちょう》の土一揆《つちいっき》《どいっき》が起《お》こる

足利義満《あしかがよしみつ》が勘合貿易《かんごうぼうえき》を始《はじ》める

加賀《かが》の一向一揆《いっこういっき》が起《お》こる

山城《やましろ》の国一揆《くにいっき》が起《お》こる

応仁《おうにん》の乱《らん》が始《はじ》まる

織田信長《おだのぶなが》が桶狭間《おけはざま》の戦《たたか》いで勝利《しょうり》する

フランシスコ＝ザビエルがキリスト教《きょう》を伝《つた》える

種子島《たねがしま》に鉄砲《てっぽう》が伝《つた》わる

織田信長《おだのぶなが》が本能寺《ほんのうじ》の変《へん》でたおれる

織田信長《おだのぶなが》が長篠《ながしの》の戦《たたか》いで勝利《しょうり》する

室町幕府《むろまちばくふ》が滅亡《めつぼう》する

豊臣秀吉《とよとみひでよし》が全国《ぜんこく》を統一《とういつ》する

豊臣秀吉《とよとみひでよし》が刀狩令《かたながりれい》を出《だ》す

豊臣秀吉《とよとみひでよし》が太閤検地《たいこうけんち》を始《はじ》める

徳川家康《とくがわいえやす》が関ヶ原《せきがはら》の戦《たたか》いで勝利《しょうり》する

慶長《けいちょう》の役《えき》が起《お》こる

文禄《ぶんろく》の役《えき》が起《お》こる

武家諸法度《ぶけしょはっと》を定《さだ》める

大阪夏《おおさかなつ》の陣《じん》で豊臣氏《とよとみし》が滅亡《めつぼう》する

徳川家康《とくがわいえやす》が征夷大将軍《せいいたいしょうぐん》になる

鎖国《さこく》が完成《かんせい》する

島原《しまばら》・天草一揆《あまくさいっき》が起《お》こる

徳川家光《とくがわいえみつ》が参勤交代《さんきんこうたい》を制度化《せいどか》する

1	2	3	4
5	6	7	8
9	10	11	12
13	14	15	16
17	18	19	20
21	22	23	24

徳川綱吉《とくがわつなよし》が
生類憐《しょうるいあわれ》みの令《れい》を出《だ》す

慶安《けいあん》の御触書《おふれがき》を出《だ》す

オランダ商館《しょうかん》を出島《でじま》に移《うつ》す

田沼意次《たぬまおきつぐ》が老中《ろうじゅう》になる

徳川吉宗《とくがわよしむね》が
享保《きょうほう》の改革《かいかく》を始《はじ》める

新井白石《あらいはくせき》が
正徳《しょうとく》の治《ち》を始《はじ》める

水野忠邦《みずのただくに》が
天保《てんぽう》の改革《かいかく》を始《はじ》める

大塩《おおしお》の乱《らん》が起《お》こる

松平定信《まつだいらさだのぶ》が
寛政《かんせい》の改革《かいかく》を始《はじ》める

日米修好通商条約《にちべいしゅうこうつうしょうじょうやく》を結《むす》ぶ

日米和親条約《にちべいわしんじょうやく》を結《むす》ぶ

ペリーが浦賀《うらが》に来航《らいこう》する

江戸幕府《えどばくふ》が滅亡《めつぼう》する
（大政奉還《たいせいほうかん》）

薩長同盟《さっちょうどうめい》が成立《せいりつ》する

大老井伊直弼《たいろういいなおすけ》が暗殺《あんさつ》される

戊辰戦争《ぼしんせんそう》が終結《しゅうけつ》する
（五稜郭《ごりょうかく》の戦《たたか》い）

五箇条《ごかじょう》の御誓文《ごせいもん》を出《だ》す

戊辰戦争《ぼしんせんそう》が始《はじ》まる

最初《さいしょ》の鉄道《てつどう》が開通《かいつう》する

廃藩置県《はいはんちけん》を行《おこな》う

版籍奉還《はんせきほうかん》を行《おこな》う

地租改正《ちそかいせい》を行《おこな》う

徴兵令《ちょうへいれい》を出《だ》す

富岡製糸場《とみおかせいしじょう》が操業開始《そうぎょうかいし》

伊藤博文《いとうひろぶみ》が
初代内閣総理大臣《しょだいないかくそうりだいじん》になる

西郷隆盛《さいごうたかもり》が
西南戦争《せいなんせんそう》を起《お》こす

板垣退助《いたがきたいすけ》らが
民撰議院設立《みんせんぎいんせつりつ》の建白書《けんぱくしょ》を出《だ》す

陸奥宗光《むつむねみつ》が領事裁判権《りょうじさいばんけん》
（治外法権《ちがいほうけん》）撤廃《てっぱい》に成功《せいこう》

大日本帝国憲法《だいにほんていこくけんぽう》の発布《はっぷ》

ノルマントン号事件《ごうじけん》が
起《お》こる

三国干渉《さんごくかんしょう》が起《お》こる

下関条約《しものせきじょうやく》を結《むす》ぶ

日清戦争《にっしんせんそう》が始《はじ》まる

日露戦争《にちろせんそう》が始《はじ》まる

日英同盟《にちえいどうめい》を結《むす》ぶ

八幡製鉄所《やはたせいてつじょ》が操業開始《そうぎょうかいし》

小村寿太郎《こむらじゅたろう》が
関税自主権回復《かんぜいじしゅけんかいふく》に成功《せいこう》

韓国併合《かんこくへいごう》を行《おこな》う

ポーツマス条約《じょうやく》を結《むす》ぶ

原敬内閣《はらたかしないかく》が成立《せいりつ》する

米騒動《こめそうどう》が起《お》こる

第一次世界大戦《だいいちじせかいたいせん》が始《はじ》まる

普通選挙法《ふつうせんきょほう》を定《さだ》める
治安維持法《ちあんいじほう》を定《さだ》める

関東大震災《かんとうだいしんさい》が起《お》こる

ベルサイユ条約《じょうやく》を結《むす》ぶ

満州国《まんしゅうこく》が建国《けんこく》される

満州事変《まんしゅうじへん》が起《お》こる

世界恐慌《せかいきょうこう》が起《お》こる

二《に》・二《に》六《ろく》事件《じけん》が起《お》こる

国際連盟《こくさいれんめい》を脱退《だったい》する

五《ご》・一五《いちご》事件《じけん》が起《お》こる

第二次世界大戦《だいにじせかいたいせん》が始《はじ》まる

国家総動員法《こっかそうどういんほう》を定《さだ》める

日中戦争《にっちゅうせんそう》が起《お》こる

ポツダム宣言《せんげん》を受諾《じゅだく》（終戦《しゅうせん》）

広島《ひろしま》・長崎《ながさき》に
原爆《げんばく》が投下《とうか》される

太平洋戦争《たいへいようせんそう》が始《はじ》まる

日本国憲法《にほんこくけんぽう》の公布《こうふ》

農地改革《のうちかいかく》が始《はじ》まる

男女平等《だんじょびょうどう》の普通選挙法《ふつうせんきょほう》の
制定《せいてい》

国際連合《こくさいれんごう》に加盟《かめい》する
日《にっ》ソ共同宣言《きょうどうせんげん》を発表《はっぴょう》する

サンフランシスコ平和条約《へいわじょうやく》
を結《むす》ぶ

朝鮮戦争《ちょうせんせんそう》が始《はじ》まる

日韓基本条約《にっかんきほんじょうやく》を結《むす》ぶ

東京《とうきょう》オリンピック開催《かいさい》

高度経済成長期《こうどけいざいせいちょうき》をむかえる

石油危機《せきゆきき》が起《お》こる

日中共同声明《にっちゅうきょうどうせいめい》を発表《はっぴょう》する

沖縄《おきなわ》が返還《へんかん》される

東京《とうきょう》二〇二〇オリンピック・
パラリンピックが開催《かいさい》される

東日本大震災《ひがしにほんだいしんさい》が起《お》こる

阪神《はんしん》・淡路大震災《あわじだいしんさい》が起《お》こる

25	26	27	28
29	30	31	32
33	34	35	36
37	38	39	40
41	42	43	44
45	46	47	48

日本
歴史カード
特製カードケース

これはカードをしまう箱《はこ》だよ。切《き》れ目《め》にそって、ていねいに切《き》りはなして、組《く》み立《た》てよう!

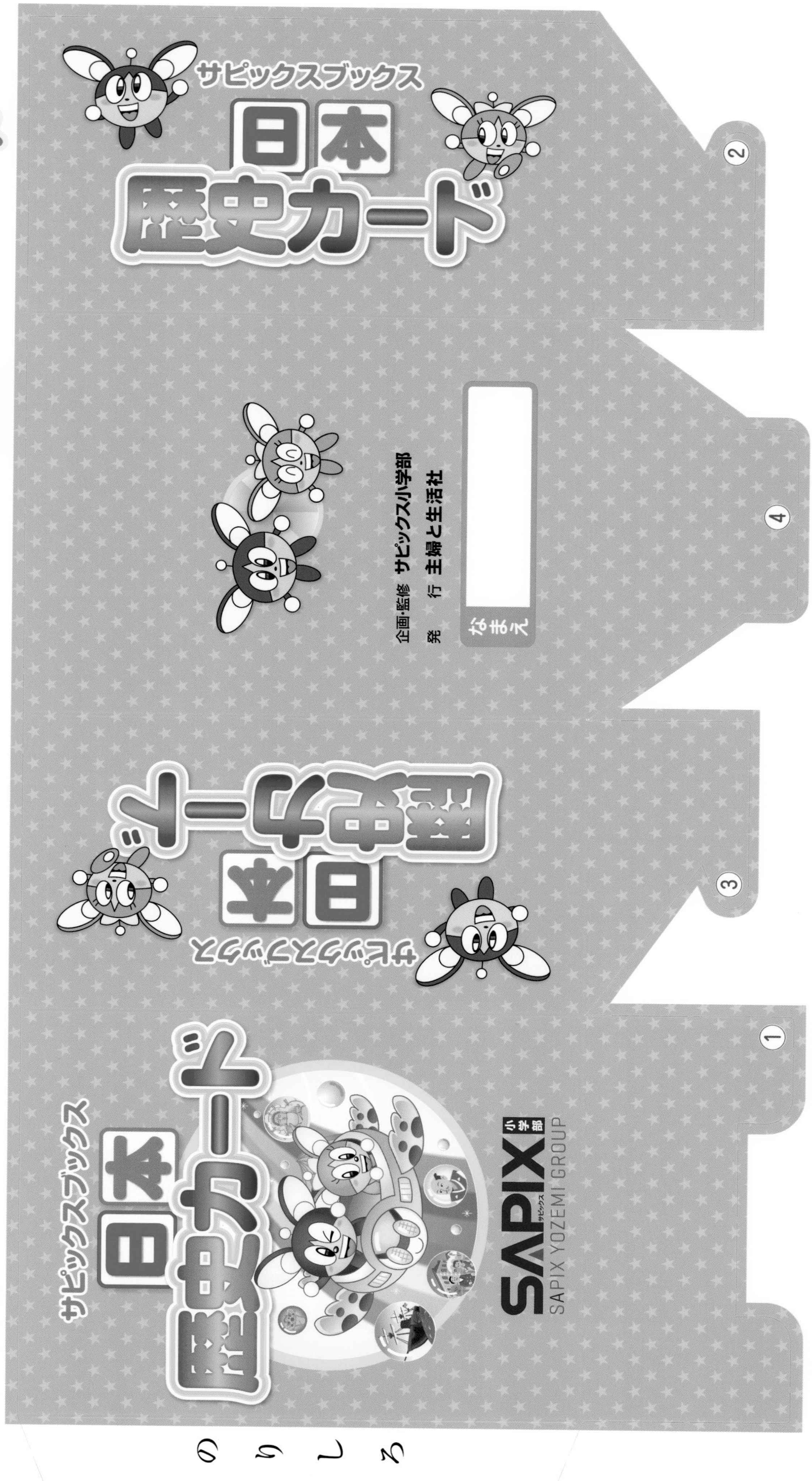

つくり方《かた》

❶切《き》れ目《め》にそっててていねいに切《き》りはなします。

❷切《き》りはなしたカードケースの折《お》れ目《め》にそって山折《やまお》りに折《お》ります。

❸のりしろにのりをつけて、はりあわせます。

❹カードケースの底《そこ》を①→②→③の順《じゅん》に重《かさ》ねて、最後《さいご》に④を上《うえ》から軽《かる》く押《お》しこめばできあがりです。

サピックスブックス

主婦と生活社

タイムトラベル

日本歴史カード

改訂版

小学3～6年生

解説編

SAPIX

サピックス

SAPIX YOZEMI GROUP

もくじ

巻頭《かんとう》特集《とくしゅう》

歴史《れきし》・人物《じんぶつ》クイズ20人《にん》！
～ あの人《ひと》はどこの出身《しゅっしん》？ ～

次《つぎ》の①～⑳の人物《じんぶつ》の出身地《しゅっしんち》（都道府県《とどうふけん》）はどこかな？
右《みぎ》の地図中《ちずちゅう》の**ア～タ**の中《なか》から選《えら》んで答《こた》えよう！

① 聖徳太子《しょうとくたいし》

No.021
わたしは、大和国《やまとのくに》・飛鳥《あすか》の出身《しゅっしん》です。

② 空海《くうかい》

No.037
わたしは、讃岐国《さぬきのくに》の出身《しゅっしん》です。

③ 武田信玄《たけだしんげん》

わたしは、甲斐国《かいのくに》出《しゅっ》身《しん》の戦国大名《せんごくだいみょう》です。

④ 上杉謙信《うえすぎけんしん》

わたしは、越後国《えちごのくに》出《しゅっ》身《しん》の戦国大名《せんごくだいみょう》です。

⑤ 織田信長《おだのぶなが》

No.085
わたしは、尾張国《おわりのくに》の出身《しゅっしん》です。

⑥ 豊臣秀吉《とよとみひでよし》

No.086
わたしは、尾張国《おわりのくに》の出身《しゅっしん》です。

⑦ 徳川家康《とくがわいえやす》

No.093
わたしは、三河国《みかわのくに》の出身《しゅっしん》です。

⑧ 徳川吉宗《とくがわよしむね》

No.101
わたしは、紀伊国《きいのくに》の出身《しゅっしん》です。

⑨ 松尾芭蕉《まつおばしょう》

No.102
わたしは、伊賀国《いがのくに》の出身《しゅっしん》です。

⑩ 伊能忠敬《いのうただたか》

No.109
わたしは、下総国《しもうさのくに》・佐原《さわら》の出身《しゅっしん》です。

⑪ 大塩平八郎《おおしおへいはちろう》

No.110
わたしは、摂津国《せっつのくに》の出身《しゅっしん》です。

⑫ 坂本竜馬《さかもとりょうま》

No.116
わたしは、土佐藩《とさはん》の出身《しゅっしん》です。

⑬ 勝海舟《かつかいしゅう》

No.117
わたしは、武蔵国《むさしのくに》・江戸《えど》の出身《しゅっしん》です。

⑭ 徳川慶喜《とくがわよしのぶ》

No.120
わたしは、常陸国《ひたちのくに》・水戸藩《みとはん》の出身《しゅっしん》です。

⑮ 西郷隆盛《さいごうたかもり》

No.123
わたしは、薩摩藩《さつまはん》の出身《しゅっしん》です。

⑯ 大久保利通《おおくぼとしみち》

No.124
わたしは、薩摩藩《さつまはん》の出身《しゅっしん》です。

⑰ 福沢諭吉《ふくざわゆきち》

No.129
わたしは、豊前国《ぶぜんのくに》・中津藩《なかつはん》の出身《しゅっしん》です。

⑱ 板垣退助《いたがきたいすけ》

No.131
わたしは、土佐藩《とさはん》の出身《しゅっしん》です。

⑲ 大隈重信《おおくましげのぶ》
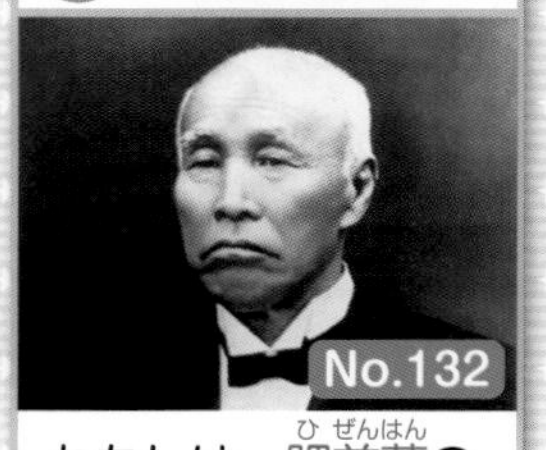
No.132
わたしは、肥前藩《ひぜんはん》の出身《しゅっしん》です。

⑳ 伊藤博文《いとうひろぶみ》

No.133
わたしは、長州藩《ちょうしゅうはん》の出身《しゅっしん》です。

答《こた》え ①ク ②サ ③オ ④ア ⑤カ ⑥カ ⑦カ ⑧ケ ⑨キ ⑩ウ
⑪コ ⑫シ ⑬エ ⑭イ ⑮タ ⑯タ ⑰ソ ⑱シ ⑲セ ⑳ス

この表《ひょう》をヒントにしてね。

昔《むかし》の国名《こくめい》・藩名《はんめい》	現在《げんざい》の都道府県名《とどうふけんめい》
越後国《えちごのくに》	新潟県《にいがたけん》
常陸国《ひたちのくに》	茨城県《いばらきけん》
下総国《しもうさのくに》	千葉県《ちばけん》(北部《ほくぶ》)
武蔵国《むさしのくに》	東京都《とうきょうと》・埼玉県《さいたまけん》・神奈川県《かながわけん》(北東部《ほくとうぶ》)
甲斐国《かいのくに》	山梨県《やまなしけん》
三河国《みかわのくに》	愛知県《あいちけん》(東部《とうぶ》)
尾張国《おわりのくに》	愛知県《あいちけん》(西部《せいぶ》)
伊賀国《いがのくに》	三重県《みえけん》(西部《せいぶ》)
大和国《やまとのくに》	奈良県《ならけん》
紀伊国《きいのくに》	和歌山県《わかやまけん》・三重県《みえけん》(南部《なんぶ》)
摂津国《せっつのくに》	大阪府《おおさかふ》(北部《ほくぶ》)・兵庫県《ひょうごけん》(南東部《なんとうぶ》)
讃岐国《さぬきのくに》	香川県《かがわけん》
土佐藩《とさはん》	高知県《こうちけん》
長州藩《ちょうしゅうはん》	山口県《やまぐちけん》
豊前国《ぶぜんのくに》	大分県《おおいたけん》(北西部《ほくせいぶ》)・福岡県《ふくおかけん》(北東部《ほくとうぶ》)
肥前藩《ひぜんはん》	佐賀県《さがけん》(南部《なんぶ》)
薩摩藩《さつまはん》	鹿児島県《かごしまけん》

※現在《げんざい》の都道府県名《とどうふけんめい》は、おおまかな該当範囲《がいとうはんい》を示《しめ》しています。

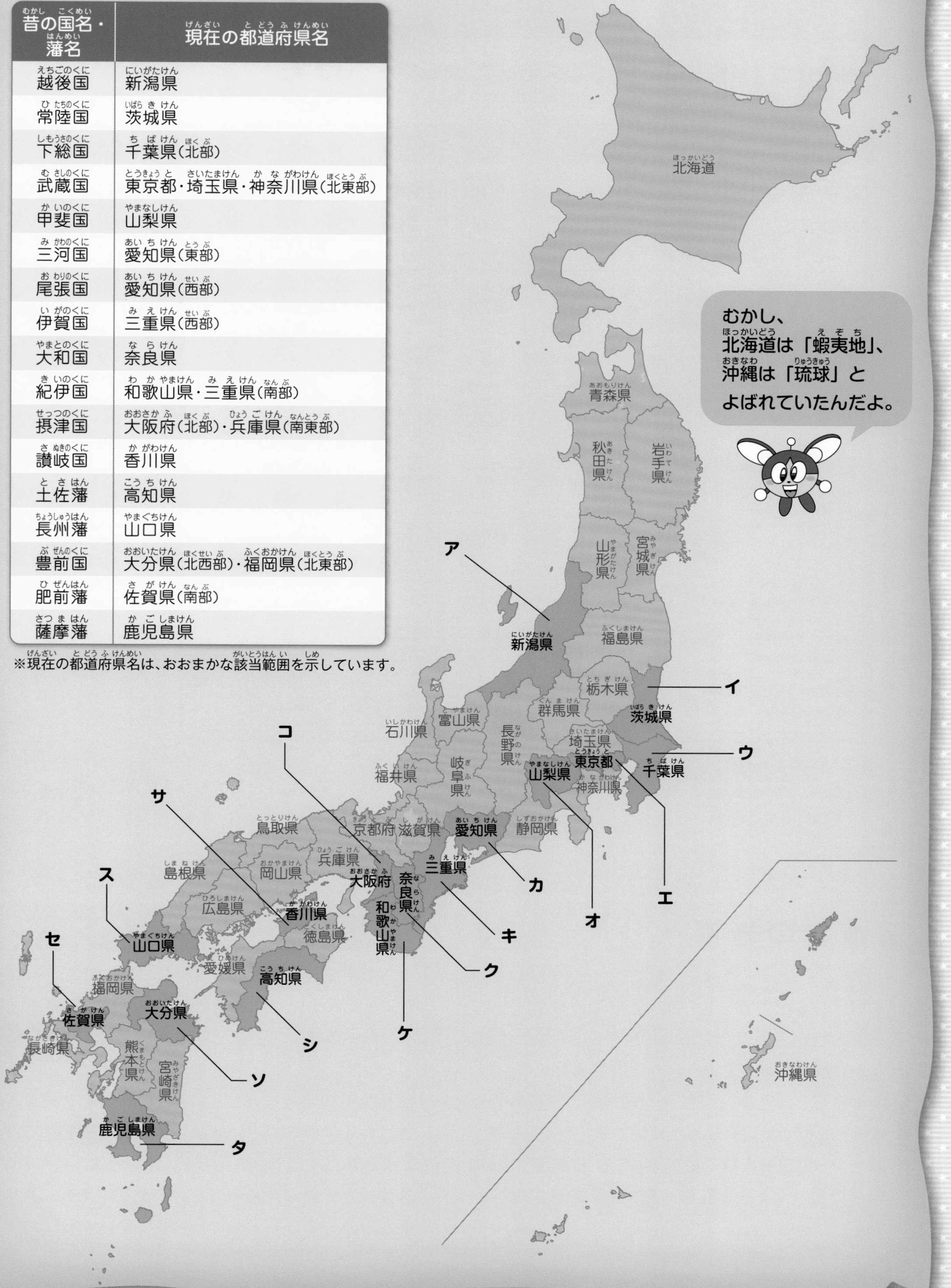

むかし、
北海道《ほっかいどう》は「蝦夷地《えぞち》」、
沖縄《おきなわ》は「琉球《りゅうきゅう》」と
よばれていたんだよ。

この本《ほん》の使《つか》い方《かた》

「解説《かいせつ》ページ」の見方《みかた》(10ページ～63ページ) 3つのステップでめざせ! 日本歴史《にほんれきし》マスター!

各時代《かくじだい》の「解説《かいせつ》」は、“3つのステップ”からできています。

ステップ❶ 基本《きほん》を確認《かくにん》しよう!

ココを読《よ》めば、日本《にほん》の歴史《れきし》の基本《きほん》がわかります。

ステップ❷ 年表《ねんぴょう》や史料《しりょう》で出来事《できごと》や人物《じんぶつ》を学《まな》ぼう!

年表《ねんぴょう》(ア)や地図《ちず》(イ)、歴史史料《れきししりょう》(ウ)などを見《み》て、重要《じゅうよう》な出来事《できごと》や人物《じんぶつ》などを覚《おぼ》えましょう。

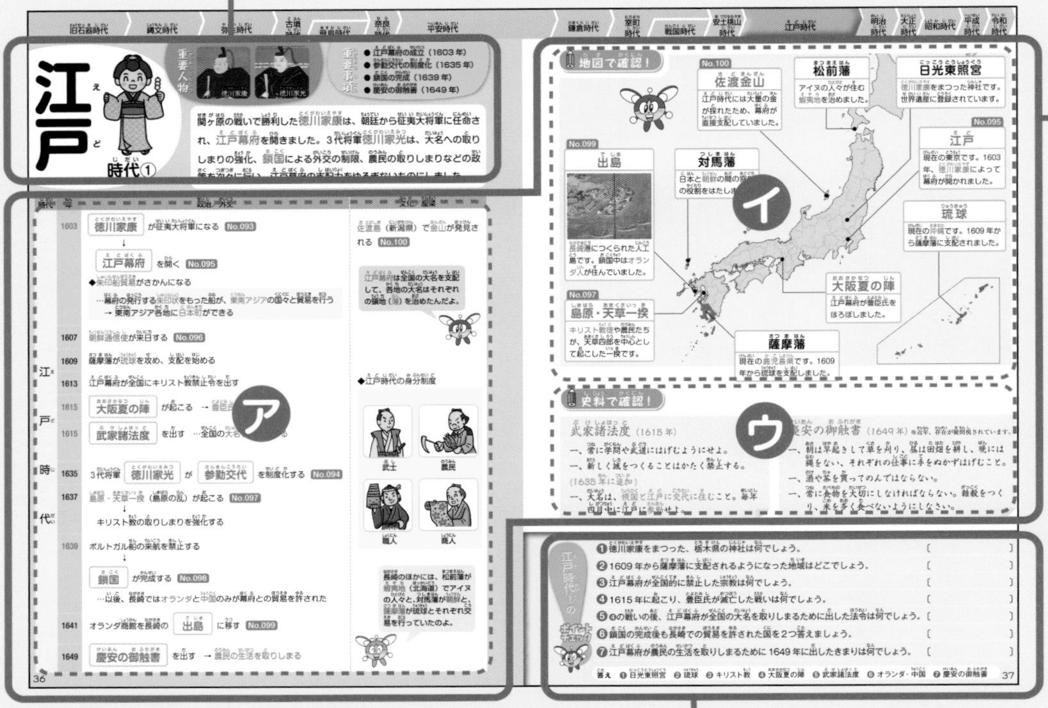

年表《ねんぴょう》だけでなく、地図《ちず》や史料《しりょう》もよく見《み》ると、知識《ちしき》がどんどん広《ひろ》がるよ!

ステップ❸ クイズで確認《かくにん》!

クイズに答《こた》えて、そのページで学《まな》んだことを、もう1度《ど》確認《かくにん》しましょう。

保護者の皆様へ

本書「日本歴史カード」は、歴史学習の基本となる重要人物や出来事、文化の特色などを、楽しく遊びながら学べるよう工夫された学習参考書です。普通の参考書とは異なり、1枚ずつ切り離して使うカードが計176枚ついているのが特長です。カードには、各時代ごとの重要人物や重要事項、主な遺跡や史跡、美術品などのカラー写真やイラストが掲載されています。

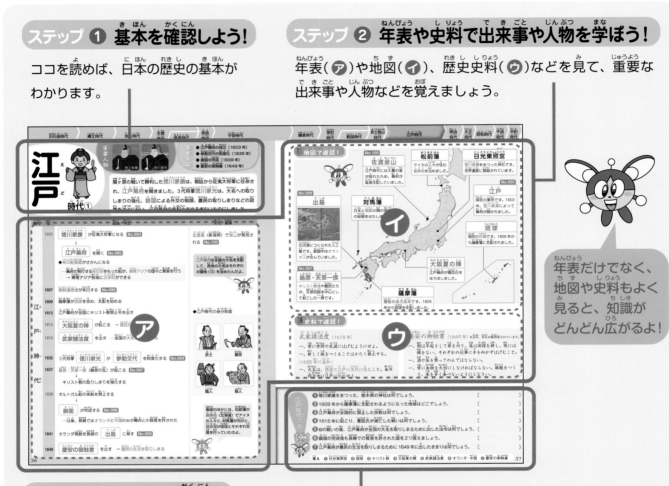

このカードを使って、ゲームやパズルを楽しむことで、お子様は日本の歴史を身近に感じ、興味を持つことができるでしょう。疑問を持って、いろいろなことを考えたり、感じたりしながら、歴史が大好きになってほしい、そんな願いを込めて本書を制作しました。

社会科の学習は、ともすると単に語句を覚えるだけになりがちです。しかし、本書に掲載されているような写真やイラストなどをよく見るようにすれば、具体的なもののイメージがわくようになり、学習効果も上がるでしょう。中学受験にも必ず役に立つも

日本歴史《にほんれきし》カードの見方《みかた》　ゲームで楽《たの》しみながら覚《おぼ》えよう！

日本歴史《にほんれきし》カードには、人物《じんぶつ》の名前《なまえ》や出来事《できごと》の名前《なまえ》、年表《ねんぴょう》とともに、いろいろな写真《しゃしん》や絵《え》、クイズがのっています。

●カードの表《おもて》（クイズの面《めん》）

❶ それぞれのカードの「番号《ばんごう》（No.○○○《ナンバー》）」と「種類《しゅるい》」です。カードの種類《しゅるい》には、「人物《じんぶつ》」「出来事《できごと》」「文化《ぶんか》・産業《さんぎょう》」の３つがあります。
※🎲は「タイムトラベルゲーム」に使《つか》うカードの印《しるし》です。

❷ 時代名《じだいめい》です。

❸ 年表《ねんぴょう》です。年表中《ねんぴょうちゅう》の ？ にはそのカードのクイズの答《こた》えが入《はい》ります。

❹ カードの内容《ないよう》を示《しめ》す「マーク」です。

政治《せいじ》

政治《せいじ》に関《かん》する出来事《できごと》を表《あらわ》しています。

外交《がいこう》

外交《がいこう》に関《かん》する出来事《できごと》を表《あらわ》しています。

戦《たたか》い

歴史上《れきしじょう》の重要《じゅうよう》な戦《たたか》いを表《あらわ》しています。

史跡《しせき》

歴史上重要《れきしじょうじゅうよう》な遺跡《いせき》や史跡《しせき》を表《あらわ》しています。

文化《ぶんか》

人々《ひとびと》の生活《せいかつ》や文化《ぶんか》に関《かん》するものごとを表《あらわ》しています。

学問《がくもん》・宗教《しゅうきょう》

学問《がくもん》や宗教《しゅうきょう》に関《かん》するものごとを表《あらわ》しています。

美術《びじゅつ》・文学《ぶんがく》

歴史上重要《れきしじょうじゅうよう》な美術品《びじゅつひん》や文学《ぶんがく》に関《かん》するものごとを表《あらわ》しています。

産業《さんぎょう》

産業《さんぎょう》に関《かん》するものごとを表《あらわ》しています。

武家《ぶけ》

武士《ぶし》やその一族《いちぞく》であることを表《あらわ》しています。

皇族《こうぞく》・貴族《きぞく》

皇族《こうぞく》や貴族《きぞく》であることを表《あらわ》しています。

政治家《せいじか》

主《おも》に明治時代以降《めいじじだいいこう》にかつやくした政治家《せいじか》であることを表《あらわ》しています。

❺ その時代《じだい》の「クイズ」です。「クイズ」の答《こた》えは、カードの裏面《うらめん》にあります。

のと確信しています。

また、保護者の方も、ぜひお子様といっしょに遊びながら、楽しんでいただきたいと思います。きっといろいろな発見があることでしょう。親子の会話のよいきっかけにもなれば幸いです。

著者：
サピックス小学部（http://www.sapix.com）
「思考力・記述力の育成」を教育理念に掲げ、1989年に創立。小学１年生から６年生のための進学教室。現在、首都圏及び関西エリア40か所以上に教室を展開。最難関中学校に抜群の合格実績を誇る。「復習中心の学習法」「討論形式の授業」などの独自のメソッド及びカリキュラム、教材、少人数制のきめ細かい学習指導・進路指導に定評があり、保護者の絶大な支持を得ている。また、国内外の１年生から３年生までを対象とした通信教育「ピグマキッズくらぶ」（http://www.pigmakidsclub.com）・学童保育「ピグマキッズ」（http://pigmakids.com）・幼児教室「サピックスキッズ」（http://sapixkids.sapix.com）も開講している。

●カードの裏《うら》（答《こた》えと解説《かいせつ》の面《めん》）

1
No.085
人物カード
50ポイント
2
答え
3
織田信長《おだのぶなが》
4
長興寺所蔵
5
人物
尾張国(愛知県)の出身。桶狭間の戦いや長篠の戦いなどで勝利し、全国統一をめざした。
政治
室町幕府をたおした。安土城を築いた。楽市・楽座や関所の廃止などの政策を行い、商業の発展に力を入れた。
外交
南蛮貿易に力を入れ、キリスト教を保護した。

❶ それぞれのカードの「番号《ばんごう》（No.○○○《ナンバー》）」と「種類《しゅるい》」です。

❷ カードの「ポイント（点数《てんすう》）」と「じゃんけんマーク（グー・チョキ・パーのどれか）」です。

※ 中学入試《ちゅうがくにゅうし》で重要《じゅうよう》な内容《ないよう》のカードほど「ポイント」が高《たか》くなっています。

※「じゃんけんマーク」（グー・チョキ・パー）はゲームで使《つか》います。

❸❹ カードの表面《おもてめん》の「クイズ」の答《こた》えとその写真《しゃしん》・絵《え》です。

❺「クイズ」の答《こた》えについての解説《かいせつ》です。

S-005
文化・産業カード
平安・鎌倉時代
答え
20
宋

●「スペシャルカード」について

・日本《にほん》の歴史《れきし》と結《むす》びつきの強《つよ》い、中国《ちゅうごく》の主《おも》な王朝《おうちょう》を「スペシャルカード」としています。

・ゲームで遊《あそ》ぶときに特別《とくべつ》な役目《やくめ》をするカードです。

・「スペシャルカード」の「カード番号《ばんごう》（ナンバー）」はS《エス》で始《はじ》まります。

（例《れい》） S-001

日《に》本《ほん》歴《れき》史《し》カードの遊《あそ》び方《かた》

日本歴史《にほんれきし》カードには、いろいろな遊《あそ》び方《かた》があります。

カードは全部《ぜんぶ》で176枚《まい》です。

カードの「種類《しゅるい》」や
「時代《じだい》」ごとに分《わ》けて
遊《あそ》ぶといいよ！

例《れい》 「平安時代《へいあんじだい》」カード（16枚《まい》）で「早押《はやお》しクイズゲーム」をする。
「人物《じんぶつ》」カード（54枚《まい》）で「神経衰弱《しんけいすいじゃく》ゲーム」をする。

遊《あそ》び方《かた》 1 かるた取《と》りゲーム（3人以上《いじょう》）

★普通《ふつう》のかるた取《と》りと同《おな》じ遊《あそ》び方《かた》です。

❶ カードの「時代《じだい》」のうちひとつを選《えら》んでカードを取《と》り出《だ》します。

※「時代《じだい》」の数《かず》を２つ以上《いじょう》にするとゲームをむずかしくすることができます。

❷ カードの裏《うら》（答《こた》えと解説《かいせつ》の面《めん》）を上《うえ》にして並《なら》べます。

❸ リーダーを１人決《き》めます。リーダーは64ページ～ 68ページにあるクイズから問題《もんだい》を出《だ》し、ほかの人《ひと》は答《こた》えのカードを取《と》り合《あ》います。

※お手《て》つきをした人《ひと》は１回休《かいやす》みです。

❹ カードがなくなったらゲーム終了《しゅうりょう》です。カードをいちばん多《おお》く取《と》った人《ひと》が勝《か》ちです。

※取《と》ったカードのポイントを全部足《ぜんぶた》して、いちばん多《おお》い人《ひと》が勝《か》ちという遊《あそ》び方《かた》もあります。

遊《あそ》び方《かた》 2 神経衰弱《しんけいすいじゃく》ゲーム（2人以上《いじょう》）

★トランプの神経衰弱《しんけいすいじゃく》と同《おな》じ遊《あそ》び方《かた》です。

❶ カードの３つの「種類《しゅるい》」（人物《じんぶつ》、出来事《できごと》、文化《ぶんか》・産業《さんぎょう》）のうち、ひとつを選《えら》んで、カードを取《と》り出《だ》します。

❷ カードの裏《うら》（答《こた》えと解説《かいせつ》の面《めん》）を上《うえ》にしてカードを並《なら》べます。

❸ １人ずつ順番《じゅんばん》にカードを２枚《まい》めくります。めくったカードが２枚《まい》とも同《おな》じ時代《じだい》のカードなら、そのカードを２枚《まい》とももらえます。ちがう時代《じだい》だったときは、２枚《まい》とも元《もと》にもどして、次《つぎ》の人《ひと》の番《ばん》になります。

※「古墳時代《こふんじだい》（飛鳥時代《あすかじだい》）」は「古墳時代《こふんじだい》」と、「室町時代《むろまちじだい》（戦国時代《せんごくじだい》）」は「室町時代《むろまちじだい》」と同《おな》じ時代《じだい》とします。

❹ カードがなくなったらゲーム終了《しゅうりょう》です。いちばん多《おお》くカードを取《と》った人《ひと》の勝《か》ちです。

※取《と》ったカードのポイントを全部《ぜんぶ》足《た》して、いちばん多《おお》い人《ひと》が勝《か》ちという遊《あそ》び方《かた》もあります。

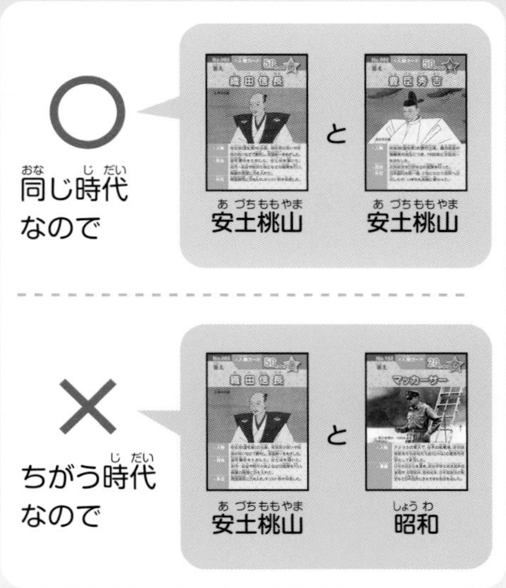

※スペシャルカードを使《つか》う場合《ばあい》は、次《つぎ》のルールを追加《ついか》します。

・スペシャルカードは、表《おもて》（クイズの面《めん》）に書《か》かれている時代《じだい》のうち、どれでもすきな時代《じだい》のカードとして使《つか》えます。

・ゲームを進《すす》めるうちに、ペア（２枚組《まいぐ》み）ができないカードが出《で》てくることがあります。そのカードを開《ひら》いてしまった人《ひと》は、カードを捨《す》てて、次《つぎ》の人《ひと》と交代《こうたい》します。

・それ以上《いじょう》取《と》れるカードがなくなったらゲーム終了《しゅうりょう》です。

遊《あそ》び方《かた》 3 早押《はやお》しクイズゲーム（3人以上《いじょう》）

★早押《はやお》し式《しき》（早《はや》く手《て》をあげる）のクイズゲームです。

❶ 出題者《しゅつだいしゃ》を１人決《き》めます。ほかの人《ひと》は解答者《かいとうしゃ》となります。

❷ 出題者《しゅつだいしゃ》は解答者《かいとうしゃ》に見《み》えないようにしてカードをもち、クイズを読《よ》み上《あ》げます。

❸ 解答者《かいとうしゃ》は答《こた》えがわかったら手《て》をあげます。いちばん早《はや》く手《て》をあげた人《ひと》が答《こた》えることができます。

❹ 正解《せいかい》の場合《ばあい》はカードをもらうことができます。まちがえた場合《ばあい》は自分《じぶん》がもっているカードの中《なか》から１枚《まい》を選《えら》んで捨《す》てます。カードをもっていない場合《ばあい》は１回休《かいやす》みとなります。

❺ 出題者《しゅつだいしゃ》のカードがなくなったら終了《しゅうりょう》です。いちばん多《おお》くカードを取《と》った人《ひと》（あるいは、取《と》ったカードの合計《ごうけい》ポイントがいちばん大《おお》きい人《ひと》）が勝《か》ちです。

※カードの表《おもて》（クイズの面《めん》）にある「マーク」ごとにカードを分《わ》けて出題《しゅつだい》してもよいでしょう。また、クイズではなくカードの裏面《うらめん》を見《み》せて時代名《じだいめい》を答《こた》えるという遊《あそ》び方《かた》もよいでしょう。

※２つのチームに分《わ》かれて交互《こうご》にクイズを出《だ》し合《あ》う「チーム戦《せん》」形式《けいしき》にしてもよいでしょう。

ゲームの遊《あそ》び方《かた》

1 「タイムトラベルゲーム」の遊《あそ》び方《かた》

★サイコロをふってさまざまな時代《じだい》を行《い》き来《き》しながらカードを集《あつ》めていくゲームです。

★用意《ようい》するもの

「タイムトラベルゲーム」、日本歴史《にほんれきし》カード54枚《まい》（のついたカード）＋スペシャルカード8枚《まい》、合計《ごうけい》62枚《まい》のカード、コマ、サイコロ

❶ 62枚《まい》のカードをよく切《き》って全員《ぜんいん》に配《くば》ります。

❷ じゃんけんで勝《か》った人《ひと》から順番《じゅんばん》に右回《みぎまわ》り（時計《とけい》回《まわ》り）にサイコロをふり、出《で》た目《め》の数《かず》だけ ➔ の方向《ほうこう》にコマを進《すす》めます。逆《ぎゃく》の方向《ほうこう》へは進《すす》めません。また「タイムトラベル」のマスを通《とお》った場合《ばあい》は、矢印《やじるし》のどちらのマスにも進《すす》むことができます。

❸ とまったマスにカード番号《ばんごう》（No.《ナンバー》○○○）が書《か》かれている場合《ばあい》は、そのカードをもっている人《ひと》からもらいます。自分《じぶん》でもっていた場合《ばあい》はそのままです。

❹ とまったマスに指示《しじ》が書《か》いてある場合《ばあい》はそれに従《したが》います。「タイムスリップ」のマスにとまった場合《ばあい》は、矢印《やじるし》のマスまでとばされます。

❺ プレイヤーどうしが同《おな》じマスにとまった場合《ばあい》、バトルが発生《はっせい》します。また、とまったマスにバトルと書《か》かれている場合《ばあい》は、その指示《しじ》に従《したが》ってバトルが発生《はっせい》します。

バトルの方法《ほうほう》

◆カードのポイントとじゃんけんマークを使《つか》って、勝負《しょうぶ》します。

◆カードは１人３枚《まい》まで同時《どうじ》に出《だ》せます。
ただし、じゃんけんマークが同《おな》じものにかぎります。

1 バトルに参加《さんか》したプレイヤーが、全員《ぜんいん》いっせいにカードを出《だ》します。

2 それぞれのプレイヤーが出《だ》したカードの合計《ごうけい》ポイントをくらべ、いちばんポイントの高《たか》い人《ひと》が勝《か》ちとなります。
・同点《どうてん》の場合《ばあい》はじゃんけんマークで勝《か》ち負《ま》けを決《き》めます。
・スペシャルカードを出《だ》した人《ひと》がいた場合《ばあい》は、その人《ひと》の勝《か》ちとなります。ただし、スペシャルカードを出《だ》した人《ひと》が２人以上《いじょう》いる場合《ばあい》は、ポイントとじゃんけんマークで勝《か》ち負《ま》けを決《き》めます。また、スペシャルカードは１度《ど》使《つか》ったら捨《す》てなければなりません（ゲームから取《と》りのぞきます）。

3 勝《か》った人《ひと》は、みんなが出《だ》したカード（スペシャルカード以外《いがい》）をすべて自分《じぶん》のものにすることができます。

❻ ゴールにはぴったりの数字《すうじ》でなくてもあがれます。ゴールした人《ひと》はボーナスとして、まだゴールしていない人全員《ひとぜんいん》から１枚《まい》ずつカードを引《ひ》いて自分《じぶん》のものにすることができます。

❼ 全員《ぜんいん》がゴールしたら、それぞれがもっているカードのポイントを合計《ごうけい》します。いちばんポイントの大《おお》きい人《ひと》が勝《か》ちです。

★2「日本《にほん》の歴史《れきし》★年表《ねんぴょう》カードパズル」の遊《あそ》び方《かた》

★年表《ねんぴょう》カードを使《つか》って、日本《にほん》の歴史《れきし》の年表《ねんぴょう》を完成《かんせい》させるパズルゲームです。

★用意《ようい》するもの　「日本《にほん》の歴史《れきし》★年表《ねんぴょう》カードパズル」、年表《ねんぴょう》カード48枚《まい》

遊《あそ》び方《かた》★1　年表《ねんぴょう》カードパズルゲーム（1人）

★年表《ねんぴょう》カードを並《なら》べて日本《にほん》の歴史《れきし》の年表《ねんぴょう》を完成《かんせい》させるゲームです。

❶48枚《まい》の年表《ねんぴょう》カードをよく切《き》り、表《おもて》（文章《ぶんしょう》が書《か》いてある面《めん》）を上《うえ》にして山《やま》にしておきます。

❷山《やま》から1枚《まい》ずつ年表《ねんぴょう》カードを取《と》り、そのカードに書《か》かれている出来《でき》事《ごと》や人物名《じんぶつめい》などをよく見《み》て、年表《ねんぴょう》パズル中《ちゅう》の1～48のあてはまる場所《ばしょ》に置《お》いていきます。正《ただ》しい場所《ばしょ》がどうしてもわからない場合《ばあい》は、年表《ねんぴょう》カードの裏《うら》に正解《せいかい》の番号《ばんごう》が書《か》いてあるので、それを見《み》ましょう。

❸48枚《まい》の年表《ねんぴょう》カードをすべて正《ただ》しく置《お》くと、日本《にほん》の歴史《れきし》の年表《ねんぴょう》が完成《かんせい》します。

※完成《かんせい》させるまでの時間《じかん》をはかって、ほかの人《ひと》と競争《きょうそう》してもよいでしょう。

遊《あそ》び方《かた》★2　年表《ねんぴょう》カード並《なら》べゲーム（2人以上《いじょう》）

★トランプの「7並《なら》べ」のように、年表《ねんぴょう》カードを並《なら》べていくゲームです。

❶48枚《まい》の年表《ねんぴょう》パズルカードをよく切《き》り、全員《ぜんいん》に配《くば》ります。

❷配《くば》られたカードを見《み》て、裏面《うらめん》がピンク色《いろ》のカード（8、24、40）があれば、カードを表《おもて》にして年表《ねんぴょう》パズル中《ちゅう》のあてはまる場所《ばしょ》に置《お》きます。

❸カードを表《おもて》にして自分《じぶん》の前《まえ》に並《なら》べます。

❹じゃんけんで勝《か》った人《ひと》から順番《じゅんばん》に、年表《ねんぴょう》パズルの上《うえ》に置《お》かれたカードの左右《さゆう》につながるように自分《じぶん》のカードを1枚《まい》出《だ》し、並《なら》べていきます。1度《ど》に出《だ》せるカードは1枚《まい》だけです。

❺出《だ》したカードは裏《うら》の数字《すうじ》を見《み》て、正《ただ》しいかどうかチェックします。まちがえて出《だ》した場合《ばあい》は、次《つぎ》に1回休《かいやす》みとなります。また、出《だ》せるカードがない場合《ばあい》はパスをします。パスは3回《かい》までしかできません（4回《かい》パスしたら負《ま》けとなります）。

❻いちばん最初《さいしょ》にカードがなくなった人《ひと》が勝《か》ちです。

旧石器《きゅうせっき》時代《じだい》

重要事項《じゅうようじこう》

- 岩宿遺跡《いわじゅくいせき》
- 打製石器《だせいせっき》

- 狩猟採集《しゅりょうさいしゅう》の移住生活《いじゅうせいかつ》
- 洞窟《どうくつ》やかんたんな小《こ》屋《や》などに住《す》む

およそ1万《まん》5千年以上前《せんねんいじょうまえ》の日本《にほん》では、人々《ひとびと》は狩《か》りや漁《りょう》、木《き》の実《み》などの採集《さいしゅう》をしながら食料《しょくりょう》を求《もと》めて移住《いじゅう》する生活《せいかつ》を送《おく》っていました。この時代《じだい》はかんたんな石器《せっき》は使《つか》われていましたが、まだ土器《どき》はつくられていなかったため、旧石器時代《きゅうせっきじだい》（先土器時代《せんどきじだい》）とよばれます。

時代《じだい》	年《ねん》	社会《しゃかい》／文化《ぶんか》
旧《きゅう》石《せっ》器《き》（先《せん》土《ど》器《き》）時《じ》代《だい》	5〜10万年前《まんねんまえ》ごろ	日本列島《にほんれっとう》に人類《じんるい》が住《す》みつくようになる 現在《げんざい》より寒冷《かんれい》で多《おお》くの陸地《りくち》が雪《ゆき》と氷《こおり》におおわれていた **氷河期《ひょうがき》** ◆人々《ひとびと》の生活《せいかつ》 ・**打製石器《だせいせっき》** の使用《しよう》 No.001 ・狩《か》りや漁《りょう》、採集《さいしゅう》の **移住生活《いじゅうせいかつ》** No.002 ・洞窟《どうくつ》やかんたんな小屋《こや》などに住《す》む ◆旧石器時代《きゅうせっきじだい》の遺跡《いせき》 ・岩宿遺跡《いわじゅくいせき》（群馬県《ぐんまけん》） No.001 ・野尻湖遺跡《のじりこいせき》（長野県《ながのけん》）
	約《やく》1万5千年前《せんねんまえ》ごろ	氷河期《ひょうがき》が終《お》わり海面《かいめん》が上昇《じょうしょう》する ↓ 日本列島《にほんれっとう》が形成《けいせい》される

●約《やく》2万年前《まんねんまえ》の日本列島《にほんれっとう》

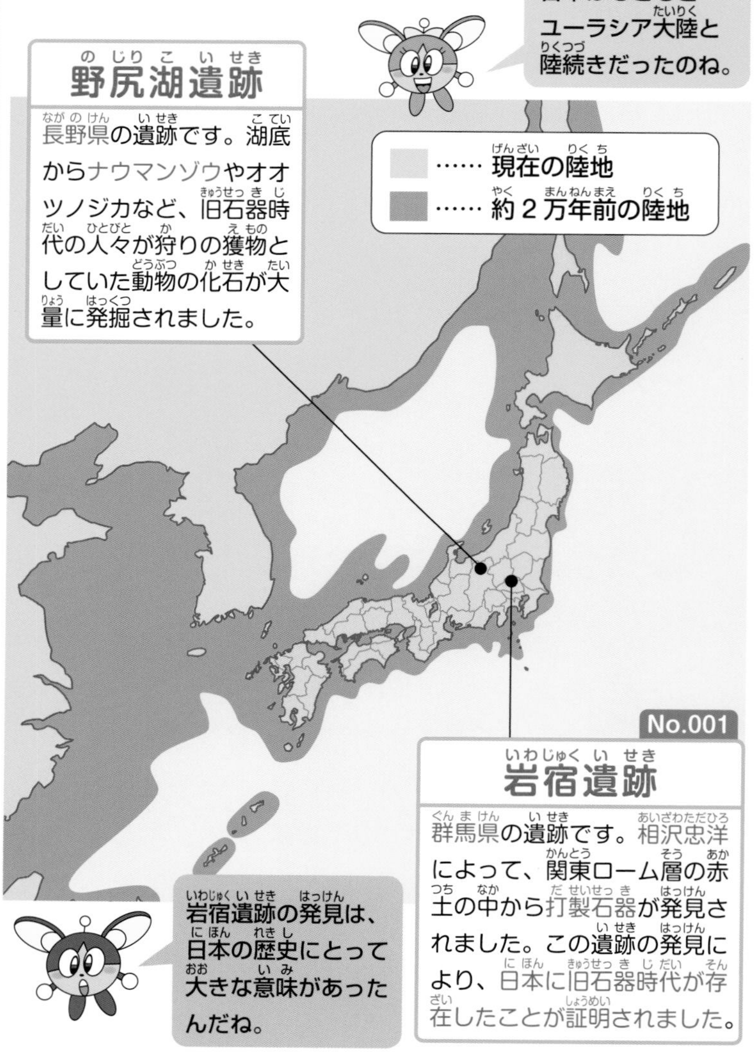

野尻湖遺跡《のじりこいせき》

長野県《ながのけん》の遺跡《いせき》です。湖底《こてい》からナウマンゾウやオオツノジカなど、旧石器時《きゅうせっきじ》代《だい》の人々《ひとびと》が狩《か》りの獲物《えもの》としていた動物《どうぶつ》の化石《かせき》が大《たい》量《りょう》に発掘《はっくつ》されました。

No.001

岩宿遺跡《いわじゅくいせき》

群馬県《ぐんまけん》の遺跡《いせき》です。相沢忠洋《あいざわただひろ》によって、関東《かんとう》ローム層《そう》の赤《あか》土《つち》の中《なか》から打製石器《だせいせっき》が発見《はっけん》されました。この遺跡《いせき》の発見《はっけん》により、日本《にほん》に旧石器時代《きゅうせっきじだい》が存《そん》在《ざい》したことが証明《しょうめい》されました。

旧石器時代《きゅうせっきじだい》のポイントチェック

❶ かんたんな石器《せっき》は使《つか》われていましたが、まだ土器《どき》はつくられていなかった時代《じだい》を何《なん》というでしょう。〔　　〕

❷ ❶の時代《じだい》の人々《ひとびと》は、狩《か》りや漁《りょう》、採集《さいしゅう》の〔　　〕生活《せいかつ》を送《おく》っていました。〔　　〕

❸ 日本《にほん》に❶の時代《じだい》が存在《そんざい》したことを証明《しょうめい》した、群馬県《ぐんまけん》の遺跡《いせき》は何《なん》でしょう。〔　　〕

❹ ❸の遺跡《いせき》を発見《はっけん》した人物《じんぶつ》はだれでしょう。〔　　〕

❺ 湖底《こてい》からナウマンゾウやオオツノジカの化石《かせき》が発掘《はっくつ》された、長野県《ながのけん》の遺跡《いせき》は何《なん》でしょう。〔　　〕

答《こた》え　❶ 旧石器《きゅうせっき》（先土器《せんどき》）時代《じだい》　❷ 移住《いじゅう》　❸ 岩宿遺跡《いわじゅくいせき》　❹ 相沢忠洋《あいざわただひろ》　❺ 野尻湖遺跡《のじりこいせき》

縄文《じょうもん》時代《じだい》

重要事項《じゅうようじこう》
- 縄文土器《じょうもんどき》
- 竪穴住居《たてあなじゅうきょ》
- 土偶《どぐう》
- 大森貝塚《おおもりかいづか》
- 三内丸山遺跡《さんないまるやまいせき》

縄文土器《じょうもんどき》

三内丸山遺跡《さんないまるやまいせき》

約《やく》1万《まん》5千年前《せんねんまえ》になると、表面《ひょうめん》に縄目《なわめ》の文様《もんよう》がついた縄文土器《じょうもんどき》が使《つか》われるようになりました。この時代《じだい》を縄文時代《じょうもんじだい》といいます。縄文時《じょうもんじ》代《だい》の人々《ひとびと》は、わき水《みず》のある台地《だいち》などに竪穴住居《たてあなじゅうきょ》をつくり生活《せいかつ》していました。また、縄文時代《じょうもんじだい》のおわりには大陸《たいりく》から稲作《いなさく》が伝《つた》わりました。

時代《じだい》	年《ねん》	社会《しゃかい》／文化《ぶんか》
縄《じょう》文《もん》時《じ》代《だい》	約《やく》1万5千年前《せんねんまえ》ごろ	氷河期《ひょうがき》が終《お》わり、日本列島《にほんれっとう》が形成《けいせい》される ◆人々《ひとびと》の生活《せいかつ》 ・縄文土器《じょうもんどき》の使用《しよう》 No.003 ・わき水《みず》のある台地《だいち》に竪穴住居《たてあなじゅうきょ》をつくる  ・土偶《どぐう》をつくり自然《しぜん》にいのりをささげた No.004 ・この時代《じだい》の人々《ひとびと》の生活《せいかつ》の様子《ようす》は貝塚《かいづか》からうかがえる
	紀元前《きげんぜん》5世紀《せいき》ごろ	大陸《たいりく》から稲作《いなさく》が伝《つた》わる ◆縄文時代《じょうもんじだい》の主《おも》な遺跡《いせき》 ・三内丸山遺跡《さんないまるやまいせき》（青森県《あおもりけん》） No.006 ・大森貝塚《おおもりかいづか》（東京都《とうきょうと》） No.005

地図《ちず》で確認《かくにん》！

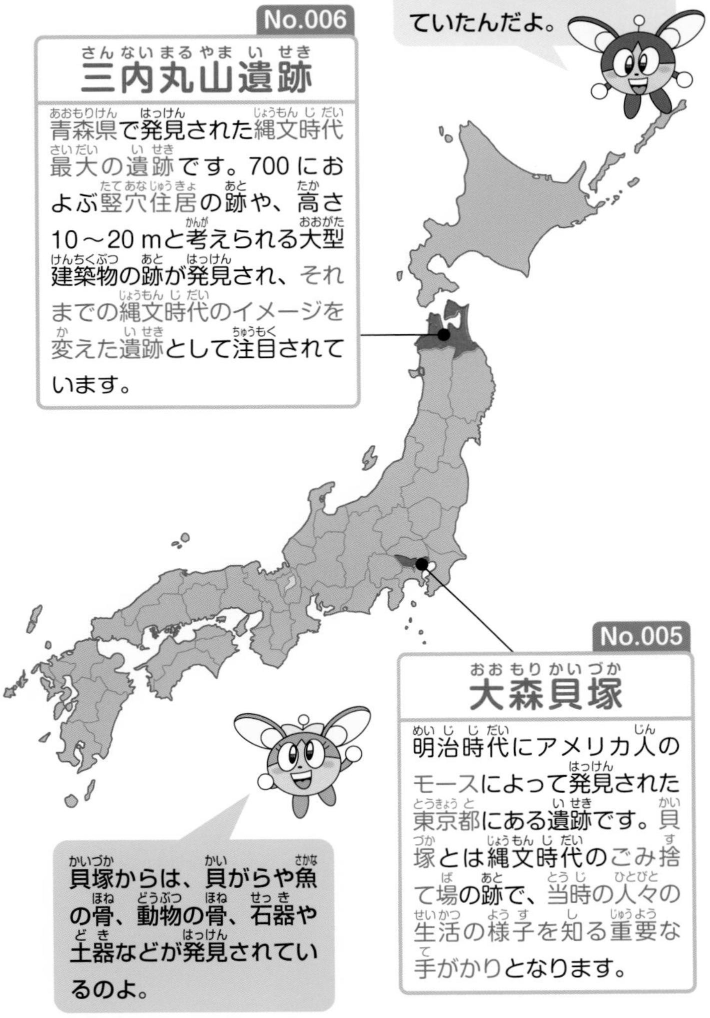
三内丸山遺跡《さんないまるやまいせき》では、クリやクルミなども栽培《さいばい》されていたんだよ。

No.006
三内丸山遺跡《さんないまるやまいせき》

青森県《あおもりけん》で発見《はっけん》された縄文時代《じょうもんじだい》最大《さいだい》の遺跡《いせき》です。700におよぶ竪穴住居《たてあなじゅうきょ》の跡《あと》や、高《たか》さ10～20 mと考《かんが》えられる大型《おおがた》建築物《けんちくぶつ》の跡《あと》が発見《はっけん》され、それまでの縄文時代《じょうもんじだい》のイメージを変《か》えた遺跡《いせき》として注目《ちゅうもく》されています。

No.005
大森貝塚《おおもりかいづか》

明治時代《めいじじだい》にアメリカ人《じん》のモースによって発見《はっけん》された東京都《とうきょうと》にある遺跡《いせき》です。貝塚《かいづか》とは縄文時代《じょうもんじだい》のごみ捨《す》て場《ば》の跡《あと》で、当時《とうじ》の人々《ひとびと》の生活《せいかつ》の様子《ようす》を知《し》る重要《じゅうよう》な手《て》がかりとなります。

縄文時代《じょうもんじだい》のポイントチェック

❶ 縄目《なわめ》の文様《もんよう》のついたかんたんな土器《どき》が使《つか》われていた時代《じだい》を何《なん》というでしょう。〔　　〕

❷ ❶の時代《じだい》の人々《ひとびと》は、わき水《みず》のある台地《だいち》に〔　　〕をつくって住《す》んでいました。〔　　〕

❸ ❶の時代《じだい》のごみ捨《す》て場《ば》の跡《あと》で、当時《とうじ》の人々《ひとびと》の生活《せいかつ》を知《し》る手《て》がかりとなるものは何《なん》でしょう。〔　　〕

❹ ❶の時代《じだい》の最大《さいだい》の遺跡《いせき》といわれる三内丸山遺跡《さんないまるやまいせき》は何県《なにけん》にあるでしょう。〔　　〕

❺ ❶の時代《じだい》の終《お》わりごろに大陸《たいりく》から日本《にほん》に伝《つた》わった農耕技術《のうこうぎじゅつ》は何《なん》でしょう。〔　　〕

答《こた》え　❶ 縄文時代《じょうもんじだい》　❷ 竪穴住居《たてあなじゅうきょ》　❸ 貝塚《かいづか》　❹ 青森県《あおもりけん》　❺ 稲作《いなさく》

弥《や》生《よい》時代《じだい》

重要人物《じゅうようじんぶつ》

卑弥呼《ひみこ》

重要事項《じゅうようじこう》

- 稲作《いなさく》の広《ひろ》まりと「むら」の形成《けいせい》
- 「むら」から「くに」（小国家《しょうこっか》）へと発展《はってん》
- 奴国《なのくに》《なこく》の王《おう》が金印《きんいん》を授《さず》かる（57年）
- 邪馬台国《やまたいこく》と女王《じょおう》・卑弥呼《ひみこ》

紀元前《きげんぜん》5世紀《せいき》ごろになると、薄手《うすで》で丈夫《じょうぶ》な弥生土器《やよいどき》が使《つか》われるようになりました。この時代《じだい》を弥生時代《やよいじだい》といいます。弥生時代《やよいじだい》には稲作《いなさく》の広《ひろ》まりとともに各地《かくち》に「むら」が生《う》まれ、やがて「くに」（小国家《しょうこっか》）へと成長《せいちょう》していきました。女王《じょおう》卑弥呼《ひみこ》の国《くに》、邪馬台国《やまたいこく》もそのひとつです。

時代《じだい》	年《ねん》	政治《せいじ》／外交《がいこう》
弥《や》生《よい》時《じ》代《だい》	紀元前《きげんぜん》5世紀《せいき》ごろ	日本《にほん》で **稲作《いなさく》** が広《ひろ》まる ↓ 人々《ひとびと》は低地《ていち》に水田《すいでん》をつくり **定住生活《ていじゅうせいかつ》** を始《はじ》める ↓ 各地《かくち》に **むら** ができる ・米《こめ》を多《おお》くたくわえた者《もの》とそうでない者《もの》との間《あいだ》に貧富《ひんぷ》の差《さ》が生《う》まれる ・むらの人々《ひとびと》の中《なか》に指導者《しどうしゃ》が現《あらわ》れる ↓ 土地《とち》や水《みず》をめぐり、各地《かくち》のむらどうしで争《あらそ》いが起《お》こる ↓ 強《つよ》いむらが周《まわ》りのむらを従《したが》え **くに** （小国家《しょうこっか》）へと成長《せいちょう》する ・むらの指導者《しどうしゃ》はくにを支配《しはい》する豪族《ごうぞく》となった
	紀元前後《きげんぜんご》	日本《にほん》は100あまりのくにに分《わ》かれていた
	57	**奴国《なのくに》の王《おう》**（奴国《なこく》）が後漢《ごかん》（中国《ちゅうごく》）に使者《ししゃ》を送《おく》り、**金印《きんいん》** を授《さず》かる No.007
	239	**邪馬台国《やまたいこく》** の女王《じょおう》 **卑弥呼《ひみこ》** が魏《ぎ》（中国《ちゅうごく》）に使者《ししゃ》を送《おく》り、「親魏倭王《しんぎわおう》」の称号《しょうごう》や銅鏡《どうきょう》などを授《さず》かる No.008

文化《ぶんか》／産業《さんぎょう》

◆人々《ひとびと》の生活《せいかつ》

No.009

- **弥生土器《やよいどき》** の使用《しよう》

No.010

- **石包丁《いしぼうちょう》** の使用《しよう》
  …稲《いね》の穂《ほ》を刈《か》り取《と》るのに使《つか》われた

No.011

- **高床倉庫《たかゆかそうこ》**
  …刈《か》り取《と》った稲《いね》などの保管《ほかん》に使《つか》われた
- 中国大陸《ちゅうごくたいりく》から **金属器《きんぞくき》** が伝《つた》わる
  …鉄器《てっき》は武器《ぶき》や農具《のうぐ》などに使《つか》われ、青銅器《せいどうき》は儀式《ぎしき》などに使《つか》われた No.012

◆弥生時代《やよいじだい》の主《おも》な遺跡《いせき》

- **登呂遺跡《とろいせき》**（静岡県《しずおかけん》）No.013
- **吉野ヶ里遺跡《よしのがりいせき》**（佐賀県《さがけん》）No.014

稲作《いなさく》が広《ひろ》まったことで人々《ひとびと》の生活《せいかつ》や社会《しゃかい》の仕組《しく》みが大《おお》きく変化《へんか》して、むらやくにが生《う》まれたのね。

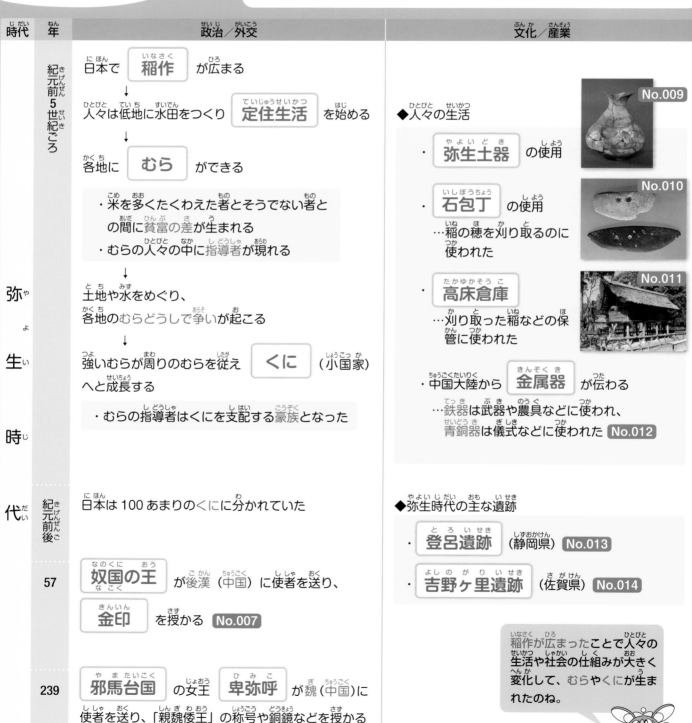

地図《ちず》で確認《かくにん》！

No.007

志賀島《しかのしま》

金印《きんいん》

奴国《なのくに》《なこく》の王《おう》が後漢《ごかん》（中国《ちゅうごく》）の皇帝《こうてい》から授《さず》かった金印《きんいん》が発見《はっけん》された場所《ばしょ》です。

No.014

吉野ヶ里遺跡《よしのがりいせき》

佐賀県《さがけん》で発見《はっけん》された、日本最大級《にほんさいだいきゅう》の環濠集落《かんごうしゅうらく》（周《まわ》りを濠《ほり》で囲《かこ》まれた集落《しゅうらく》）の跡《あと》です。

女王《じょおう》卑弥呼《ひみこ》が治《おさ》めていた邪馬台国《やまたいこく》は、近畿地方《きんきちほう》か九州地方《きゅうしゅうちほう》にあったと考《かんが》えられているけれど、現在《げんざい》はまだ不明《ふめい》なんだよ。

No.013

登呂遺跡《とろいせき》

静岡県《しずおかけん》にある遺跡《いせき》です。水田《すいでん》の跡《あと》や竪穴住居跡《たてあなじゅうきょあと》、高床倉庫跡《たかゆかそうこあと》、さまざまな農具《のうぐ》などが発見《はっけん》されました。

史料《しりょう》で確認《かくにん》！

後漢書東夷伝《ごかんじょとういでん》（後漢《ごかん》の歴史書《れきししょ》）

建武中元《けんむちゅうげん》２年《ねん》（西暦《せいれき》57年《ねん》）、倭《わ》（日本《にほん》）の奴国《なのくに》《なこく》が使者を送ってきた。……　光武帝《こうぶてい》（後漢《ごかん》の皇《こう》帝《てい》）はこの使者《ししゃ》に金印《きんいん》をあたえた……

No.007

魏志倭人伝《ぎしわじんでん》（魏《ぎ》の歴史書《れきししょ》）

倭《わ》（日本《にほん》）人《じん》は帯方郡《たいぼうぐん》（朝鮮半島《ちょうせんはんとう》）の東南《とうなん》の海《うみ》にある島《しま》に国《くに》をつくっている。昔《むかし》は100あまりの国《くに》に分《わ》かれていた。現在《げんざい》、使者《ししゃ》を送《おく》ってくるのは30国《こく》ほどである。……

邪馬台国《やまたいこく》はもともと男子《だんし》を王《おう》としていたが、国内《こくない》が乱《みだ》れて何年《なんねん》も争《あらそ》いが続《つづ》いた。そこで１人の女性《じょせい》を王《おう》とした。その名《な》を卑弥呼《ひみこ》という。卑弥呼《ひみこ》はまじないの力《ちから》により国《くに》を治《おさ》めた。……

No.008

弥生時代《やよいじだい》のポイントチェック

❶ 弥生時代《やよいじだい》には〔　　〕が広《ひろ》まり、人々《ひとびと》は低地《ていち》に水田《すいでん》をつくって定住生活《ていじゅうせいかつ》を送《おく》るようになりました。〔　　　　〕

❷ ❶の広《ひろ》まりとともに、各地《かくち》に〔　　〕ができるようになりました。〔　　　　〕

❸ ❷どうしの争《あらそ》いの中《なか》で、強《つよ》い❷は周《まわ》りの❷を従《したが》え、〔　　〕へと成長《せいちょう》していきました。〔　　　　〕

❹ 西暦《せいれき》57年《ねん》に後漢《ごかん》（中国《ちゅうごく》）に使者《ししゃ》を送《おく》り金印《きんいん》を授《さず》かった、倭《わ》（日本《にほん》）のくにの名前《なまえ》は何《なん》でしょう。〔　　　　〕

❺ ❹の王《おう》が後漢《ごかん》の皇帝《こうてい》から授《さず》かった金印《きんいん》が発見《はっけん》された場所《ばしょ》はどこでしょう。〔　　　　〕

❻ 239年《ねん》に魏《ぎ》（中国《ちゅうごく》）に使者《ししゃ》を送《おく》った、邪馬台国《やまたいこく》の女王《じょおう》の名前《なまえ》は何《なん》でしょう。〔　　　　〕

答《こた》え　❶ 稲作《いなさく》　❷ むら　❸ くに　❹ 奴国《なのくに》《なこく》　❺ 志賀島《しかのしま》　❻ 卑弥呼《ひみこ》

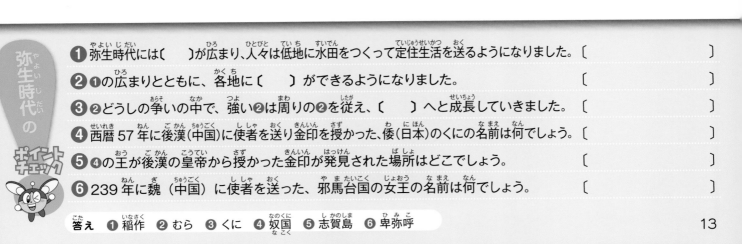

古《こ》墳《ふん》時代《じだい》①

重要事項《じゅうようじこう》

- 大和政権《やまとせいけん》が国内《こくない》を統一《とういつ》する（4世紀《せいき》ごろ）
- 各地《かくち》に古墳《こふん》がつくられる
- 渡来人《とらいじん》が大陸《たいりく》の文化《ぶんか》や技術《ぎじゅつ》を伝《つた》える
- 仏教《ぶっきょう》が日本《にほん》に伝《つた》わる（6世紀《せいき》ごろ）

大仙古墳《だいせんこふん》

4世紀《せいき》ごろ、大和地方《やまとちほう》（奈良県《ならけん》）の豪族《ごうぞく》たちが集《あつ》まり大和政権《やまとせいけん》をつくりました。大和政権《やまとせいけん》は次第《しだい》に支配地《しはいち》を広《ひろ》げ、日本国内《にほんこくない》を統一《とういつ》しました。この時代《じだい》には各地《かくち》に大《おお》きな古墳《こふん》がつくられ、渡来人《とらいじん》によって大陸《たいりく》のさまざまな文化《ぶんか》や技術《ぎじゅつ》が伝《つた》えられました。

時代《じだい》：古《こ》墳《ふん》時《じ》代《だい》

年《ねん》：4世紀《せいき》／6世紀《せいき》ごろ

政治《せいじ》／外交《がいこう》

4世紀《せいき》

大和地方《やまとちほう》（奈良県《ならけん》）の豪族《ごうぞく》たちが、大王《おおきみ》（のちの天皇《てんのう》）を中心《ちゅうしん》として **大和政権《やまとせいけん》** をつくる

大和政権《やまとせいけん》が **国内《こくない》を統一《とういつ》** する

- 九州《きゅうしゅう》から東北地方南部《とうほくちほうなんぶ》までを支配《しはい》
- 氏姓制度《しせいせいど》によって各地《かくち》の豪族《ごうぞく》を支配《しはい》

◆氏姓制度《しせいせいど》

- 各地《かくち》の豪族《ごうぞく》は「氏《うじ》」とよばれる集団《しゅうだん》をつくり、自分《じぶん》たちの土地《とち》とそこに住《す》む人々《ひとびと》を支配《しはい》した。
- 大和政権《やまとせいけん》はそれらの「氏《うじ》」（豪族《ごうぞく》）を支配《しはい》し、家柄《いえがら》に応《おう》じて臣《おみ》や連《むらじ》などの「姓《かばね》」をあたえ、政《せい》治《じ》に関《かん》する仕事《しごと》を行《おこな》わせた。

大和政権《やまとせいけん》が朝鮮半島《ちょうせんはんとう》に進出《しんしゅつ》する

…4世紀後半《せいきこうはん》に大和政権《やまとせいけん》が朝鮮半島《ちょうせんはんとう》に兵《へい》を送《おく》ったことが記録《きろく》に残《のこ》っている

大和政権《やまとせいけん》の支配地《しはいち》が広《ひろ》がるとともに、各地《かくち》に大《おお》きな古墳《こふん》がつくられるようになっていったんだよ。

文化《ぶんか》／産業《さんぎょう》

◆各地《かくち》に大《おお》きな **古墳《こふん》** がつくられる

- 古墳《こふん》は大和政権《やまとせいけん》の大王《おおきみ》や各地《かくち》の豪族《ごうぞく》、有力《ゆうりょく》な農《のう》民《みん》たちの墓《はか》としてつくられた
- 円墳《えんぷん》、方墳《ほうふん》、 **前方後円墳《ぜんぽうこうえんふん》** などの種類《しゅるい》がある

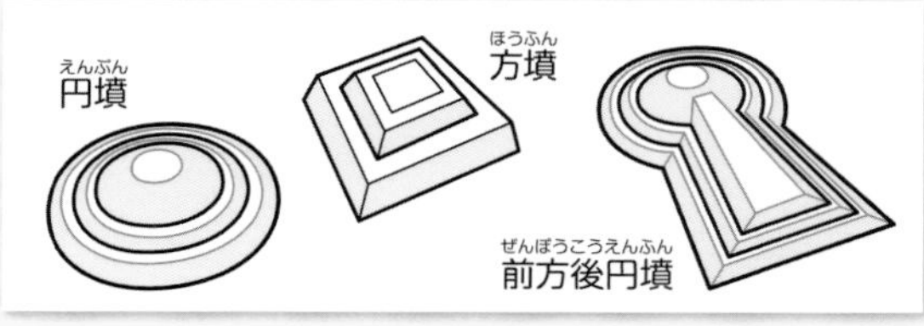

- 古墳《こふん》の周《まわ》りには **埴輪《はにわ》** が並《なら》べられた No.016

◆ **渡来人《とらいじん》** が大陸《たいりく》の文化《ぶんか》や技術《ぎじゅつ》を伝《つた》える No.017

… **漢字《かんじ》** や **儒教《じゅきょう》**（孔子《こうし》の教《おし》え）、須恵器《すえき》（丈夫《じょうぶ》な陶磁器《とうじき》）、養蚕《ようさん》、機織《はたおり》などを伝《つた》える

◆主《おも》な遺跡《いせき》（古墳《こふん》）

- **大仙古墳《だいせんこふん》**（大阪府堺市《おおさかふさかいし》）…最大《さいだい》の古墳《こふん》 No.018
- 稲荷山古墳《いなりやまこふん》（埼玉県行田市《さいたまけんぎょうだし》）…「獲加多支鹵大王《ワカタケルオオキミ》」の文字《もじ》（漢字《かんじ》）が刻《きざ》まれた鉄剣《てっけん》が発見《はっけん》された No.019

6世紀《せいき》ごろ

百済《くだら》（朝鮮《ちょうせん》）の聖明王《せいめいおう》から **仏教《ぶっきょう》** が伝《つた》えられる（6世紀《せいき》ごろ） No.015

地図《ちず》で確認《かくにん》！

●古墳《こふん》の広《ひろ》がりの様子《ようす》

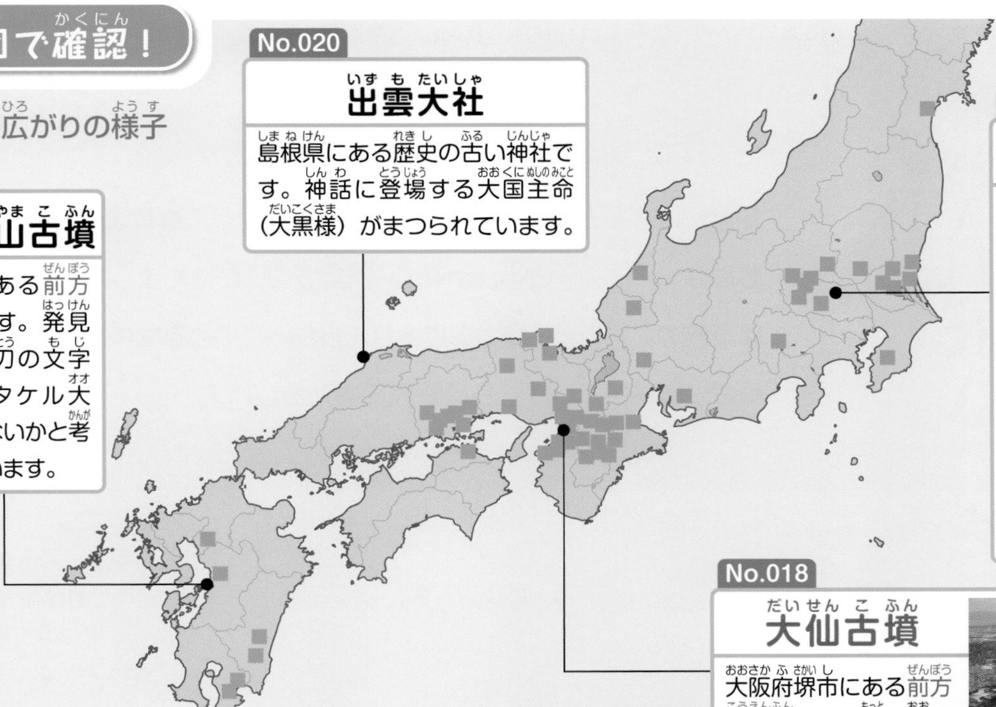

No.020

出雲大社《いずもたいしゃ》

島根県《しまねけん》にある歴史《れきし》の古《ふる》い神社《じんじゃ》です。神話《しんわ》に登場《とうじょう》する大国主命《おおくにぬしのみこと》（大黒様《だいこくさま》）がまつられています。

江田船山古墳《えたふなやまこふん》

熊本県《くまもとけん》にある前方《ぜんぽう》後円墳《こうえんふん》です。発見《はっけん》された鉄刀《てっとう》の文字《もじ》が「ワカタケル大《オオ》王《キミ》」ではないかと考《かんが》えられています。

No.019

稲荷山古墳《いなりやまこふん》

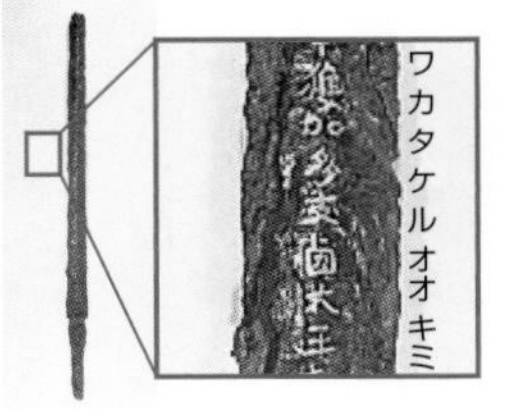

埼玉県《さいたまけん》にある前方後円墳《ぜんぽうこうえんふん》です。「ワカタケル大王《オオキミ》」の文字《もじ》が刻《きざ》まれた鉄剣《てっけん》が発見《はっけん》されました。

No.018

大仙古墳《だいせんこふん》

大阪府堺市《おおさかふさかいし》にある前方《ぜんぽう》後円墳《こうえんふん》です。最《もっと》も大《おお》きな古墳《こふん》として知《し》られています。

古墳《こふん》は近畿地方《きんきちほう》や関東《かんとう》地方《ちほう》に多《おお》いのね。

●5世紀《せいき》の朝鮮半島《ちょうせんはんとう》

●7世紀《せいき》の朝鮮半島《ちょうせんはんとう》

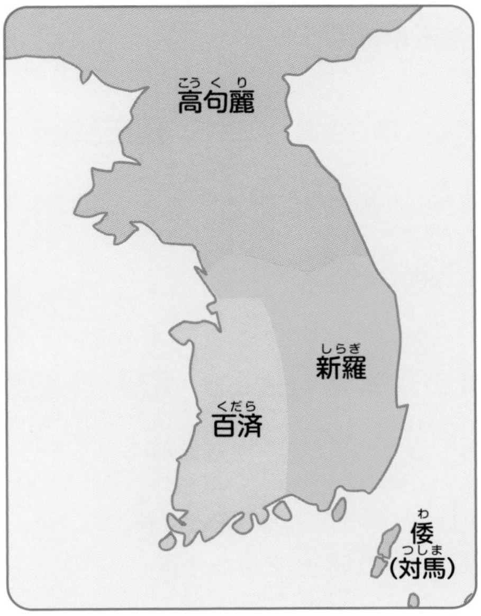

◆朝鮮半島《ちょうせんはんとう》の様子《ようす》

5世紀《せいき》ごろの朝鮮半島《ちょうせんはんとう》は、高句麗《こうくり》・百済《くだら》・新羅《しらぎ》・加羅《から》（伽耶《かや》、任那《みまな》）の4つの国《くに》や地域《ちいき》に分《わ》かれ、争《あらそ》いが続《つづ》いていました。このうち加羅《から》（伽《か》耶《や》、任那《みまな》）には大和政権《やまとせいけん》が強《つよ》い影響《えいきょう》力《りょく》をもっていたと考《かんが》えられていますが、6世紀《せいき》の後半《こうはん》には新羅《しらぎ》に支配《しはい》されるようになりました。

7世紀《せいき》になると新羅《しらぎ》が唐《とう》（中国《ちゅうごく》）と手《て》を結《むす》んで勢力《せいりょく》を強《つよ》め、百済《くだら》や高《こう》句麗《くり》をほろぼし、やがて朝鮮半島一《ちょうせんはんとういっ》帯《たい》を支配《しはい》するようになります。

古墳時代《こふんじだい》①のポイントチェック

❶ 4世紀《せいき》ごろに、大和地方《やまとちほう》の豪族《ごうぞく》たちが集《あつ》まってつくった政権《せいけん》を何《なん》というでしょう。〔　　〕

❷ ❶の政権《せいけん》は、〔　〕世紀《せいき》ごろに日本国内《にほんこくない》を統一《とういつ》しました。〔　　〕

❸ ❶の政権《せいけん》は〔　〕制度《せいど》によって各地《かくち》の豪族《ごうぞく》を支配《しはい》しました。〔　　〕

❹ ❶の政権《せいけん》の支配地《しはいち》が広《ひろ》がるとともに、各地《かくち》に大《おお》きな〔　〕がつくられるようになりました。〔　　〕

❺ 古墳時代《こふんじだい》に渡来人《とらいじん》によって伝《つた》えられた文字《もじ》は何《なん》でしょう。〔　　〕

❻ 渡来人《とらいじん》によって伝《つた》えられた、中国《ちゅうごく》の孔子《こうし》という人物《じんぶつ》の教《おし》えを何《なん》というでしょう。〔　　〕

答《こた》え ❶ 大和政権《やまとせいけん》 ❷ 4（世紀《せいき》） ❸ 氏姓《しせい》（制度《せいど》） ❹ 古墳《こふん》 ❺ 漢字《かんじ》 ❻ 儒教《じゅきょう》

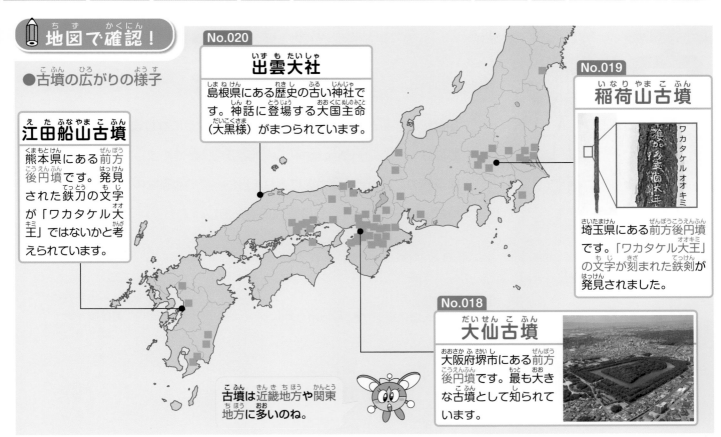

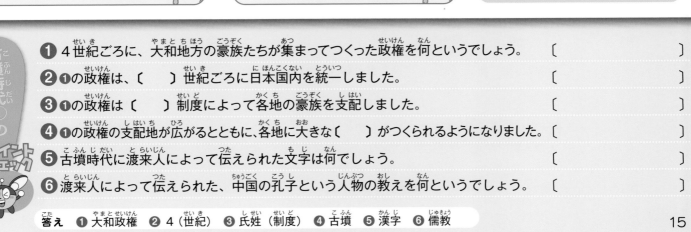

古《こ》墳《ふん》時代《じだい》②（飛鳥時代《あすかじだい》）

重要人物《じゅうようじんぶつ》

聖徳太子《しょうとくたいし》

中大兄皇子《なかのおおえのおうじ》

重要事項《じゅうようじこう》

- 十七条《じゅうしちじょう》の憲法《けんぽう》（604年）
- 遣隋使《けんずいし》の派遣《はけん》（607年～）
- 大化《たいか》の改新《かいしん》（645年～）
- 大宝律令《たいほうりつりょう》の制定《せいてい》（701年）

6世紀《せいき》になると各地《かくち》の豪族《ごうぞく》の力《ちから》が強《つよ》まるようになりました。7世紀《せいき》の初《はじ》めには聖徳太子《しょうとくたいし》が天皇中心《てんのうちゅうしん》の国《くに》づくりを進《すす》めましたが、太子《たいし》の死後《しご》は豪族《ごうぞく》の蘇我氏《そがし》が権力《けんりょく》をにぎりました。このような中《なか》、天皇中心《てんのうちゅうしん》の国《くに》をめざした中大兄皇子《なかのおおえのおうじ》らは蘇我氏《そがし》をたおし、大化《たいか》の改新《かいしん》を行《おこな》いました。

時代《じだい》	年《ねん》	政治《せいじ》／外交《がいこう》	文化《ぶんか》／産業《さんぎょう》
古《こ》墳《ふん》（飛鳥《あすか》）時《じ》代《だい》	593	推古天皇《すいこてんのう》が即位《そくい》する…最初《さいしょ》の女性《じょせい》の天皇《てんのう》	聖徳太子《しょうとくたいし》のころは奈良《なら》の飛鳥地方《あすかちほう》に都《みやこ》が置《お》かれていたから、この時代《じだい》を飛鳥《あすか》時代《じだい》というんだよ。 
	593	聖徳太子《しょうとくたいし》（厩戸皇子《うまやどのおうじ》《うまやとの》）が推古天皇《すいこてんのう》の摂政《せっしょう》（子《こ》どもや女性《じょせい》の天皇《てんのう》にかわって政治《せいじ》を行《おこな》う役職《やくしょく》）になる No.021 → 豪族《ごうぞく》の蘇我馬子《そがのうまこ》とともに天皇中心《てんのうちゅうしん》の国《くに》づくりを進《すす》める	
	603	聖徳太子《しょうとくたいし》が冠位十二階《かんいじゅうにかい》の制度《せいど》を定《さだ》める …家柄《いえがら》に関係《かんけい》なく能力《のうりょく》に応《おう》じて朝廷《ちょうてい》の地位《ちい》をあたえる	
	604	聖徳太子《しょうとくたいし》が 十七条《じゅうしちじょう》の憲法《けんぽう》 を定《さだ》める No.023 …役人《やくにん》や貴族《きぞく》の心《こころ》がまえを示《しめ》す	◆ 飛鳥文化《あすかぶんか》 が栄《さか》える …仏教《ぶっきょう》の影響《えいきょう》の強《つよ》い文化《ぶんか》 ・聖徳太子《しょうとくたいし》が 法隆寺《ほうりゅうじ》 を建《た》てる No.026
	607	小野妹子《おののいもこ》を 遣隋使《けんずいし》 として隋《ずい》（中国《ちゅうごく》）に送《おく》る No.024	
	622	聖徳太子《しょうとくたいし》が亡《な》くなる → 蘇我氏《そがし》が権力《けんりょく》をにぎる	
	630	最初《さいしょ》の 遣唐使《けんとうし》 を唐《とう》（中国《ちゅうごく》）に送《おく》る	
	645	中大兄皇子《なかのおおえのおうじ》 と中臣鎌足《なかとみのかまたり》らが蘇我氏《そがし》をたおす No.022 No.025 → 天皇中心《てんのうちゅうしん》の国《くに》をめざし 大化《たいか》の改新《かいしん》 を始《はじ》める ・公地公民制《こうちこうみんせい》…すべての土地《とち》と人々《ひとびと》を国《くに》のものとする ・班田収授法《はんでんしゅうじゅのほう》…6歳以上《さいいじょう》の男女《だんじょ》に口分田《くぶんでん》をあたえる ・租《そ》・調《ちょう》・庸《よう》の税制《ぜいせい》を定《さだ》める	大化《たいか》の改新《かいしん》では、すべての土地《とち》が国《くに》のものとなり、人々《ひとびと》は国《くに》から田畑《たはた》（口分田《くぶんでん》）を貸《か》してもらうかわりに税《ぜい》をおさめることになったのね。 
	663	白村江《はくすきのえ》《はくそんこう》の戦《たたか》いが起《お》こる No.022 …百済《くだら》を助《たす》け唐《とう》・新羅《しらぎ》（朝鮮《ちょうせん》）の連合軍《れんごうぐん》と戦《たたか》うが敗《やぶ》れる	
	672	壬申《じんしん》の乱《らん》が起《お》こる …天智天皇《てんじてんのう》（中大兄皇子《なかのおおえのおうじ》）のあとつぎをめぐる争《あらそ》い → 大海人皇子《おおあまのおうじ》が大友皇子《おおとものおうじ》に勝利《しょうり》し天武天皇《てんむてんのう》となる	富本銭《ふほんせん》がつくられる …最古《さいこ》の貨幣《かへい》 No.027
	701	大宝律令《たいほうりつりょう》 が定《さだ》められる…日本《にほん》の律令制《りつりょうせい》が整《ととの》う	和同開珎《わどうかいちん》がつくられる（708年） No.028

地図《ちず》で確認《かくにん》！

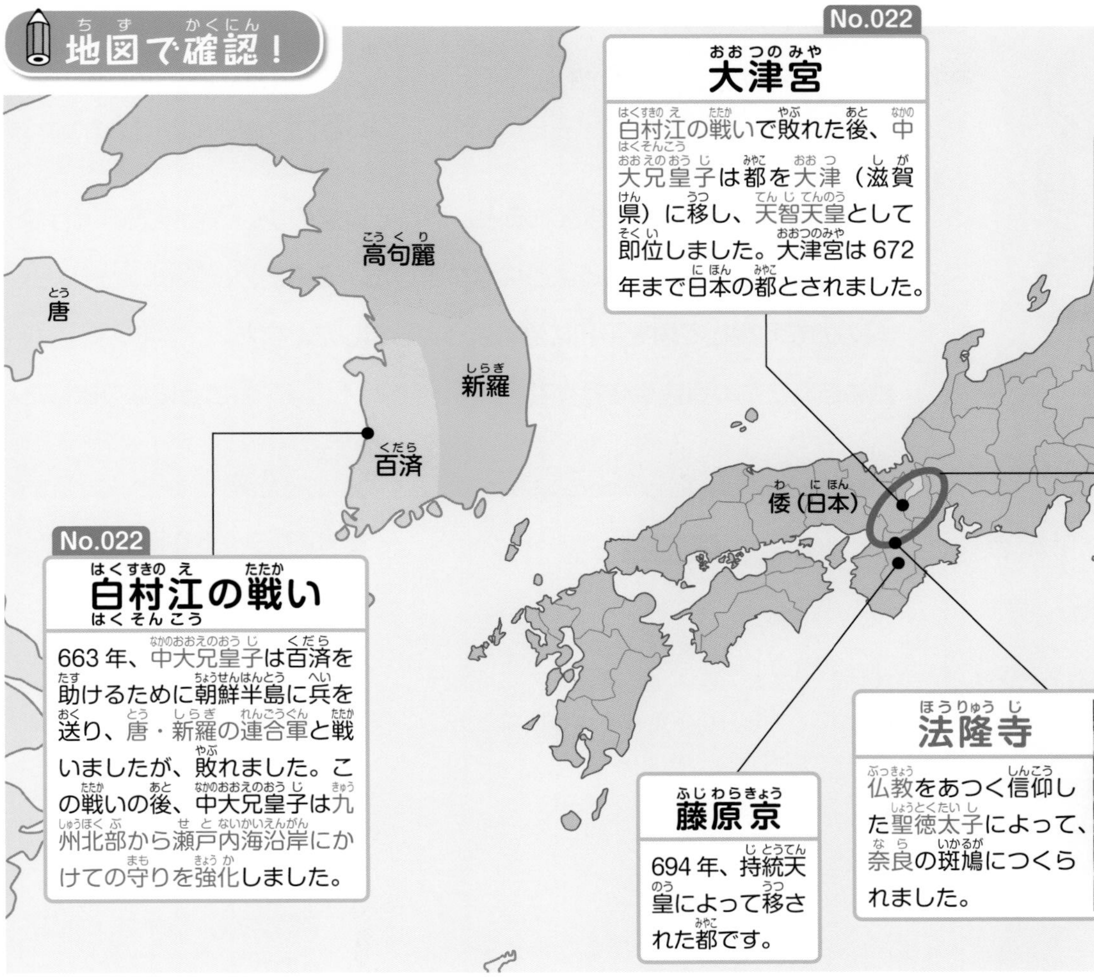

No.022
大津宮《おおつのみや》

白村江《はくすきのえ》《はくそんこう》の戦《たたか》いで敗《やぶ》れた後《あと》、中《なかの》大兄皇子《おおえのおうじ》は都《みやこ》を大津《おおつ》（滋賀《しが》県《けん》）に移《うつ》し、天智天皇《てんじてんのう》として即位《そくい》しました。大津宮《おおつのみや》は672年まで日本《にほん》の都《みやこ》とされました。

壬申《じんしん》の乱《らん》

672年に起《お》こった、天智《てんじ》天皇《てんのう》(中大兄皇子《なかのおおえのおうじ》)のあとつぎをめぐる争《あらそ》いです。大《おお》海人皇子《あまのおうじ》が勝利《しょうり》し、天武《てんむ》天皇《てんのう》として即位《そくい》しました。

No.022
白村江《はくすきのえ》の戦《たたか》い
はくそんこう

663年、中大兄皇子《なかのおおえのおうじ》は百済《くだら》を助《たす》けるために朝鮮半島《ちょうせんはんとう》に兵《へい》を送《おく》り、唐《とう》・新羅《しらぎ》の連合軍《れんごうぐん》と戦《たたか》いましたが、敗《やぶ》れました。この戦《たたか》いの後《あと》、中大兄皇子《なかのおおえのおうじ》は九《きゅう》州北部《しゅうほくぶ》から瀬戸内海沿岸《せとないかいえんがん》にかけての守《まも》りを強化《きょうか》しました。

藤原京《ふじわらきょう》

694年、持統天《じとうてん》皇《のう》によって移《うつ》された都《みやこ》です。

No.026
法隆寺《ほうりゅうじ》

仏教《ぶっきょう》をあつく信仰《しんこう》した聖徳太子《しょうとくたいし》によって、奈良《なら》の斑鳩《いかるが》につくられました。

史料《しりょう》で確認《かくにん》！

十七条《じゅうしちじょう》の憲法《けんぽう》（604年）

一、人《ひと》の和《わ》を大切《たいせつ》にし、争《あらそ》うことのないようにしなさい。

一、あつく仏教《ぶっきょう》を信仰《しんこう》しなさい。

一、天皇《てんのう》の命令《めいれい》を受《う》けたなら、必《かなら》ず従《したが》いなさい。

No.023

小野妹子《おののいもこ》が隋《ずい》の皇帝《こうてい》に届《とど》けた聖徳太子《しょうとくたいし》の手紙《てがみ》(607年)

隋《ずい》の煬帝《ようだい》（皇帝《こうてい》の名前《なまえ》）の時代《じだい》に、倭《わ》（日本《にほん》）の王《おう》が使者《ししゃ》を送《おく》ってきた。使者《ししゃ》が差《さ》し出《だ》した手紙《てがみ》には、

「日《ひ》の昇《のぼ》る国《くに》（日本《にほん》）の天子《てんし》が、手紙《てがみ》を日《ひ》の沈《しず》む国《くに》（中国《ちゅうごく》）の天子《てんし》に送《おく》ります。お元気《げんき》ですか…」と書《か》かれていた。

No.024

⬆聖徳太子《しょうとくたいし》が、隋《ずい》と対等《たいとう》な立場《たちば》での外交《がいこう》をめざしていたことがうかがえます。

古墳時代《こふんじだい》（飛鳥時代《あすかじだい》）②のポイントチェック

❶ 6世紀末《せいきまつ》に即位《そくい》し、聖徳太子《しょうとくたいし》を摂政《せっしょう》にむかえた、日本《にほん》で最初《さいしょ》の女性《じょせい》の天皇《てんのう》はだれでしょう。〔　　　　〕

❷ 603年に聖徳太子《しょうとくたいし》が定《さだ》めた、家柄《いえがら》に関係《かんけい》なく能力《のうりょく》に応《おう》じて朝廷《ちょうてい》の地位《ちい》をあたえる制度《せいど》を何《なん》というでしょう。〔　　　　〕

❸ 607年に、遣隋使《けんずいし》として聖徳太子《しょうとくたいし》の手紙《てがみ》を持《も》ち、隋《ずい》(中国《ちゅうごく》)へわたった人物《じんぶつ》はだれでしょう。〔　　　　〕

❹ 645年に中大兄皇子《なかのおおえのおうじ》とともに蘇我氏《そがし》をたおし、大化《たいか》の改新《かいしん》を始《はじ》めた人物《じんぶつ》はだれでしょう。〔　　　　〕

❺ 大化《たいか》の改新《かいしん》によって定《さだ》められた、全国《ぜんこく》の土地《とち》と人々《ひとびと》を国《くに》のものにする制度《せいど》を何《なん》というでしょう。〔　　　　〕

❻ 672年に起《お》こった、天智天皇《てんじてんのう》のあとつぎをめぐる争《あらそ》いを何《なん》というでしょう。〔　　　　〕

❼ 701年に定《さだ》められた、日本《にほん》の律令制《りつりょうせい》の基本《きほん》となるきまりを何《なん》というでしょう。〔　　　　〕

答《こた》え ❶ 推古天皇《すいこてんのう》 ❷ 冠位十二階《かんいじゅうにかい》の制度《せいど》 ❸ 小野妹子《おののいもこ》 ❹ 中臣鎌足《なかとみのかまたり》 ❺ 公地公民制《こうちこうみんせい》 ❻ 壬申《じんしん》の乱《らん》 ❼ 大宝律令《たいほうりつりょう》

奈《な》良《ら》時代《じだい》

重要人物《じゅうようじんぶつ》

重要事項《じゅうようじこう》

- 平城京《へいじょうきょう》に都《みやこ》を移《うつ》す（710 年）
- 墾田永年私財法《こんでんえいねんしざいのほう》（743 年）
- 東大寺《とうだいじ》大仏《だいぶつ》の完成《かんせい》（752 年）
- 天平文化《てんぴょうぶんか》が栄《さか》える

710 年に平城京《へいじょうきょう》に都《みやこ》が移《うつ》されると、やがて貴族《きぞく》の争《あらそ》いや伝染病《でんせんびょう》の流行《りゅうこう》などさまざまな問題《もんだい》が起《お》こるようになりました。そのため、聖武天皇《しょうむてんのう》は仏教《ぶっきょう》の力《ちから》を利用《りよう》して国《くに》を平和《へいわ》に治《おさ》めようとしました。また、土地《とち》の私有《しゆう》が認《みと》められたため貴族《きぞく》や寺社《じしゃ》が私有地《しゆうち》（荘園《しょうえん》）を広《ひろ》げるようになりました。

時代《じだい》	年《ねん》	政治《せいじ》／外交《がいこう》	文化《ぶんか》／産業《さんぎょう》
奈《な》良《ら》時《じ》代《だい》	710	元明天皇《げんめいてんのう》が 平城京《へいじょうきょう》 （奈良《なら》）に都《みやこ》を移《うつ》す No.033 ◆口分田《くぶんでん》の不足《ふそく》 ・8 世紀《せいき》になると、人口《じんこう》が増加《ぞうか》した一方《いっぽう》で、重《おも》い税《ぜい》に苦《くる》しむ農民《のうみん》が逃《に》げ出《だ》すようになったため田畑《たはた》が荒《あ》れ、口分田《くぶんでん》が不足《ふそく》するようになった ↓ 田畑《たはた》の開墾《かいこん》を進《すす》める必要《ひつよう》が生《しょう》じる ↓	歴史書《れきししょ》がつくられる ・古事記《こじき》（712 年） ・日本書紀《にほんしょき》（720 年） 風土記《ふどき》がつくられる …各地方《かくちほう》の地理《ちり》や歴史《れきし》、特産物《とくさんぶつ》などをまとめる
	723	三世一身法《さんぜいっしんのほう》が定《さだ》められる …新《あら》たに土地《とち》を開墾《かいこん》した者《もの》には 3 代《だい》までその土地《とち》の私有《しゆう》を認《みと》める	遣唐使《けんとうし》 の派遣《はけん》 …阿倍仲麻呂《あべのなかまろ》らが唐《とう》（中国《ちゅうごく》）へわたる No.032
	724	聖武天皇《しょうむてんのう》 が即位《そくい》する No.029 ◆世《よ》の中《なか》の乱《みだ》れ ・平城京《へいじょうきょう》では貴族《きぞく》の争《あらそ》いや伝染病《でんせんびょう》の流行《りゅうこう》により、多《おお》くの人々《ひとびと》が亡《な》くなっていた	◆ 天平文化《てんぴょうぶんか》 が栄《さか》える …唐《とう》（中国《ちゅうごく》）の影響《えいきょう》を受《う》けた仏教文化《ぶっきょうぶんか》 ・ 正倉院《しょうそういん》 No.035 …聖武天皇《しょうむてんのう》の遺品《いひん》がおさめられている
	741	聖武天皇《しょうむてんのう》が全国《ぜんこく》に国分寺《こくぶんじ》・国分尼寺《こくぶんにじ》をつくらせる … 仏教《ぶっきょう》 の力《ちから》で国《くに》を平和《へいわ》に治《おさ》めようとした	・ 万葉集《まんようしゅう》 No.036 …現存《げんぞん》する日本最古《にほんさいこ》の歌集《かしゅう》
	743	墾田永年私財法《こんでんえいねんしざいのほう》 が定《さだ》められる …新《あら》たに土地《とち》を開墾《かいこん》した者《もの》には永久《えいきゅう》にその土地《とち》の私有《しゆう》を認《みと》める ↓ 貴族《きぞく》や寺社《じしゃ》が 荘園《しょうえん》 とよばれる私有地《しゆうち》を広《ひろ》げるようになり、公地公民制《こうちこうみんせい》がくずれる	行基《ぎょうき》 が各地《かくち》を回《まわ》り民衆《みんしゅう》に仏教《ぶっきょう》を広《ひろ》める No.030
	752	東大寺《とうだいじ》の 大仏《だいぶつ》 が完成《かんせい》する No.034	鑑真《がんじん》 が来日《らいにち》し、都《みやこ》の平城京《へいじょうきょう》に唐招提寺《とうしょうだいじ》を建《た》てる No.031

地図《ちず》で確認《かくにん》！

平城京《へいじょうきょう》は唐《とう》（中国《ちゅうごく》）の都《みやこ》・長安《ちょうあん》を手本《てほん》にしてつくられたんだよ。

No.031

唐招提寺《とうしょうだいじ》

鑑真《がんじん》によって、平城京《へいじょうきょう》につくられました。

●平城京《へいじょうきょう》の様子《ようす》 No.033

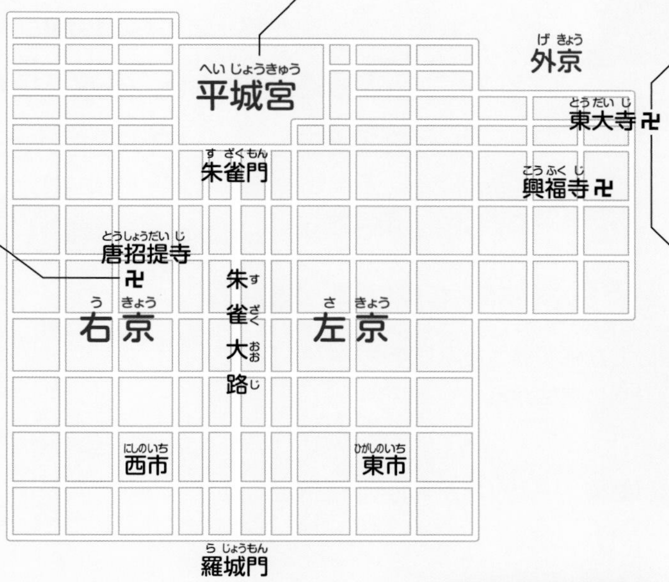

平城宮《へいじょうきゅう》

天皇《てんのう》が住《す》む内裏《だいり》や朝廷《ちょうてい》の役所《やくしょ》などがありました。

まるで碁盤《ごばん》の目《め》のように、道路《どうろ》がつくられているのね。

No.035

正倉院《しょうそういん》

校倉造《あぜくらづくり》で知《し》られています。

No.034

東大寺《とうだいじ》

聖武天皇《しょうむてんのう》によって、平城京《へいじょうきょう》につくられました。大仏《だいぶつ》が有名《ゆうめい》です。

史料《しりょう》で確認《かくにん》！

貧窮問答歌《ひんきゅうもんどうか》（『万葉集《まんようしゅう》』より／作者《さくしゃ》：山上憶良《やまのうえのおくら》） No.036

… 人《ひと》なみに田畑《たはた》を耕《たがや》しているのに、… ぼろ布《ぬの》を肩《かた》からかけ、つぶれかけたような家《いえ》の中《なか》で、地面《じめん》にじかにわらをしき、父《ちち》と母《はは》は枕《まくら》の方《ほう》に、妻《つま》と子《こ》は足《あし》の方《ほう》に、私《わたし》を囲《かこ》むようにして座《すわ》り、なげき悲《かな》しんでいます。…かまどには湯気《ゆげ》が立《た》つこともなく、米《こめ》を蒸《む》すための甑《こしき》にはくもの巣《す》がかかったままで、ごはんを炊《た》くことも忘《わす》れ苦《くる》しんでいるというのに、… むちを持《も》った里長《さとおさ》《りちょう》が税《ぜい》をとるために戸口《とぐち》にまでやって来《き》てよびたてています。こんなにも、何《なん》ともしようのない苦《くる》しいものなのでしょうか。世《よ》の中《なか》というものは。

世間《よのなか》を　憂《う》しとやさしと　思《おも》えども　飛《と》び立《た》ちかねつ　鳥《とり》にしあらねば

（世《よ》の中《なか》をつらく苦《くる》しいものだと思《おも》っても、飛《と》んで逃《に》げることさえできません。鳥《とり》ではないのですから。）

⬆奈良時代《ならじだい》の農民《のうみん》たちの苦《くる》しい生活《せいかつ》の様子《ようす》がうかがえます。

奈《な》良《ら》時《じ》代《だい》のポイントチェック

❶ 743年に出《だ》された、新《あら》たに開墾《かいこん》した土地《とち》の永久的《えいきゅうてき》な私有《しゆう》を認《みと》める法令《ほうれい》は何《なん》でしょう。〔　　〕

❷ ❶が出《だ》されたことで貴族《きぞく》や寺社《じしゃ》が広《ひろ》げるようになった私有地《しゆうち》を何《なん》というでしょう。〔　　〕

❸ 712年に成立《せいりつ》した、日本最古《にほんさいこ》の歴史書《れきししょ》を何《なん》というでしょう。〔　　〕

❹ 奈良時代《ならじだい》に各地方《かくちほう》でつくられた、その土地《とち》の地理《ちり》や歴史《れきし》などをまとめた書物《しょもつ》を何《なん》というでしょう。〔　　〕

❺ 聖武天皇《しょうむてんのう》のころに栄《さか》えた、唐《とう》（中国《ちゅうごく》）の影響《えいきょう》を受《う》けた仏教文化《ぶっきょうぶんか》を何《なん》というでしょう。〔　　〕

❻『万葉集《まんようしゅう》』に収《おさ》められている、山上憶良《やまのうえのおくら》が農民《のうみん》たちの苦《くる》しい生活《せいかつ》をよんだ長歌《ちょうか》を何《なん》というでしょう。〔　　〕

答《こた》え ❶ 墾田永年私財法《こんでんえいねんしざいのほう》 ❷ 荘園《しょうえん》 ❸ 古事記《こじき》 ❹ 風土記《ふどき》 ❺ 天平文化《てんぴょうぶんか》 ❻ 貧窮問答歌《ひんきゅうもんどうか》

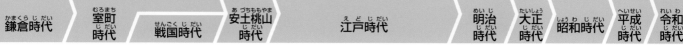

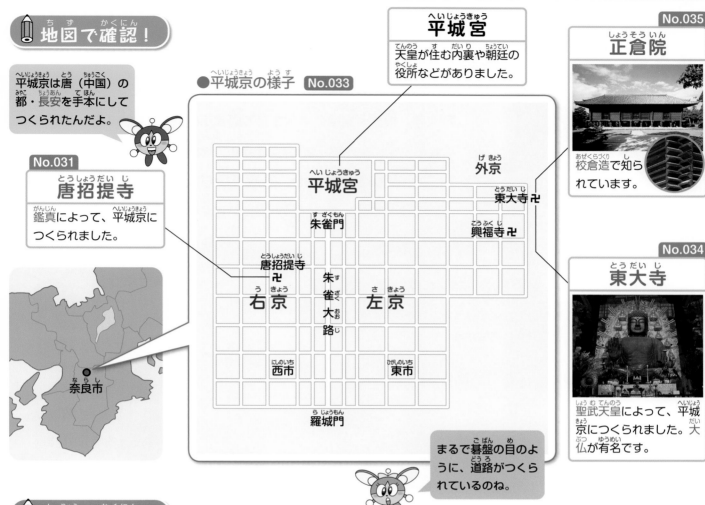

平《へ》安《いあん》時代《じだい》①

重要人物《じゅうようじんぶつ》

重要事項《じゅうようじこう》

- 平安京《へいあんきょう》に都《みやこ》を移《うつ》す（794 年）
- 遣唐使《けんとうし》の廃止《はいし》（894 年）
- 藤原氏《ふじわらし》による摂関政治《せっかんせいじ》
- 国風文化《こくふうぶんか》が栄《さか》える

794 年、桓武天皇《かんむてんのう》は律令制《りつりょうせい》を立《た》て直《なお》すため、仏教勢力《ぶっきょうせいりょく》の強《つよ》い奈良《なら》をはなれ平安京《へいあんきょう》に都《みやこ》を移《うつ》しました。しかし、やがて多《おお》くの荘園《しょうえん》をもつ貴族《きぞく》が力《ちから》を強《つよ》めるようになり、摂政《せっしょう》・関白《かんぱく》という重要《じゅうよう》な地位《ちい》を一族《いちぞく》で独占《どくせん》した藤原氏《ふじわらし》が、天皇《てんのう》をしのぐほどの力《ちから》をもつようになりました。

時代《じだい》：平《へい》安《あん》時《じ》代《だい》

年《ねん》 ｜ 政治《せいじ》／外交《がいこう》

794 桓武天皇《かんむてんのう》が **平安京《へいあんきょう》**（京都《きょうと》）に都《みやこ》を移《うつ》す No.042

…仏教《ぶっきょう》の寺院《じいん》の力《ちから》が強《つよ》くなった奈良《なら》をはなれることで律令制《りつりょうせい》の立《た》て直《なお》しをはかる

9世紀《せいき》初《はじ》め 征夷大将軍《せいいたいしょうぐん》となった坂上田村麻呂《さかのうえのたむらまろ》が東北地方《とうほくちほう》を平定《へいてい》する

866 藤原良房《ふじわらのよしふさ》が摂政《せっしょう》（子《こ》どもや女性《じょせい》の天皇《てんのう》にかわって政治《せいじ》を行《おこな》う役職《やくしょく》）になる

→ **摂関政治《せっかんせいじ》** の始《はじ》まり

884 藤原基経《ふじわらのもとつね》が関白《かんぱく》（成人《せいじん》した天皇《てんのう》にかわって政治《せいじ》を行《おこな》う役職《やくしょく》）になる

894 **菅原道真《すがわらのみちざね》** の意見《いけん》により **遣唐使《けんとうし》** が廃止《はいし》される No.038 No.043

…航海《こうかい》の危険《きけん》や唐《とう》（中国《ちゅうごく》）のおとろえなどが理由《りゆう》

◆地方政治《ちほうせいじ》の乱《みだ》れと武士《ぶし》の発生《はっせい》

都《みやこ》の貴族《きぞく》たちが地方政治《ちほうせいじ》に関心《かんしん》をもたなくなる
… 地方《ちほう》では不正《ふせい》をはたらく国司《こくし》（朝廷《ちょうてい》の役人《やくにん》）が現《あらわ》れ、政治《せいじ》が乱《みだ》れるようになる
→ 地方《ちほう》の有力《ゆうりょく》な豪族《ごうぞく》や農民《のうみん》たちが武装《ぶそう》するようになり、 **武士《ぶし》** が生《う》まれる

◆武士《ぶし》の反乱《はんらん》

939 平将門《たいらのまさかど》の乱《らん》が起《お》こる（➡ p22・平安時代《へいあんじだい》②へ）
藤原純友《ふじわらのすみとも》の乱《らん》が起《お》こる（➡ p22・平安時代《へいあんじだい》②へ）

1016 **藤原道長《ふじわらのみちなが》** が摂政《せっしょう》になる No.041

1017 道長《みちなが》の息子《むすこ》藤原頼通《ふじわらのよりみち》が摂政《せっしょう》になる

（1016～1017）摂関政治《せっかんせいじ》の全盛期《ぜんせいき》

文化《ぶんか》／産業《さんぎょう》

最澄《さいちょう》が唐《とう》（中国《ちゅうごく》）から帰国《きこく》し、天台宗《てんだいしゅう》を伝《つた》える（805 年）

空海《くうかい》 が唐《とう》から帰国《きこく》し、真言宗《しんごんしゅう》を伝《つた》える（806 年） No.037

◆ **国風文化《こくふうぶんか》** が栄《さか》える No.044

…日本独自《にほんどくじ》の貴族文化《きぞくぶんか》

- **寝殿造《しんでんづくり》** の屋敷《やしき》

- 十二単《じゅうにひとえ》（貴族《きぞく》の女性《じょせい》の衣装《いしょう》）
- 古今和歌集《こきんわかしゅう》の成立《せいりつ》
- **かな文字《もじ》** の広《ひろ》まり
  → 女性《じょせい》による文学《ぶんがく》が発達《はったつ》
- **清少納言《せいしょうなごん》** が『枕草子《まくらのそうし》』を著《あらわ》す No.039
- **紫式部《むらさきしきぶ》** が『源氏物語《げんじものがたり》』を著《あらわ》す No.040

地図《ちず》で確認《かくにん》！

京都《きょうと》は、平安京《へいあんきょう》がつくられてから明治時代《めいじじだい》が始《はじ》まるまで、1000年以上《ねんいじょう》にわたって日本《にほん》の都《みやこ》とされてきたのよ。

延暦寺《えんりゃくじ》

最澄《さいちょう》が平安京《へいあんきょう》の北東《ほくとう》にある比叡山《ひえいざん》に開《ひら》いた、天台宗《てんだいしゅう》の総本山《そうほんざん》です。

No.037

金剛峯寺《こんごうぶじ》

空海《くうかい》（弘法大師《こうぼうだいし》）

空海《くうかい》が紀伊国《きいのくに》（和歌山県《わかやまけん》）の高野山《こうやさん》に開《ひら》いた、真言宗《しんごんしゅう》の総本山《そうほんざん》です。

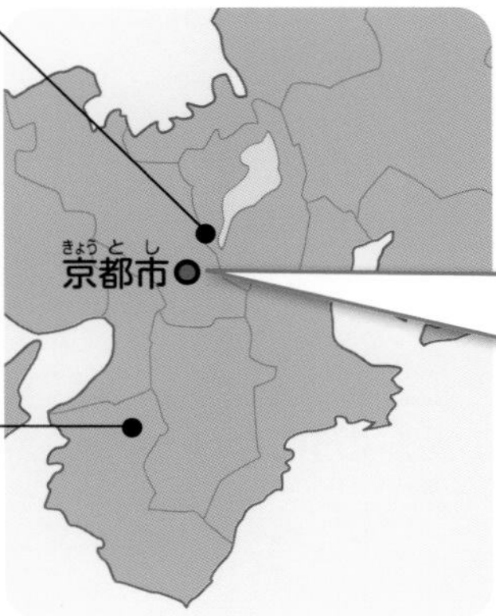

大内裏《だいだいり》

天皇《てんのう》が住《す》む内裏《だいり》や朝廷《ちょうてい》の役所《やくしょ》などがありました。

●平安京《へいあんきょう》の様子《ようす》 No.042

史料《しりょう》で確認《かくにん》！

尾張国郡司百姓等解文《おわりのくにぐんじひゃくせいらげぶみ》（988年）

わたしたち尾張国《おわりのくに》（愛知県《あいちけん》）の郡司《ぐんじ》や百姓《ひゃくしょう》（農民《のうみん》）たちは、申《もう》し上《あ》げます。この国《くに》の国司《こくし》藤原元命《ふじわらのもとなが》の乱暴《らんぼう》な行《おこな》いに関《かん》する31条《じょう》のうったえについて、朝廷《ちょうてい》のさばきをお願《ねが》いいたします。

一、朝廷《ちょうてい》が定《さだ》めているよりも多《おお》い税《ぜい》を取《と》り立《た》てています。

一、元命《もとなが》が役所《やくしょ》の仕事《しごと》をしないため、人々《ひとびと》のうったえが通《とお》りません。

一、元命《もとなが》は、都《みやこ》からの命令《めいれい》でも、自分《じぶん》にとって都合《つごう》の悪《わる》いものは知《し》らせません。

⬆地方《ちほう》では不正《ふせい》をはたらく国司《こくし》が現《あらわ》れ、政治《せいじ》が乱《みだ》れていたことがうかがえます。

藤原道長《ふじわらのみちなが》がよんだ和歌《わか》『望月《もちづき》の歌《うた》』

No.041

この世《よ》をば　わが世《よ》とぞ思《おも》う　望月《もちづき》の
欠《か》けたることも　なしと思《おも》えば

（この世《よ》は、すべてわたしの思《おも》いのままである。まるで、満月《まんげつ》に欠《か》けたところがないように満《み》たされている）

⬆娘《むすめ》を次々《つぎつぎ》と天皇《てんのう》の后《きさき》とし、生《う》まれた子《こ》を天皇《てんのう》にして、並《なら》ぶ者《もの》のないほどの力《ちから》をほこった藤原《ふじわらの》道長《みちなが》の栄華《えいが》の様子《ようす》がうかがえます。

平安時代《へいあんじだい》①のポイントチェック

❶ 律令制《りつりょうせい》を立《た》て直《なお》すために、794年に平安京《へいあんきょう》に都《みやこ》を移《うつ》した天皇《てんのう》はだれでしょう。〔　　　〕

❷ 摂政《せっしょう》や関白《かんぱく》という地位《ちい》を独占《どくせん》して行《おこな》った藤原氏《ふじわらし》の政治《せいじ》を何《なん》というでしょう。〔　　　〕

❸ 10世紀《せいき》ごろには地方政治《ちほうせいじ》の乱《みだ》れから有力豪族《ゆうりょくごうぞく》や農民《のうみん》が武装《ぶそう》し、〔　　〕が生《う》まれました。〔　　　〕

❹ 9世紀初《せいきはじ》めに唐《とう》（中国《ちゅうごく》）にわたり、帰国後《きこくご》、天台宗《てんだいしゅう》を開《ひら》いた人物《じんぶつ》はだれでしょう。〔　　　〕

❺ 平安時代《へいあんじだい》の貴族《きぞく》たちは、〔　　〕とよばれる造《つく》りの屋敷《やしき》に住《す》んでいました。〔　　　〕

❻ 平安時代《へいあんじだい》には〔　　〕が広《ひろ》く使《つか》われるようになり、女性《じょせい》による文学《ぶんがく》が発達《はったつ》しました。〔　　　〕

答《こた》え　❶ 桓武天皇《かんむてんのう》　❷ 摂関政治《せっかんせいじ》　❸ 武士《ぶし》　❹ 最澄《さいちょう》　❺ 寝殿造《しんでんづくり》　❻ かな文字《もじ》

平《へ》安《いあん》時代《じだい》②

重要人物《じゅうようじんぶつ》

平清盛《たいらのきよもり》

重要事項《じゅうようじこう》

- 平将門《たいらのまさかど》の乱《らん》と藤原純友《ふじわらのすみとも》の乱《らん》（939 年）
- 院政《いんせい》の開始《かいし》（1086 年）
- 平清盛《たいらのきよもり》と日宋貿易《にっそうぼうえき》
- 壇《だん》ノ《の》浦《うら》の戦《たたか》いと平氏《へいし》の滅亡《めつぼう》（1185 年）

藤原氏《ふじわらし》が都《みやこ》で栄《さか》えていたころ、地方《ちほう》では政治《せいじ》が乱《みだ》れ、武士《ぶし》が生《う》まれるようになりました。武士《ぶし》はやがて戦乱《せんらん》を通《つう》じて都《みやこ》へと進出《しんしゅつ》し、平清盛《たいらのきよもり》を頭領《とうりょう》とする平氏《へいし》が大《おお》きな力《ちから》をもつようになりました。しかし、その政権《せいけん》は長《なが》くは続《つづ》かず、やがて平氏《へいし》は源氏《げんじ》との戦《たたか》いに敗《やぶ》れ滅亡《めつぼう》しました。

時代《じだい》	年《ねん》	政治《せいじ》／外交《がいこう》	文化《ぶんか》／産業《さんぎょう》
平《へい》安《あん》時《じ》代《だい》	866	藤原良房《ふじわらのよしふさ》が摂政《せっしょう》になる　→ 摂関政治《せっかんせいじ》の始《はじ》まり ◆地方政治《ちほうせいじ》の乱《みだ》れと武士《ぶし》の発生《はっせい》 都《みやこ》の貴族《きぞく》たちが地方政治《ちほうせいじ》に関心《かんしん》をもたなくなる → 地方《ちほう》では政治《せいじ》が乱《みだ》れ、有力《ゆうりょく》な豪族《ごうぞく》や農民《のうみん》たちが武装《ぶそう》するようになり、 武士《ぶし》 が生《う》まれる	武士《ぶし》は地方《ちほう》から 生《う》まれたんだね。  国風文化《こくふうぶんか》が栄《さか》える
	939	関東地方《かんとうちほう》で 平将門《たいらのまさかど》の乱《らん》 が起《お》こる　No.046 瀬戸内海《せとないかい》で藤原純友《ふじわらのすみとも》の乱《らん》が起《お》こる	清少納言《せいしょうなごん》が『枕草子《まくらのそうし》』を著《あらわ》す 紫式部《むらさきしきぶ》が『源氏物語《げんじものがたり》』を著《あらわ》す
	1016	藤原道長《ふじわらのみちなが》が摂政《せっしょう》になる　→ 摂関政治《せっかんせいじ》の全盛期《ぜんせいき》	
	1051	東北地方《とうほくちほう》で前九年合戦《ぜんくねんかっせん》が始《はじ》まる	藤原頼通《ふじわらのよりみち》が 平等院鳳凰堂《びょうどういんほうおうどう》 を建《た》てる　No.050
	1083	東北地方《とうほくちほう》で後三年合戦《ごさんねんかっせん》が始《はじ》まる ◆ 戦乱《せんらん》を通《つう》じて 源氏《げんじ》 が東日本《ひがしにほん》で力《ちから》を強《つよ》める	
	1086	白河上皇《しらかわじょうこう》 が院政《いんせい》を始《はじ》める　No.047 → 藤原氏《ふじわらし》の力《ちから》が次第《しだい》におとろえる ◆ 西日本《にしにほん》では 平氏《へいし》 が力《ちから》を強《つよ》める	奥州藤原氏《おうしゅうふじわらし》によって中尊寺金色堂《ちゅうそんじこんじきどう》が建《た》てられる　No.052
	1156	保元《ほうげん》の乱《らん》が起《お》こる　→ 源氏《げんじ》と平氏《へいし》が都《みやこ》へ進出《しんしゅつ》する	
	1159	平治《へいじ》の乱《らん》が起《お》こる　→ 平氏《へいし》が都《みやこ》で力《ちから》を強《つよ》める	
	1167	平清盛《たいらのきよもり》 が太政大臣《だいじょうだいじん》となる　→ 平氏《へいし》の全盛期《ぜんせいき》　No.045 日宋貿易《にっそうぼうえき》 がさかんに行《おこな》われる　No.048	平氏《へいし》は、武士《ぶし》でありながら、貴族《きぞく》の藤原氏《ふじわらし》のような政治《せいじ》を行《おこな》ったので、人々《ひとびと》の反感《はんかん》をまねいたのよ。 
	1180	源 頼朝《みなもとのよりとも》が伊豆《いず》で平氏打倒《へいしだとう》のために兵《へい》を挙《あ》げる ↓ 源平合戦《げんぺいがっせん》が始《はじ》まる… 源義経《みなもとのよしつね》 がかつやくする ↓	
	1185	壇《だん》ノ《の》浦《うら》の戦《たたか》い …平氏《へいし》が源氏《げんじ》に敗《やぶ》れ滅亡《めつぼう》する　No.049	

地図《ちず》で確認《かくにん》！

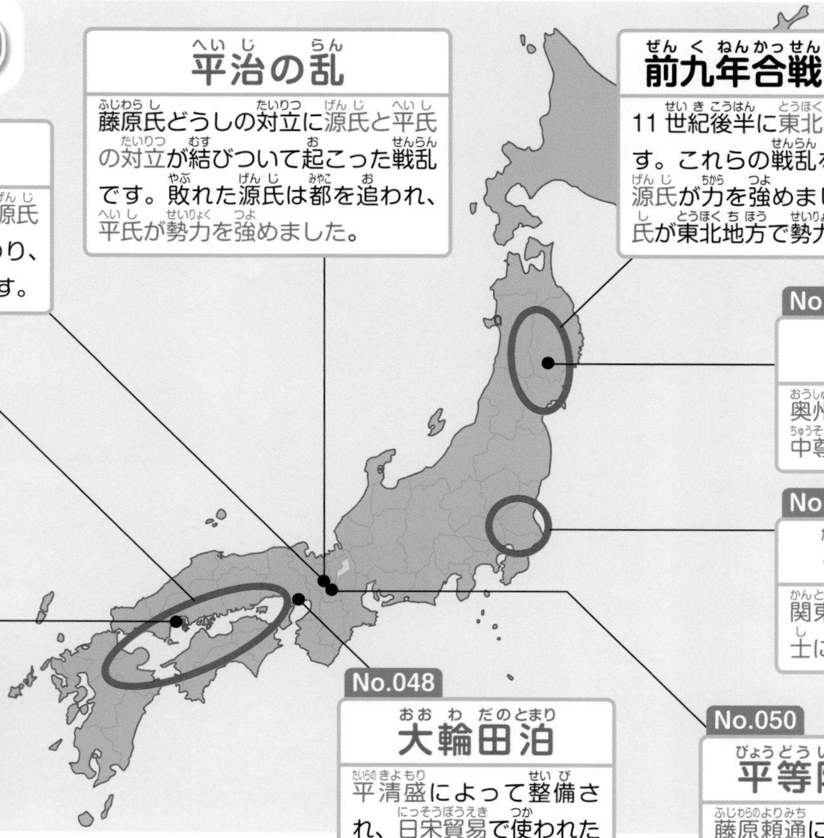

保元《ほうげん》の乱《らん》

上皇《じょうこう》と天皇《てんのう》の争《あらそ》いに、源氏《げんじ》や平氏《へいし》の武士団《ぶしだん》が加《くわ》わり、京都《きょうと》で起《お》こった戦乱《せんらん》です。

平治《へいじ》の乱《らん》

藤原氏《ふじわらし》どうしの対立《たいりつ》に源氏《げんじ》と平氏《へいし》の対立《たいりつ》が結《むす》びついて起《お》こった戦乱《せんらん》です。敗《やぶ》れた源氏《げんじ》は都《みやこ》を追《お》われ、平氏《へいし》が勢力《せいりょく》を強《つよ》めました。

前九年合戦《ぜんくねんかっせん》・後三年合戦《ごさんねんかっせん》

11 世紀後半《せいきこうはん》に東北地方《とうほくちほう》で起《お》こった戦乱《せんらん》です。これらの戦乱《せんらん》を通《つう》じて、東日本《ひがしにほん》では源氏《げんじ》が力《ちから》を強《つよ》めました。また、奥州藤原《おうしゅうふじわら》氏《し》が東北地方《とうほくちほう》で勢力《せいりょく》をのばしました。

No.052

平泉《ひらいずみ》

奥州藤原氏《おうしゅうふじわらし》の本拠地《ほんきょち》です。中尊寺金色堂《ちゅうそんじこんじきどう》があります。

藤原純友《ふじわらのすみとも》の乱《らん》

瀬戸内海《せとないかい》で起《お》こった、武士《ぶし》による反乱《はんらん》です。

No.046

平《たいらの》将門《まさかど》の乱《らん》

関東地方《かんとうちほう》で起《お》こった、武《ぶ》士《し》による反乱《はんらん》です。

No.051

厳島神社《いつくしまじんじゃ》

平氏《へいし》の守《まも》り神《がみ》の神社《じんじゃ》です。

No.048

大輪田泊《おおわだのとまり》

平《たいらの》清盛《きよもり》によって整備《せいび》され、日宋貿易《にっそうぼうえき》で使《つか》われた港《みなと》です（現在《げんざい》の神戸港《こうべこう》）。

No.050

平等院鳳凰堂《びょうどういんほうおうどう》

藤原頼通《ふじわらのよりみち》によって京都《きょうと》の南《みなみ》の宇治《うじ》につくられました。

●源平合戦《げんぺいがっせん》の主《おも》な戦場《せんじょう》

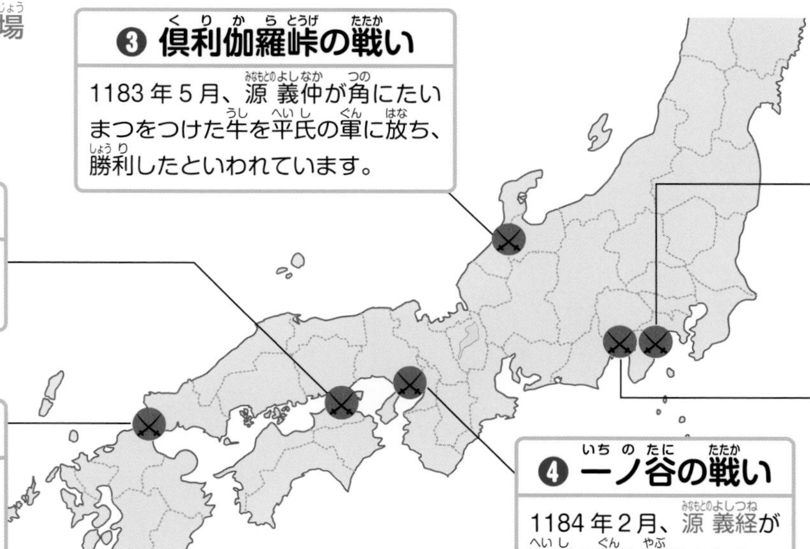

❶ 石橋山《いしばしやま》の戦《たたか》い

1180 年 8 月、源《みなもとの》頼朝《よりとも》が兵《へい》を挙《あ》げたものの、平氏《へいし》の軍《ぐん》に敗《やぶ》れました。

❷ 富士川《ふじかわ》の戦《たたか》い

1180 年 10 月、軍《ぐん》を立《た》て直《なお》した源《みなもとの》頼朝《よりとも》が勝利《しょうり》しました。平氏《へいし》の軍《ぐん》はこのとき、水鳥《みずどり》の羽音《はおと》におどろいて敗《はい》走《そう》したといわれています。

❸ 倶利伽羅峠《くりからとうげ》の戦《たたか》い

1183 年 5 月、源《みなもとの》義仲《よしなか》が角《つの》にたいまつをつけた牛《うし》を平氏《へいし》の軍《ぐん》に放《はな》ち、勝利《しょうり》したといわれています。

❹ 一ノ谷《いちのたに》の戦《たたか》い

1184 年 2 月、源《みなもとの》義経《よしつね》が平氏《へいし》の軍《ぐん》を破《やぶ》りました。

❺ 屋島《やしま》の戦《たたか》い

1185 年 2 月、源《みなもとの》義経《よしつね》が平氏《へいし》の軍《ぐん》を破《やぶ》りました。

No.049

❻ 壇ノ浦《だんのうら》の戦《たたか》い

1185 年 3 月、源《みなもとの》義経《よしつね》が平氏《へいし》の軍《ぐん》を破《やぶ》り、平氏《へいし》は滅亡《めつぼう》しました。

平安時代《へいあんじだい》②のポイントチェック

❶ 939 年に、瀬戸内海《せとないかい》で大《おお》きな反乱《はんらん》を起《お》こした人物《じんぶつ》はだれでしょう。〔　　〕

❷ 11 世紀後半《せいきこうはん》に東北地方《とうほくちほう》で起《お》こった戦乱《せんらん》を通《つう》じて東日本《ひがしにほん》で力《ちから》を強《つよ》めた武士《ぶし》の一族《いちぞく》を何《なん》というでしょう。〔　　〕

❸ 東北地方《とうほくちほう》の戦乱《せんらん》を通《つう》じて勢力《せいりょく》をのばした奥州藤原氏《おうしゅうふじわらし》の本拠地《ほんきょち》はどこでしょう。〔　　〕

❹ 上皇《じょうこう》と天皇《てんのう》の対立《たいりつ》に源氏《げんじ》と平氏《へいし》の武士団《ぶしだん》が加《くわ》わり、京都《きょうと》で起《お》こった戦乱《せんらん》を何《なん》というでしょう。〔　　〕

❺ ❹の後《あと》、源氏《げんじ》と平氏《へいし》が京都《きょうと》で戦《たたか》い、敗《やぶ》れた源氏《げんじ》が都《みやこ》を追《お》われた戦乱《せんらん》を何《なん》というでしょう。〔　　〕

❻ 源《みなもとの》頼朝《よりとも》の弟《おとうと》で、源平合戦《げんぺいがっせん》でかつやくし壇ノ浦《だんのうら》の戦《たたか》いで源氏《げんじ》を勝利《しょうり》に導《みちび》いた人物《じんぶつ》はだれでしょう。〔　　〕

答《こた》え　❶ 藤原純友《ふじわらのすみとも》　❷ 源氏《げんじ》　❸ 平泉《ひらいずみ》　❹ 保元《ほうげん》の乱《らん》　❺ 平治《へいじ》の乱《らん》　❻ 源《みなもとの》義経《よしつね》

歴史《れきし》スコープ

貴族《きぞく》の世《よ》の中《なか》から武士《ぶし》の世《よ》の中《なか》へ①
～平安貴族《へいあんきぞく》の暮《く》らし～

平安時代《へいあんじだい》の貴族《きぞく》は、こんなに大《おお》きな屋敷《やしき》で暮《く》らしていたんだね。

「儀式《ぎしき》」と「行事《ぎょうじ》」が貴族《きぞく》の政治《せいじ》

平安時代《へいあんじだい》の貴族《きぞく》たちは、寝殿造《しんでんづくり》とよばれる屋敷《やしき》に住《す》み、はなやかな生活《せいかつ》を送《おく》っていました。屋敷《やしき》には広《ひろ》い庭《にわ》があり、池《いけ》では舟遊《ふなあそ》びを楽《たの》しむことができました。また、この庭《にわ》は、さまざまな儀式《ぎしき》を行《おこな》う場所《ばしょ》でもありました。

平安時代《へいあんじだい》の貴族《きぞく》たちの政治《せいじ》では、いろいろな儀式《ぎしき》や年中行事《ねんちゅうぎょうじ》を、正《ただ》しいやり方《かた》でとり行《おこな》うことが最《もっと》も重要《じゅうよう》だと考《かんが》えられていました。多《おお》くの人々《ひとびと》が集《あつ》まる中《なか》、ふくざつな手順《てじゅん》をとどこおりなく進《すす》め、儀式《ぎしき》や行事《ぎょうじ》をうまくつとめあげられる人物《じんぶつ》が、すぐれた人物《じんぶつ》とされていたのです。

寝殿造《しんでんづくり》の屋敷《やしき》（復元模型《ふくげんもけい》）

貴族《きぞく》たちの主《おも》な年中行事《ねんちゅうぎょうじ》

1月	年賀《ねんが》のあいさつ	5月	端午《たんご》の節句《せっく》	9月	菊《きく》の花《はな》を見《み》る会《かい》
2月	神社《じんじゃ》での春祭《はるまつ》り	6月	大祓《おおはらえ》	10月	衣《ころも》がえ
3月	曲水《きょくすい》の宴《えん》	7月	七夕祭《たなばたまつり》	11月	神社《じんじゃ》での秋祭《あきまつ》り
4月	衣《ころも》がえ、葵祭《あおいまつり》	8月	名月《めいげつ》をながめる会《かい》	12月	大祓《おおはらえ》

現在《げんざい》に受《う》けつがれている行事《ぎょうじ》も多《おお》いのね。

貴族《きぞく》たちは「迷信《めいしん》」が大好《だいす》き？

平安時代《へいあんじだい》の貴族《きぞく》たちは、現在《げんざい》では「迷信《めいしん》」とされるようなさまざまなきまりごとを信《しん》じ、それを守《まも》りながら生活《せいかつ》していました。例《たと》えば、入浴《にゅうよく》する場合《ばあい》、「毎月《まいつき》1日に入浴《にゅうよく》すると早死《はやじ》にするし、8日に入浴《にゅうよく》すると長生《ながい》きする。18日に入浴《にゅうよく》すると盗賊《とうぞく》にあう」などといわれていました。

また、貴族《きぞく》たちは「暦《こよみ》」をとても大切《たいせつ》にしていました。毎朝必《まいあさかなら》ず暦《こよみ》を見《み》て、その日《ひ》がよい日《ひ》なのかよくない日《ひ》なのか、あるいは、その日《ひ》にすべきこととしてはいけないことなどを、暦《こよみ》の日付《ひづけ》によって決《き》めていました。このほか、「方角《ほうがく》」にも、よい方角《ほうがく》と悪《わる》い方角《ほうがく》があり、悪《わる》い方角《ほうがく》へ出《で》かけなければならないときには、いったんちがう方角《ほうがく》へ向《む》かい、そこでしばらくすごした後《あと》、目的地《もくてきち》へ向《む》かう「方《かた》たがえ」も行《おこな》われていました。

貴族《きぞく》の遊《あそ》び「けまり」

「まり」を地面《じめん》に落《お》としたら負《ま》けなんだよ！

歴史《れきし》スコープ

貴族《きぞく》の世《よ》の中《なか》から武士《ぶし》の世《よ》の中《なか》へ②
～鎌倉武士《かまくらぶし》の暮《く》らし～

鎌倉武士《かまくらぶし》は「一所懸命《いっしょけんめい》」？

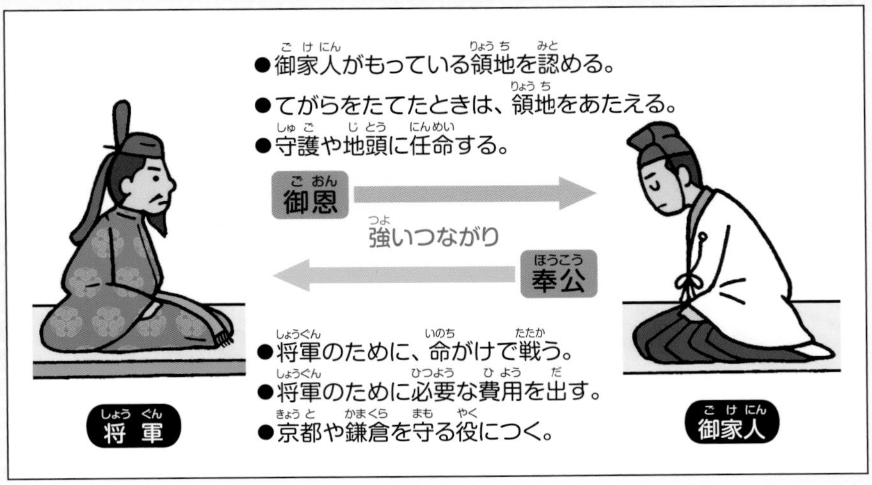

鎌倉時代《かまくらじだい》、将軍《しょうぐん》に忠誠《ちゅうせい》をちかい、家来《けらい》となった武士《ぶし》を御家人《ごけにん》といいました。御家人《ごけにん》となった武士《ぶし》は、将軍《しょうぐん》から先祖代々《せんぞだいだい》の土地《とち》をもつ権利《けんり》を認《みと》めてもらったり、新《あら》たな領地《りょうち》をあたえられたりしました。これを御恩《ごおん》といいます。御家人《ごけにん》たちはこの大切《たいせつ》な土地《とち》を自分《じぶん》の命《いのち》をかけて守《まも》り、子孫《しそん》に伝《つた》えていくことを生《い》きがいとしました。ここから「一所懸命《いっしょけんめい》（一生懸命《いっしょうけんめい》）」という言葉《ことば》が生《う》まれたといわれています。

このような御恩《ごおん》に対《たい》し、御家人《ごけにん》たちは将軍《しょうぐん》に忠誠《ちゅうせい》をつくすことをちかいました。これを奉公《ほうこう》といいます。鎌倉幕府《かまくらばくふ》は、このような将軍《しょうぐん》と御家人《ごけにん》の間《あいだ》の「御恩《ごおん》と奉公《ほうこう》」の関係《かんけい》によって支《ささ》えられていたのです。

ふだんは農村《のうそん》で生活《せいかつ》

鎌倉時代《かまくらじだい》の武士《ぶし》は、ふだんは自分《じぶん》の領地《りょうち》がある農村《のうそん》で生活《せいかつ》し、農民《のうみん》たちを使《つか》って農業《のうぎょう》を営《いとな》んでいました。

右《みぎ》の写真《しゃしん》は、このころの武士《ぶし》たちが住《す》んでいた屋敷《やしき》を復元《ふくげん》したものです。貴族《きぞく》の屋敷《やしき》に比《くら》べると質素《しっそ》なつくりですが、外敵《がいてき》に備《そな》えて屋敷《やしき》の周《まわ》りを板塀《いたべい》で囲《かこ》み、その外側《そとがわ》には濠《ほり》がつくられています。また、門《もん》のところには見張《みは》りのための櫓《やぐら》が組《く》まれています。このほか、武芸《ぶげい》の訓練《くんれん》に欠《か》かせない馬《うま》も飼《か》われていました。

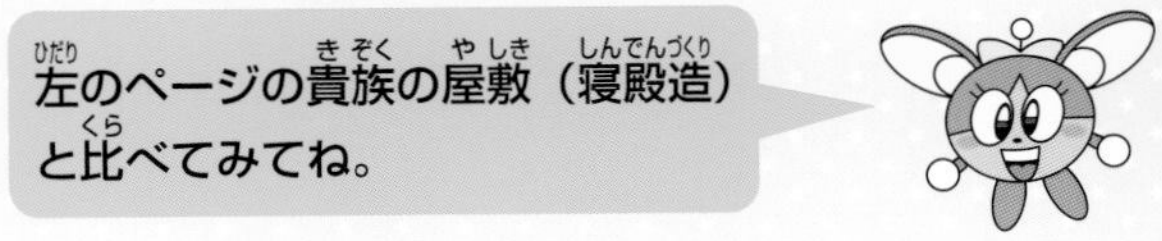

武士《ぶし》の館《やかた》（復元模型《ふくげんもけい》）

「いざ鎌倉《かまくら》！」

鎌倉時代《かまくらじだい》の武士《ぶし》たちは、ふだんは農村《のうそん》で生活《せいかつ》しながらも、幕府《ばくふ》に危機《きき》がせまったときにはだれよりも早《はや》く鎌倉《かまくら》にかけつけて将軍《しょうぐん》を守《まも》れるように、日《ひ》ごろから鍛錬《たんれん》を欠《か》かしませんでした。

右《みぎ》の写真《しゃしん》は、走《はし》る馬《うま》の上《うえ》から次々《つぎつぎ》に矢《や》を放《はな》ち、はなれたところにある的《まと》を射《い》るもので、流鏑馬《やぶさめ》とよばれています。鎌倉時代《かまくらじだい》の武士《ぶし》たちは、このような武芸《ぶげい》にはげみながら、「いざ鎌倉《かまくら》」というときに備《そな》えていたのです。

鎌《かま》倉《くら》時代《じだい》①

重要人物《じゅうようじんぶつ》

源 頼朝《みなもとのよりとも》

北条政子《ほうじょうまさこ》

重要事項《じゅうようじこう》

- 守護《しゅご》・地頭《じとう》の設置《せっち》（1185 年）
- 源 頼朝《みなもとのよりとも》が征夷大将軍《せいいたいしょうぐん》に任命《にんめい》（1192 年）
- 承久《じょうきゅう》の乱《らん》（1221 年）
- 御成敗式目《ごせいばいしきもく》（1232 年）

平氏《へいし》が滅亡《めつぼう》した後《あと》、全国《ぜんこく》に守護《しゅご》・地頭《じとう》を置《お》き支配力《しはいりょく》を強《つよ》めた源頼朝《みなもとのよりとも》は、朝廷《ちょうてい》から征夷大将軍《せいいたいしょうぐん》に任命《にんめい》され鎌倉幕府《かまくらばくふ》を開《ひら》きました。頼朝《よりとも》の死後《しご》は、執権《しっけん》の北条氏《ほうじょうし》が幕府《ばくふ》を動《うご》かすようになり、承久《じょうきゅう》の乱《らん》で朝廷《ちょうてい》の軍《ぐん》をたおした後《あと》には、鎌倉幕府《かまくらばくふ》の力《ちから》は西日本《にしにほん》にまでおよぶようになりました。

時代《じだい》	年《ねん》	政治《せいじ》／外交《がいこう》
鎌《かま》倉《くら》時《じ》代《だい》	1185	源頼朝《みなもとのよりとも》が全国《ぜんこく》に守護《しゅご》・地頭《じとう》を置《お》く No.053 ↓ 支配力《しはいりょく》を強《つよ》める ↓
	1192	源 頼朝《みなもとのよりとも》が征夷大将軍《せいいたいしょうぐん》になる No.053 ↓ 鎌倉幕府《かまくらばくふ》を開《ひら》く No.056 ※鎌倉幕府《かまくらばくふ》の成立《せいりつ》を 1185 年とする説《せつ》もあります。 ◆鎌倉《かまくら》（神奈川県《かながわけん》）に幕府《ばくふ》を開《ひら》いた理由《りゆう》 ・昔《むかし》から源氏《げんじ》と関係《かんけい》の深《ふか》い土地《とち》だった ・三方《さんぼう》を山《やま》、残《のこ》る一方《いっぽう》を海《うみ》に囲《かこ》まれ、敵《てき》から守《まも》りやすい地形《ちけい》だった
	1219	源氏《げんじ》の将軍《しょうぐん》が 3 代《だい》でとだえる ↓ 執権《しっけん》の北条氏《ほうじょうし》が政治《せいじ》を行《おこな》う（執権政治《しっけんせいじ》）
	1221	承久《じょうきゅう》の乱《らん》が起《お》こる No.055 No.057 …後鳥羽上皇《ごとばじょうこう》が政権《せいけん》を朝廷《ちょうてい》に取《と》りもどそうと兵《へい》を挙《あ》げるが、北条政子《ほうじょうまさこ》の力《ちから》によって団結《だんけつ》した幕府《ばくふ》の御家人《ごけにん》たちによってたおされる ・乱《らん》の後《あと》、幕府《ばくふ》は後鳥羽上皇《ごとばじょうこう》を隠岐《おき》に流《なが》し、京都《きょうと》には六波羅探題《ろくはらたんだい》を置《お》いて朝廷《ちょうてい》や西日本《にしにほん》の武士《ぶし》を監視《かんし》した
	1232	3 代執権北条泰時《だいしっけんほうじょうやすとき》が御成敗式目《ごせいばいしきもく》（貞永式目《じょうえいしきもく》）を定《さだ》める …裁判《さいばん》の基準《きじゅん》などを定《さだ》めた最初《さいしょ》の武家法《ぶけほう》 No.058

文化《ぶんか》／産業《さんぎょう》

◆ 御恩《ごおん》と奉公《ほうこう》の関係《かんけい》

・将軍《しょうぐん》に忠誠《ちゅうせい》をちかった武士《ぶし》を御家人《ごけにん》という

・将軍《しょうぐん》は御家人《ごけにん》に領地《りょうち》をあたえ（御恩《ごおん》）、御家人《ごけにん》は将軍《しょうぐん》に忠誠《ちゅうせい》をちかった（奉公《ほうこう》）

◆鎌倉文化《かまくらぶんか》が栄《さか》える

…質実剛健《しつじつごうけん》（質素《しっそ》で力強《ちからづよ》い）な武家文化《ぶけぶんか》

・東大寺南大門《とうだいじなんだいもん》が再建《さいけん》される

・運慶《うんけい》・快慶《かいけい》らが No.059 金剛力士像《こんごうりきしぞう》をつくる

・琵琶法師《びわほうし》によって『平家物《へいけもの》語《がたり》』が広《ひろ》められる

◆鎌倉時代《かまくらじだい》の武士《ぶし》の生活《せいかつ》

・ふだんは農村《のうそん》の領地《りょうち》で生活《せいかつ》

・武家造《ぶけづくり》の屋敷《やしき》に住《す》む No.060

・「いざ鎌倉《かまくら》」という時《とき》に備《そな》えて、武芸《ぶげい》にはげんだ

親鸞《しんらん》が浄土真宗《じょうどしんしゅう》を開《ひら》く No.054

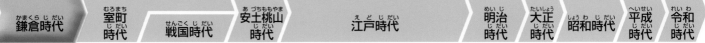

地図《ちず》で確認《かくにん》！

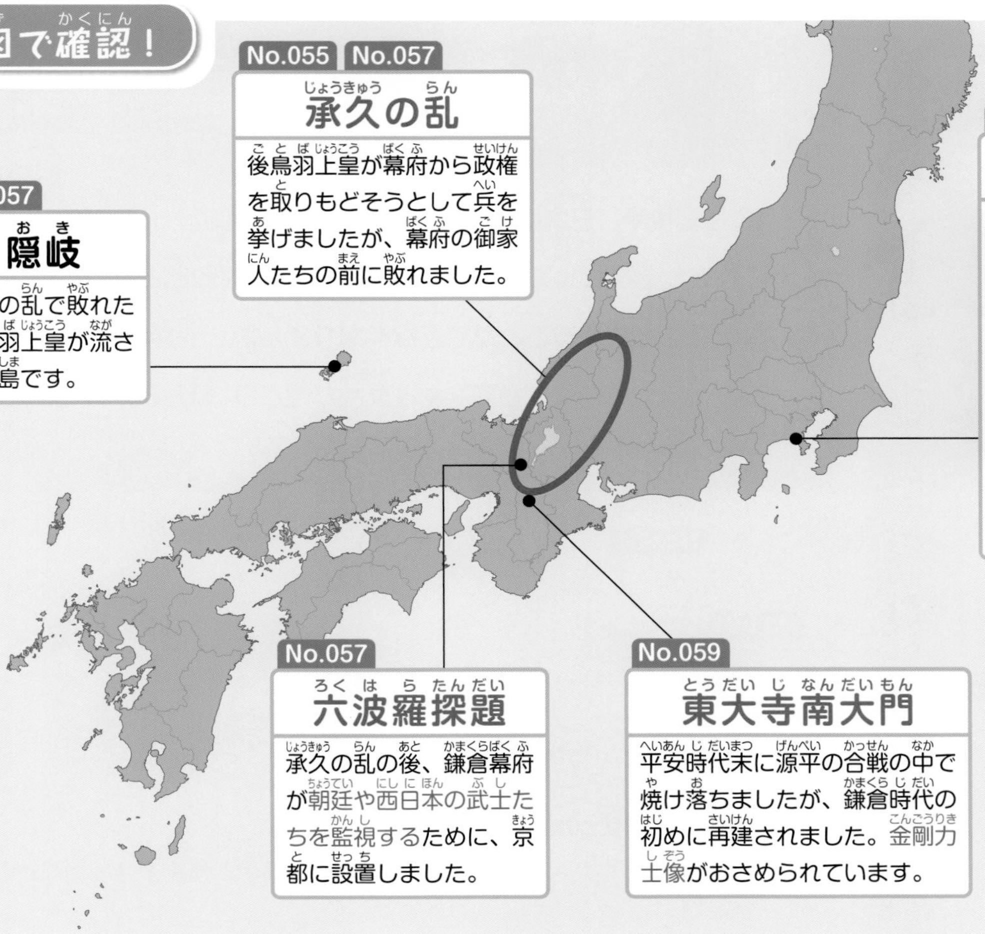

No.055 No.057

承久《じょうきゅう》の乱《らん》

後鳥羽上皇《ごとばじょうこう》が幕府《ばくふ》から政権《せいけん》を取《と》りもどそうとして兵《へい》を挙《あ》げましたが、幕府《ばくふ》の御家人《ごけにん》たちの前《まえ》に敗《やぶ》れました。

No.057

隠岐《おき》

承久《じょうきゅう》の乱《らん》で敗《やぶ》れた後鳥羽上皇《ごとばじょうこう》が流《なが》された島《しま》です。

No.053 No.056

鎌倉幕府《かまくらばくふ》

源 頼朝《みなもとのよりとも》によって開《ひら》かれた武士《ぶし》による政権《せいけん》です。

「武士《ぶし》の時代《じだい》」の幕《まく》を開《あ》けたのは、源 頼朝《みなもとのよりとも》なんだね。

No.057

六波羅探題《ろくはらたんだい》

承久《じょうきゅう》の乱《らん》の後《あと》、鎌倉幕府《かまくらばくふ》が朝廷《ちょうてい》や西日本《にしにほん》の武士《ぶし》たちを監視《かんし》するために、京都《きょうと》に設置《せっち》しました。

No.059

東大寺南大門《とうだいじなんだいもん》

平安時代末《へいあんじだいまつ》に源平《げんぺい》の合戦《かっせん》の中《なか》で焼《や》け落《お》ちましたが、鎌倉時代《かまくらじだい》の初《はじ》めに再建《さいけん》されました。金剛力士像《こんごうりきしぞう》がおさめられています。

史料《しりょう》で確認《かくにん》！

北条政子《ほうじょうまさこ》の演説《えんぜつ》（1221年） No.055 No.057

　みな心《こころ》をひとつにして聞《き》きなさい。これが最後《さいご》の言葉《ことば》です。今《いま》は亡《な》き頼朝公《よりともこう》（源 頼朝《みなもとのよりとも》）が、朝廷《ちょうてい》の敵《てき》（平氏《へいし》）をたおし鎌倉幕府《かまくらばくふ》を開《ひら》いてからというもの、お前《まえ》たちがいただいた御恩《ごおん》は山《やま》よりも高《たか》く海《うみ》よりも深《ふか》いほどです。…それでも朝廷《ちょうてい》の側《がわ》につきたいという者《もの》がいるなら、今《いま》すぐ申《もう》し出《で》てここを立《た》ち去《さ》りなさい。

⬆これは承久《じょうきゅう》の乱《らん》の際《さい》に北条政子《ほうじょうまさこ》が御家人《ごけにん》たちに述《の》べた言葉《ことば》です。政子《まさこ》は御家人《ごけにん》たちをまとめ、幕府《ばくふ》の危機《きき》を救《すく》いました。

◆鎌倉幕府《かまくらばくふ》の仕組《しく》み No.056

- 将軍《しょうぐん》
  - 執権《しっけん》…将軍《しょうぐん》を補佐《ほさ》する
    - 鎌倉《かまくら》
      - 侍所《さむらいどころ》…御家人《ごけにん》の統率《とうそつ》
      - 政所《まんどころ》…政治《せいじ》や財政《ざいせい》の仕事《しごと》
      - 問注所《もんちゅうじょ》…裁判《さいばん》に関《かん》する仕事《しごと》
    - 京都《きょうと》
      - 六波羅探題《ろくはらたんだい》…朝廷《ちょうてい》や西日本《にしにほん》の武士《ぶし》を監視《かんし》
    - 地方《ちほう》
      - 守護《しゅご》…国《くに》ごとに置《お》かれ、軍事《ぐんじ》・警察《けいさつ》の仕事《しごと》にあたる
      - 地頭《じとう》…荘園《しょうえん》ごとに置《お》かれ、荘園《しょうえん》の管《かん》理《り》や年貢《ねんぐ》の取《と》り立《た》てにあたる

鎌《かま》倉《くら》時《じ》代《だい》①のポイントチェック

❶ 鎌倉時代《かまくらじだい》、将軍《しょうぐん》に忠誠《ちゅうせい》をちかった武士《ぶし》を何《なん》とよんだでしょう。〔　　　　〕

❷ 将軍《しょうぐん》と❶の間《あいだ》は、土地《とち》をなかだちとした〔　　〕とよばれる関係《かんけい》で結《むす》ばれていました。〔　　　　〕

❸ 源 頼朝《みなもとのよりとも》によって国《くに》ごとに置《お》かれ、軍事《ぐんじ》・警察《けいさつ》の仕事《しごと》にあたった役職《やくしょく》を何《なん》というでしょう。〔　　　　〕

❹ 源 頼朝《みなもとのよりとも》によって荘園《しょうえん》ごとに置《お》かれ、年貢《ねんぐ》の取《と》り立《た》てなどにあたった役職《やくしょく》を何《なん》というでしょう。〔　　　　〕

❺ 鎌倉幕府《かまくらばくふ》で将軍《しょうぐん》を補佐《ほさ》するために置《お》かれた役職《やくしょく》は何《なん》でしょう。代々北条氏《だいだいほうじょうし》がつきました。〔　　　　〕

❻ 承久《じょうきゅう》の乱《らん》の後《あと》、朝廷《ちょうてい》や西日本《にしにほん》の武士《ぶし》を監視《かんし》するために京都《きょうと》に置《お》かれた機関《きかん》は何《なん》でしょう。〔　　　　〕

答《こた》え　❶ 御家人《ごけにん》　❷ 御恩《ごおん》と奉公《ほうこう》　❸ 守護《しゅご》　❹ 地頭《じとう》　❺ 執権《しっけん》　❻ 六波羅探題《ろくはらたんだい》

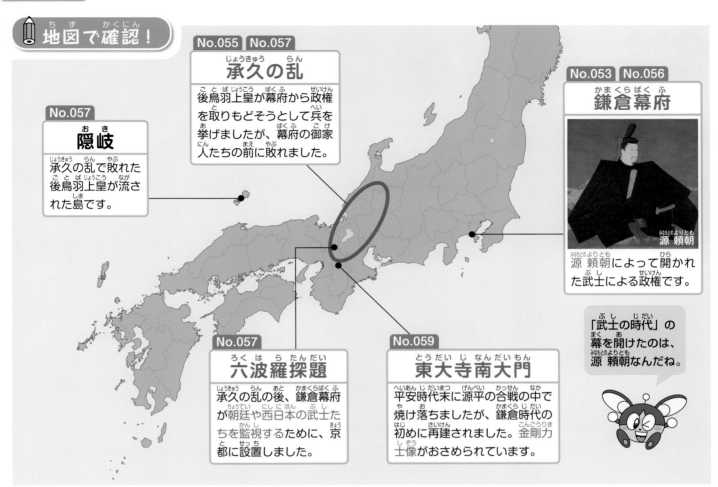

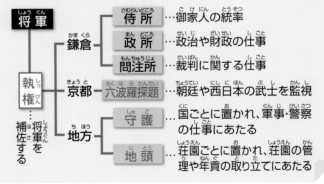

鎌倉《かまくら》時代《じだい》②

重要人物《じゅうようじんぶつ》

重要事項《じゅうようじこう》
- 文永《ぶんえい》の役《えき》（1274年）┐
- 弘安《こうあん》の役《えき》（1281年）┘元寇《げんこう》
- 農業《のうぎょう》の発達《はったつ》…牛馬耕《ぎゅうばこう》など
- 商業《しょうぎょう》の発達《はったつ》…定期市《ていきいち》など

13世紀後半《せいきこうはん》、日本《にほん》は元《げん》（中国《ちゅうごく》）に2度《ど》にわたって攻《せ》められました。これを元寇《げんこう》といいます。幕府《ばくふ》はこの影響《えいきょう》で財政難《ざいせいなん》となり、御家人《ごけにん》に十分《じゅうぶん》な恩賞《おんしょう》をあたえることができなくなりました。やがて御家人《ごけにん》たちの不満《ふまん》が高《たか》まっていくなかで次々《つぎつぎ》と反乱《はんらん》が起《お》こり、鎌倉幕府《かまくらばくふ》はたおされました。

時代《じだい》：鎌倉時代《かまくらじだい》

政治《せいじ》／外交《がいこう》

1268 北条時宗《ほうじょうときむね》が8代執権《だいしっけん》になる No.061

1274 文永《ぶんえい》の役《えき》が起《お》こる No.064

…元《げん》（中国《ちゅうごく》）の皇帝《こうてい》 フビライ＝ハン が日本《にほん》に大軍《たいぐん》を送《おく》る No.062

・御家人《ごけにん》たちは元軍《げんぐん》の集団戦法《しゅうだんせんぽう》や火薬《かやく》を使《つか》った兵器《へいき》に苦戦《くせん》するが、退《しりぞ》けることに成功《せいこう》する

↓

戦《たたか》いの後《あと》、博多湾《はかたわん》に石塁《せきるい》を築《きず》き守《まも》りを固《かた》める

↓

1281 弘安《こうあん》の役《えき》が起《お》こる No.065

…石塁《せきるい》によって元軍《げんぐん》の上陸《じょうりく》を阻止《そし》している間《あいだ》に、暴風雨《ぼうふうう》によって元軍《げんぐん》が敗走《はいそう》する

◆2度《ど》にわたる元《げん》との戦《たたか》い（ 元寇《げんこう》 ）の影響《えいきょう》

・幕府《ばくふ》は財政難《ざいせいなん》におちいり御家人《ごけにん》に十分《じゅうぶん》な恩賞《おんしょう》をあたえることができなくなる

→御家人《ごけにん》が幕府《ばくふ》に不満《ふまん》をもつようになる

1297 永仁《えいにん》の徳政令《とくせいれい》を出《だ》す

…御家人《ごけにん》の借金《しゃっきん》を帳消《ちょうけ》しにして生活《せいかつ》を救《すく》おうとするが失敗《しっぱい》に終《お》わる

1331 後醍醐天皇《ごだいごてんのう》が倒幕計画《とうばくけいかく》を立《た》てるが失敗《しっぱい》する

楠木正成《くすのきまさしげ》が近畿地方《きんきちほう》で反乱《はんらん》を起《お》こす

1333 足利尊氏《あしかがたかうじ》が京都《きょうと》の六波羅探題《ろくはらたんだい》を攻《せ》める

新田義貞《にったよしさだ》が鎌倉《かまくら》を攻《せ》める

↓

鎌倉幕府《かまくらばくふ》が滅亡《めつぼう》する No.066

文化《ぶんか》／産業《さんぎょう》

◆新《あたら》しい仏教《ぶっきょう》の広《ひろ》まり

・浄土宗《じょうどしゅう》…… 法然《ほうねん》

・浄土真宗《じょうどしんしゅう》（一向宗《いっこうしゅう》）…… 親鸞《しんらん》

・時宗《じしゅう》……… 一遍《いっぺん》

・日蓮宗《にちれんしゅう》（法華宗《ほっけしゅう》）… 日蓮《にちれん》 No.063

・臨済宗《りんざいしゅう》…… 栄西《えいさい》

・曹洞宗《そうとうしゅう》…… 道元《どうげん》

※臨済宗《りんざいしゅう》と曹洞宗《そうとうしゅう》は座禅《ざぜん》などの修行《しゅぎょう》を重視《じゅうし》したため 禅宗《ぜんしゅう》 とよばれる

↓

これらの新《あたら》しい仏教《ぶっきょう》は教《おし》えがわかりやすかったことなどから、人々《ひとびと》の間《あいだ》に広《ひろ》まった

◆農業《のうぎょう》の発達《はったつ》

・近畿地方《きんきちほう》で 二毛作《にもうさく》 が始《はじ》まる

・ 牛馬耕《ぎゅうばこう》 が広《ひろ》まる No.067

・草木灰《そうもくばい》（草木《くさき》を焼《や》いた灰《はい》）が肥料《ひりょう》として使《つか》われる

◆商業《しょうぎょう》の発達《はったつ》

・各地《かくち》で月《つき》に3回《かい》の 定期市《ていきいち》 が開《ひら》かれる No.068

・問丸《といまる》（運送業者《うんそうぎょうしゃ》）のかつやく

地図《ちず》で確認《かくにん》！

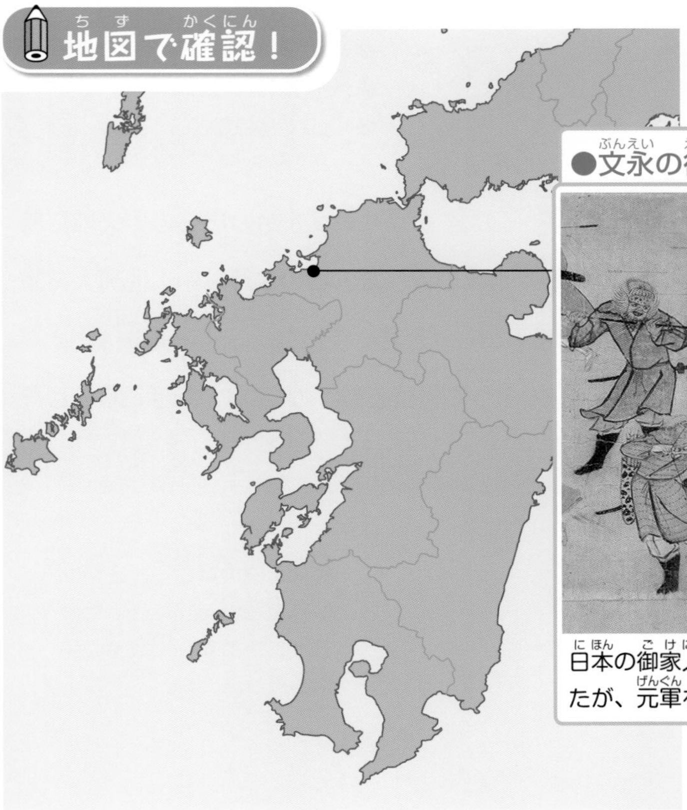

この絵《え》の上《うえ》の方《ほう》で破裂《はれつ》しているのが元軍《げんぐん》の「てつはう」（火薬《かやく》を使《つか》った兵器《へいき》）だね。

●文永《ぶんえい》の役《えき》

No.064

日本《にほん》の御家人《ごけにん》たちは、初《はじ》めて見《み》る火薬《かやく》の大《おお》きな爆発音《ばくはつおん》や、集団戦法《しゅうだんせんぽう》に苦《くる》しみましたが、元軍《げんぐん》を退《しりぞ》けることができました。

日本《にほん》の御家人《ごけにん》たちは一騎打《いっきう》ちで戦《たたか》っているのに、元軍《げんぐん》は集団《しゅうだん》で戦《たたか》っているわ。

史料《しりょう》で確認《かくにん》！

紀伊国《きいのくに》阿氏河《あてがわ》の荘民《しょうみん》の訴状《そじょう》

阿氏河《あてがわ》の荘園《しょうえん》の農民《のうみん》たちは、申《もう》し上《あ》げます。領主《りょうしゅ》におさめる材木《ざいもく》が遅《おく》れているのは、地頭《じとう》が村人《むらびと》をこき使《つか》うので、まったくひまがないからなのです。… 「おまえたちがこの麦《むぎ》をまかなければ、女子《おんなこ》どもをつかまえて、耳《みみ》を切《き》り、鼻《はな》をそぎ落《お》とし、髪《かみ》を切《き》って尼《あま》にし、縄《なわ》でしばって痛《いた》めつけるぞ」などと地頭《じとう》にせめたてられるので、材木《ざいもく》をおさめるのがますます遅《おそ》くなってしまいます。　…

⬆これは紀伊国《きいのくに》（和歌山県《わかやまけん》）の荘園《しょうえん》の農民《のうみん》たちが、地頭《じとう》のひどいふるまいをうったえたものです。鎌倉時代《かまくらじだい》には、このように農民《のうみん》を苦《くる》しめる地頭《じとう》もいました。

◆鎌倉時代《かまくらじだい》の定期市《ていきいち》の様子《ようす》 No.068

鎌倉時代《かまくらじだい》になると手工業《しゅこうぎょう》や商業《しょうぎょう》が発達《はったつ》し、各地《かくち》で定期市《ていきいち》が開《ひら》かれるようになりました。

鎌《かま》倉《くら》時《じ》代《だい》②のポイントチェック

❶ 13世紀後半《せいきこうはん》に起《お》こった、2度《ど》にわたる元《げん》（中国《ちゅうごく》）の日本《にほん》への襲来《しゅうらい》を何《なん》というでしょう。〔　　　〕

❷ 1297年、御家人《ごけにん》の生活《せいかつ》を救《すく》うために鎌倉幕府《かまくらばくふ》が出《だ》したものの失敗《しっぱい》に終《お》わった命令《めいれい》は何《なん》でしょう。〔　　　〕

❸ 阿弥陀仏《あみだぶつ》への信仰《しんこう》を説《と》き、鎌倉時代《かまくらじだい》に浄土宗《じょうどしゅう》を広《ひろ》めた人物《じんぶつ》はだれでしょう。〔　　　〕

❹ 鎌倉時代《かまくらじだい》、踊《おど》り念仏《ねんぶつ》によって各地《かくち》に時宗《じしゅう》を広《ひろ》めた人物《じんぶつ》はだれでしょう。〔　　　〕

❺ 座禅《ざぜん》などの修行《しゅぎょう》を重視《じゅうし》し、禅宗《ぜんしゅう》のひとつである臨済宗《りんざいしゅう》を開《ひら》いた人物《じんぶつ》はだれでしょう。〔　　　〕

❻ 座禅《ざぜん》などの修行《しゅぎょう》を重視《じゅうし》し、禅宗《ぜんしゅう》のひとつである曹洞宗《そうとうしゅう》を開《ひら》いた人物《じんぶつ》はだれでしょう。〔　　　〕

❼ 鎌倉時代《かまくらじだい》には、近畿地方《きんきちほう》から米《こめ》と麦《むぎ》の〔　　〕が始《はじ》まりました。〔　　　〕

答《こた》え　❶ 元寇《げんこう》（文永《ぶんえい》の役《えき》、弘安《こうあん》の役《えき》）　❷ 永仁《えいにん》の徳政令《とくせいれい》　❸ 法然《ほうねん》　❹ 一遍《いっぺん》　❺ 栄西《えいさい》　❻ 道元《どうげん》　❼ 二毛作《にもうさく》

室《むろ》町《まち》時代《じだい》①

重要人物《じゅうようじんぶつ》

足利尊氏《あしかがたかうじ》

足利義満《あしかがよしみつ》

重要事項《じゅうようじこう》

- 建武《けんむ》の新政《しんせい》と南北朝時代《なんぼくちょうじだい》
- 室町幕府《むろまちばくふ》の成立《せいりつ》（1338 年）
- 足利義満《あしかがよしみつ》と勘合貿易《かんごうぼうえき》
- 北山文化《きたやまぶんか》の発達《はったつ》

鎌倉幕府《かまくらばくふ》の滅亡後《めつぼうご》、後醍醐天皇《ごだいごてんのう》が建武《けんむ》の新政《しんせい》を始《はじ》めたものの失敗《しっぱい》に終《お》わり、朝廷《ちょうてい》は南北《なんぼく》に分裂《ぶんれつ》してしまいました。このような中《なか》、征夷大将軍《せいいたいしょうぐん》となった足利尊氏《あしかがたかうじ》は京都《きょうと》に室町幕府《むろまちばくふ》を開《ひら》きました。3代将軍《だいしょうぐん》足利義満《あしかがよしみつ》は南北朝《なんぼくちょう》を合一《ごういつ》し、勘合貿易《かんごうぼうえき》によって利益《りえき》をあげ、大《おお》きな力《ちから》をほこりました。

時代《じだい》	年《ねん》	政治《せいじ》／外交《がいこう》
室《むろ》町《まち》時《じ》代《だい》	1334	後醍醐天皇《ごだいごてんのう》が建武《けんむ》の新政《しんせい》を始《はじ》める No.070 …天皇《てんのう》や貴族《きぞく》を中心《ちゅうしん》とした政治《せいじ》のため、武士《ぶし》の不満《ふまん》が高《たか》まり、足利尊氏《あしかがたかうじ》の反乱《はんらん》により失敗《しっぱい》に終《お》わる ↓
	1336	後醍醐天皇《ごだいごてんのう》は吉野《よしの》（奈良県《ならけん》）にのがれ南朝《なんちょう》を開《ひら》く ↓ 朝廷《ちょうてい》が京都《きょうと》と吉野《よしの》に分裂《ぶんれつ》する（南北朝時代《なんぼくちょうじだい》）
	1338	足利尊氏《あしかがたかうじ》が征夷大将軍《せいいたいしょうぐん》になる → 室町幕府《むろまちばくふ》の始《はじ》まり No.071 ◆南北朝《なんぼくちょう》の争乱《そうらん》の中《なか》で各地《かくち》の守護《しゅご》たちが力《ちから》を強《つよ》め、守護大名《しゅごだいみょう》へと成長《せいちょう》する
	1368	足利義満《あしかがよしみつ》が3代将軍《だいしょうぐん》になる No.069
	1378	足利義満《あしかがよしみつ》が室町《むろまち》（京都《きょうと》）の花《はな》の御所《ごしょ》に移《うつ》り、政治《せいじ》を行《おこな》う
	1392	足利義満《あしかがよしみつ》が南北朝《なんぼくちょう》を合一《ごういつ》する → 室町幕府《むろまちばくふ》の力《ちから》が強《つよ》まる
	1404	足利義満《あしかがよしみつ》が 勘合貿易《かんごうぼうえき》（日明貿易《にちみんぼうえき》） を始《はじ》める …明《みん》（中国《ちゅうごく》）から倭寇《わこう》（海賊《かいぞく》）の取《と》りしまりを求《もと》められたことをきっかけに貿易《ぼうえき》を始《はじ》める No.072
	1428	正長《しょうちょう》の土一揆《つちいっき》《どいっき》 が起《お》こる No.074 …近江国《おうみのくに》（滋賀県《しがけん》）の馬借《ばしゃく》（馬《うま》を使《つか》った運送業者《うんそうぎょうしゃ》）が一揆《いっき》を起《お》こし、近畿地方一帯《きんきちほういったい》に広《ひろ》がる
	1429	沖縄《おきなわ》で 琉球王国《りゅうきゅうおうこく》 が成立《せいりつ》する No.073

文化《ぶんか》／産業《さんぎょう》

鎌倉幕府《かまくらばくふ》の滅亡後《めつぼうご》、政権《せいけん》はいったん朝廷《ちょうてい》がにぎったけれど、またすぐに武士《ぶし》の手《て》にもどったのね。

◆ 北山文化《きたやまぶんか》 が栄《さか》える

…足利義満《あしかがよしみつ》のころに栄《さか》えた、武士《ぶし》の文化《ぶんか》と貴族《きぞく》の文化《ぶんか》がまざりあった文化《ぶんか》

- 足利義満《あしかがよしみつ》が京都《きょうと》の北山《きたやま》に 鹿苑寺金閣《ろくおんじきんかく》 を建《た》てる No.075
- 観阿弥《かんあみ》・世阿弥《ぜあみ》の親子《おやこ》により 能楽《のうがく》 が大成《たいせい》される No.076

◆農民《のうみん》の成長《せいちょう》

…農村《のうそん》では農民《のうみん》たちが力《ちから》をつけ、自治《じち》を行《おこな》うようになる

- 寄合《よりあい》を開《ひら》き、 村《むら》おきて を定《さだ》める
- ときには団結《だんけつ》して 一揆《いっき》 を起《お》こした

地図《ちず》で確認《かくにん》！

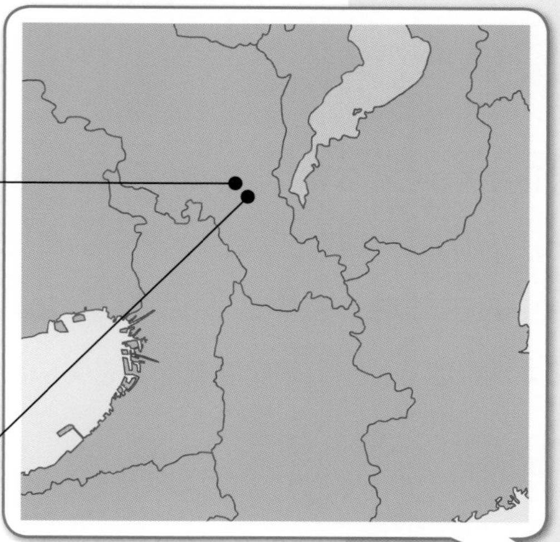

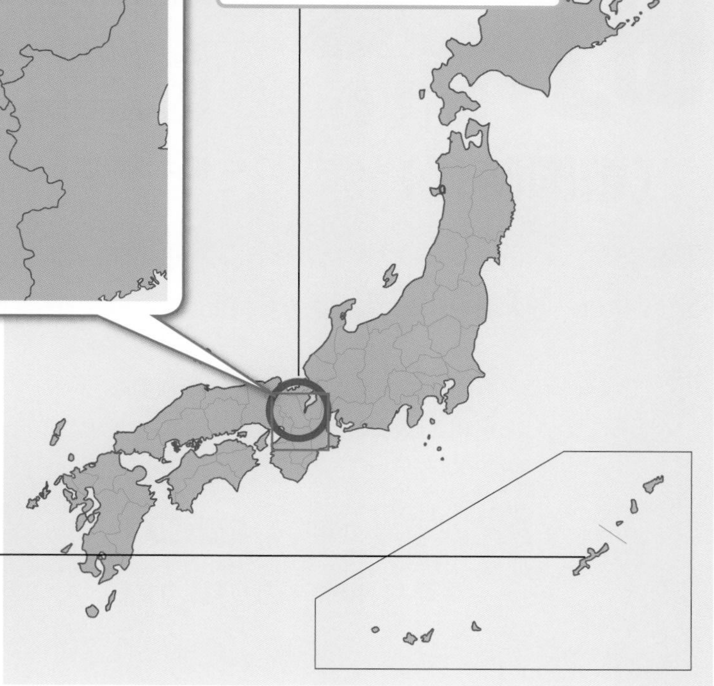

No.075

鹿苑寺金閣《ろくおんじきんかく》

足利義満《あしかがよしみつ》によって、京都《きょうと》の北山《きたやま》につくられました。北山文化《きたやまぶんか》を代表《だいひょう》する建築物《けんちくぶつ》です。

No.071

室町幕府《むろまちばくふ》

足利尊氏《あしかがたかうじ》によって開《ひら》かれ、足利義満《あしかがよしみつ》のころにさまざまな仕組《しく》みが整《ととの》いました。

No.073

琉球王国《りゅうきゅうおうこく》

東《ひがし》アジアの中心《ちゅうしん》という立地《りっち》をいかし、日本《にほん》や中国《ちゅうごく》、東南《とうなん》アジアなどを結《むす》ぶ中継貿易《ちゅうけいぼうえき》で栄《さか》えました。

No.074

正長《しょうちょう》の土一揆《つちいっき》《どいっき》

近江国《おうみのくに》（滋賀県《しがけん》）の馬借《ばしゃく》が起《お》こした一揆《いっき》に農民《のうみん》たちが加《くわ》わり、近畿地方一帯《きんきちほういったい》に広《ひろ》がりました。

史料《しりょう》で確認《かくにん》！

二条河原《にじょうがわら》の落書《らくしょ》　No.070

　このごろ都《みやこ》ではやっているものは、夜討《ようう》ち、強盗《ごうとう》、にせの天皇《てんのう》の命令《めいれい》、囚人《しゅうじん》、緊急《きんきゅう》の知《し》らせを伝《つた》える早馬《はやうま》、意味《いみ》のないからさわぎ　…　領地《りょうち》や恩賞《おんしょう》をもらおうと、ありもしない戦《たたか》いを申《もう》し出《で》る者《もの》もある。領地《りょうち》を認《みと》めてもらおうとする者《もの》が、証文《しょうもん》の入《はい》った小《ちい》さなつづらを背負《せお》って都《みやこ》にやって来《く》る。　…　人《ひと》の悪口《わるくち》を言《い》う者《もの》、政治《せいじ》に口出《くちだ》しする禅宗《ぜんしゅう》の僧《そう》、主人《しゅじん》をたおして成《な》り上《あ》がった者《もの》　…

⬆これは京都《きょうと》の二条河原《にじょうがわら》にはり出《だ》された落書《らくしょ》（落書《らくが》き）で、後醍醐天皇《ごだいごてんのう》による建武《けんむ》の新政《しんせい》が始《はじ》まったことで世《よ》の中《なか》が混乱《こんらん》している様子《ようす》がうかがえます。

村《むら》おきて

一、薪《まき》や炭《すみ》は村《むら》で用意《ようい》した物《もの》を使《つか》うこと。

一、よそ者《もの》は、保証人《ほしょうにん》がなければ、村《むら》に置《お》いてはいけない。

一、村《むら》の森《もり》で苗木《なえぎ》を切《き》った者《もの》は、罰金《ばっきん》をはらうこと。

一、犬《いぬ》を飼《か》ってはならない。

⬆室町時代《むろまちじだい》の農民《のうみん》たちは惣《そう》（惣村《そうそん》）とよばれる集団《しゅうだん》をつくり、自治《じち》を行《おこな》いました。

室町《むろまち》時代《じだい》①のポイントチェック

❶ 建武《けんむ》の新政《しんせい》が失敗《しっぱい》した後《あと》、京都《きょうと》からのがれた後醍醐天皇《ごだいごてんのう》が南朝《なんちょう》を開《ひら》いた場所《ばしょ》はどこでしょう。〔　　〕

❷ 朝廷《ちょうてい》が京都《きょうと》と❶に分裂《ぶんれつ》し、対立《たいりつ》を続《つづ》けていた時代《じだい》を何《なん》というでしょう。〔　　〕

❸ ２つの朝廷《ちょうてい》の争乱《そうらん》が続《つづ》く中《なか》、各地《かくち》の守護《しゅご》が力《ちから》をのばし、〔　　〕へと成長《せいちょう》しました。〔　　〕

❹ 足利義満《あしかがよしみつ》は、〔　　〕とよばれる海賊《かいぞく》の取《と》りしまりをきっかけに明《みん》(中国《ちゅうごく》)との貿易《ぼうえき》を始《はじ》めました。〔　　〕

❺ 足利義満《あしかがよしみつ》のころに栄《さか》えた、鹿苑寺金閣《ろくおんじきんかく》に代表《だいひょう》される文化《ぶんか》を何《なん》というでしょう。〔　　〕

❻ 室町時代《むろまちじだい》の農民《のうみん》たちは惣《そう》（惣村《そうそん》）とよばれる集団《しゅうだん》をつくり、〔　　〕を行《おこな》いました。〔　　〕

答《こた》え　❶ 吉野《よしの》　❷ 南北朝時代《なんぼくちょうじだい》　❸ 守護大名《しゅごだいみょう》　❹ 倭寇《わこう》　❺ 北山文化《きたやまぶんか》　❻ 自治《じち》

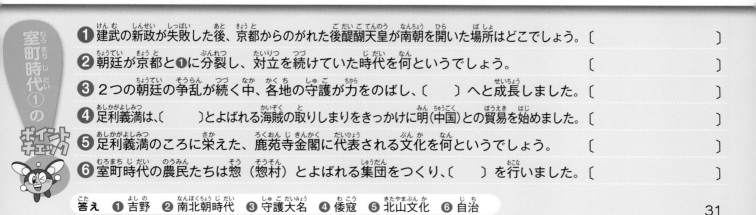

室《むろ》町《まち》時代《じだい》②（戦国時代《せんごくじだい》）

重要人物《じゅうようじんぶつ》

足利義政《あしかがよしまさ》

ザビエル

重要事項《じゅうようじこう》
- 応仁《おうにん》の乱《らん》（1467 年～）
- 下剋上《げこくじょう》と戦国時代《せんごくじだい》の始《はじ》まり
- 東山文化《ひがしやまぶんか》の発達《はったつ》
- 鉄砲《てっぽう》とキリスト教《きょう》の伝来《でんらい》

足利義満《あしかがよしみつ》が亡《な》くなると、各地《かくち》の守護大名《しゅごだいみょう》の力《ちから》が強《つよ》まるようになりました。1467 年、有力守護大名《ゆうりょくしゅごだいみょう》の争《あらそ》いと足利義政《あしかがよしまさ》のあとつぎをめぐる対立《たいりつ》が結《むす》びつき、京都《きょうと》で応仁《おうにん》の乱《らん》が起《お》こりました。この戦乱《せんらん》により京都《きょうと》は荒《あ》れはて、室町幕府《むろまちばくふ》は支配力《しはいりょく》を失《うしな》い、戦国時代《せんごくじだい》が始《はじ》まりました。

時代《じだい》 ｜ 年《ねん》 ｜ 政治《せいじ》／外交《がいこう》 ｜ 文化《ぶんか》／産業《さんぎょう》

政治《せいじ》／外交《がいこう》

室《むろ》町《まち》時《じ》代《だい》

1449 足利義政《あしかがよしまさ》が室町幕府《むろまちばくふ》の 8 代将軍《だいしょうぐん》になる No.077

↓

・有力守護大名《ゆうりょくしゅごだいみょう》どうしの対立《たいりつ》が強《つよ》まる
・足利義政《あしかがよしまさ》のあとつぎをめぐり対立《たいりつ》が起《お》こる

↓

室《むろ》町《まち》（戦《せん》国《ごく》）時《じ》代《だい》

1467 応仁《おうにん》の乱《らん》が起《お》こる No.080

… 京都《きょうと》で 11 年間《ねんかん》にわたり戦乱《せんらん》が続《つづ》き、室町幕府《むろまちばくふ》は支配力《しはいりょく》を失《うしな》う

↓

下剋上《げこくじょう》（身分《みぶん》が下《した》の者《もの》が上《うえ》の者《もの》を実力《じつりょく》でたおし、その地位《ちい》をうばうこと）の風潮《ふうちょう》が高《たか》まり、戦国時代《せんごくじだい》が始《はじ》まる

→ 戦国大名《せんごくだいみょう》の出現《しゅつげん》

1485 山城《やましろ》の国一揆《くにいっき》が起《お》こる
… 民衆《みんしゅう》が守護《しゅご》を追放《ついほう》し、8 年間自治《ねんかんじち》を行《おこな》った

1488 加賀《かが》の一向一揆《いっこういっき》が起《お》こる
… 一向宗《いっこうしゅう》（浄土真宗《じょうどしんしゅう》）の信者《しんじゃ》たちが中心《ちゅうしん》となって守護《しゅご》をたおし、約《やく》 100 年間《ねんかん》にわたり自治《じち》を行《おこな》った

1543 鉄砲《てっぽう》の伝来《でんらい》 …ポルトガル人《じん》が種子島《たねがしま》に伝《つた》える No.081

1549 キリスト教《きょう》の伝来《でんらい》 No.079 No.082
… スペイン人《じん》のフランシスコ＝ザビエルが伝《つた》える

↓

南蛮貿易《なんばんぼうえき》が始《はじ》まる…ポルトガルやスペインとの貿易《ぼうえき》

文化《ぶんか》／産業《さんぎょう》

◆東山文化《ひがしやまぶんか》が栄《さか》える

…足利義政《あしかがよしまさ》のころに栄《さか》えた、禅宗《ぜんしゅう》の影響《えいきょう》の強《つよ》い文化《ぶんか》

・足利義政《あしかがよしまさ》が京都《きょうと》の東山《ひがしやま》に慈照寺銀閣《じしょうじぎんかく》を建《た》てる No.083
・雪舟《せっしゅう》が水墨画《すいぼくが》（墨絵《すみえ》）を大成《たいせい》する No.078
・御伽草子《おとぎぞうし》の流行《りゅうこう》 No.084
・茶《ちゃ》の湯《ゆ》や生《い》け花《ばな》が広《ひろ》まる

◆産業《さんぎょう》の発達《はったつ》

・二毛作《にもうさく》が東日本《ひがしにほん》にも広《ひろ》がる
・各地《かくち》で月《つき》に 6 回《かい》の定期市《ていきいち》が開《ひら》かれる
・馬借《ばしゃく》のかつやく
…馬《うま》を使《つか》った運送業者《うんそうぎょうしゃ》
・土倉《どそう》（質屋《しちや》）が高利貸《こうりが》しを営《いとな》む
・座《ざ》の成長《せいちょう》…商工業者《しょうこうぎょうしゃ》の組合《くみあい》

◆戦国大名《せんごくだいみょう》の政治《せいじ》

・城《しろ》を中心《ちゅうしん》として城下町《じょうかまち》をつくった
・分国法《ぶんこくほう》（家法《かほう》）を定《さだ》め、自国内《じこくない》を支配《しはい》した
・産業《さんぎょう》の発展《はってん》に力《ちから》を入《い》れた

地図《ちず》で確認《かくにん》！

No.079 No.082

鹿児島《かごしま》

フランシスコ＝ザビエルが上陸《じょうりく》し、キリスト教《きょう》を伝《つた》えました。

No.081

種子島《たねがしま》

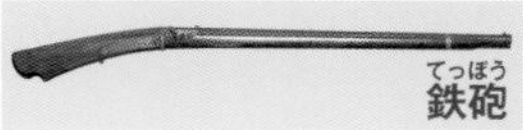

ポルトガル人《じん》によって鉄砲《てっぽう》が伝《つた》えられました。

No.080

応仁《おうにん》の乱《らん》

朝廷《ちょうてい》や幕府《ばくふ》が置《お》かれていた京都《きょうと》で11年間《ねんかん》にわたって戦乱《せんらん》が続《つづ》きました。

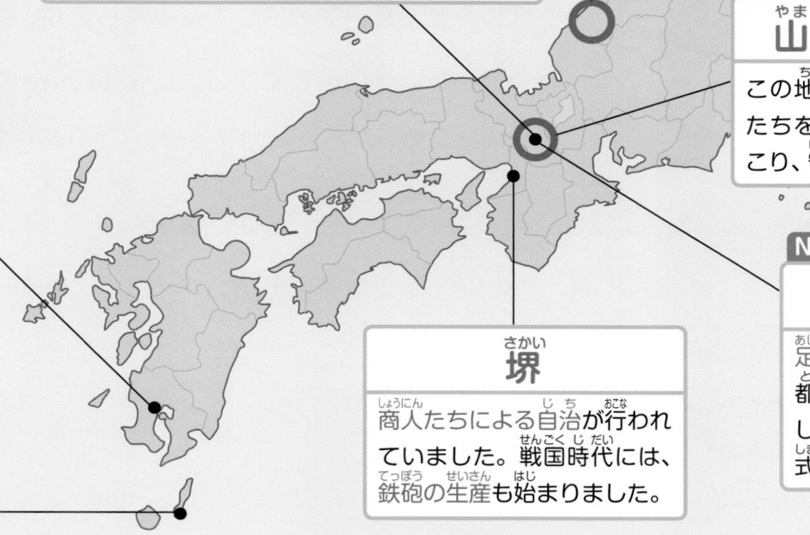

加賀《かが》の一向一揆《いっこういっき》

一向宗《いっこうしゅう》（浄土真宗《じょうどしんしゅう》）の信者《しんじゃ》たちを中心《ちゅうしん》として一揆《いっき》が起《お》こり、守護《しゅご》がたおされました。

山城《やましろ》の国一揆《くにいっき》

この地方《ちほう》に住《す》む武士《ぶし》や農民《のうみん》たちを中心《ちゅうしん》として一揆《いっき》が起《お》こり、守護《しゅご》が追放《ついほう》されました。

堺《さかい》

商人《しょうにん》たちによる自治《じち》が行《おこな》われていました。戦国時代《せんごくじだい》には、鉄砲《てっぽう》の生産《せいさん》も始《はじ》まりました。

No.083

慈照寺銀閣《じしょうじぎんかく》

足利義政《あしかがよしまさ》によって、京都《きょうと》の東山《ひがしやま》につくられました。書院造《しょいんづくり》の建築様式《けんちくようしき》で知《し》られています。

●主《おも》な戦国大名《せんごくだいみょう》とその領地《りょうち》（16 世紀中《せいきなか》ごろ）

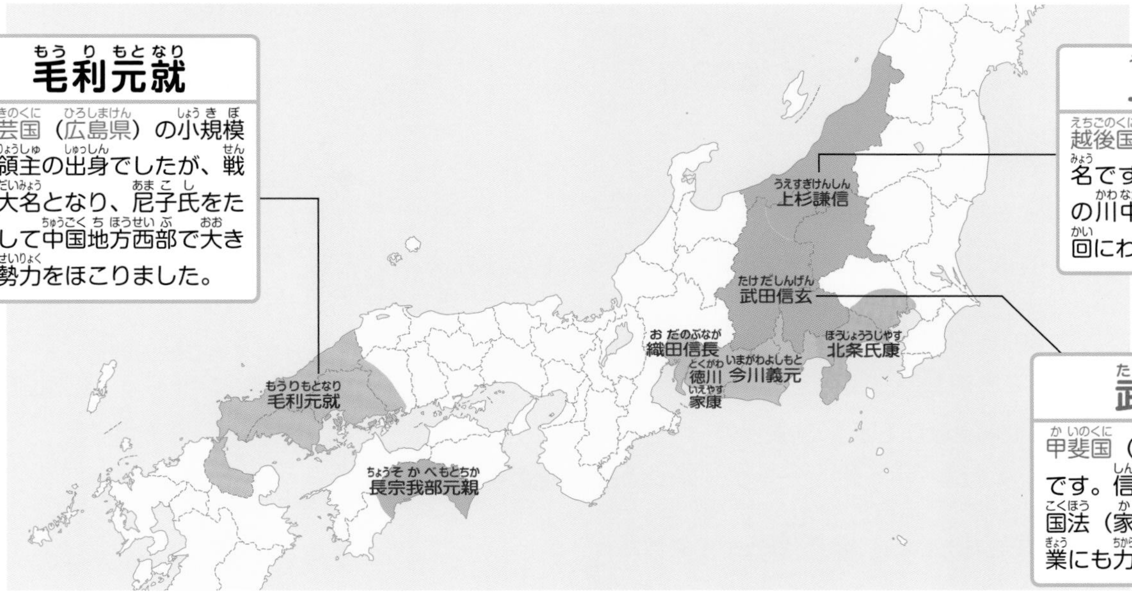

毛利元就《もうりもとなり》

安芸国《あきのくに》（広島県《ひろしまけん》）の小規模《しょうきぼ》な領主《りょうしゅ》の出身《しゅっしん》でしたが、戦国大名《せんごくだいみょう》となり、尼子氏《あまこし》をたおして中国地方西部《ちゅうごくちほうせいぶ》で大《おお》きな勢力《せいりょく》をほこりました。

上杉謙信《うえすぎけんしん》

越後国《えちごのくに》（新潟県《にいがたけん》）の戦国大名《せんごくだいみょう》です。信濃国《しなののくに》（長野県《ながのけん》）の川中島《かわなかじま》で武田信玄《たけだしんげん》と数回《すうかい》にわたり戦《たたか》いました。

武田信玄《たけだしんげん》

甲斐国《かいのくに》（山梨県《やまなしけん》）の戦国大名《せんごくだいみょう》です。信玄家法《しんげんかほう》とよばれる分国法《ぶんこくほう》（家法《かほう》）を定《さだ》め、治水事業《ちすいじぎょう》にも力《ちから》を入《い》れました。

室町時代《むろまちじだい》（戦国時代《せんごくじだい》）②のポイントチェック

❶ 身分《みぶん》が下《した》の者《もの》が上《うえ》の者《もの》を実力《じつりょく》でたおしてその地位《ちい》をうばうことを何《なん》というでしょう。〔　　　　〕

❷ 越後国《えちごのくに》(新潟県《にいがたけん》)の上杉謙信《うえすぎけんしん》とたびたび戦《たたか》った、甲斐国《かいのくに》(山梨県《やまなしけん》)の戦国大名《せんごくだいみょう》はだれでしょう。〔　　　　〕

❸ 1488 年に加賀国《かがのくに》(石川県《いしかわけん》)で一向宗《いっこうしゅう》の信者《しんじゃ》たちを中心《ちゅうしん》として起《お》こった一揆《いっき》を何《なん》というでしょう。〔　　　　〕

❹ 戦国時代《せんごくじだい》に始《はじ》まった、ポルトガルやスペインとの貿易《ぼうえき》を何《なん》というでしょう。〔　　　　〕

❺ 足利義政《あしかがよしまさ》のころに栄《さか》えた、慈照寺銀閣《じしょうじぎんかく》に代表《だいひょう》される文化《ぶんか》を何《なん》というでしょう。〔　　　　〕

❻ 室町時代《むろまちじだい》に力《ちから》をつけ、市《いち》などでの営業《えいぎょう》を独占《どくせん》するようになった商工業者《しょうこうぎょうしゃ》の組合《くみあい》を何《なん》というでしょう。〔　　　　〕

答《こた》え ❶ 下剋上《げこくじょう》 ❷ 武田信玄《たけだしんげん》 ❸ 加賀《かが》の一向一揆《いっこういっき》 ❹ 南蛮貿易《なんばんぼうえき》 ❺ 東山文化《ひがしやまぶんか》 ❻ 座《ざ》

安土桃山《あづちももやま》時代《じだい》

重要人物《じゅうようじんぶつ》

重要事項《じゅうようじこう》

- 長篠《ながしの》の戦《たたか》い（1575 年）
- 太閤検地《たいこうけんち》と刀狩令《かたながりれい》
- 豊臣秀吉《とよとみひでよし》の全国統一《ぜんこくとういつ》（1590 年）
- 関ヶ原《せきがはら》の戦《たたか》い（1600 年）

桶狭間《おけはざま》の戦《たたか》いでその名《な》を全国《ぜんこく》にとどろかせた織田信長《おだのぶなが》は、室町幕府《むろまちばくふ》をほろぼし、全国統一《ぜんこくとういつ》をめざして進《すす》みましたが、家臣《かしん》の裏切《うらぎ》りによってたおされました。その後《あと》を受《う》けついだ豊臣秀吉《とよとみひでよし》は、太閤検地《たいこうけんち》や刀狩《かたながり》などの政策《せいさく》を進《すす》めながら支配力《しはいりょく》を強《つよ》め、1590 年に全国統一《ぜんこくとういつ》をはたしました。

時代《じだい》	年《ねん》	政治《せいじ》／外交《がいこう》
室町《むろまち》（戦国《せんごく》）時代《じだい》	1560	織田信長《おだのぶなが》が桶狭間《おけはざま》の戦《たたか》いで今川義元《いまがわよしもと》を破《やぶ》る No.085
		◆織田信長《おだのぶなが》の全国統一事業《ぜんこくとういつじぎょう》
	1568	足利義昭《あしかがよしあき》をたてて京都《きょうと》に入《はい》る
	1571	比叡山延暦寺《ひえいざんえんりゃくじ》を焼《や》き討《う》ちする
安《あ》土《づ》桃《もも》山《やま》時《じ》代《だい》	1573	足利義昭《あしかがよしあき》を追放《ついほう》し、室町幕府《むろまちばくふ》をほろぼす
	1575	長篠《ながしの》の戦《たたか》いで武田勝頼《たけだかつより》を破《やぶ》る … 鉄砲隊《てっぽうたい》を活用《かつよう》 No.087
	1582	本能寺《ほんのうじ》の変《へん》で明智光秀《あけちみつひで》によってたおされる
	1582	豊臣秀吉《とよとみひでよし》が明智光秀《あけちみつひで》をたおす No.086
		◆豊臣秀吉《とよとみひでよし》の全国統一事業《ぜんこくとういつじぎょう》
	1582	太閤検地《たいこうけんち》を始《はじ》める No.088 … 全国《ぜんこく》の田畑《たはた》を測量《そくりょう》し、面積《めんせき》や収穫高《しゅうかくだか》、耕作者《こうさくしゃ》などを検地帳《けんちちょう》に記録《きろく》した → 年貢《ねんぐ》を確実《かくじつ》に取《と》ることが目的《もくてき》
	1588	刀狩令《かたながりれい》を出《だ》す No.089 … 農民《のうみん》から武器《ぶき》を取《と》り上《あ》げる → 農民《のうみん》の一揆《いっき》を防《ふせ》ぐ → 兵農分離《へいのうぶんり》（武士《ぶし》と農民《のうみん》の身分《みぶん》がはっきりと分《わ》かれること）が進《すす》む
	1590	小田原《おだわら》の北条氏《ほうじょうし》をたおし、全国統一《ぜんこくとういつ》をはたす
	1592	文禄《ぶんろく》の役《えき》が起《お》こる ┐ 2度《ど》にわたり朝鮮出兵《ちょうせんしゅっぺい》を行《おこな》うが失敗《しっぱい》に終《お》わる
	1597	慶長《けいちょう》の役《えき》が起《お》こる ┘
	1598	豊臣秀吉《とよとみひでよし》が亡《な》くなる
	1600	徳川家康《とくがわいえやす》が関ヶ原《せきがはら》の戦《たたか》いで石田三成《いしだみつなり》を破《やぶ》る No.090

文化《ぶんか》／産業《さんぎょう》

◆織田信長《おだのぶなが》の経済政策《けいざいせいさく》

- 楽市《らくいち》・楽座《らくざ》
  … 座《ざ》による営業《えいぎょう》の独占《どくせん》を禁止《きんし》した
- 関所《せきしょ》の廃止《はいし》
  … 商人《しょうにん》が自由《じゆう》に行《い》き来《き》できるようにした
- キリスト教《きょう》を保護《ほご》し、南蛮貿易《なんばんぼうえき》に力《ちから》を入《い》れた

◆桃山文化《ももやまぶんか》が栄《さか》える

… 大名《だいみょう》や大商人《だいしょうにん》の気風《きふう》を反映《はんえい》した雄大《ゆうだい》な文化《ぶんか》

- 天守閣《てんしゅかく》をもつ城《しろ》の建造《けんぞう》 No.091
  安土城《あづちじょう》 … 織田信長《おだのぶなが》
  大阪城《おおさかじょう》 ……… 豊臣秀吉《とよとみひでよし》
- 『唐獅子図屏風《からじしずびょうぶ》』（障壁画《しょうへきが》）
  …狩野永徳《かのうえいとく》

皇居三の丸尚蔵館収蔵

No.092

- 茶道《さどう》の大成《たいせい》 … 千利休《せんのりきゅう》
- かぶき踊《おど》り … 出雲《いずも》の阿国《おくに》

地図《ちず》で確認《かくにん》！

No.091

安土城《あづちじょう》

織田信長《おだのぶなが》が琵琶湖《びわこ》をのぞむ小山《こやま》に築《きず》いた壮大《そうだい》な城《しろ》です。

※復元《ふくげん》された安土城《あづちじょう》（天主《てんしゅ》）は三重《みえ》県《けん》にあります。

No.090

関ヶ原《せきがはら》の戦《たたか》い

「天下分《てんかわ》け目《め》の戦《たたか》い」です。徳川家康《とくがわいえやす》が石田三成《いしだみつなり》を破《やぶ》り、全国《ぜんこく》を支配《しはい》する力《ちから》を手《て》に入《い》れました。

桶狭間《おけはざま》の戦《たたか》い

尾張国《おわりのくに》（愛知県《あいちけん》）の小《ち》さな大名《だいみょう》にすぎなかった織田信長《おだのぶなが》が、当時《とうじ》強大《きょうだい》な勢力《せいりょく》をほこっていた駿河国《するがのくに》（静岡県《しずおかけん》）の今川義元《いまがわよしもと》を破《やぶ》り、その名《な》を天下《てんか》にとどろかせました。

本能寺《ほんのうじ》の変《へん》

毛利氏《もうりし》を討《う》つために中国《ちゅうごく》地方《ちほう》へ向《む》かう途中《とちゅう》、京都《きょうと》に入《はい》った織田信長《おだのぶなが》が、家臣《かしん》の明智光秀《あけちみつひで》の裏切《うらぎ》りによってたおされました。

No.087

長篠《ながしの》の戦《たたか》い

織田信長《おだのぶなが》と徳川家康《とくがわいえやす》の連合軍《れんごうぐん》が大規模《だいきぼ》な鉄砲隊《てっぽうたい》を組織《そしき》して、武田勝頼《たけだかつより》の軍《ぐん》を破《やぶ》りました。

大阪城《おおさかじょう》

豊臣秀吉《とよとみひでよし》が築《きず》いた城《しろ》です。高《たか》い石垣《いしがき》をもち、周《まわ》りを大《おお》きな濠《ほり》に囲《かこ》まれていました。

史料《しりょう》で確認《かくにん》！

◆太閤検地《たいこうけんち》の様子《ようす》（想像図《そうぞうず》） No.088

太閤検地《たいこうけんち》により、農民《のうみん》は田畑《たはた》を耕作《こうさく》する権利《けんり》を認《みと》められましたが、土地《とち》をはなれることは許《ゆる》されず決《き》められた年貢《ねんぐ》を納《おさ》めることが義務《ぎむ》とされました。

刀狩令《かたながりれい》（1588年） No.089

一、諸国《しょこく》の百姓《ひゃくしょう》が、刀《かたな》、脇《わき》ざし、弓《ゆみ》、槍《やり》、鉄砲《てっぽう》その他《た》の武器《ぶき》などを持《も》つことをかたく禁止《きんし》する。その理由《りゆう》は、百姓《ひゃくしょう》が必要《ひつよう》のない道具《どうぐ》を持《も》っていると、年貢《ねんぐ》やそのほかの税《ぜい》を出《だ》ししぶり、ついには一揆《いっき》をくわだて、武士《ぶし》（領主《りょうしゅ》）に対《たい》しよくない行《おこな》いをするからである。

⬆このころの農民《のうみん》は足軽《あしがる》として戦《たたか》いに参加《さんか》することがあったため、武器《ぶき》を持《も》っている者《もの》が多《おお》くいました。そこで、豊臣秀吉《とよとみひでよし》は農民《のうみん》から武器《ぶき》を取《と》り上《あ》げることで一揆《いっき》を防《ふせ》ぎました。これにより、武士《ぶし》と農民《のうみん》の身分《みぶん》のちがいがはっきりしました（兵農分離《へいのうぶんり》）。

安《あ》土《づち》桃山《ももやま》時代《じだい》のポイントチェック

❶ 1560年に、織田信長《おだのぶなが》が今川義元《いまがわよしもと》を破《やぶ》った戦《たたか》いを何《なん》というでしょう。〔　　〕

❷ 織田信長《おだのぶなが》が安土《あづち》の城下町《じょうかまち》に出《だ》した、座《ざ》による独占《どくせん》を禁止《きんし》する命令《めいれい》を何《なん》というでしょう。〔　　〕

❸ 1582年に、本能寺《ほんのうじ》の変《へん》で主君《しゅくん》の織田信長《おだのぶなが》をたおした人物《じんぶつ》はだれでしょう。〔　　〕

❹ 豊臣秀吉《とよとみひでよし》が、1592年に朝鮮《ちょうせん》を攻《せ》めた出来事《できごと》を何《なん》というでしょう。〔　　〕

❺ ❹の後《あと》、豊臣秀吉《とよとみひでよし》が再《ふたた》び朝鮮《ちょうせん》を攻《せ》めた、1597年の出来事《できごと》を何《なん》というでしょう。〔　　〕

❻ 織田信長《おだのぶなが》や豊臣秀吉《とよとみひでよし》に仕《つか》え、茶道《さどう》を大成《たいせい》させた人物《じんぶつ》はだれでしょう。〔　　〕

答《こた》え ❶ 桶狭間《おけはざま》の戦《たたか》い ❷ 楽市《らくいち》・楽座《らくざ》 ❸ 明智光秀《あけちみつひで》 ❹ 文禄《ぶんろく》の役《えき》 ❺ 慶長《けいちょう》の役《えき》 ❻ 千利休《せんのりきゅう》

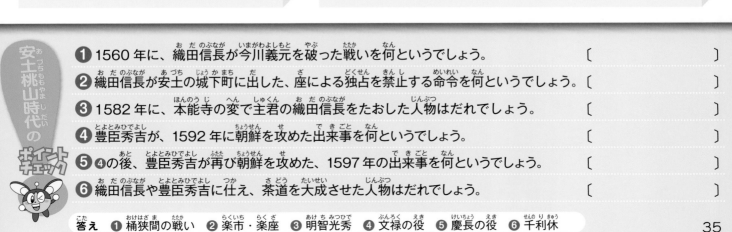

江《え》戸《ど》時代《じだい》①

重要人物《じゅうようじんぶつ》

徳川家康《とくがわいえやす》

徳川家光《とくがわいえみつ》

重要事項《じゅうようじこう》

- 江戸幕府《えどばくふ》の成立《せいりつ》（1603年）
- 参勤交代《さんきんこうたい》の制度化《せいどか》（1635年）
- 鎖国《さこく》の完成《かんせい》（1639年）
- 慶安《けいあん》の御触書《おふれがき》（1649年）

関ヶ原《せきがはら》の戦《たたか》いで勝利《しょうり》した徳川家康《とくがわいえやす》は、朝廷《ちょうてい》から征夷大将軍《せいいたいしょうぐん》に任命《にんめい》され、江戸幕府《えどばくふ》を開《ひら》きました。3代将軍《だいしょうぐん》徳川家光《とくがわいえみつ》は、大名《だいみょう》への取《と》りしまりの強化《きょうか》、鎖国《さこく》による外交《がいこう》の制限《せいげん》、農民《のうみん》の取《と》りしまりなどの政《せい》策《さく》を次々《つぎつぎ》に行《おこな》い、江戸幕府《えどばくふ》の支配力《しはいりょく》をゆるぎないものにしました。

時代《じだい》	年《ねん》	政治《せいじ》／外交《がいこう》
江《え》戸《ど》時《じ》代《だい》	1603	徳川家康《とくがわいえやす》が征夷大将軍《せいいたいしょうぐん》になる No.093 ↓ 江戸幕府《えどばくふ》を開《ひら》く No.095 ◆朱印船貿易《しゅいんせんぼうえき》がさかんになる …幕府《ばくふ》の発行《はっこう》する朱印状《しゅいんじょう》をもった船《ふね》が、東南《とうなん》アジアの国々《くにぐに》と貿易《ぼうえき》を行《おこな》う → 東南《とうなん》アジア各地《かくち》に日本町《にほんまち》ができる
	1607	朝鮮通信使《ちょうせんつうしんし》が来日《らいにち》する No.096
	1609	薩摩藩《さつまはん》が琉球《りゅうきゅう》を攻《せ》め、支配《しはい》を始《はじ》める
	1613	江戸幕府《えどばくふ》が全国《ぜんこく》にキリスト教禁止令《きょうきんしれい》を出《だ》す
	1615	大阪夏《おおさかなつ》の陣《じん》が起《お》こる → 豊臣氏《とよとみし》が滅亡《めつぼう》する
	1615	武家諸法度《ぶけしょはっと》を出《だ》す …全国《ぜんこく》の大名《だいみょう》を取《と》りしまる
	1635	3代将軍《だいしょうぐん》徳川家光《とくがわいえみつ》が参勤交代《さんきんこうたい》を制度化《せいどか》する No.094
	1637	島原《しまばら》・天草一揆《あまくさいっき》（島原《しまばら》の乱《らん》）が起《お》こる No.097 ↓ キリスト教《きょう》の取《と》りしまりを強化《きょうか》する
	1639	ポルトガル船《せん》の来航《らいこう》を禁止《きんし》する ↓ 鎖国《さこく》が完成《かんせい》する No.098 …以後《いご》、長崎《ながさき》ではオランダと中国《ちゅうごく》のみが幕府《ばくふ》との貿易《ぼうえき》を許《ゆる》された
	1641	オランダ商館《しょうかん》を長崎《ながさき》の出島《でじま》に移《うつ》す No.099
	1649	慶安《けいあん》の御触書《おふれがき》を出《だ》す → 農民《のうみん》の生活《せいかつ》を取《と》りしまる

文化《ぶんか》／産業《さんぎょう》

佐渡島《さどがしま》（新潟県《にいがたけん》）で金山《きんざん》が発見《はっけん》される No.100

江戸幕府《えどばくふ》は全国《ぜんこく》の大名《だいみょう》を支配《しはい》して、各地《かくち》の大名《だいみょう》はそれぞれの領地《りょうち》（藩《はん》）を治《おさ》めたんだよ。

◆江戸時代《えどじだい》の身分制度《みぶんせいど》

武士《ぶし》

農民《のうみん》

職人《しょくにん》

商人《しょうにん》

長崎《ながさき》のほかには、松前藩《まつまえはん》が蝦夷地《えぞち》（北海道《ほっかいどう》）でアイヌの人々《ひとびと》と、対馬藩《つしまはん》が朝鮮《ちょうせん》と、薩摩藩《さつまはん》が琉球《りゅうきゅう》とそれぞれ交《こう》易《えき》を行《おこな》っていたのよ。

地図《ちず》で確認《かくにん》！

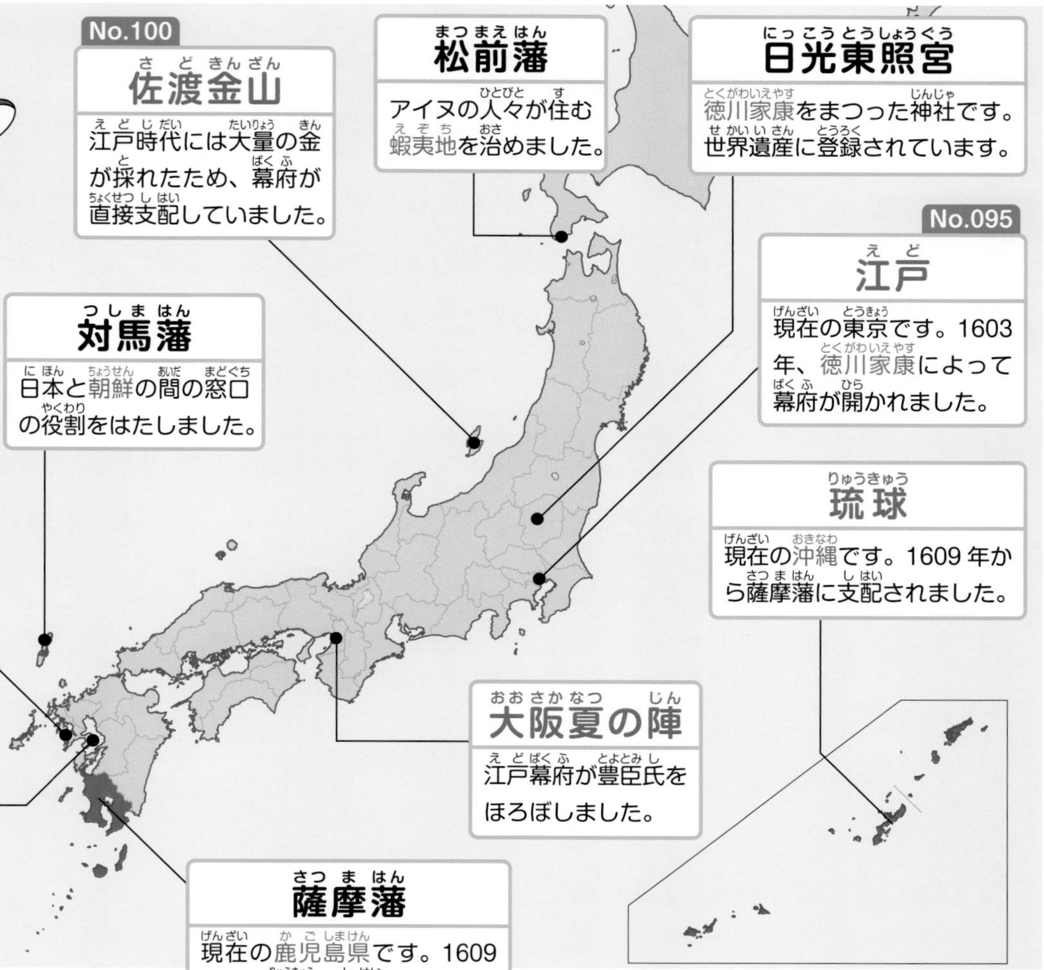

No.100

佐渡金山《さどきんざん》

江戸時代《えどじだい》には大量《たいりょう》の金《きん》が採《と》れたため、幕府《ばくふ》が直接支配《ちょくせつしはい》していました。

松前藩《まつまえはん》

アイヌの人々《ひとびと》が住《す》む蝦夷地《えぞち》を治《おさ》めました。

日光東照宮《にっこうとうしょうぐう》

徳川家康《とくがわいえやす》をまつった神社《じんじゃ》です。世界遺産《せかいいさん》に登録《とうろく》されています。

No.095

江戸《えど》

現在《げんざい》の東京《とうきょう》です。1603年、徳川家康《とくがわいえやす》によって幕府《ばくふ》が開《ひら》かれました。

No.099

出島《でじま》

長崎港《ながさきこう》につくられた人工《じんこう》島《とう》です。鎖国中《さこくちゅう》はオランダ人《じん》が住《す》んでいました。

対馬藩《つしまはん》

日本《にほん》と朝鮮《ちょうせん》の間《あいだ》の窓口《まどぐち》の役割《やくわり》をはたしました。

琉球《りゅうきゅう》

現在《げんざい》の沖縄《おきなわ》です。1609年から薩摩藩《さつまはん》に支配《しはい》されました。

No.097

島原《しまばら》・天草一揆《あまくさいっき》

キリスト教徒《きょうと》や農民《のうみん》たちが、天草四郎《あまくさしろう》を中心《ちゅうしん》として起《お》こした一揆《いっき》です。

大阪夏《おおさかなつ》の陣《じん》

江戸幕府《えどばくふ》が豊臣氏《とよとみし》をほろぼしました。

薩摩藩《さつまはん》

現在《げんざい》の鹿児島県《かごしまけん》です。1609年から琉球《りゅうきゅう》を支配《しはい》しました。

史料《しりょう》で確認《かくにん》！

武家諸法度《ぶけしょはっと》（1615年）

一、常《つね》に学問《がくもん》や武道《ぶどう》にはげむようにせよ。

一、新《あたら》しく城《しろ》をつくることはかたく禁止《きんし》する。

（1635年《ねん》に追加《ついか》）

一、大名《だいみょう》は、領国《りょうごく》と江戸《えど》に交代《こうたい》に住《す》むこと。毎年《まいとし》四月中《しがつちゅう》に江戸《えど》に参勤《さんきん》せよ。

慶安《けいあん》の御触書《おふれがき》（1649年）※近年《きんねん》、存在《そんざい》が疑問視《ぎもんし》されています。

一、朝《あさ》は早起《はやお》きして草《くさ》を刈《か》り、昼《ひる》は田畑《たはた》を耕《たがや》し、晩《ばん》には縄《なわ》をない、それぞれの仕事《しごと》に手《て》をぬかずはげむこと。

一、酒《さけ》や茶《ちゃ》を買《か》ってのんではならない。

一、常《つね》に食物《たべもの》を大切《たいせつ》にしなければならない。雑穀《ざっこく》をつくり、米《こめ》を多《おお》く食《た》べないようにしなさい。

江戸時代《えどじだい》①のポイントチェック

❶ 徳川家康《とくがわいえやす》をまつった、栃木県《とちぎけん》の神社《じんじゃ》は何《なん》でしょう。〔　　　〕

❷ 1609年から薩摩藩《さつまはん》に支配《しはい》されるようになった地域《ちいき》はどこでしょう。〔　　　〕

❸ 江戸幕府《えどばくふ》が全国的《ぜんこくてき》に禁止《きんし》した宗教《しゅうきょう》は何《なん》でしょう。〔　　　〕

❹ 1615年に起《お》こり、豊臣氏《とよとみし》が滅亡《めつぼう》した戦《たたか》いは何《なん》でしょう。〔　　　〕

❺ ❹の戦《たたか》いの後《あと》、江戸幕府《えどばくふ》が全国《ぜんこく》の大名《だいみょう》を取《と》りしまるために出《だ》した法令《ほうれい》は何《なん》でしょう。〔　　　〕

❻ 鎖国《さこく》の完成後《かんせいご》も長崎《ながさき》での貿易《ぼうえき》を許《ゆる》された国《くに》を2つ答《こた》えましょう。〔　　　〕

❼ 江戸幕府《えどばくふ》が農民《のうみん》の生活《せいかつ》を取《と》りしまるために1649年に出《だ》したきまりは何《なん》でしょう。〔　　　〕

答《こた》え　❶ 日光東照宮《にっこうとうしょうぐう》　❷ 琉球《りゅうきゅう》　❸ キリスト教《きょう》　❹ 大阪夏《おおさかなつ》の陣《じん》　❺ 武家諸法度《ぶけしょはっと》　❻ オランダ・中国《ちゅうごく》　❼ 慶安《けいあん》の御触書《おふれがき》

江《え》戸《ど》時代《じだい》②

重《じゅう》要《よう》人《じん》物《ぶつ》

徳川綱吉《とくがわつなよし》

徳川吉宗《とくがわよしむね》

徳川美術館所蔵

重《じゅう》要《よう》事《じ》項《こう》

- 徳川綱吉《とくがわつなよし》の政治《せいじ》
- 元禄文化《げんろくぶんか》が栄《さか》える
- 享保《きょうほう》の改革《かいかく》（1716 年～）
- 農業《のうぎょう》の発達《はったつ》

5代将軍《だいしょうぐん》徳川綱吉《とくがわつなよし》のころから、次第《しだい》に江戸幕府《えどばくふ》の政治《せいじ》が乱《みだ》れるようになりました。このような中《なか》、8代将軍《だいしょうぐん》となった徳川吉宗《とくがわよしむね》は、自《みずか》らの手《て》で享保《きょうほう》の改革《かいかく》を行《おこな》い、幕府《ばくふ》の財政《ざいせい》はいったん立《た》ち直《なお》りました。また、この時期《じき》には新田開発《しんでんかいはつ》が進《すす》められ、農業《のうぎょう》が大《おお》きく発達《はったつ》しました。

時代《じだい》：江《え》戸《ど》時《じ》代《だい》

年《ねん》／政治《せいじ》／外交《がいこう》

1680 徳川綱吉《とくがわつなよし》が5代将軍《だいしょうぐん》になる

・学問《がくもん》（儒学《じゅがく》）を重視《じゅうし》した政治《せいじ》を行《おこな》うが、やがて、貨幣《かへい》の質《しつ》を落《お》としたり、生類憐《しょうるいあわれ》みの令《れい》（極端《きょくたん》な動物愛護令《どうぶつあいごれい》）を出《だ》したりするなど、世《よ》の中《なか》の混乱《こんらん》をまねいた

↓

幕府《ばくふ》の政治《せいじ》が乱《みだ》れるようになる

1709 儒学者《じゅがくしゃ》新井白石《あらいはくせき》が正徳《しょうとく》の治《ち》を行《おこな》う … 効果《こうか》はあがらず

1716 徳川吉宗《とくがわよしむね》が8代将軍《だいしょうぐん》になる No.101

↓

享保《きょうほう》の改革《かいかく》を行《おこな》う

・新田開発《しんでんかいはつ》を進《すす》め、年貢《ねんぐ》の割合《わりあい》を引《ひ》き上《あ》げた

・大名《だいみょう》から米《こめ》を差《さ》し出《だ》させるかわりに参勤交代《さんきんこうたい》で江戸《えど》に住《す》む期間《きかん》を半年《はんとし》に短縮《たんしゅく》した

・目安箱《めやすばこ》を設置《せっち》して人々《ひとびと》の意見《いけん》を取《と》り上《あ》げた

・キリスト教《きょう》と関係《かんけい》のない西洋《せいよう》の書物《しょもつ》の輸入《ゆにゅう》を認《みと》めた

・ききんに備《そな》えて青木昆陽《あおきこんよう》にさつまいもの栽培《さいばい》を研究《けんきゅう》させた

・裁判《さいばん》の基準《きじゅん》として公事方御定書《くじかたおさだめがき》を定《さだ》めた

→ 幕府《ばくふ》の財政《ざいせい》は一時的《いちじてき》に立《た》ち直《なお》ったが、このころから百姓一揆《ひゃくしょういっき》が増《ふ》えるようになった

1732 享保《きょうほう》のききんが起《お》こる

文化《ぶんか》／産業《さんぎょう》

◆元禄文化《げんろくぶんか》が栄《さか》える

… 上方《かみがた》（京都《きょうと》・大阪《おおさか》）の町人《ちょうにん》を中心《ちゅうしん》とした文化《ぶんか》

・『おくのほそ道《みち》』… 松尾芭蕉《まつおばしょう》 No.102

・人形浄瑠璃《にんぎょうじょうるり》の脚本《きゃくほん》 … 近松門左衛門《ちかまつもんざえもん》 No.103

・浮世草子《うきよぞうし》 … 井原西鶴《いはらさいかく》

・浮世絵《うきよえ》の始《はじ》まり No.104

『見返《みかえ》り美人図《びじんず》』…菱川師宣《ひしかわもろのぶ》

◆産業《さんぎょう》の発達《はったつ》

・西廻《にしまわ》り航路《こうろ》・東廻《ひがしまわ》り航路《こうろ》が発達《はったつ》する No.106

→大阪《おおさか》には大名《だいみょう》の蔵屋敷《くらやしき》が立《た》ち並《なら》び、西廻《にしまわ》り航路《こうろ》などを利用《りよう》して全国《ぜんこく》から年貢米《ねんぐまい》や特産物《とくさんぶつ》が集《あつ》められた

◆農業《のうぎょう》の発達《はったつ》

・新《あたら》しい農具《のうぐ》の使用《しよう》

備中《びっちゅう》ぐわ … 土《つち》を深《ふか》く耕《たがや》す No.105

千歯《せんば》こき … 脱穀《だっこく》に使用《しよう》

唐箕《とうみ》 ……… 米《こめ》つぶともみがらの選別《せんべつ》などに使用《しよう》

・新《あたら》しい肥料《ひりょう》の使用《しよう》

干鰯《ほしか》 ……… 鰯《いわし》を干《ほ》したもの

油《あぶら》かす …… 菜種油《なたねあぶら》をしぼったあとのかす

地図《ちず》で確認《かくにん》!

●航路《こうろ》の開発《かいはつ》と江戸時代《えどじだい》の「三都《さんと》」

「三都《さんと》」とは江戸《えど》・京都《きょうと》・大阪《おおさか》の3つの都市《とし》を指《さ》すのよ。

日本各地《にほんかくち》を結《むす》ぶ航路《こうろ》は、産業《さんぎょう》の発達《はったつ》や都市《とし》の発展《はってん》に重要《じゅうよう》な役割《やくわり》をはたしていたんだよ。

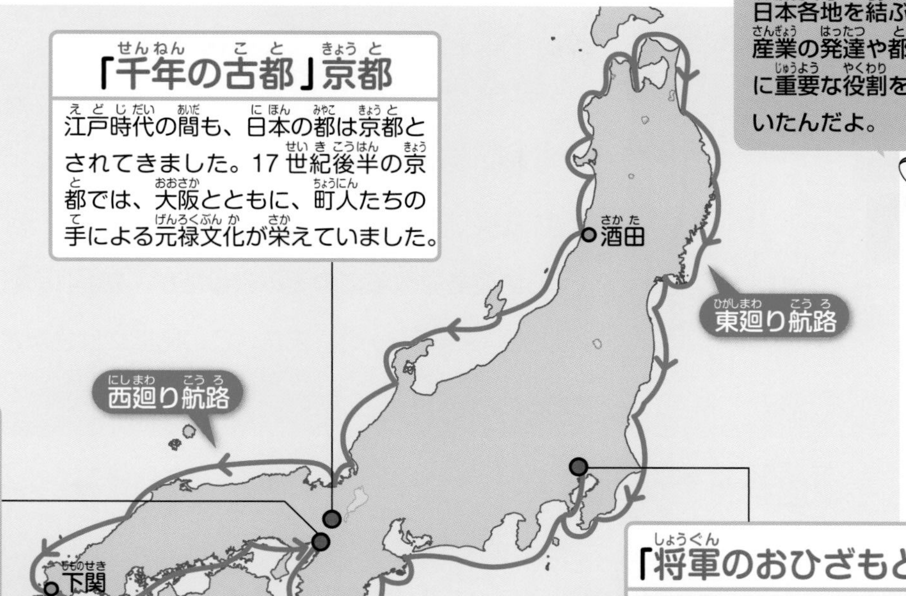

「千年《せんねん》の古都《こと》」京都《きょうと》

江戸時代《えどじだい》の間《あいだ》も、日本《にほん》の都《みやこ》は京都《きょうと》とされてきました。17世紀後半《せいきこうはん》の京都《きょうと》では、大阪《おおさか》とともに、町人《ちょうにん》たちの手《て》による元禄文化《げんろくぶんか》が栄《さか》えていました。

No.106

「天下《てんか》の台所《だいどころ》」大阪《おおさか》

大名《だいみょう》の蔵屋敷《くらやしき》が立《た》ち並《なら》び、全国《ぜんこく》から米《こめ》や特産物《とくさんぶつ》が集《あつ》められたため「天下《てんか》の台所《だいどころ》」とよばれました。

「将軍《しょうぐん》のおひざもと」江戸《えど》

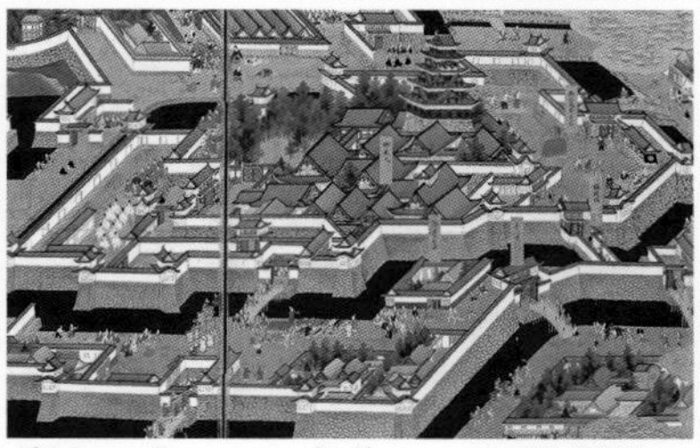

幕府《ばくふ》が置《お》かれた江戸《えど》は、18世紀初《せいきはじ》めごろには人口《じんこう》100万人《まんにん》をこえ、世界《せかい》有数《ゆうすう》の大都市《だいとし》となっていました。

史料《しりょう》で確認《かくにん》!

◆江戸時代《えどじだい》に使《つか》われた農具《のうぐ》

❶ **備中《びっちゅう》ぐわ** No.105

先端《せんたん》が分《わ》かれているため、土《つち》を深《ふか》く耕《たがや》すことができました。

❷ **千歯《せんば》こき**

刈《か》り取《と》った稲《いね》の穂《ほ》を歯《は》にひっかけるようにして脱穀《だっこく》しました。

❸ **唐箕《とうみ》**

取《と》っ手《て》を回《まわ》して内部《ないぶ》に風《かぜ》を送《おく》り、もみがらを飛《と》ばしました。

江《え》戸《ど》時《じ》代《だい》②のポイントチェック

❶ 江戸幕府《えどばくふ》の5代将軍《だいしょうぐん》で、生類憐《しょうるいあわれ》みの令《れい》を出《だ》した人物《じんぶつ》はだれでしょう。〔　　〕

❷ ❶の人物《じんぶつ》のころに栄《さか》えた、上方《かみがた》(京都《きょうと》・大阪《おおさか》)の町人《ちょうにん》を中心《ちゅうしん》とする文化《ぶんか》を何《なん》というでしょう。〔　　〕

❸ ❶の人物《じんぶつ》の後《あと》、幕府《ばくふ》を立《た》て直《なお》すために正徳《しょうとく》の治《ち》を行《おこな》った儒学者《じゅがくしゃ》はだれでしょう。〔　　〕

❹ 江戸幕府《えどばくふ》の8代将軍《だいしょうぐん》・徳川吉宗《とくがわよしむね》が行《おこな》った改革《かいかく》を何《なん》というでしょう。〔　　〕

❺ ❹の改革《かいかく》で、人々《ひとびと》の意見《いけん》を取《と》り入《い》れるために設置《せっち》されたものは何《なん》でしょう。〔　　〕

❻ 江戸時代《えどじだい》に広《ひろ》く使《つか》われるようになった、鰯《いわし》を干《ほ》してつくられる肥料《ひりょう》を何《なん》というでしょう。〔　　〕

答《こた》え ❶ 徳川綱吉《とくがわつなよし》 ❷ 元禄文化《げんろくぶんか》 ❸ 新井白石《あらいはくせき》 ❹ 享保《きょうほう》の改革《かいかく》 ❺ 目安箱《めやすばこ》 ❻ 干鰯《ほしか》

江《え》戸《ど》時代《じだい》③

重要人物《じゅうようじんぶつ》

重要事項《じゅうようじこう》
- 田沼意次《たぬまおきつぐ》の政治《せいじ》
- 寛政《かんせい》の改革《かいかく》（1787 年～）
- 大塩《おおしお》の乱《らん》（1837 年）
- 天保《てんぽう》の改革《かいかく》（1841 年～）

徳川吉宗《とくがわよしむね》が亡《な》くなった後《あと》、江戸幕府《えどばくふ》では老中《ろうじゅう》が政治改革《せいじかいかく》にのり出《だ》しました。田沼意次《たぬまおきつぐ》は商業《しょうぎょう》を重視《じゅうし》した政治《せいじ》を行《おこな》い、松平定信《まつだいらさだのぶ》と水野忠邦《みずのただくに》はきびしい姿勢《しせい》で改革《かいかく》にのぞみましたが、幕府《ばくふ》の政治《せいじ》を立《た》て直《なお》すことはできませんでした。また、この時期《じき》にはさまざまな学問《がくもん》が発達《はったつ》しています。

時代《じだい》	年《ねん》	政治《せいじ》／外交《がいこう》
江《え》戸《ど》時《じ》代《だい》	1772	田沼意次《たぬまおきつぐ》が老中《ろうじゅう》になる ・商業《しょうぎょう》を重視《じゅうし》した政治《せいじ》を行《おこな》う →商業《しょうぎょう》は発展《はってん》したが、その一方《いっぽう》でわいろが横行《おうこう》するようになり、政治《せいじ》が乱《みだ》れた
	1782	天明《てんめい》のききんが始《はじ》まる →人々《ひとびと》の不満《ふまん》が高《たか》まり、田沼意次《たぬまおきつぐ》は老中《ろうじゅう》をやめさせられる
	1787	松平定信《まつだいらさだのぶ》が寛政《かんせい》の改革《かいかく》を始《はじ》める ・厳《きび》しい倹約令《けんやくれい》を出《だ》す ・ききんに備《そな》えて大名《だいみょう》に米《こめ》をたくわえさせる ・幕府《ばくふ》の学問所《がくもんじょ》では朱子学《しゅしがく》（儒学《じゅがく》の一派《いっぱ》）以外《いがい》の学問《がくもん》を禁止《きんし》した →厳《きび》しすぎたため改革《かいかく》は失敗《しっぱい》に終《お》わった ◆外国船《がいこくせん》の来航《らいこう》
	1792	ラクスマンが根室《ねむろ》に来航《らいこう》する（➡ p42・江戸時代《えどじだい》④へ）
	1825	外国船《がいこくせん》（異国船《いこくせん》）打払令《うちはらいれい》を出《だ》す（➡ p42・江戸時代《えどじだい》④へ）
	1833	天保《てんぽう》のききんが始《はじ》まる
	1837	大塩平八郎《おおしおへいはちろう》が大阪《おおさか》で反乱《はんらん》を起《お》こす No.110
	1841	水野忠邦《みずのただくに》が天保《てんぽう》の改革《かいかく》を始《はじ》める ・厳《きび》しい倹約令《けんやくれい》を出《だ》す ・出《で》かせぎの農民《のうみん》たちを農村《のうそん》へ帰《かえ》らせた ・江戸《えど》や大阪周辺《おおさかしゅうへん》の大名《だいみょう》の領地《りょうち》を幕府《ばくふ》のものにしようとしたが、大名《だいみょう》の反対《はんたい》により失敗《しっぱい》 →人々《ひとびと》の反感《はんかん》をまねき改革《かいかく》は失敗《しっぱい》に終《お》わった

文化《ぶんか》／産業《さんぎょう》

◆五街道《ごかいどう》の発達《はったつ》

・街道《かいどう》の要所《ようしょ》には関所《せきしょ》が置《お》かれた No.112

・街道《かいどう》ぞいには宿場町《しゅくばまち》が発達《はったつ》した No.111 No.113

◆学問《がくもん》の発達《はったつ》

・蘭学《らんがく》（西洋《せいよう》の学問《がくもん》）の発達《はったつ》
… オランダを通《つう》じてもたらされた西洋《せいよう》の学問《がくもん》
→杉田玄白《すぎたげんぱく》・前野良沢《まえのりょうたく》らが『解体新書《かいたいしんしょ》』を著《あらわ》す No.107

・国学《こくがく》の発達《はったつ》
… 儒教《じゅきょう》や仏教《ぶっきょう》が伝《つた》わる以前《いぜん》の日本人《にほんじん》の考《かんが》え方《かた》を研究《けんきゅう》する学問《がくもん》
→本居宣長《もとおりのりなが》が『古事記伝《こじきでん》』を著《あらわ》す No.108

・エレキテルの製作《せいさく》…平賀源内《ひらがげんない》

・日本地図《にほんちず》の作成《さくせい》…伊能忠敬《いのうただたか》 No.109

・各地《かくち》に寺子屋《てらこや》が広《ひろ》まる
… 子《こ》どもたちに「読《よ》み・書《か》き・そろばん」などを教《おし》えた No.114

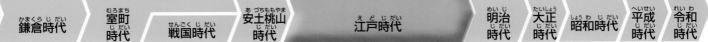

地図《ちず》で確認《かくにん》！

●五街道《ごかいどう》の発達《はったつ》

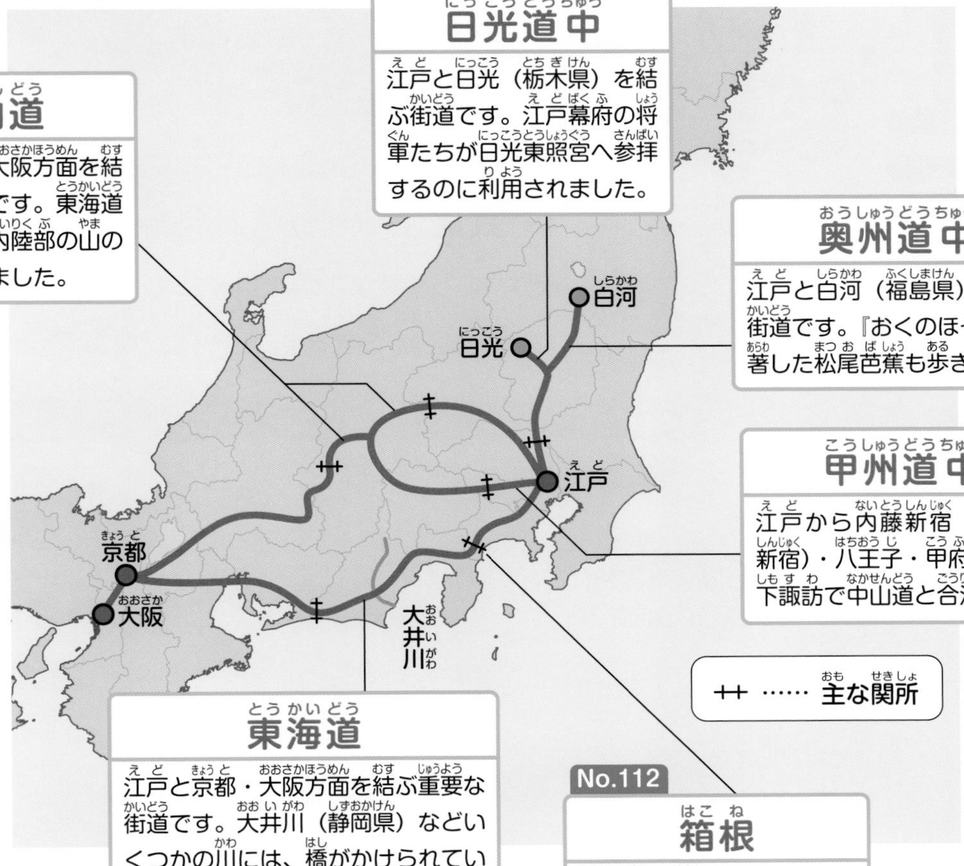

日光道中《にっこうどうちゅう》

江戸《えど》と日光《にっこう》（栃木県《とちぎけん》）を結《むす》ぶ街道《かいどう》です。江戸幕府《えどばくふ》の将《しょう》軍《ぐん》たちが日光東照宮《にっこうとうしょうぐう》へ参拝《さんぱい》するのに利用《りよう》されました。

中山道《なかせんどう》

江戸《えど》と京都《きょうと》・大阪方面《おおさかほうめん》を結《むす》ぶ重要《じゅうよう》な街道《かいどう》です。東海道《とうかいどう》とは異《こと》なり、内陸部《ないりくぶ》の山《やま》の中《なか》を通《とお》っていました。

奥州道中《おうしゅうどうちゅう》

江戸《えど》と白河《しらかわ》（福島県《ふくしまけん》）を結《むす》ぶ街道《かいどう》です。『おくのほそ道』を著《あらわ》した松尾芭蕉《まつおばしょう》も歩《ある》きました。

甲州道中《こうしゅうどうちゅう》

江戸《えど》から内藤新宿《ないとうしんじゅく》（現在《げんざい》の新宿《しんじゅく》）・八王子《はちおうじ》・甲府《こうふ》を経《へ》て、下諏訪《しもすわ》で中山道《なかせんどう》と合流《ごうりゅう》します。

これらの街道《かいどう》は、大名《だいみょう》たちの参勤交代《さんきんこうたい》や、年貢米《ねんぐまい》の輸《ゆ》送《そう》などに利用《りよう》されたことで発達《はったつ》したんだよ。

東海道《とうかいどう》

江戸《えど》と京都《きょうと》・大阪方面《おおさかほうめん》を結《むす》ぶ重要《じゅうよう》な街道《かいどう》です。大井川《おおいがわ》（静岡県《しずおかけん》）などいくつかの川《かわ》には、橋《はし》がかけられていませんでした。橋《はし》がなかったことで、幕府《ばくふ》の敵《てき》が江戸《えど》に攻《せ》めこみにくくなりました。

No.112

箱根《はこね》

東海道《とうかいどう》の関所《せきしょ》がありました。温泉地《おんせんち》としても有名《ゆうめい》です。

史料《しりょう》で確認《かくにん》！

寛政《かんせい》の改革《かいかく》への批判《ひはん》

白河《しらかわ》の　清《きよ》きに魚《うお》の　すみかねて

　　もとのにごりの　田沼恋《たぬまこい》しき

⬆これは、白河藩《しらかわはん》(福島県《ふくしまけん》)出身《しゅっしん》の松平定信《まつだいらさだのぶ》の政治《せいじ》があまりにも厳《きび》しすぎたため、「田沼《たぬま》意次《おきつぐ》のころの方《ほう》が（不正《ふせい》をはたらく役人《やくにん》はいたけれど）くらしやすかった」と皮肉《ひにく》ったものです。

大塩平八郎《おおしおへいはちろう》の言葉《ことば》（大塩《おおしお》の乱《らん》・1837年）　No.110

…　近《ちか》ごろは、ますます米《こめ》の値段《ねだん》が上《あ》がり、大阪町奉行《おおさかまちぶぎょう》や役人《やくにん》たちは勝手《かって》な政治《せいじ》を行《おこな》っている。　…　ここにいたって、隠居中《いんきょちゅう》のわれわれはもはや忍耐《にんたい》することはできず、　…　天下《てんか》のためを思《おも》い、一《いち》族《ぞく》に罪《つみ》がおよぶことも覚悟《かくご》のうえで、　…　民衆《みんしゅう》を苦《くる》しめている役《やく》人《にん》をまずたおし、続《つづ》いておごりたかぶっている大阪《おおさか》の大商人《だいしょうにん》たちをたおすつもりでいる。　…

⬆天保《てんぽう》のききんで苦《くる》しむ人々《ひとびと》を救《すく》おうとしなかった幕府《ばくふ》の役人《やくにん》たちに対《たい》する、大塩平八郎《おおしおへいはちろう》の怒《いか》りが読《よ》みとれます。

江戸《えど》時代《じだい》③のポイントチェック

❶ 18世紀後半《せいきこうはん》に江戸幕府《えどばくふ》の老中《ろうじゅう》となり、商業《しょうぎょう》を重視《じゅうし》した政治《せいじ》を行《おこな》った人物《じんぶつ》はだれでしょう。〔　　　〕

❷ 18世紀末《せいきまつ》に江戸幕府《えどばくふ》の老中《ろうじゅう》となり、寛政《かんせい》の改革《かいかく》を行《おこな》った人物《じんぶつ》はだれでしょう。〔　　　〕

❸ 19世紀中《せいきなか》ごろに江戸幕府《えどばくふ》の老中《ろうじゅう》となり、天保《てんぽう》の改革《かいかく》を行《おこな》った人物《じんぶつ》はだれでしょう。〔　　　〕

❹ 江戸時代《えどじだい》の五街道《ごかいどう》のうち、江戸《えど》と京都《きょうと》・大阪方面《おおさかほうめん》を結《むす》んだ街道《かいどう》を2つ答《こた》えましょう。〔　　　〕

❺ 儒教《じゅきょう》や仏教《ぶっきょう》が伝《つた》わる以前《いぜん》の日本人《にほんじん》の考《かん》え方《かた》などを研究《けんきゅう》する学問《がくもん》を何《なん》というでしょう。〔　　　〕

答《こた》え　❶ 田沼意次《たぬまおきつぐ》　❷ 松平定信《まつだいらさだのぶ》　❸ 水野忠邦《みずのただくに》　❹ 東海道《とうかいどう》・中山道《なかせんどう》　❺ 国学《こくがく》

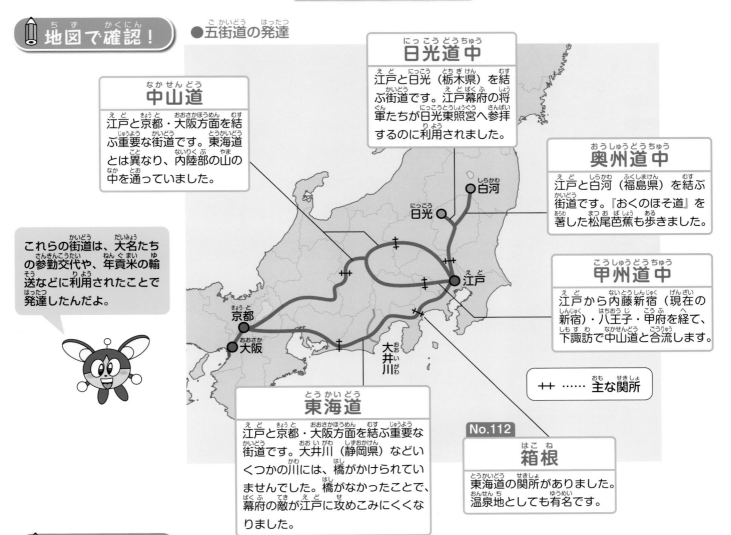

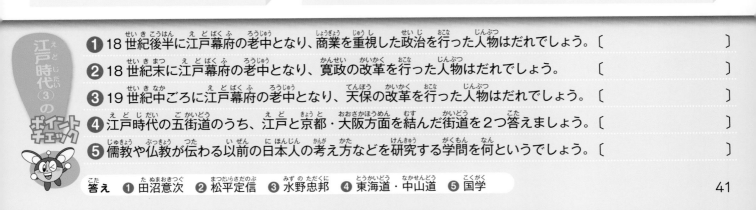

江《え》戸《ど》時代《じだい》④

重要人物《じゅうようじんぶつ》

ペリー

坂本竜馬《さかもとりょうま》

重要事項《じゅうようじこう》

- ペリーの来航《らいこう》と開国《かいこく》
- 日米修好通商条約《にちべいしゅうこうつうしょうじょうやく》（1858 年）
- 薩長同盟《さっちょうどうめい》（1866 年）
- 大政奉還《たいせいほうかん》（1867 年）

18 世紀末《せいきまつ》から、鎖国中《さこくちゅう》の日本《にほん》に外国船《がいこくせん》が来航《らいこう》し開国《かいこく》を求《もと》めるようになりました。アメリカから来航《らいこう》したペリーは強《つよ》い態度《たいど》で開国《かいこく》をせまり、幕《ばく》府《ふ》はやむなく要求《ようきゅう》に従《したが》いました。しかし、開国《かいこく》によって世《よ》の中《なか》は混乱《こんらん》し、倒幕運動《とうばくうんどう》が高《たか》まる中《なか》、江戸幕府《えどばくふ》は政権《せいけん》を朝廷《ちょうてい》に返《かえ》し、滅亡《めつぼう》しました。

時代《じだい》	年《ねん》	政治《せいじ》／外交《がいこう》	文化《ぶんか》／産業《さんぎょう》
江《え》戸《ど》時《じ》代《だい》	1792	ロシアのラクスマンが根室《ねむろ》に来航《らいこう》する ◆外国船《がいこくせん》の来航《らいこう》 ・鎖国中《さこくちゅう》の日本《にほん》に外国船《がいこくせん》がたびたび訪《おとず》れ、開国《かいこく》を求《もと》めるようになる	◆化政文化《かせいぶんか》が栄《さか》える … 江戸《えど》の町人《ちょうにん》を中心《ちゅうしん》とした文化《ぶんか》 ・浮世絵《うきよえ》の発達《はったつ》 『富嶽三十六景《ふがくさんじゅうろっけい》』 No.121 … 葛飾北斎《かつしかほくさい》 『東海道五十三次《とうかいどうごじゅうさんつぎ》』 No.122 … 歌川《うたがわ》（安藤《あんどう》）広重《ひろしげ》 ・文学《ぶんがく》の発達《はったつ》 『東海道中膝栗毛《とうかいどうちゅうひざくりげ》』… 十返舎一九《じっぺんしゃいっく》 『南総里見八犬伝《なんそうさとみはっけんでん》』… 滝沢馬琴《たきざわばきん》
	1825	外国船《がいこくせん》（異国船《いこくせん》）打払令《うちはらいれい》を出《だ》す … 外国船《がいこくせん》を追《お》い払《はら》う	
	1839	蛮社《ばんしゃ》の獄《ごく》が起《お》こる … 幕府《ばくふ》の鎖国政策《さこくせいさく》を批判《ひはん》した蘭学者《らんがくしゃ》高野長英《たかのちょうえい》や渡辺崋山《わたなべかざん》らが処罰《しょばつ》される	
	1853	ペリーが浦賀《うらが》に来航《らいこう》し開国《かいこく》を求《もと》める No.118	
	1854	ペリーが再来航《さいらいこう》し、幕府《ばくふ》と日米和親条約《にちべいわしんじょうやく》を結《むす》ぶ …下田《しもだ》と函館《はこだて》を開港《かいこう》し、外国船《がいこくせん》に燃料《ねんりょう》などを補給《ほきゅう》する ↓ 開国《かいこく》（鎖国《さこく》の終了《しゅうりょう》）	
	1858	日米修好通商条約《にちべいしゅうこうつうしょうじょうやく》を結《むす》ぶ ・函館《はこだて》のほかに神奈川《かながわ》（横浜《よこはま》）・新潟《にいがた》・兵庫《ひょうご》（神戸《こうべ》）・長崎《ながさき》を開港《かいこう》し、貿易《ぼうえき》を始《はじ》める（下田《しもだ》は閉鎖《へいさ》） ・日本側《にほんがわ》が不利《ふり》な不平等条約《ふびょうどうじょうやく》だった	吉田松陰《よしだしょういん》が松下村塾《しょうかそんじゅく》の主宰者《しゅさいしゃ》となる No.115 …安政《あんせい》の大獄《たいごく》で処刑《しょけい》されたが長州藩《ちょうしゅうはん》（山口県《やまぐちけん》）の倒幕運動《とうばくうんどう》に大《おお》きな影響《えいきょう》をあたえた
	1858	安政《あんせい》の大獄《たいごく》が始《はじ》まる … 大老《たいろう》井伊直弼《いいなおすけ》が反対派《はんたいは》を処罰《しょばつ》する	
	1860	桜田門外《さくらだもんがい》の変《へん》が起《お》こる … 井伊直弼《いいなおすけ》が暗殺《あんさつ》される	勝海舟《かつかいしゅう》が咸臨丸《かんりんまる》で太平洋横断《たいへいようおうだん》に成功《せいこう》する No.117
	1866	坂本竜馬《さかもとりょうま》の仲介《ちゅうかい》により薩長同盟《さっちょうどうめい》が成立《せいりつ》する No.116 No.119 →倒幕運動《とうばくうんどう》が高《たか》まる	
	1867	15 代将軍《だいしょうぐん》徳川慶喜《とくがわよしのぶ》が大政奉還《たいせいほうかん》を行《おこな》う … 政権《せいけん》を朝廷《ちょうてい》に返《かえ》し、江戸幕府《えどばくふ》が滅亡《めつぼう》する No.120	

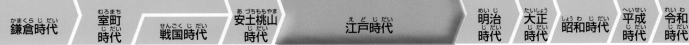

地図《ちず》で確認《かくにん》！

函館《はこだて》
日米和親条約《にちべいわしんじょうやく》で開港《かいこう》されました。

根室《ねむろ》
ロシアのラクスマンが日《に》本人《ほんじん》の漂流民大黒屋光太《ひょうりゅうみんだいこくやこうだ》夫《ゆう》をともなって来航《らいこう》し、通商《つうしょう》を求《もと》めました。

No.119
長州藩《ちょうしゅうはん》
薩摩藩《さつまはん》と薩長同盟《さっちょうどうめい》を結《むす》び、倒幕運動《とうばくうんどう》の中《ちゅう》心《しん》となりました。

新潟《にいがた》
日米修好通商条約《にちべいしゅうこうつうしょうじょうやく》で開港《かいこう》されました。

No.115
萩《はぎ》
吉田松陰《よしだしょういん》の松下村塾《しょうかそんじゅく》がありました。

横浜《よこはま》
再来航《さいらいこう》したペリーが上陸《じょうりく》した場所《ばしょ》です。その後《ご》、日米修好《にちべいしゅうこう》通商条約《つうしょうじょうやく》で開港《かいこう》されました。

長崎《ながさき》
日米修好通商条約《にちべいしゅうこうつうしょうじょうやく》で開港《かいこう》されました。

No.118
浦賀《うらが》

ペリーが、アメリカ大統《だいとう》領《りょう》の手紙《てがみ》をもって来航《らいこう》し、開国《かいこく》を求《もと》めました。

No.119
薩摩藩《さつまはん》
長州藩《ちょうしゅうはん》と薩長同盟《さっちょうどうめい》を結《むす》び、倒幕運動《とうばくうんどう》の中《ちゅう》心《しん》となりました。

神戸《こうべ》
日米修好通商条約《にちべいしゅうこうつうしょうじょうやく》で開港《かいこう》されました。

下田《しもだ》
日米和親条約《にちべいわしんじょうやく》で開港《かいこう》され、アメリカ領事《りょうじ》館《かん》が置《お》かれました。

史料《しりょう》で確認《かくにん》！

黒船《くろふね》の来航《らいこう》（1853年） No.118

泰平《たいへい》の　ねむりをさます　上喜撰《じょうきせん》(蒸気船《じょうきせん》)
たった四《し》はい(四《よん》せき)で
夜《よる》もねむれず

⬆これは、ペリーの乗《の》ってきた蒸気船《じょうきせん》(黒船《くろふね》)を、「上喜撰《じょうきせん》」という高級茶《こうきゅうちゃ》に引《ひ》っかけ、たった4せきの黒船《くろふね》で大《おお》さわぎしている人々《ひとびと》を風刺《ふうし》したものです。

日米修好通商条約《にちべいしゅうこうつうしょうじょうやく》（1858年）

第《だい》3条《じょう》　下田《しもだ》・函館《はこだて》のほか、次《つぎ》の港《みなと》を開《ひら》くこと。
神奈川《かながわ》(横浜《よこはま》)　長崎《ながさき》　新潟《にいがた》　兵庫《ひょうご》(神戸《こうべ》)

第《だい》6条《じょう》　日本人《にほんじん》に対《たい》して罪《つみ》をおかしたアメリカ人《じん》は、アメリカの法律《ほうりつ》によって罰《ばっ》すること。アメリカ人《じん》に対《たい》して罪《つみ》をおかした日本人《にほんじん》は、日本《にほん》の法律《ほうりつ》によって罰《ばっ》すること。

⬆この条約《じょうやく》では、日本《にほん》で罪《つみ》をおかしたアメリカ人《じん》を日本《にほん》の法律《ほうりつ》で裁《さば》くことができなかった(領事裁判権《りょうじさいばんけん》(治外法権《ちがいほうけん》)を認《みと》めた)点《てん》や、日本《にほん》が外国《がいこく》からの輸入品《ゆにゅうひん》に自由《じゆう》に関税《かんぜい》をかけられなかった(関税自主権《かんぜいじしゅけん》がなかった)点《てん》が、日本《にほん》に不利《ふり》でした。

江《え》戸《ど》時《じ》代《だい》④のポイントチェック

❶ 18世紀末《せいきまつ》に日本人《にほんじん》の漂流民大黒屋光太夫《ひょうりゅうみんだいこくやこうだゆう》をともない根室《ねむろ》に来航《らいこう》したロシア使節《しせつ》はだれでしょう。〔　　〕

❷ 江戸幕府《えどばくふ》が1825年に出《だ》した、外国船《がいこくせん》を追《お》い払《はら》う命令《めいれい》を何《なん》というでしょう。〔　　〕

❸ 1854年にペリーと江戸幕府《えどばくふ》の間《あいだ》で結《むす》ばれ、日本《にほん》が開国《かいこく》することになった条約《じょうやく》は何《なん》でしょう。〔　　〕

❹ 1858年に日本《にほん》とアメリカの間《あいだ》で結《むす》ばれた、通商《つうしょう》のための条約《じょうやく》は何《なん》でしょう。〔　　〕

❺ ❹の条約《じょうやく》を結《むす》び、安政《あんせい》の大獄《たいごく》で反対派《はんたいは》を処罰《しょばつ》しましたが、桜田門外《さくらだもんがい》の変《へん》で暗殺《あんさつ》された人物《じんぶつ》はだれでしょう。〔　　〕

❻ 1867年に大政奉還《たいせいほうかん》を行《おこな》い、政権《せいけん》を朝廷《ちょうてい》に返《かえ》した、江戸幕府最後《えどばくふさいご》の将軍《しょうぐん》はだれでしょう。〔　　〕

答《こた》え　❶ ラクスマン　❷ 外国船《がいこくせん》(異国船《いこくせん》)打払令《うちはらいれい》　❸ 日米和親条約《にちべいわしんじょうやく》　❹ 日米修好通商条約《にちべいしゅうこうつうしょうじょうやく》　❺ 井伊直弼《いいなおすけ》　❻ 徳川慶喜《とくがわよしのぶ》

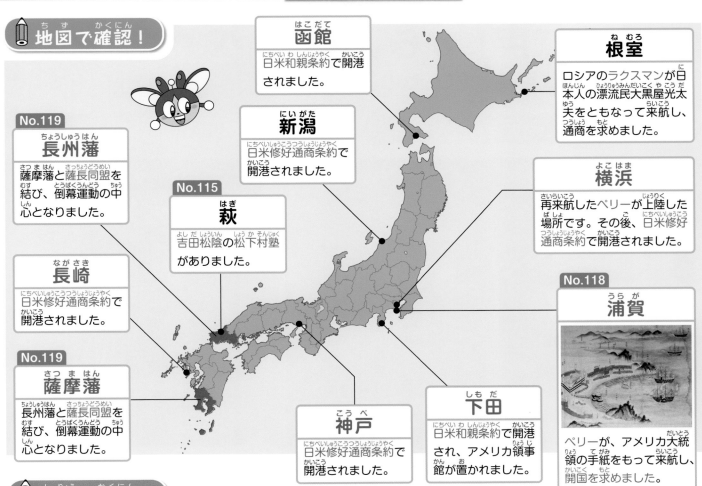

歴史《れきし》スコープ

「江戸《えど》」から「東京《とうきょう》」へ①
～江戸時代《えどじだい》の人々《ひとびと》の暮《く》らし～

江戸《えど》は「将軍《しょうぐん》のおひざもと」

国立国会図書館所蔵

江戸時代《えどじだい》になると大《おお》きな戦乱《せんらん》もなくなり、世《よ》の中《なか》が安定《あんてい》するようになったため、各地《かくち》で都市《とし》が発達《はったつ》しました。幕府《ばくふ》が置《お》かれ「将軍《しょうぐん》のおひざもと」とよばれた江戸《えど》には、参勤交代《さんきんこうたい》でやって来《き》た各地《かくち》の大名《だいみょう》と、その妻子《さいし》や家来《けらい》たちが集《あつ》まっていました。大通《おおどお》りにはさまざまな品物《しなもの》を売《う》る商店《しょうてん》が並《なら》び、たくさんの町人《ちょうにん》でにぎわっていました。

江戸時代《えどじだい》は「満月《まんげつ》」の日《ひ》が休日《きゅうじつ》だった？

江戸時代《えどじだい》、日本《にほん》の暦《こよみ》は「月《つき》」の満《み》ち欠《か》けをもとに決《き》められていました。新月《しんげつ》の日《ひ》を１日として、三日月《みかづき》の日《ひ》が３日、満月《まんげつ》(十五夜《じゅうごや》)の日《ひ》が 15 日というように日付《ひづけ》を数《かぞ》えました。そして、新月《しんげつ》から満《まん》月《げつ》になり、再《ふたた》び新月《しんげつ》にもどるまでの約《やく》30 日間《にちかん》が１つの「月《つき》」とされました。この暦《こよみ》では、現在《げんざい》のような「曜日《ようび》」はなく、主《おも》に、新月《しんげつ》の日《ひ》(１日)と満月《まんげつ》の日《ひ》(15 日)が休日《きゅうじつ》とされていました。

昔《むかし》の暦《こよみ》（旧暦《きゅうれき》）での月《つき》のよび名《な》

1月	睦月《むつき》	5月	皐月《さつき》	9月	長月《ながつき》
2月	如月《きさらぎ》	6月	水無月《みなづき》	10月	神無月《かんなづき》
3月	弥生《やよい》	7月	文月《ふみづき》	11月	霜月《しもつき》
4月	卯月《うづき》	8月	葉月《はづき》	12月	師走《しわす》

「お八《や》つ」の時間《じかん》ですよ！

江戸時代《えどじだい》には、暦《こよみ》だけでなく、時刻《じこく》の数《かぞ》え方《かた》も現在《げんざい》とは異《こと》なっていました。１日は 12 の刻《こく》(時間《じかん》)に分《わ》けられ、それぞれの刻《こく》に十二支《じゅうにし》を当《あ》てはめて数《かぞ》えました。例《たと》えば、「うし(丑《うし》)」の刻《こく》は、現在《げんざい》の午前《ごぜん》１時～３時ごろになります。このほか、12 の刻《こく》に四《よん》～九《きゅう》の数字《すうじ》をあてはめて数《かぞ》えることもありました。この数《かぞ》え方《かた》では「九《ここの》つ」が現在《げんざい》の 11 時～１時ごろ、「八《や》つ」が１時～３時ごろになります。現在《げんざい》でも使《つか》われている「おやつ」という言葉《ことば》は、江戸時代《えどじだい》の人々《ひとびと》が、「八《や》つ」のころに間食《かんしょく》をとっていたことからきています。

江戸時代《えどじだい》の時刻《じこく》の表《あらわ》し方《かた》

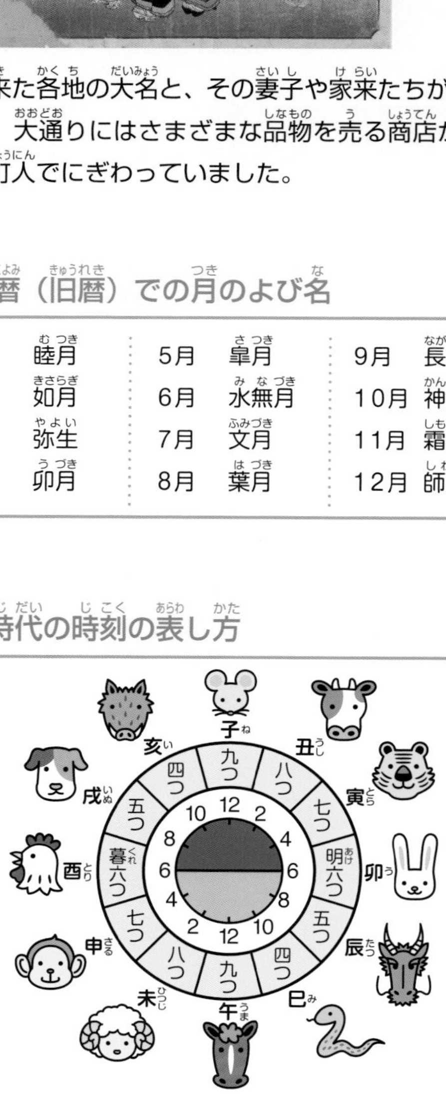

歴史《れきし》スコープ

「江戸《えど》」から「東京《とうきょう》」へ②

～明治時代《めいじじだい》の人々《ひとびと》の暮《く》らし～

「東京《とうきょう》」は文明開化《ぶんめいかいか》の中心地《ちゅうしんち》！

江戸東京博物館所蔵

1868年（明治元年《めいじがんねん》）、江戸《えど》が東京《とうきょう》と改《あらた》められました。明《めい》治時代《じじだい》には、政府《せいふ》が西洋《せいよう》の技術《ぎじゅつ》や文化《ぶんか》を積極的《せっきょくてき》に取《と》り入《い》れたため、東京《とうきょう》のまちなみの様子《ようす》も次第《しだい》に変化《へんか》するようになりました。上《うえ》の絵《え》は明治時代初期《めいじじだいしょき》のころの銀座《ぎんざ》（東京《とうきょう》）の大《おお》通《どお》りの様子《ようす》をえがいたものです。レンガ造《づく》りの西洋風《せいようふう》の建《たて》物《もの》、レンガで舗装《ほそう》された道路《どうろ》、ガス灯《とう》、乗合馬車《のりあいばしゃ》、人力車《じんりきしゃ》、洋服《ようふく》を着《き》てこうもりがさをさして歩《ある》く女性《じょせい》などがえがかれ、当時《とうじ》の「文明開化《ぶんめいかいか》」の様子《ようす》をうかがうことができます。

「日曜日《にちようび》」はお休《やす》みだよ！

江戸時代《えどじだい》までの日本《にほん》では、月《つき》の満《み》ち欠《か》けを基準《きじゅん》とした暦《こよみ》が使《つか》われていました。しかし、西洋《せいよう》の国々《くにぐに》の多《おお》くは、月《つき》ではなく太陽《たいよう》を基準《きじゅん》とした「太陽暦《たいようれき》」を採用《さいよう》していました。そのため明治政《めいじせい》府《ふ》は1872年、それまでの暦《こよみ》を廃止《はいし》して太陽暦《たいようれき》を採用《さいよう》することを決定《けってい》しました。そして、その年《とし》の12月3日を1873年の1月1日として、日本《にほん》でも太陽暦《たいようれき》がスタートしたのです。その後《ご》まもなく1週間《しゅうかん》を7日として7つの「曜日《ようび》」をもうけ、日曜日《にちようび》を休日《きゅうじつ》とすることも決《き》められました。

小学校《しょうがっこう》ができたよ！

明治時代《めいじじだい》には全国《ぜんこく》に小学校《しょうがっこう》がつくられ、欧米諸国《おうべいしょこく》の教育方法《きょういくほうほう》を取《と》り入《い》れた授《じゅ》業《ぎょう》が行《おこな》われるようになりました。小学校《しょうがっこう》では寺子屋《てらこや》とは異《こと》なる「一斉授業《いっせいじゅぎょう》」の形《けい》式《しき》がとられ、子《こ》どもたちは黒板《こくばん》に向《む》かって並《なら》べられた机《つくえ》につき、全員《ぜんいん》が同《おな》じ内《ない》容《よう》の授業《じゅぎょう》を受《う》けました。

また、太陽暦《たいようれき》がいち早《はや》く導入《どうにゅう》されたのも小学校《しょうがっこう》でした。文部省《もんぶしょう》は「日曜《にちよう》休日制《きゅうじつせい》」を定《さだ》め、日曜日《にちようび》には学校《がっこう》を休《やす》みにしました。こうすることで、子《こ》どもたちを通《つう》じて「新《あたら》しい暦《こよみ》にあわせて生活《せいかつ》する習慣《しゅうかん》」を、人々《ひとびと》の間《あいだ》に広《ひろ》めようとしたのです。

東書文庫所蔵

明《めい》治《じ》 時代《じだい》①

重要人物《じゅうようじんぶつ》

重要事項《じゅうようじこう》

- 戊辰戦争《ぼしんせんそう》（1868～69年）
- 五箇条《ごかじょう》の御誓文《ごせいもん》（1868年）
- 廃藩置県《はいはんちけん》（1871年）
- 徴兵令《ちょうへいれい》（1873年）
- 地租改正《ちそかいせい》（1873年）
- 西南戦争《せいなんせんそう》（1877年）

江戸幕府《えどばくふ》の滅亡後《めつぼうご》、薩摩藩《さつまはん》や長州藩《ちょうしゅうはん》の出身者《しゅっしんしゃ》を中心《ちゅうしん》として明治政府《めいじせいふ》がつくられました。明治政府《めいじせいふ》は西洋《せいよう》の近代的《きんだいてき》な制度《せいど》や技術《ぎじゅつ》を積極的《せっきょくてき》に取《と》り入《い》れ、さまざまな改革《かいかく》を進《すす》めました。しかし、士族《しぞく》（かつての武士《ぶし》）の中《なか》には政府《せいふ》に不満《ふまん》をもつ者《もの》も多《おお》く、各地《かくち》で反乱《はんらん》や一揆《いっき》が起《お》こりました。

時代《じだい》　年《ねん》　政治《せいじ》／外交《がいこう》

（時代：明《め》治《い》時《じ》代《だい》）

1868 戊辰戦争《ぼしんせんそう》が始《はじ》まる … 明治新政府軍《めいじしんせいふぐん》と旧幕府軍《きゅうばくふぐん》の戦《たたか》い

1868 **五箇条《ごかじょう》の御誓文《ごせいもん》** が出《だ》される No.125

… 明治天皇《めいじてんのう》が政治方針《せいじほうしん》を神《かみ》にちかう No.126

1868 江戸《えど》を東京《とうきょう》と改《あらた》める

1869 版籍奉還《はんせきほうかん》が行《おこな》われる … 全国《ぜんこく》の土地《とち》と人々《ひとびと》を国《くに》のものとする

1869 五稜郭《ごりょうかく》の戦《たたか》い … 戊辰戦争《ぼしんせんそう》が終結《しゅうけつ》する No.127

1871 **廃藩置県《はいはんちけん》** が行《おこな》われる No.124

… 藩《はん》を廃止《はいし》して全国《ぜんこく》を府県《ふけん》に分《わ》け、政府《せいふ》の役人《やくにん》を送《おく》った

1873 **徴兵令《ちょうへいれい》** が出《だ》される

… 20歳以上《さいいじょう》の男子《だんし》に兵役《へいえき》を義務《ぎむ》づけた

1873 **地租改正《ちそかいせい》** が行《おこな》われる No.128

… 全国《ぜんこく》の田畑《たはた》に値段《ねだん》（地価《ちか》）を定《さだ》め、その3%《パーセント》を地主《じぬし》に現金《げんきん》で納税《のうぜい》させるよう税制度《ぜいせいど》を改《あらた》めた

・米《こめ》の収穫高《しゅうかくだか》にかかわらず、毎年安定《まいとしあんてい》した税収入《ぜいしゅうにゅう》を得《え》ることがねらい
　→農民《のうみん》の負担《ふたん》が重《おも》かったため反対一揆《はんたいいっき》が起《お》こった

◆士族《しぞく》の反乱《はんらん》

・明治政府《めいじせいふ》に不満《ふまん》をもつ士族《しぞく》たちが各地《かくち》で反乱《はんらん》を起《お》こすようになる

1877 **西郷隆盛《さいごうたかもり》** が鹿児島《かごしま》で西南戦争《せいなんせんそう》を起《お》こす No.123

… 明治政府《めいじせいふ》をはなれていた西郷《さいごう》が鹿児島《かごしま》の士族《しぞく》たちと反乱《はんらん》を起《お》こすが、政府軍《せいふぐん》の前《まえ》に敗《やぶ》れる

文化《ぶんか》／産業《さんぎょう》

◆「四民平等《しみんびょうどう》」の世《よ》の中《なか》

… 江戸時代《えどじだい》までの身分制度《みぶんせいど》は廃止《はいし》され、四民平等《しみんびょうどう》の世《よ》の中《なか》となった

◆文明開化《ぶんめいかいか》

… 西洋《せいよう》の制度《せいど》や技術《ぎじゅつ》が取《と》り入《い》れられたことで、都市《とし》の様子《ようす》や人々《ひとびと》の生活《せいかつ》が近代化《きんだいか》した

・西洋風《せいようふう》の建物《たてもの》の建築《けんちく》
・ガス灯《とう》の設置《せっち》
・洋食《ようしょく》の流行《りゅうこう》
・太陽暦《たいようれき》の使用《しよう》

福沢諭吉《ふくざわゆきち》 が『学問《がくもん》のすゝ《（す）》め』を著《あらわ》す No.129

◆富国強兵《ふこくきょうへい》と殖産興業《しょくさんこうぎょう》

… 明治政府《めいじせいふ》は「豊《ゆた》かで強《つよ》い国《くに》」をつくることと、「近代的《きんだいてき》な産業《さんぎょう》を発展《はってん》させる」ことを目標《もくひょう》とした

・郵便制度《ゆうびんせいど》の開始《かいし》（1871年）
・**鉄道《てつどう》** の開通《かいつう》（1872年）
・**富岡製糸場《とみおかせいしじょう》** の開業《かいぎょう》（1872年） No.130

地図《ちず》で確認《かくにん》！

明治時代《めいじじだい》は旧江戸幕府軍《きゅうえどばくふぐん》と明治新政府軍《めいじしんせいふぐん》の戦《たたか》いで幕《まく》を開《あ》けたんだね。

鳥羽《とば》・伏見《ふしみ》の戦《たたか》い

京都《きょうと》で起《お》こった、戊辰戦争《ぼしんせんそう》の最初《さいしょ》の戦《たたか》いです。旧幕府軍《きゅうばくふぐん》は人数《にんずう》で大《おお》きく上回《うわまわ》っていましたが、近代化《きんだいか》を進《すす》めていた明治新政府軍《めいじしんせいふぐん》の前《まえ》に敗《やぶ》れました。

No.123

西南戦争《せいなんせんそう》

士族《しぞく》の反乱《はんらん》のうち最大《さいだい》のものです。この戦《たたか》いで西郷隆盛《さいごうたかもり》が明治政府《めいじせいふ》軍《ぐん》に敗《やぶ》れた後《あと》、武力《ぶりょく》による政府《せいふ》への反抗《はんこう》は見《み》られなくなりました。

No.127

五稜郭《ごりょうかく》

函館《はこだて》（北海道《ほっかいどう》）につくられた西洋式《せいようしき》の城《しろ》です。ここで戊辰戦争《ぼしんせんそう》の最後《さいご》の戦《たたか》いが起《お》こりました。

No.130

富岡製糸場《とみおかせいしじょう》

明治政府《めいじせいふ》がフランスの技術《ぎじゅつ》を取《と》り入《い》れて群馬《ぐんま》県《けん》につくった、近代的《きんだいてき》な官営工場《かんえいこうじょう》です。

史料《しりょう》で確認《かくにん》！

五箇条《ごかじょう》の御誓文《ごせいもん》（1868年） No.125 No.126

一、広《ひろ》く会議《かいぎ》を開《ひら》き、何事《なにごと》も人々《ひとびと》の話《はな》し合《あ》いによって決《き》めること。

一、身分《みぶん》が上《うえ》の者《もの》も下《した》の者《もの》もみな心《こころ》を一《ひと》つにし、国《くに》を治《おさ》める政策《せいさく》をさかんに行《おこな》うこと。

一、貴族《きぞく》も武士《ぶし》も一《ひと》つになり庶民《しょみん》にいたるまで、それぞれの志《こころざし》をかなえられるようにし、人々《ひとびと》が自分《じぶん》の生活《せいかつ》に嫌気《いやけ》が差《さ》すことのないようにすること。

一、古《ふる》くからの悪《わる》い習慣《しゅうかん》（外国人《がいこくじん》を追《お》い出《だ》そうとする攘夷運動《じょういうんどう》）を捨《す》て、世界共通《せかいきょうつう》のきまりに従《したが》うこと。

一、知識《ちしき》を外国《がいこく》から積極的《せっきょくてき》に取《と》り入《い》れ、天皇《てんのう》を中心《ちゅうしん》とする国《くに》の基礎《きそ》をおおいにふるい起《お》こすこと。

↑五箇条《ごかじょう》の御誓文《ごせいもん》は、明治天皇《めいじてんのう》が神々《かみがみ》にちかうという形式《けいしき》で発表《はっぴょう》されました。しかし、その翌日《よくじつ》に民衆《みんしゅう》に向《む》けて出《だ》された五榜《ごぼう》の掲示《けいじ》は、一揆《いっき》の禁止《きんし》やキリスト教《きょう》の禁止《きんし》など、江戸幕府《えどばくふ》のころの政策《せいさく》をそのまま受《う》けついだものとなっていました。

明治《めいじ》時代《じだい》①のポイントチェック

❶ 1868年から始《はじ》まった、旧江戸幕府軍《きゅうえどばくふぐん》と明治新政府軍《めいじしんせいふぐん》の戦《たたか》いを何《なん》というでしょう。〔　　　　〕

❷ 1868年に天皇《てんのう》が神《かみ》にちかうという形式《けいしき》で出《だ》された、明治新政府《めいじしんせいふ》の基本方針《きほんほうしん》を何《なん》というでしょう。〔　　　　〕

❸ 1869年に行《おこな》われた、全国《ぜんこく》の土地《とち》と人々《ひとびと》を国《くに》のものとする改革《かいかく》を何《なん》というでしょう。〔　　　　〕

❹ 1871年に行《おこな》われた、全国《ぜんこく》を府県《ふけん》に分《わ》けて政府《せいふ》の役人《やくにん》を送《おく》った改革《かいかく》を何《なん》というでしょう。〔　　　　〕

❺ 1873年に出《だ》された、20歳以上《さいいじょう》の男子《だんし》に兵役《へいえき》の義務《ぎむ》を課《か》す命令《めいれい》を何《なん》というでしょう。〔　　　　〕

❻ 1877年に、西郷隆盛《さいごうたかもり》が鹿児島《かごしま》の士族《しぞく》たちと起《お》こした反乱《はんらん》を何《なん》というでしょう。〔　　　　〕

❼ 学問《がくもん》の大切《たいせつ》さを説《と》いた『学問《がくもん》のすゝ《(す)》め』の著者《ちょしゃ》はだれでしょう。〔　　　　〕

答《こた》え ❶ 戊辰戦争《ぼしんせんそう》 ❷ 五箇条《ごかじょう》の御誓文《ごせいもん》 ❸ 版籍奉還《はんせきほうかん》 ❹ 廃藩置県《はいはんちけん》 ❺ 徴兵令《ちょうへいれい》 ❻ 西南戦争《せいなんせんそう》 ❼ 福沢諭吉《ふくざわゆきち》

明《め》治《いじ》時代《じだい》②

重要人物《じゅうようじんぶつ》

重要事項《じゅうようじこう》
- 自由民権運動《じゆうみんけんうんどう》の始《はじ》まり
- 内閣制度発足《ないかくせいどほっそく》（1885 年）
- 大日本帝国憲法発布《だいにほんていこくけんぽうはっぷ》（1889 年）
- 領事裁判権《りょうじさいばんけん》(治外法権《ちがいほうけん》)の撤廃《てっぱい》(1894年)

明治政府《めいじせいふ》への批判《ひはん》が強《つよ》まる中《なか》、板垣退助《いたがきたいすけ》らを中心《ちゅうしん》として自由民権運動《じゆうみんけんうんどう》が起《お》こると、自由《じゆう》な言論《げんろん》と国会《こっかい》の開設《かいせつ》を求《もと》める声《こえ》が急速《きゅうそく》に高《たか》まり、政府《せいふ》もこれをおさえきれなくなりました。その一方《いっぽう》で、政府《せいふ》は伊藤博文《いとうひろぶみ》を中心《ちゅうしん》として大日本帝国憲法《だいにほんていこくけんぽう》を制定《せいてい》し、その翌年《よくとし》には最初《さいしょ》の国会《こっかい》を開《ひら》きました。

時代《じだい》	年《ねん》	政治《せいじ》／外交《がいこう》	文化《ぶんか》／産業《さんぎょう》
明《め》治《い》時《じ》代《だい》	1874	板垣退助《いたがきたいすけ》 らが政府《せいふ》に民撰議院設立《みんせんぎいんせつりつ》の建白書《けんぱくしょ》を提出《ていしゅつ》 No.131 … 明治政府《めいじせいふ》を批判《ひはん》し、自由《じゆう》な言論《げんろん》と国会《こっかい》の開設《かいせつ》を求《もと》める ↓ 自由民権運動《じゆうみんけんうんどう》 が起《お》こる … 政府《せいふ》は新聞紙条例《しんぶんしじょうれい》や集会条例《しゅうかいじょうれい》などを出《だ》して厳《きび》しく取《と》りしまるが、運動《うんどう》の高《たか》まりを無視《むし》できなくなる	北海道《ほっかいどう》に屯田兵《とんでんへい》が置《お》かれる … 北海道《ほっかいどう》の防衛《ぼうえい》と開拓《かいたく》にあたる No.138
	1881	国会開設《こっかいかいせつ》の詔《みことのり》が出《だ》される … 政府《せいふ》が国会《こっかい》を開《ひら》くことを約束《やくそく》	
	1881	板垣退助《いたがきたいすけ》らが 自由党《じゆうとう》 を結成《けっせい》する No.131	
	1882	大隈重信《おおくましげのぶ》 らが立憲改進党《りっけんかいしんとう》を結成《けっせい》する No.132	鹿鳴館《ろくめいかん》 の完成《かんせい》（1883 年） No.137 … 日本《にほん》の近代化《きんだいか》を欧米《おうべい》の人々《ひとびと》に示《しめ》し、条約改正《じょうやくかいせい》を有利《ゆうり》に進《すす》めようとするが失敗《しっぱい》に終《お》わる
	1884	秩父事件《ちちぶじけん》が起《お》こる … 埼玉《さいたま》の農民《のうみん》が暴動《ぼうどう》を起《お》こす	
	1885	伊藤博文《いとうひろぶみ》 が初代内閣総理大臣《しょだいないかくそうりだいじん》になる No.133	
	1886	ノルマントン号事件《ごうじけん》が起《お》こる … イギリス人《じん》の船長《せんちょう》が、遭難《そうなん》した日本人《にほんじん》の乗客《じょうきゃく》 25 人《にん》を見殺《みごろ》しにしたが、軽《かる》い罪《つみ》にしか問《と》われなかった → 領事裁判権《りょうじさいばんけん》（治外法権《ちがいほうけん》）の撤廃《てっぱい》を求《もと》める声《こえ》が高《たか》まる	
	1889	大日本帝国憲法《だいにほんていこくけんぽう》 の発布《はっぷ》（2 月 11 日） No.136 … 君主《くんしゅ》の権力《けんりょく》が強《つよ》かったドイツ（プロイセン）の憲法《けんぽう》を手本《てほん》とし、天皇《てんのう》を主権者《しゅけんしゃ》とした	東海道線《とうかいどうせん》の全通《ぜんつう》（1889 年）
	1890	第一回衆議院議員総選挙《だいいっかいしゅうぎいんぎいんそうせんきょ》が行《おこな》われる … 直接国税《ちょくせつこくぜい》を 15 円以上《えんいじょう》おさめている 25 歳以上《さいいじょう》の男子《だんし》のみに選挙権《せんきょけん》があたえられた（総人口《そうじんこう》の約《やく》 1.1 %《パーセント》）	
	1890	第一回帝国議会《だいいっかいていこくぎかい》が開《ひら》かれる	
	1894	陸奥宗光《むつむねみつ》 が領事裁判権《りょうじさいばんけん》（治外法権《ちがいほうけん》）の撤廃《てっぱい》に成功《せいこう》する No.135	樋口一葉《ひぐちいちよう》 が『たけくらべ』を発表《はっぴょう》する No.134

板垣退助《いたがきたいすけ》や大隈重信《おおくましげのぶ》は、もともと明治政府《めいじせいふ》にいたんだけど、意見《いけん》の対立《たいりつ》から政府《せいふ》をはなれたんだよ。

江戸幕府《えどばくふ》が欧米諸国《おうべいしょこく》と結《むす》んだ不平等条約《ふびょうどうじょうやく》を改正《かいせい》することも、明治政府《めいじせいふ》の大《おお》きな目標《もくひょう》だったのよ。

地図《ちず》で確認《かくにん》！

No.138

北海道《ほっかいどう》

明治政府《めいじせいふ》によって開拓使《かいたくし》が置《お》かれ、本格的《ほんかくてき》な開発《かいはつ》が始《はじ》まりました。明治時代《めいじじだい》には多《おお》くの士族《しぞく》が屯田兵《とんでんへい》として北海道《ほっかいどう》にわたりました。

秩父事件《ちちぶじけん》

明治政府《めいじせいふ》の政策《せいさく》の影響《えいきょう》で生《せい》活《かつ》が苦《くる》しくなった埼玉県《さいたまけん》の農民《のうみん》たちが、地元《じもと》の旧自由《きゅうじゆう》党員《とういん》らの指導《しどう》のもとに暴動《ぼうどう》を起《お》こしました。

ノルマントン号事件《ごうじけん》

紀伊半島《きいはんとう》の沖《おき》でイギリス船《せん》が遭難《そうなん》し、日本人《にほんじん》の乗客《じょうきゃく》が見殺《みごろ》しにされました。しかし、日本《にほん》は領事裁判《りょうじさいばん》権《けん》（治外法権《ちがいほうけん》）を認《みと》めていたため、イギリス人《じん》の船長《せんちょう》を日本《にほん》の法律《ほうりつ》で裁《さば》くことができず、イギリス人《じん》による裁判《さいばん》の結果《けっか》、船長《せんちょう》は軽《かる》い罪《つみ》にしか問《と》われませんでした。この事《じ》件《けん》をきっかけに、日本《にほん》では領事裁《りょうじさい》判権《ばんけん》（治外法権《ちがいほうけん》）の撤廃《てっぱい》を求《もと》める声《こえ》が高《たか》まりました。

No.137

鹿鳴館《ろくめいかん》

東京《とうきょう》の日比谷《ひびや》につくられた西洋風《せいようふう》の建物《たてもの》です。日本《にほん》の近代化《きんだいか》を示《しめ》すために、欧米《おうべい》の人々《ひとびと》をまねいて舞踏会《ぶとうかい》が開《ひら》かれました。

史料《しりょう》で確認《かくにん》！

民撰議院設立《みんせんぎいんせつりつ》の建白書《けんぱくしょ》（1874年） No.131

わたしたちが見《み》たところ、現在《げんざい》、政権《せいけん》は天皇《てんのう》にもなく、民衆《みんしゅう》にもない。ただ一部《いちぶ》の役人《やくにん》が独占《どくせん》している。　…　政府《せいふ》の法令《ほうれい》はすぐに変《か》わり、政治方針《せいじほうしん》は一定《いってい》していない。　…　言論《げんろん》の道《みち》もふさがれており、苦《くる》しさを訴《うった》えることもできない。　…　これを救《すく》う道《みち》は、ただ世論《せろん》(世《よ》の中《なか》の人々《ひとびと》の意見《いけん》)を尊重《そんちょう》し、公平《こうへい》な議論《ぎろん》を行《おこな》うほかにない。そのためには、民撰議院《みんせんぎいん》(国民《こくみん》から選《えら》ばれた代表者《だいひょうしゃ》による議会《ぎかい》・国会《こっかい》)を開《ひら》くほかにはない。　…

大日本帝国憲法《だいにほんていこくけんぽう》（1889年） No.136

第一条《だいいちじょう》　大日本帝国《だいにほんていこく》ハ万世一系《ばんせいいっけい》ノ天皇之《てんのうこれ》ヲ統治《とうち》ス
(日本《にほん》は、途絶《とだ》えることなくその地位《ちい》が受《う》け継《つ》がれてきた天皇《てんのう》が治《おさ》める国《くに》である)

第三条《だいさんじょう》　天皇《てんのう》ハ神聖《しんせい》ニシテ侵《おか》スベカラズ
(天皇《てんのう》は神《かみ》のような存在《そんざい》であり、決《けっ》して侵《おか》してはいけない)

⬆大日本帝国憲法《だいにほんていこくけんぽう》では天皇《てんのう》が統治権《とうちけん》（国《くに》の政治《せいじ》を行《おこな》う権利《けんり》）と統帥権《とうすいけん》（軍隊《ぐんたい》を指揮《しき》する権利《けんり》）をもつとされました。

明《めい》治《じ》時《じ》代《だい》②のポイントチェック

❶ 1874年に板垣退助《いたがきたいすけ》らが明治政府《めいじせいふ》に提出《ていしゅつ》した意見書《いけんしょ》を何《なん》というでしょう。〔　　　〕

❷ ❶をきっかけに始《はじ》まった、自由《じゆう》な言論《げんろん》と国会《こっかい》の開設《かいせつ》を求《もと》める運動《うんどう》を何《なん》というでしょう。〔　　　〕

❸ 板垣退助《いたがきたいすけ》らが1881年に結成《けっせい》した政党《せいとう》を何《なん》というでしょう。〔　　　〕

❹ 大隈重信《おおくましげのぶ》らが1882年に結成《けっせい》した政党《せいとう》を何《なん》というでしょう。〔　　　〕

❺ 日本国内《にほんこくない》で領事裁判権《りょうじさいばんけん》(治外法権《ちがいほうけん》)撤廃《てっぱい》を求《もと》める声《こえ》が高《たか》まるきっかけとなった、1886年の事件《じけん》は何《なん》でしょう。〔　　　〕

❻ 第一回衆議院議員総選挙《だいいっかいしゅうぎいんぎいんそうせんきょ》では、直接国税《ちょくせつこくぜい》を〔　〕円以上《えんいじょう》おさめる〔　〕歳以上《さいいじょう》の男子《だんし》のみが投票《とうひょう》できました。〔　　　〕・〔　　　〕

❼ 陸奥宗光《むつむねみつ》は、1894年に〔　　〕の撤廃《てっぱい》に成功《せいこう》しました。〔　　　〕

答《こた》え　❶ 民撰議院設立《みんせんぎいんせつりつ》の建白書《けんぱくしょ》　❷ 自由民権運動《じゆうみんけんうんどう》　❸ 自由党《じゆうとう》　❹ 立憲改進党《りっけんかいしんとう》　❺ ノルマントン号事件《ごうじけん》　❻ 15・25　❼ 領事裁判権《りょうじさいばんけん》（治外法権《ちがいほうけん》）

明《めい》治《じ》時代《じだい》③

重要人物《じゅうようじんぶつ》

重要事項《じゅうようじこう》

- 日清戦争《にっしんせんそう》と下関条約《しものせきじょうやく》
- 三国干渉《さんごくかんしょう》と日英同盟《にちえいどうめい》
- 日露戦争《にちろせんそう》とポーツマス条約《じょうやく》
- 韓国併合《かんこくへいごう》（1910 年）

朝鮮《ちょうせん》の支配《しはい》をめぐる対立《たいりつ》から日本《にほん》と清《しん》（中国《ちゅうごく》）の間《あいだ》で日清戦争《にっしんせんそう》が起《お》こりました。日本《にほん》はこれに勝利《しょうり》し、賠償金《ばいしょうきん》と領土《りょうど》を得《え》ましたが、続《つづ》いて朝鮮半島《ちょうせんはんとう》や満州《まんしゅう》（中国東北部《ちゅうごくとうほくぶ》）の支配《しはい》をめぐりロシアとの間《あいだ》で日露戦争《にちろせんそう》が起《お》こりました。この戦争《せんそう》の後《のち》、日本《にほん》は韓国《かんこく》を植民地《しょくみんち》として併合《へいごう》しました。

時代《じだい》	年《ねん》	政治《せいじ》／外交《がいこう》	文化《ぶんか》／産業《さんぎょう》
明《めい》治《じ》時《じ》代《だい》		◆朝鮮《ちょうせん》の支配《しはい》をめぐり日本《にほん》と清《しん》（中国《ちゅうごく》）が対立《たいりつ》する	
	1894	朝鮮《ちょうせん》で甲午農民戦争《こうごのうみんせんそう》が起《お》こり、日清両国《にっしんりょうこく》が出兵《しゅっぺい》する ↓ 日清戦争《にっしんせんそう》 が起《お》こる … 近代化《きんだいか》を進《すす》めていた日本《にほん》が勝利《しょうり》する No.142 ↓	◆工業《こうぎょう》の発達《はったつ》 日清戦争《にっしんせんそう》・日露戦争《にちろせんそう》のころ、日本国内《にほんこくない》では工業《こうぎょう》が大《おお》きく発展《はってん》する ・ 八幡製鉄所《やはたせいてつじょ》 が操業《そうぎょう》を開始《かいし》する（1901 年） No.145 … 日清戦争《にっしんせんそう》の賠償金《ばいしょうきん》の一部《いちぶ》を利用《りよう》して北九州《きたきゅうしゅう》につくられた官営工場《かんえいこうじょう》 ・ 田中正造《たなかしょうぞう》 が足尾鉱毒事件《あしおこうどくじけん》を天皇《てんのう》に直訴《じきそ》する No.146
	1895	下関条約《しものせきじょうやく》 を結《むす》ぶ … 日本《にほん》は清《しん》から多額《たがく》の賠償金《ばいしょうきん》と遼東《リアオトン》《りょうとう》半島《はんとう》・台湾《たいわん》などの領土《りょうど》を手《て》に入《い》れる	
	1895	三国干渉《さんごくかんしょう》が起《お》こる … 日本《にほん》の動《うご》きを警戒《けいかい》したロシアがフランス・ドイツとともに遼東《リアオトン》《りょうとう》半島《はんとう》を清《しん》に返《かえ》すよう求《もと》める	
	1902	日英同盟《にちえいどうめい》 を結《むす》ぶ No.143 … ロシアを警戒《けいかい》していたイギリスと手《て》を結《むす》ぶ	
	1904	日露戦争《にちろせんそう》 が起《お》こる No.144	与謝野晶子《よさのあきこ》 が『君死《きみし》にたまふ《う》ことなかれ』を発表《はっぴょう》する … 日露戦争《にちろせんそう》に反対《はんたい》する No.140
	1905	・日本海海戦《にほんかいかいせん》で、東郷平八郎《とうごうへいはちろう》率《ひき》いる日本《にほん》の連合艦隊《れんごうかんたい》がロシアのバルチック艦隊《かんたい》を破《やぶ》る No.139 ↓	
	1905	ポーツマス条約《じょうやく》 を結《むす》ぶ（アメリカ大統領《だいとうりょう》が仲介《ちゅうかい》） … 日本《にほん》は朝鮮半島《ちょうせんはんとう》での優越権《ゆうえつけん》や南樺太《みなみからふと》などを得《え》るが、ロシアから賠償金《ばいしょうきん》を取《と》ることはできなかった ↓ 日本《にほん》は朝鮮半島《ちょうせんはんとう》での支配力《しはいりょく》を強《つよ》め、韓国統監府《かんこくとうかんふ》を置《お》く ↓	夏目漱石《なつめそうせき》が『坊《ぼ》っちゃん』を著《あらわ》す ◆このころ義務教育《ぎむきょういく》が 6 年間《ねんかん》となり、小学校《しょうがっこう》の就学率《しゅうがくりつ》が 97 %《パーセント》をこえる
	1909	初代韓国統監《しょだいかんこくとうかん》を務《つと》めた伊藤博文《いとうひろぶみ》が韓国人青年《かんこくじんせいねん》の安重根《アンジュングン》に暗殺《あんさつ》される ↓	
	1910	韓国併合《かんこくへいごう》 を行《おこな》う … 韓国《かんこく》を植民地《しょくみんち》として支配《しはい》する	
	1911	小村寿太郎《こむらじゅたろう》 が関税自主権《かんぜいじしゅけん》の回復《かいふく》に成功《せいこう》する No.141	

地図《ちず》で確認《かくにん》！

遼東《リアオトン》《りょうとう》半島《はんとう》

満州《まんしゅう》（中国東北部《ちゅうごくとうほくぶ》）の半島《はんとう》です。下関条約《しものせきじょうやく》で日本《にほん》の領土《りょうど》となりましたが、その後《ご》まもなく三国干渉《さんごくかんしょう》によって清《しん》に返還《へんかん》しました。

No.139

日本海海戦《にほんかいかいせん》

東郷平八郎《とうごうへいはちろう》が日本《にほん》の連合艦隊《れんごうかんたい》を率《ひき》いて、ロシアのバルチック艦隊《かんたい》を破《やぶ》りました。これにより、日露戦争《にちろせんそう》での日本《にほん》の優位《ゆうい》が決定的《けっていてき》になりました。

台湾《たいわん》

下関条約《しものせきじょうやく》で日本《にほん》の領土《りょうど》とされ、以後《いご》、太平洋戦争《たいへいようせんそう》で日本《にほん》が敗戦《はいせん》するまで支配《しはい》が続《つづ》きました。

No.146

足尾銅山《あしおどうざん》

田中正造《たなかしょうぞう》

渡良瀬川上流《わたらせがわじょうりゅう》の銅山《どうざん》です。明治時代後半《めいじじだいこうはん》に鉱毒問題《こうどくもんだい》（公害《こうがい》）が発生《はっせい》し、田中正造《たなかしょうぞう》が解決《かいけつ》に力《ちから》をつくしました。

下関《しものせき》

日清戦争《にっしんせんそう》の講和条約《こうわじょうやく》（下関条約《しものせきじょうやく》）が結《むす》ばれました。会議《かいぎ》には日本《にほん》から伊藤博文《いとうひろぶみ》と陸奥宗光《むつむねみつ》が、清《しん》から李鴻章《りこうしょう》が参加《さんか》しました。

No.145

八幡製鉄所《やはたせいてつじょ》

明治政府《めいじせいふ》が北九州《きたきゅうしゅう》につくった官営工場《かんえいこうじょう》です。中国《ちゅうごく》から輸入《ゆにゅう》した鉄鉱石《てっこうせき》と地元《じもと》でとれる石炭《せきたん》や石灰石《せっかいせき》を利用《りよう》して、鉄鋼《てっこう》の生産《せいさん》が始《はじ》まりました。

史料《しりょう》で確認《かくにん》！

下関条約《しものせきじょうやく》（1895 年）

第一条《だいいちじょう》　清《しん》は、朝鮮《ちょうせん》が完全《かんぜん》な独立国《どくりつこく》であることを認《みと》める。

第二条《だいにじょう》　清《しん》は、次《つぎ》の土地《とち》を支配《しはい》する権利《けんり》を日本《にほん》にあたえる。
一、遼東半島《リアオトンはんとう》《りょうとう》　二、台湾《たいわん》　三、澎湖諸島《ポンフーしょとう》《ほうこ》

第四条《だいよんじょう》　清《しん》は、賠償金《ばいしょうきん》として二億両《におくテール》（当時《とうじ》の日本円《にほんえん》で約《やく》３億《おく》１千万円《せんまんえん》）を日本《にほん》に支払《しはら》うことを約束《やくそく》する。

↑この条約《じょうやく》で日本《にほん》は多額《たがく》の賠償金《ばいしょうきん》と領土《りょうど》を手《て》に入《い》れ、軍事力《ぐんじりょく》の強化《きょうか》や産業《さんぎょう》の発展《はってん》を進《すす》めるとともに、朝鮮《ちょうせん》・中国進出《ちゅうごくしんしゅつ》への足《あし》がかりを得《え》ました。

『君死《きみし》にたまふ《う》ことなかれ』　No.140

ああおとうとよ君《きみ》を泣《な》く　君死《きみし》にたまふ《う》ことなかれ
末《すえ》に生《う》まれし君《きみ》なれば　親《おや》のなさけはまさりしも
親《おや》は刃《やいば》をにぎらせて　人《ひと》を殺《ころ》せとおしえしや
人《ひと》を殺《ころ》して死《し》ねよとて　二十四《にじゅうし》までを育《そだ》てしや

↑与謝野晶子《よさのあきこ》は、この詩《し》を通《つう》じて戦争《せんそう》に行《い》った弟《おとうと》の身《み》を案《あん》じるとともに、日露戦争《にちろせんそう》を批判《ひはん》しました。

明治時代《めいじじだい》③のポイントチェック

❶ 1895 年に結《むす》ばれた日清戦争《にっしんせんそう》の講和条約《こうわじょうやく》を何《なん》というでしょう。〔　　〕

❷ 日本《にほん》は❶の条約《じょうやく》で多額《たがく》の賠償金《ばいしょうきん》と、〔　〕半島《はんとう》や台湾《たいわん》などの領土《りょうど》を得《え》ました。〔　　〕

❸ 1895 年、ロシアがフランス・ドイツとともに日本《にほん》に❷の半島《はんとう》の返還《へんかん》を要求《ようきゅう》した事件《じけん》を何《なん》というでしょう。〔　　〕

❹ 1905 年にアメリカ大統領《だいとうりょう》の仲介《ちゅうかい》によって結《むす》ばれた、日露戦争《にちろせんそう》の講和条約《こうわじょうやく》を何《なん》というでしょう。〔　　〕

❺ 1910 年、日本《にほん》が韓国《かんこく》を植民地《しょくみんち》とした出来事《できごと》を何《なん》というでしょう。〔　　〕

❻ 足尾鉱毒事件《あしおこうどくじけん》の解決《かいけつ》に力《ちから》をつくし、天皇《てんのう》への直訴《じきそ》も行《おこな》った栃木県出身《とちぎけんしゅっしん》の衆議院議員《しゅうぎいんぎいん》はだれでしょう。〔　　〕

❼ 小村寿太郎《こむらじゅたろう》は、1911 年に〔　〕の回復《かいふく》に成功《せいこう》しました。〔　　〕

答《こた》え　❶ 下関条約《しものせきじょうやく》　❷ 遼東《リアオトン》《りょうとう》　❸ 三国干渉《さんごくかんしょう》　❹ ポーツマス条約《じょうやく》　❺ 韓国併合《かんこくへいごう》　❻ 田中正造《たなかしょうぞう》　❼ 関税自主権《かんぜいじしゅけん》

大正《たいしょう》時代《じだい》

重要人物《じゅうようじんぶつ》

国立国会図書館所蔵

重要事項《じゅうようじこう》

- 第一次世界大戦《だいいちじせかいたいせん》（1914 年〜）
- 大正《たいしょう》デモクラシーの風潮《ふうちょう》
- 米騒動《こめそうどう》と原敬内閣成立《はらたかしないかくせいりつ》（1918 年）
- 普通選挙法《ふつうせんきょほう》の制定《せいてい》（1925 年）

大正時代《たいしょうじだい》には、人々《ひとびと》の間《あいだ》に国民《こくみん》を中心《ちゅうしん》とする政治《せいじ》を求《もと》める声《こえ》が高《たか》まりました。このような中《なか》、米騒動《こめそうどう》の広《ひろ》まりによって、軍部《ぐんぶ》を中心《ちゅうしん》としていた当時《とうじ》の内閣《ないかく》がたおれると、日本最初《にほんさいしょ》の本格的《ほんかくてき》な政党内閣《せいとうないかく》となる原敬内閣《はらたかしないかく》が成立《せいりつ》しました。さらに、1925 年には普通選挙法《ふつうせんきょほう》が成立《せいりつ》しました。

時代《じだい》	年《ねん》	政治《せいじ》／外交《がいこう》	文化《ぶんか》／産業《さんぎょう》
大《たい》正《しょう》時《じ》代《だい》	1912	第一次護憲運動《だいいちじごけんうんどう》が始《はじ》まる … 尾崎行雄《おざきゆきお》・犬養毅《いぬかいつよし》らがかつやくする	
	1914	ヨーロッパで第一次世界大戦《だいいちじせかいたいせん》が始《はじ》まる …日本《にほん》は中国国内《ちゅうごくこくない》のドイツ軍《ぐん》の支配地《しはいち》に出兵《しゅっぺい》する ↓	◆大戦景気《たいせんけいき》 ·第一次世界大戦中《だいいちじせかいたいせんちゅう》、日本《にほん》はヨーロッパの国々《くにぐに》にかわって輸出《ゆしゅつ》を伸《の》ばし、大《おお》きな利益《りえき》を得《え》る → 成金《なりきん》の出現《しゅつげん》
	1915	中国政府《ちゅうごくせいふ》に対《たい》して **二十一《にじゅういっ》か条《じょう》の要求《ようきゅう》** を出《だ》す …軍事力《ぐんじりょく》を背景《はいけい》に要求《ようきゅう》のほとんどを認《みと》めさせる	
	1916	吉野作造《よしのさくぞう》が民本主義《みんぽんしゅぎ》の考《かんが》えを主張《しゅちょう》する … 国民《こくみん》を中心《ちゅうしん》とした政治《せいじ》を求《もと》める声《こえ》が高《たか》まる → **大正《たいしょう》デモクラシー** の風潮《ふうちょう》が生《う》まれる	
	1917	ロシア革命《かくめい》が起《お》こる … ロシアの王朝《おうちょう》がたおされ、社会主義政権《しゃかいしゅぎせいけん》が成立《せいりつ》する ↓	**野口英世《のぐちひでよ》** が黄熱病《おうねつびょう》の研究《けんきゅう》のために南《みなみ》アメリカにわたる No.148
	1918	シベリア出兵《しゅっぺい》が始《はじ》まる … 革命《かくめい》の広《ひろ》がりを防《ふせ》ぐために、イギリス・アメリカ・日本《にほん》などの資本主義諸国《しほんしゅぎしょこく》がロシアに軍隊《ぐんたい》を送《おく》る	**平塚《ひらつか》らいてう（雷鳥《らいちょう》）** が市川房枝《いちかわふさえ》らとともに新婦人協会《しんふじんきょうかい》を設立《せつりつ》 No.147 … 女性《じょせい》の地位向上《ちいこうじょう》と婦人参政権《ふじんさんせいけん》の獲得《かくとく》をめざす
	1918	富山県《とやまけん》で **米騒動《こめそうどう》** が起《お》こる No.149 … 騒動《そうどう》は全国《ぜんこく》に広《ひろ》がり、当時《とうじ》の内閣《ないかく》は総辞職《そうじしょく》する ↓	
	1918	**原敬《はらたかし》** 内閣《ないかく》が成立《せいりつ》する … 立憲政友会《りっけんせいゆうかい》を中心《ちゅうしん》とする日本《にほん》で最初《さいしょ》の本格的《ほんかくてき》な政党内閣《せいとうないかく》	全国水平社《ぜんこくすいへいしゃ》の結成《けっせい》（1922 年） … 部落差別《ぶらくさべつ》からの解放《かいほう》をうったえる
	1919	ベルサイユ条約《じょうやく》が結《むす》ばれる … 第一次世界大戦《だいいちじせかいたいせん》の講和条約《こうわじょうやく》 → 日本《にほん》は中国《ちゅうごく》での権益《けんえき》を広《ひろ》げる	
	1924	第二次護憲運動《だいにじごけんうんどう》が起《お》こる	**関東大震災《かんとうだいしんさい》** が起《お》こる No.150 （1923 年 9 月 1 日） … 東京《とうきょう》・横浜《よこはま》を中心《ちゅうしん》に大《おお》きな被害《ひがい》が出《で》る
	1925	**治安維持法《ちあんいじほう》** が定《さだ》められる … 社会主義運動《しゃかいしゅぎうんどう》を取《と》りしまる	
	1925	**普通選挙法《ふつうせんきょほう》** が定《さだ》められる … 25 歳以上《さいいじょう》のすべての男性《だんせい》に選挙権《せんきょけん》をあたえる	ラジオ放送《ほうそう》の開始《かいし》（1925 年）

地図《ちず》で確認《かくにん》！

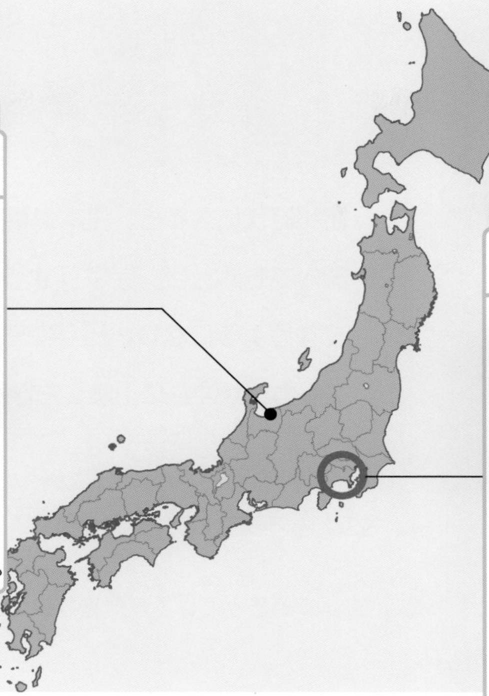

No.149

米騒動《こめそうどう》の始《はじ》まり

米《こめ》の安売《やすう》りを求《もと》める富山県《とやまけん》の漁村《ぎょそん》の主婦《しゅふ》たちから始《はじ》まった米騒動《こめそうどう》は、またたくまに全国《ぜんこく》に広《ひろ》まり、当時《とうじ》の寺内正毅内閣《てらうちまさたけないかく》は総辞職《そうじしょく》することとなりました。この絵《え》は名古屋《なごや》での米騒動《こめそうどう》の様子《ようす》をえがいたものです。

No.150

関東大震災《かんとうだいしんさい》

大地震《おおじしん》で引《ひ》き起《お》こされた火災《かさい》によって、東京《とうきょう》や横浜《よこはま》に大《おお》きな被害《ひがい》が出《で》ました。この震災《しんさい》では、人々《ひとびと》が混乱《こんらん》する中《なか》、多《おお》くの朝鮮人《ちょうせんじん》がおそわれる事件《じけん》が起《お》こりました。

史料《しりょう》で確認《かくにん》！

◆米《こめ》の値上《ねあ》がり No.149

玄米《げんまい》1石《こく》あたりの標準相場《ひょうじゅんそうば》の推移《すいい》

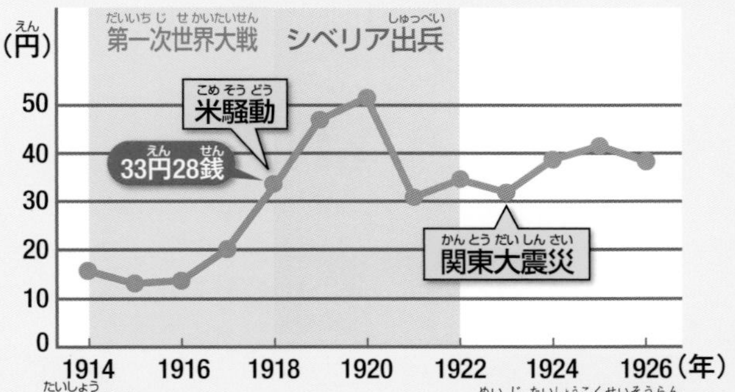

明治大正国勢総覧《めいじたいしょうこくせいそうらん》より

⬆第一次世界大戦《だいいちじせかいたいせん》の終《お》わりごろから米《こめ》の値段《ねだん》が急激《きゅうげき》に上《あ》がっています。この原因《げんいん》のひとつには、シベリア出兵《しゅっぺい》で軍隊《ぐんたい》が大量《たいりょう》の米《こめ》を必要《ひつよう》とするのを見越《みこ》して、商人《しょうにん》たちが米《こめ》を買《か》い占《し》めたことが挙《あ》げられます。

◆選挙権《せんきょけん》の拡大《かくだい》

選挙法《せんきょほう》の公布《こうふ》		有権者《ゆうけんしゃ》の資格《しかく》			全人口《ぜんじんこう》に対《たい》する有権者《ゆうけんしゃ》の割合《わりあい》
年《ねん》	内閣《ないかく》	直接国税《ちょくせつこくぜい》	性別《せいべつ》	年齢《ねんれい》	10 20 30 40 50 60
1889	黒田清隆《くろだきよたか》	15円以上《えんいじょう》	男性《だんせい》	25歳以上《さいいじょう》	1.1%
1900	山県有朋《やまがたありとも》	10円以上《えんいじょう》	男性《だんせい》	25歳以上《さいいじょう》	2.2%
1919	原《はら》 敬《たかし》	3円以上《えんいじょう》	男性《だんせい》	25歳以上《さいいじょう》	5.5%
1925	加藤高明《かとうたかあき》	制限《せいげん》なし	男性《だんせい》	25歳以上《さいいじょう》	20.8%
1945	幣原喜重郎《しではらきじゅうろう》	制限《せいげん》なし	男女《だんじょ》	20歳以上	50.4%

⬆普通選挙法《ふつうせんきょほう》が成立《せいりつ》した1925年には、選挙権《せんきょけん》をもつ人《ひと》が大《おお》きく増加《ぞうか》しています。しかし、まだ女性《じょせい》には選挙権《せんきょけん》がなかったため、市川房枝《いちかわふさえ》は「婦選《ふせん》なくして普選《ふせん》なし」という言葉《ことば》のもと、男女平等《だんじょびょうどう》の普通選挙《ふつうせんきょ》の実現《じつげん》をめざしました。

大正時代《たいしょうじだい》のポイントチェック

❶ 1914年にヨーロッパで始《はじ》まった世界規模《せかいきぼ》の戦争《せんそう》を何《なん》というでしょう。〔　　　　〕

❷ 1915年に日本《にほん》は中国《ちゅうごく》に対《たい》して〔　　〕を出《だ》し、そのほとんどを認《みと》めさせました。〔　　　　〕

❸「政治《せいじ》は国民《こくみん》のために行《おこな》われるべきである」という民本主義《みんぽんしゅぎ》の考《かんが》えを主張《しゅちょう》した人物《じんぶつ》はだれでしょう。〔　　　　〕

❹ 大正時代《たいしょうじだい》の人々《ひとびと》の間《あいだ》に広《ひろ》まった、国民《こくみん》を中心《ちゅうしん》とした政治《せいじ》や普通選挙《ふつうせんきょ》などを求《もと》める風潮《ふうちょう》を何《なん》というでしょう。〔　　　　〕

❺ 米騒動《こめそうどう》の後《あと》に内閣総理大臣《ないかくそうりだいじん》となり、日本最初《にほんさいしょ》の本格的《ほんかくてき》な政党内閣《せいとうないかく》を組織《そしき》した人物《じんぶつ》はだれでしょう。〔　　　　〕

❻ 社会主義運動《しゃかいしゅぎうんどう》を取《と》りしまるために、1925年に定《さだ》められた法律《ほうりつ》を何《なん》というでしょう。〔　　　　〕

答《こた》え ❶ 第一次世界大戦《だいいちじせかいたいせん》 ❷ 二十一《にじゅういっ》か条《じょう》の要求《ようきゅう》 ❸ 吉野作造《よしのさくぞう》 ❹ 大正《たいしょう》デモクラシー ❺ 原敬《はらたかし》 ❻ 治安維持法《ちあんいじほう》

昭《しょう》和《わ》時代《じだい》①

重《じゅう》要《よう》人《じん》物《ぶつ》

犬養毅《いぬかいつよし》

東条英機《とうじょうひでき》

重《じゅう》要《よう》事《じ》項《こう》

- 満州事変《まんしゅうじへん》と満州国《まんしゅうこく》の建国《けんこく》
- 五《ご》・一五事件《いちごじけん》と二《に》・二六事件《にろくじけん》
- 日中戦争《にっちゅうせんそう》（1937 年～）
- 太平洋戦争《たいへいようせんそう》（1941 年～）

昭和時代《しょうわじだい》に入《はい》ると、日本《にほん》の軍部《ぐんぶ》は満州《まんしゅう》（中国東北部《ちゅうごくとうほくぶ》）への進出《しんしゅつ》を始《はじ》め、国内《こくない》でも政治《せいじ》を動《うご》かすようになります。日本《にほん》は次第《しだい》に国際社会《こくさいしゃかい》の中《なか》で孤立《こりつ》するようになり、日中戦争《にっちゅうせんそう》や太平洋戦争《たいへいようせんそう》を起《お》こします。しかし、アメリカ軍《ぐん》が沖縄《おきなわ》に上陸《じょうりく》したほか2度《ど》の原爆投下《げんばくとうか》を経《へ》て、敗戦《はいせん》しました。

時代《じだい》	年《ねん》	政治《せいじ》／外交《がいこう》
昭《しょう》和《わ》時《じ》代《だい》	1929	世界恐慌《せかいきょうこう》が起《お》こる … 日本《にほん》も深刻《しんこく》な不景気《ふけいき》にみまわれる（昭和恐慌《しょうわきょうこう》） ↓ 軍部《ぐんぶ》は満州《まんしゅう》（中国東北部《ちゅうごくとうほくぶ》）に進出《しんしゅつ》することで、不景気《ふけいき》を乗《の》り切《き》ろうとする ↓
	1931	満州事変《まんしゅうじへん》 が起《お》こる … 日本軍《にほんぐん》が中国東北部《ちゅうごくとうほくぶ》で軍事行動《ぐんじこうどう》を起《お》こす ↓
	1932	満州国《まんしゅうこく》 を建国《けんこく》する
	1932	五《ご》・一五事件《いちごじけん》 が起《お》こる No.151 … 海軍青年将校《かいぐんせいねんしょうこう》によって犬養毅首相《いぬかいつよししゅしょう》が暗殺《あんさつ》される → 日本《にほん》の政党政治《せいとうせいじ》がとだえる
	1933	国際連盟《こくさいれんめい》を脱退《だったい》する → 国際社会《こくさいしゃかい》での孤立《こりつ》を深《ふか》める
	1936	二《に》・二六事件《にろくじけん》が起《お》こる … 陸軍青年将校《りくぐんせいねんしょうこう》が反乱《はんらん》を起《お》こす ↓ 軍部《ぐんぶ》が政治《せいじ》を動《うご》かすようになる（軍国主義《ぐんこくしゅぎ》）
	1937	日中戦争《にっちゅうせんそう》 が始《はじ》まる… 盧溝橋事件《ろこうきょうじけん》をきっかけに全面戦争《ぜんめんせんそう》へと発展《はってん》する
	1938	国家総動員法《こっかそうどういんほう》が制定《せいてい》される
	1939	ヨーロッパで第二次世界大戦《だいにじせかいたいせん》が始《はじ》まる
	1940	日独伊三国同盟《にちどくいさんごくどうめい》が成立《せいりつ》する … ドイツ・イタリアと同盟《どうめい》を結《むす》ぶ
	1941	太平洋戦争《たいへいようせんそう》 が始《はじ》まる No.152 … 日本軍《にほんぐん》によるマレー半島上陸《はんとうじょうりく》と真珠湾攻撃《しんじゅわんこうげき》から戦争《せんそう》が始《はじ》まる
	1945	アメリカ軍《ぐん》が 沖縄《おきなわ》 に上陸《じょうりく》する
	1945	広島《ひろしま》・長崎《ながさき》 に原子爆弾《げんしばくだん》が投下《とうか》される No.154

文化《ぶんか》／産業《さんぎょう》

満州《まんしゅう》には、広大《こうだい》な土地《とち》と、鉄鉱石《てっこうせき》などの豊《ゆた》かな地下資源《ちかしげん》があったんだよ。

日本《にほん》は日中戦争《にっちゅうせんそう》が終《お》わらないうちに、中国《ちゅうごく》を支援《しえん》していたアメリカ・イギリスと太平洋戦争《たいへいようせんそう》を始《はじ》めたのね。

◆戦争中《せんそうちゅう》の国民生活《こくみんせいかつ》

- 戦争《せんそう》が長引《ながび》くにつれて、国内《こくない》ではさまざまな品物《しなもの》が不足《ふそく》するようになった
- 配給制《はいきゅうせい》の実施《じっし》
… 食料《しょくりょう》や日用品《にちようひん》を割《わ》りあて制《せい》とする
- 学童疎開《がくどうそかい》 を行《おこな》う
… 都市《とし》の子《こ》どもたちを地方《ちほう》へ避難《ひなん》させる No.153

地図《ちず》で確認《かくにん》！

満州《まんしゅう》

中国《ちゅうごく》の東北部《とうほくぶ》の地域《ちいき》です。この地域《ちいき》で軍事行動《ぐんじこうどう》（満州《まんしゅう》事変《じへん》）を起《お》こした日本軍《にほんぐん》は、満州《まんしゅう》を中国《ちゅうごく》から独立《どくりつ》させ、支配下《しはいか》に置《お》きました。

東京大空襲《とうきょうだいくうしゅう》

1945年3月10日、アメリカ軍《ぐん》による大規模《だいきぼ》な空襲《くうしゅう》があり、首都東京《しゅととうきょう》は焼《や》け野原《のはら》となりました。

盧溝橋事件《ろこうきょうじけん》

北京《ペキン》の郊外《こうがい》で起《お》こった、日本軍《にほんぐん》と中国軍《ちゅうごくぐん》の衝突事件《しょうとつじけん》です。この事件《じけん》をきっかけに、日中戦争《にっちゅうせんそう》が始《はじ》まりました。

沖縄戦《おきなわせん》

1945年4月よりアメリカ軍《ぐん》が上陸《じょうりく》して激《はげ》しい戦闘《せんとう》が起《お》こり、多《おお》くの県民《けんみん》が犠牲《ぎせい》になりました。

No.152

真珠湾攻撃《しんじゅわんこうげき》

1941年12月8日、日本海軍《にほんかいぐん》がハワイの真珠湾《しんじゅわん》に集結《しゅうけつ》していたアメリカ軍《ぐん》を攻撃《こうげき》し、太平洋戦争《たいへいようせんそう》が始《はじ》まりました。

史料《しりょう》で確認《かくにん》！

◆世界恐慌《せかいきょうこう》

米国国立公文書館提供

⬆アメリカに端《たん》を発《はっ》した世界恐慌《せかいきょうこう》は、日本《にほん》にも大《おお》きな影響《えいきょう》を及《およ》ぼしました。大学《だいがく》を出《で》ても就職《しゅうしょく》できない人《ひと》も多《おお》くいました。

◆原爆《げんばく》の投下《とうか》 No.154

広島平和記念資料館提供（米軍撮影）

⬆この写真《しゃしん》は、原子爆弾《げんしばくだん》が投下《とうか》された直後《ちょくご》の広島市《ひろしまし》の様子《ようす》を写《うつ》したものです。写真《しゃしん》の建物《たてもの》は、当時《とうじ》の広島県《ひろしまけん》産業奨励館《さんぎょうしょうれいかん》で、現在《げんざい》は戦争《せんそう》のおそろしさを人々《ひとびと》に伝《つた》えるために、「原爆《げんばく》ドーム」として保存《ほぞん》されています。

昭和時代《しょうわじだい》①のポイントチェック

❶ 1931 年に、日本軍《にほんぐん》が中国東北部《ちゅうごくとうほくぶ》で軍事行動《ぐんじこうどう》を起《お》こした事件《じけん》を何《なん》というでしょう。〔　　〕

❷ 1932 年に、海軍青年将校《かいぐんせいねんしょうこう》によって犬養毅首相《いぬかいつよししゅしょう》が暗殺《あんさつ》された事件《じけん》を何《なん》というでしょう。〔　　〕

❸ ❶の事件《じけん》をめぐる問題《もんだい》から、日本《にほん》は 1933 年、〔　　〕を脱退《だったい》しました。〔　　〕

❹ 1936 年に、陸軍青年将校《りくぐんせいねんしょうこう》たちが東京《とうきょう》で起《お》こした反乱《はんらん》を何《なん》というでしょう。〔　　〕

❺ 1937 年、北京郊外《ペキンこうがい》で起《お》こった盧溝橋事件《ろこうきょうじけん》をきっかけに〔　　〕が始《はじ》まりました。〔　　〕

❻ 1941 年、日本軍《にほんぐん》によるマレー半島上陸《はんとうじょうりく》や真珠湾攻撃《しんじゅわんこうげき》から〔　　〕が始《はじ》まりました。〔　　〕

❼ 1945 年 8 月、〔　　〕と〔　　〕に原子爆弾《げんしばくだん》が投下《とうか》されました。〔　　〕と〔　　〕

答《こた》え ❶ 満州事変《まんしゅうじへん》 ❷ 五《ご》・一五事件《いちごじけん》 ❸ 国際連盟《こくさいれんめい》 ❹ 二《に》・二六事件《にろくじけん》 ❺ 日中戦争《にっちゅうせんそう》 ❻ 太平洋戦争《たいへいようせんそう》 ❼ 広島《ひろしま》、長崎《ながさき》

昭《しょう》和《わ》時代《じだい》②

重要人物《じゅうようじんぶつ》

重要事項《じゅうようじこう》

- 農地改革《のうちかいかく》（1945年～）
- 日本国憲法《にほんこくけんぽう》の公布《こうふ》（1946年）
- 朝鮮戦争《ちょうせんせんそう》（1950年～）
- サンフランシスコ平和条約《へいわじょうやく》（1951年）

終戦後《しゅうせんご》、日本《にほん》はGHQ《ジーエイチキュー》に占領《せんりょう》されることとなり、GHQ《ジーエイチキュー》の指示《しじ》のもと、農地改革《のうちかいかく》や財閥解体《ざいばつかいたい》、日本国憲法《にほんこくけんぽう》の制定《せいてい》などさまざまな民主化政策《みんしゅかせいさく》がおこなわれました。サンフランシスコ平和条約《へいわじょうやく》が結《むす》ばれると独立《どくりつ》を回復《かいふく》し、やがて国際連合《こくさいれんごう》への加盟《かめい》を果《は》たし、国際社会《こくさいしゃかい》への復帰《ふっき》を実現《じつげん》しました。

時代《じだい》	年《ねん》	政治《せいじ》／外交《がいこう》	文化《ぶんか》／産業《さんぎょう》
昭《しょう》和《わ》時《じ》代《だい》	1945	**ポツダム宣言《せんげん》**を受諾《じゅだく》する … 日本《にほん》の敗戦《はいせん》 No.155 → 日本《にほん》は**GHQ《ジーエイチキュー》**（連合国軍最高司令官総司令部《れんごうこくぐんさいこうしれいかんそうしれいぶ》）の占領下《せんりょうか》に置《お》かれる No.156	
		◆GHQ《ジーエイチキュー》の指示《しじ》による民主化政策《みんしゅかせいさく》が進《すす》められる 男女平等《だんじょびょうどう》の普通選挙法《ふつうせんきょほう》の制定《せいてい》 … 20歳以上《さいいじょう》の男女《だんじょ》に選挙権《せんきょけん》をあたえる	財閥解体《ざいばつかいたい》（1945年） … 日本《にほん》の経済《けいざい》を独占的《どくせんてき》に支配《しはい》してきた財閥《ざいばつ》を解散《かいさん》させる
	1945	**農地改革《のうちかいかく》**が始《はじ》まる … 地主《じぬし》の土地《とち》を政府《せいふ》が買《か》い取《と》り、小作人《こさくにん》（土地《とち》をもたない農民《のうみん》）に安《やす》く売《う》りわたした	
	1946	**日本国憲法《にほんこくけんぽう》**が公布《こうふ》される（11月3日） No.157 No.158	教育基本法《きょういくきほんほう》の制定《せいてい》（1947年） … 学校教育《がっこうきょういく》に関《かん》する基本的《きほんてき》な事項《じこう》が定《さだ》められる
	1947	日本国憲法《にほんこくけんぽう》が施行《しこう》される（5月3日）	
	1950	**朝鮮戦争《ちょうせんせんそう》**が起《お》こる → 日本国内《にほんこくない》に警察予備隊《けいさつよびたい》（のちの自衛隊《じえいたい》）を置《お》く	◆特需景気《とくじゅけいき》 … 朝鮮戦争《ちょうせんせんそう》が始《はじ》まると日本《にほん》の工場《こうじょう》にはアメリカ軍《ぐん》からの注文《ちゅうもん》が集《あつ》まり、日本国内《にほんこくない》は好景気《こうけいき》をむかえた → 日本経済《にほんけいざい》が立《た》ち直《なお》る
	1951	**サンフランシスコ平和条約《へいわじょうやく》**を結《むす》ぶ No.157 → 翌年《よくとし》、日本《にほん》は独立《どくりつ》を回復《かいふく》する	
	1951	日米安全保障条約《にちべいあんぜんほしょうじょうやく》を結《むす》ぶ … 独立回復後《どくりつかいふくご》もアメリカ軍《ぐん》が日本国内《にほんこくない》にとどまる	
	1954	第五福竜丸事件《だいごふくりゅうまるじけん》が起《お》こる	
	1956	日《にっ》ソ共同宣言《きょうどうせんげん》を発表《はっぴょう》する … ソビエト連邦《れんぽう》との国交《こっこう》を回復《かいふく》する → 日本《にほん》の**国際連合《こくさいれんごう》**への加盟《かめい》が実現《じつげん》する	

日本《にほん》の独立《どくりつ》を回復《かいふく》した後《あと》も小笠原《おがさわら》諸島《しょとう》や沖縄《おきなわ》などではアメリカによる占領《せんりょう》が続《つづ》いたんだよ。

地図《ちず》で確認《かくにん》！

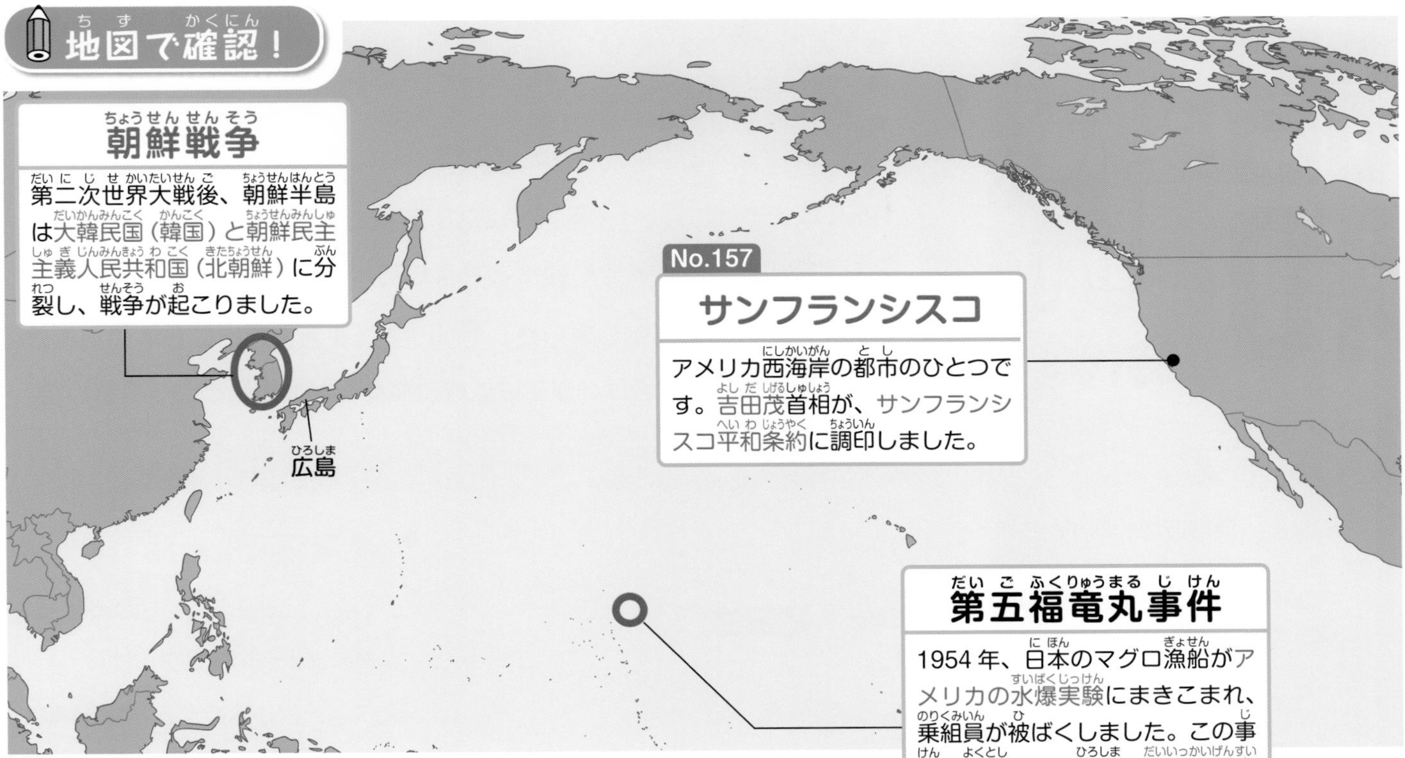

朝鮮戦争《ちょうせんせんそう》

第二次世界大戦後《だいにじせかいたいせんご》、朝鮮半島《ちょうせんはんとう》は大韓民国《だいかんみんこく》（韓国《かんこく》）と朝鮮民主主義人民共和国《ちょうせんみんしゅしゅぎじんみんきょうわこく》（北朝鮮《きたちょうせん》）に分裂《ぶんれつ》し、戦争《せんそう》が起《お》こりました。

No.157

サンフランシスコ

アメリカ西海岸《にしかいがん》の都市《とし》のひとつです。吉田茂《よしだしげる》首相《しゅしょう》が、サンフランシスコ平和条約《へいわじょうやく》に調印《ちょういん》しました。

第五福竜丸事件《だいごふくりゅうまるじけん》

1954 年、日本《にほん》のマグロ漁船《ぎょせん》がアメリカの水爆実験《すいばくじっけん》にまきこまれ、乗組員《のりくみいん》が被《ひ》ばくしました。この事件《じけん》の翌年《よくとし》には、広島《ひろしま》で第一回原水爆禁止世界大会《だいいっかいげんすいばくきんしせかいたいかい》が開《ひら》かれました。

史料《しりょう》で確認《かくにん》！

ポツダム宣言《せんげん》（1945 年） No.155

一、 われらアメリカ大統領《だいとうりょう》・中国政府主席《ちゅうごくせいふしゅせき》・およびイギリス内閣総理大臣《ないかくそうりだいじん》は、日本《にほん》に対《たい》して戦争《せんそう》を終結《しゅうけつ》する機会《きかい》をあたえることで意見《いけん》が一致《いっち》した。

七、 日本《にほん》の戦争能力《せんそうのうりょく》がなくなったことを確認《かくにん》するまでは、連合国軍《れんごうこくぐん》が日本《にほん》を占領《せんりょう》する。

八、 日本《にほん》の領土《りょうど》は本州《ほんしゅう》・北海道《ほっかいどう》・九州《きゅうしゅう》・四国《しこく》、およびわれらの決定《けってい》する島々《しまじま》に限《かぎ》る。

十三、われらは日本《にほん》がただちに無条件降伏《むじょうけんこうふく》することを要求《ようきゅう》する。

⬆この宣言《せんげん》はドイツのポツダムでまとめられました。これを受《う》け入《い》れたことにより日本《にほん》は敗戦《はいせん》し、台湾《たいわん》や朝鮮《ちょうせん》などの植民地《しょくみんち》が日本《にほん》の支配《しはい》から解放《かいほう》されました。

サンフランシスコ平和条約《へいわじょうやく》（1951 年） No.157

第一条《だいいちじょう》 日本国《にほんこく》と各連合国《かくれんごうこく》との間《あいだ》の戦争状態《せんそうじょうたい》は、第二十三条《だいにじゅうさんじょう》の定《さだ》めるところによりこの条約《じょうやく》が日本国《にほんこく》と当該連合国《とうがいれんごうこく》との間《あいだ》に効力《こうりょく》を生《しょう》ずる日《ひ》に終了《しゅうりょう》する。（戦争《せんそう》の終結《しゅうけつ》）

第六条《だいろくじょう》 連合国《れんごうこく》のすべての占領軍《せんりょうぐん》は、この条約《じょうやく》の効力発生《こうりょくはっせい》の後《あと》なるべくすみやかに、かつ、いかなる場合《ばあい》にもその後九十日以内《ごきゅうじゅうにちいない》に、日本国《にほんこく》から撤退《てったい》しなければならない。（日本《にほん》の独立回復《どくりつかいふく》）

⬆この条約《じょうやく》を結《むす》んだことにより、日本《にほん》はGHQ《ジーエイチキュー》による占領《せんりょう》から解放《かいほう》され、独立《どくりつ》を回復《かいふく》することになりました。

昭和時代《しょうわじだい》②のポイントチェック

❶1945 年8月 15 日、日本《にほん》は〔　　〕の受諾《じゅだく》を発表《はっぴょう》し、無条件降伏《むじょうけんこうふく》しました。 〔　　　　　　〕

❷敗戦後《はいせんご》、日本《にほん》は〔　　〕（連合国軍最高司令官総司令部《れんごうこくぐんさいこうしれいかんそうしれいぶ》）により占領《せんりょう》されることとなりました。〔　　　　　　〕

❸1945年には男女平等《だんじょびょうどう》の普通選挙法《ふつうせんきょほう》が成立《せいりつ》し、〔　　〕歳以上《さいいじょう》の男女《だんじょ》に選挙権《せんきょけん》があたえられました。〔　　　　　　〕

❹1945 年には、政府《せいふ》が地主《じぬし》の土地《とち》を買《か》い取《と》り小作人《こさくにん》に安《やす》く売《う》りわたす〔　　〕が始《はじ》まりました。〔　　　　　　〕

❺1950 年に、韓国《かんこく》と北朝鮮《きたちょうせん》の間《あいだ》で始《はじ》まった戦争《せんそう》を何《なん》というでしょう。 〔　　　　　　〕

❻1951 年に結《むす》ばれた、日本《にほん》の独立《どくりつ》を認《みと》める条約《じょうやく》を何《なん》というでしょう。 〔　　　　　　〕

❼1956 年に日《にっ》ソ共同宣言《きょうどうせんげん》が結《むす》ばれた後《あと》、日本《にほん》は〔　　〕への加盟《かめい》が認《みと》められました。〔　　　　　　〕

答《こた》え ❶ポツダム宣言《せんげん》 ❷GHQ《ジーエイチキュー》 ❸20 ❹農地改革《のうちかいかく》 ❺朝鮮戦争《ちょうせんせんそう》 ❻サンフランシスコ平和条約《へいわじょうやく》 ❼国際連合《こくさいれんごう》

昭《しょう》和《わ》時代《じだい》③

重要事項《じゅうようじこう》

- 高度経済成長期《こうどけいざいせいちょうき》（1950 年代半ば〜）
- 東海道新幹線開通《とうかいどうしんかんせんかいつう》・東京《とうきょう》オリンピック開催《かいさい》（1964 年）
- 沖縄返還《おきなわへんかん》（1972 年）
- 石油危機《せきゆきき》（1973 年・1979 年）

石油危機《せきゆきき》

1950 年代半ば以降《いこう》、日本経済《にほんけいざい》はめざましい成長《せいちょう》をとげ、東京《とうきょう》でアジア初《はつ》のオリンピックも開催《かいさい》されました。その一方《いっぽう》で、各地《かくち》で公害《こうがい》が深刻化《しんこくか》し、社会問題化《しゃかいもんだいか》しました。石油危機《せきゆきき》をきっかけに日本《にほん》の高度経《こうどけい》済成長期《ざいせいちょうき》は終《お》わりを告《つ》げ、以後《いご》は低成長期《ていせいちょうき》をむかえることとなりました。

時代《じだい》	年《ねん》	政治《せいじ》／外交《がいこう》	文化《ぶんか》／産業《さんぎょう》／国際社会《こくさいしゃかい》
昭《しょう》和《わ》時《じ》代《だい》	1960	所得倍増計画《しょとくばいぞうけいかく》が出される	◆ 高度経済成長期《こうどけいざいせいちょうき》 No.159
	1964	東京《とうきょう》オリンピック の開催《かいさい》 No.161 … アジア初《はつ》のオリンピック	… 1950 年代半ばから日本経済《にほんけいざい》がめざましい成長《せいちょう》をとげる 東海道新幹線《とうかいどうしんかんせん》が開業《かいぎょう》する（1964 年）
	1965	日韓基本条約《にっかんきほんじょうやく》を結《むす》ぶ … 韓国《かんこく》との国交《こっこう》を樹立《じゅりつ》する No.160	ベトナム戦争《せんそう》の激化《げきか》（1965 年）
	1967	公害対策基本法《こうがいたいさくきほんほう》が制定《せいてい》される 環境庁《かんきょうちょう》（現在《げんざい》の環境省《かんきょうしょう》）が設置《せっち》される	◆ 公害問題《こうがいもんだい》 の深刻化《しんこくか》 … 四大公害病《よんだいこうがいびょう》をはじめ、公害《こうがい》が社会問題《しゃかいもんだい》となる
	1968	小笠原諸島《おがさわらしょとう》が日本《にほん》に返還《へんかん》される	
	1972	沖縄《おきなわ》 が日本《にほん》に返還《へんかん》される … アメリカ軍基地《ぐんきち》はそのまま残《のこ》される No.160 No.162	
	1972	日中共同声明《にっちゅうきょうどうせいめい》を発表《はっぴょう》する … 中国《ちゅうごく》との国交《こっこう》が正常化《せいじょうか》する No.163	
	1973	第一次《だいいちじ》 石油危機《せきゆきき》（オイルショック） が起《お》こる → 日本《にほん》の高度経済成長期《こうどけいざいせいちょうき》が終《お》わりをむかえる No.164	第四次中東戦争《だいよじちゅうとうせんそう》（1973 年） ベトナム戦争《せんそう》の終結《しゅうけつ》（1975 年）
	1978	日中平和友好条約《にっちゅうへいわゆうこうじょうやく》を結《むす》ぶ	
	1979	第二次石油危機《だいにじせきゆきき》が起《お》こる	国鉄分割民営化《こくてつぶんかつみんえいか》がおこなわれる（1987 年）…JR7 社《しゃ》が発足《ほっそく》する
	1985	男女雇用機会均等法《だんじょこようきかいきんとうほう》が制定《せいてい》される	青函《せいかん》トンネル が開通《かいつう》する（1988 年） 瀬戸大橋《せとおおはし》 が開通《かいつう》する（1988 年） …四大島《よんだいとう》が鉄道《てつどう》で結《むす》ばれる

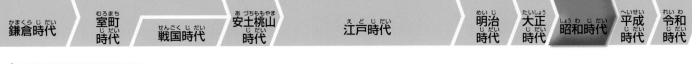

地図《ちず》で確認《かくにん》！

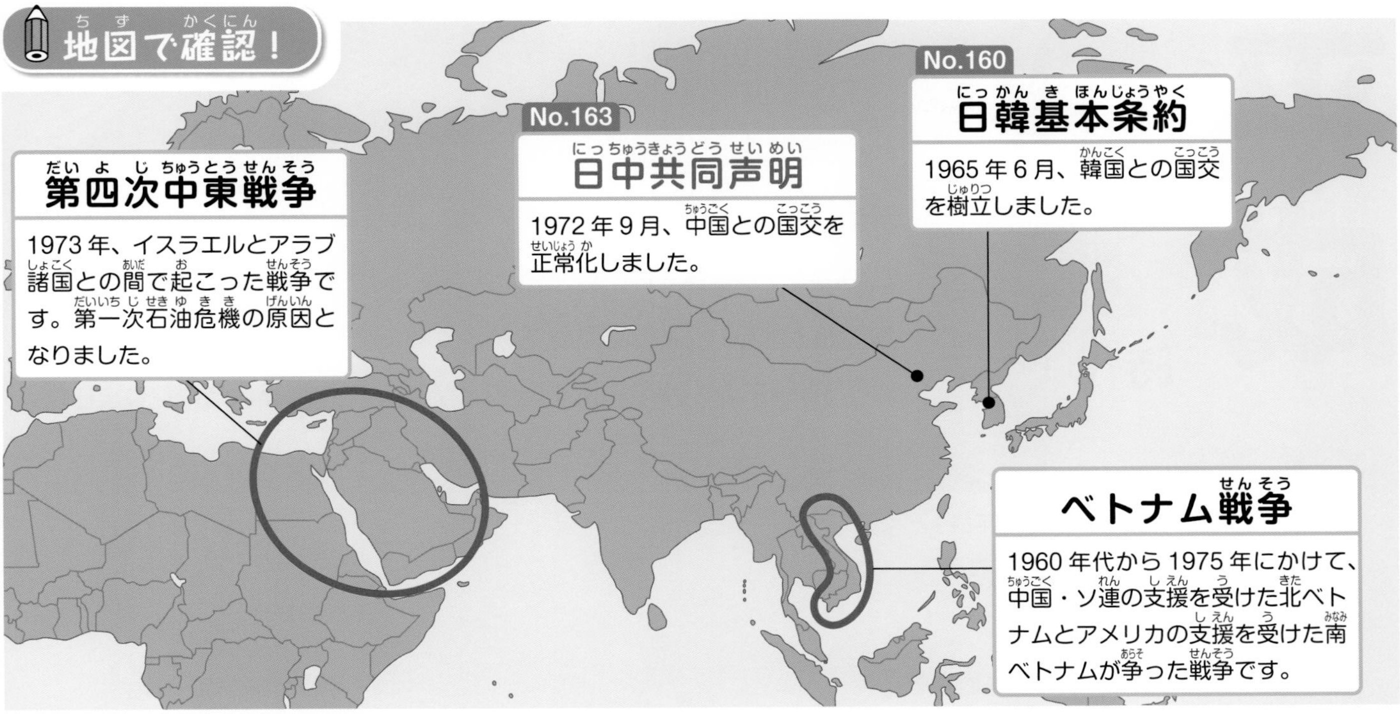

No.163
日中共同声明《にっちゅうきょうどうせいめい》
1972年9月、中国《ちゅうごく》との国交《こっこう》を正常化《せいじょうか》しました。

No.160
日韓基本条約《にっかんきほんじょうやく》
1965年6月、韓国《かんこく》との国交《こっこう》を樹立《じゅりつ》しました。

第四次中東戦争《だいよじちゅうとうせんそう》
1973年、イスラエルとアラブ諸国《しょこく》との間《あいだ》で起《お》こった戦争《せんそう》です。第一次石油危機《だいいちじせきゆきき》の原因《げんいん》となりました。

ベトナム戦争《せんそう》
1960年代から1975年にかけて、中国《ちゅうごく》・ソ連《れん》の支援《しえん》を受《う》けた北《きた》ベトナムとアメリカの支援《しえん》を受《う》けた南《みなみ》ベトナムが争《あらそ》った戦争《せんそう》です。

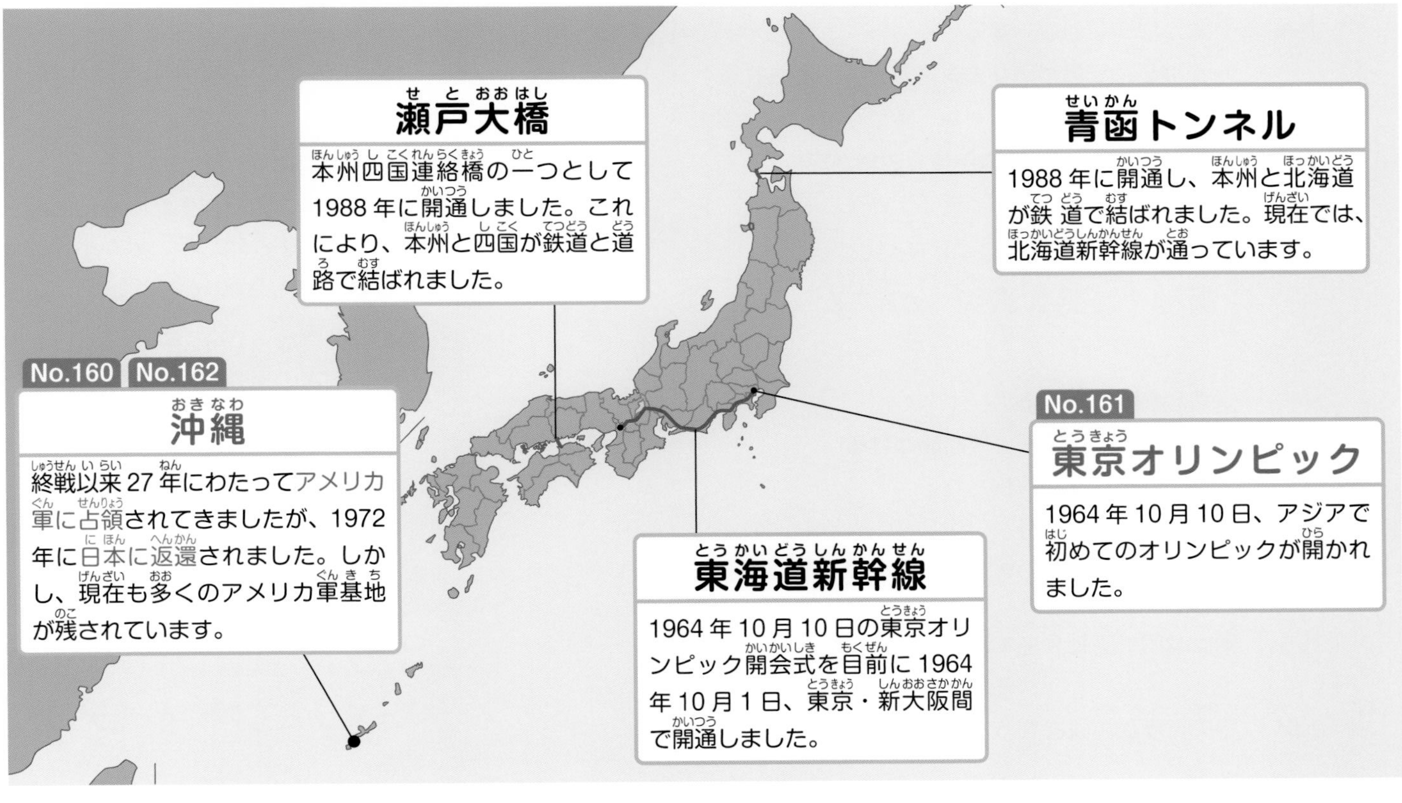

瀬戸大橋《せとおおはし》
本州四国連絡橋《ほんしゅうしこくれんらくきょう》の一《ひと》つとして1988年に開通《かいつう》しました。これにより、本州《ほんしゅう》と四国《しこく》が鉄道《てつどう》と道《どう》路《ろ》で結《むす》ばれました。

青函《せいかん》トンネル
1988年に開通《かいつう》し、本州《ほんしゅう》と北海道《ほっかいどう》が鉄道《てつどう》で結《むす》ばれました。現在《げんざい》では、北海道新幹線《ほっかいどうしんかんせん》が通《とお》っています。

No.160 No.162
沖縄《おきなわ》
終戦以来《しゅうせんいらい》27年《ねん》にわたってアメリカ軍《ぐん》に占領《せんりょう》されてきましたが、1972年に日本《にほん》に返還《へんかん》されました。しかし、現在《げんざい》も多《おお》くのアメリカ軍基地《ぐんきち》が残《のこ》されています。

No.161
東京《とうきょう》オリンピック
1964年10月10日、アジアで初《はじ》めてのオリンピックが開《ひら》かれました。

東海道新幹線《とうかいどうしんかんせん》
1964年10月10日の東京《とうきょう》オリンピック開会式《かいかいしき》を目前《もくぜん》に1964年10月1日、東京《とうきょう》・新大阪間《しんおおさかかん》で開通《かいつう》しました。

昭和《しょうわ》時代《じだい》③のポイントチェック

❶ 1964年にはアジアで初《はじ》めてとなる〔　　〕が東京《とうきょう》で開《ひら》かれました。〔　　　　　〕

❷ 1965年に韓国《かんこく》との間《あいだ》で結《むす》ばれた韓国《かんこく》との国交《こっこう》を樹立《じゅりつ》した条約《じょうやく》を何《なん》というでしょう。〔　　　　　〕

❸ 1972年5月にアメリカから返還《へんかん》された地域《ちいき》はどこでしょう。〔　　　　　〕

❹ 1972年9月に中国《ちゅうごく》との間《あいだ》で発表《はっぴょう》された声明《せいめい》を何《なん》というでしょう。〔　　　　　〕

❺ 1973年には〔　　〕が起《お》こり、高度経済成長期《こうどけいざいせいちょうき》が終《お》わりをむかえました。〔　　　　　〕

❻ ❺のきっかけとなった戦争《せんそう》を何《なん》というでしょう。〔　　　　　〕

答《こた》え　❶オリンピック　❷日韓基本条約《にっかんきほんじょうやく》　❸沖縄《おきなわ》　❹日中共同声明《にっちゅうきょうどうせいめい》　❺石油危機《せきゆきき》（オイルショック）　❻第四次中東戦争《だいよじちゅうとうせんそう》

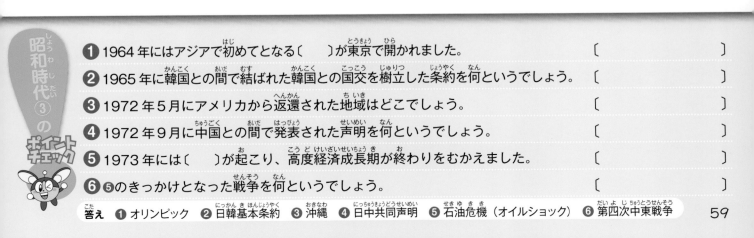

平《へい》成《せい》時代《じだい》①

重要事項《じゅうようじこう》
- ● ＰＫＯ協力法《ピーケーオーきょうりょくほう》（1992 年）
- ● 阪神《はんしん》・淡路大震災《あわじだいしんさい》（1995 年）
- ● 少子高齢化《しょうしこうれいか》の進行《しんこう》

阪神《はんしん》・淡路大震災《あわじだいしんさい》

1989 年 1 月、昭和天皇《しょうわてんのう》が亡《な》くなると、元号《げんごう》は「平成《へいせい》」と改《あらた》められました。このころから世界《せかい》では、地域紛争《ちいきふんそう》や地球規模《ちきゅうきぼ》の環境破壊《かんきょうはかい》などが大《おお》きな問題《もんだい》となり、これらの問題《もんだい》を解決《かいけつ》するために、日本《にほん》にも国際社会《こくさいしゃかい》の中《なか》で積極的《せっきょくてき》な役割《やくわり》をはたすことが求《もと》められるようになりました。

時代《じだい》	年《ねん》	政治《せいじ》／外交《がいこう》	文化《ぶんか》／産業《さんぎょう》／国際社会《こくさいしゃかい》
平《へい》成《せい》時《じ》代《だい》	1989	昭和天皇《しょうわてんのう》が亡《な》くなり「平成《へいせい》」となる 消費税《しょうひぜい》(3%) が導入《どうにゅう》される	マルタ会談《かいだん》 (1989 年) …冷戦《れいせん》の終結《しゅうけつ》
	1990	バブル景気《けいき》が崩壊《ほうかい》する → 長《なが》い不況《ふきょう》の時代《じだい》をむかえる	牛肉《ぎゅうにく》・オレンジの輸入自由化《ゆにゅうじゆうか》（1991 年）
	1992	ＰＫＯ協力法《ピーケーオーきょうりょくほう》が成立《せいりつ》する …はじめて自衛隊《じえいたい》がカンボジアに派遣《はけん》される	湾岸戦争《わんがんせんそう》が起《お》こる（1991 年）
	1993	55 年体制《たいせい》の崩壊《ほうかい》…非自民連立政権《ひじみんれんりつせいけん》が誕生《たんじょう》 環境基本法《かんきょうきほんほう》の制定《せいてい》	平成《へいせい》の大凶作《だいきょうさく》（1993 年） …東北地方太平洋側《とうほくちほうたいへいようがわ》を中心《ちゅうしん》に記録《きろく》的《てき》な冷害《れいがい》が起《お》こり、米《こめ》が不作《ふさく》となった
	1995	阪神《はんしん》・淡路大震災《あわじだいしんさい》が起《お》こる	米《こめ》の部分開放《ぶぶんかいほう》（1995 年） …外国産《がいこくさん》の米《こめ》の輸入《ゆにゅう》が開始《かいし》される
	1997	消費税《しょうひぜい》が 5% となる 地球温暖化防止京都会議《ちきゅうおんだんかぼうしきょうとかいぎ》が開《ひら》かれる …京都議定書《きょうとぎていしょ》が採択《さいたく》される ◆少子高齢化《しょうしこうれいか》の進行《しんこう》 ◆インターネットの普及《ふきゅう》	
	1999	男女共同参画社会基本法《だんじょきょうどうさんかくしゃかいきほんほう》が制定《せいてい》される	
	2001	中央省庁《ちゅうおうしょうちょう》が再編《さいへん》される	アメリカで同時多発《どうじたはつ》テロが起《お》こる（2001 年）
	2002	初《はつ》の日朝首脳会談《にっちょうしゅのうかいだん》が開《ひら》かれる …小泉純一郎首相《こいずみじゅんいちろうしゅしょう》と金正日総書記《キムジョンイルそうしょき》	サッカーのワールドカップを日韓《にっかん》で共同開催《きょうどうかいさい》（2002 年） イラク戦争《せんそう》が起《お》こる（2003 年）
	2007	国民投票法《こくみんとうひょうほう》の制定《せいてい》…日本国憲法《にほんこくけんぽう》の改正手続《かいせいてつづ》きについて定《さだ》める	アメリカで株価《かぶか》が暴落《ぼうらく》（リーマンショック）（2008 年）
	2009	政権交代《せいけんこうたい》で民主党《みんしゅとう》を中心《ちゅうしん》とした政権《せいけん》が誕生《たんじょう》する …2012 年に自民党中心《じみんとうちゅうしん》の政権《せいけん》が復帰《ふっき》する	

地図《ちず》で確認《かくにん》！

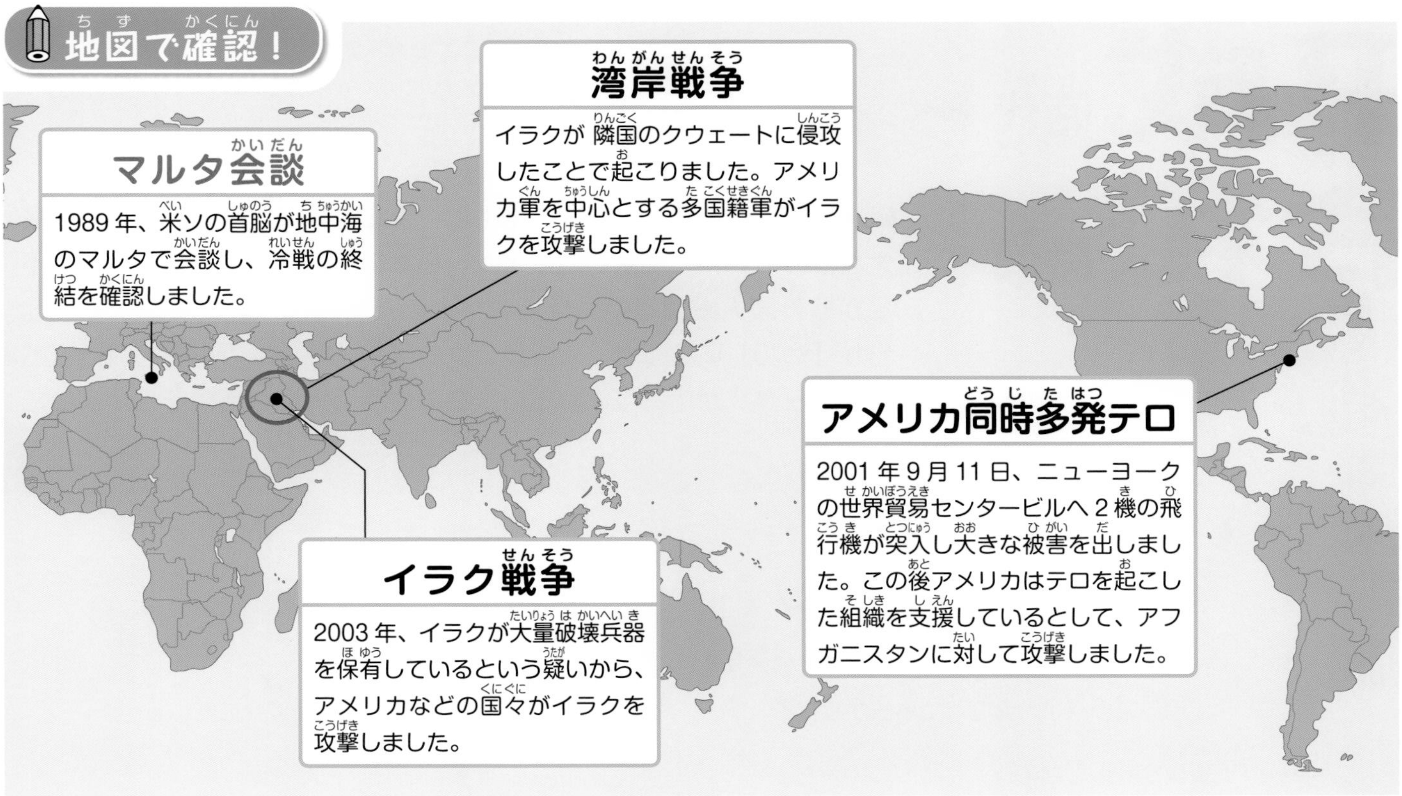

マルタ会談《かいだん》

1989年、米《べい》ソの首脳《しゅのう》が地中海《ちちゅうかい》のマルタで会談《かいだん》し、冷戦《れいせん》の終《しゅう》結《けつ》を確認《かくにん》しました。

湾岸戦争《わんがんせんそう》

イラクが隣国《りんごく》のクウェートに侵攻《しんこう》したことで起《お》こりました。アメリカ軍《ぐん》を中心《ちゅうしん》とする多国籍軍《たこくせきぐん》がイラクを攻撃《こうげき》しました。

アメリカ同時多発《どうじたはつ》テロ

2001年9月11日、ニューヨークの世界貿易《せかいぼうえき》センタービルへ2機《き》の飛《ひ》行機《こうき》が突入《とつにゅう》し大《おお》きな被害《ひがい》を出《だ》しました。この後《あと》アメリカはテロを起《お》こした組織《そしき》を支援《しえん》しているとして、アフガニスタンに対《たい》して攻撃《こうげき》しました。

イラク戦争《せんそう》

2003年、イラクが大量破壊兵器《たいりょうはかいへいき》を保有《ほゆう》しているという疑《うたが》いから、アメリカなどの国々《くにぐに》がイラクを攻撃《こうげき》しました。

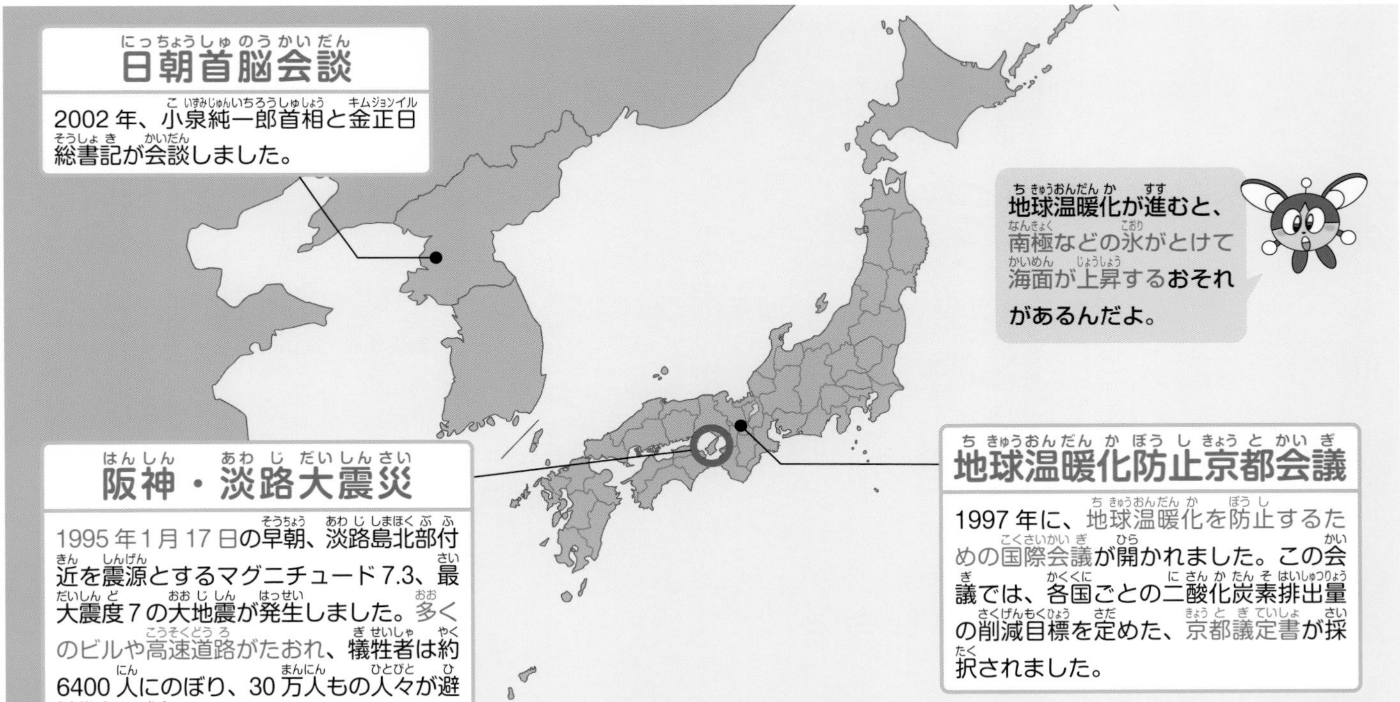

日朝首脳会談《にっちょうしゅのうかいだん》

2002年、小泉純一郎首相《こいずみじゅんいちろうしゅしょう》と金正日《キムジョンイル》総書記《そうしょき》が会談《かいだん》しました。

地球温暖化《ちきゅうおんだんか》が進《すす》むと、南極《なんきょく》などの氷《こおり》がとけて海面《かいめん》が上昇《じょうしょう》するおそれがあるんだよ。

阪神《はんしん》・淡路大震災《あわじだいしんさい》

1995年1月17日の早朝《そうちょう》、淡路島北部付《あわじしまほくぶふ》近《きん》を震源《しんげん》とするマグニチュード7.3、最《さい》大震度《だいしんど》7の大地震《おおじしん》が発生《はっせい》しました。多《おお》くのビルや高速道路《こうそくどうろ》がたおれ、犠牲者《ぎせいしゃ》は約《やく》6400人《にん》にのぼり、30万人《まんにん》もの人々《ひとびと》が避《ひ》難生活《なんせいかつ》を送《おく》ることになりました。

地球温暖化防止京都会議《ちきゅうおんだんかぼうしきょうとかいぎ》

1997年に、地球温暖化《ちきゅうおんだんか》を防止《ぼうし》するための国際会議《こくさいかいぎ》が開《ひら》かれました。この会《かい》議《ぎ》では、各国《かくくに》ごとの二酸化炭素排出量《にさんかたんそはいしゅつりょう》の削減目標《さくげんもくひょう》を定《さだ》めた、京都議定書《きょうとぎていしょ》が採《さい》択《たく》されました。

平成時代《へいせいじだい》①のポイントチェック

❶ アメリカ軍《ぐん》を中心《ちゅうしん》とする多国籍軍《たこくせきぐん》がイラクを攻撃《こうげき》し、1991年に起《お》こった戦争《せんそう》を何《なん》というでしょう。〔　　　〕

❷ 1992年に成立《せいりつ》した、国連平和維持活動《こくれんへいわいじかつどう》に協力《きょうりょく》するための法律《ほうりつ》を何《なん》というでしょう。〔　　　〕

❸ 1995年1月17日に兵庫県《ひょうごけん》を中心《ちゅうしん》に起《お》こった大地震《おおじしん》による災害《さいがい》を何《なん》というでしょう。〔　　　〕

❹ 1997年に地球温暖化《ちきゅうおんだんか》を防止《ぼうし》するための国際会議《こくさいかいぎ》が開《ひら》かれた日本《にほん》の都市《とし》はどこでしょう。〔　　　〕

答《こた》え　❶ 湾岸戦争《わんがんせんそう》　❷ ＰＫＯ協力法《ピーケーオーきょうりょくほう》　❸ 阪神《はんしん》・淡路大震災《あわじだいしんさい》　❹ 京都《きょうと》

平成《へいせい》時代《じだい》② 令和《れいわ》時代《じだい》

重要事項《じゅうようじこう》

- 東日本大震災《ひがしにほんだいしんさい》（2011年）
- 新型《しんがた》コロナウイルス感染症《かんせんしょう》（2020年～）
- 東京《とうきょう》2020オリンピック・パラリンピック開催《かいさい》（2021年）

東日本大震災《ひがしにほんだいしんさい》

2011年には東日本大震災《ひがしにほんだいしんさい》が発生《はっせい》し、東北地方《とうほくちほう》の太平洋側《たいへいようがわ》を中心《ちゅうしん》に甚《じん》大《だい》な被害《ひがい》に見舞《みま》われました。また、日本《にほん》の人口《じんこう》が減少《げんしょう》に転《てん》じ、人手不《ひとでぶ》足《そく》から外国人労働者《がいこくじんろうどうしゃ》の受《う》け入《い》れなど新《あら》たな局面《きょくめん》に入っています。元《げん》号《ごう》が「令和《れいわ》」になると、新型《しんがた》コロナウイルス感染症《かんせんしょう》の世界的流行《せかいてきりゅうこう》（パンデミック）が起《お》こり、わたしたちの生活《せいかつ》に大《おお》きな影響《えいきょう》を与《あた》えました。

時代《じだい》	年《ねん》	主《おも》な出来事《できごと》	文化《ぶんか》／産業《さんぎょう》／国際社会《こくさいしゃかい》
平《へい》成《せい》時《じ》代《だい》		◆スマートフォンの普及《ふきゅう》 No.165	
	2011	**東日本大震災《ひがしにほんだいしんさい》**が起《お》こる No.166 …最大震度《さいだいしんど》7、マグニチュード9.0を観測《かんそく》する 福島県《ふくしまけん》の原子力発電所《げんしりょくはつでんしょ》で事故《じこ》が起《お》こる	日本《にほん》の人口《じんこう》が減少《げんしょう》に転《てん》じる
	2014	消費税《しょうひぜい》が8%となる	
	2015	集団的自衛権《しゅうだんてきじえいけん》の行使容認《こうしようにん》が閣議決定《かくぎけってい》される	**パリ協定《きょうてい》**が採択《さいたく》される(2015年)
	2016	選挙権《せんきょけん》の年齢《ねんれい》が18歳以上《さいいじょう》に引《ひ》き下《さ》げられる マイナンバーカードの運用開始《うんようかいし》	TPP《ティーピーピー》(環太平洋《かんたいへいよう》パートナーシップ協定《きょうてい》)が11か国《こく》で発効《はっこう》（2018年）
令《れい》和《わ》時《じ》代《だい》	2019	天皇《てんのう》が退位《たいい》し「令和《れいわ》」に改元《かいげん》される 消費税《しょうひぜい》が10%となる…軽減税率《けいげんぜいりつ》を導入《どうにゅう》	
	2020	**新型《しんがた》コロナウイルス感染症《かんせんしょう》**の世界的流行《せかいてきりゅうこう》（パンデミック）が始《はじ》まり、全国《ぜんこく》に緊急事態宣言《きんきゅうじたいせんげん》が発令《はつれい》される No.167	イギリスがEU《イーユー》（ヨーロッパ連合《れんごう》）を離脱《りだつ》する（2020年）
	2021	**東京《とうきょう》2020オリンピック・パラリンピック**が開《ひら》かれる No.168	
	2021	デジタル庁《ちょう》が設置《せっち》される	
	2022	成年年齢《せいねんねんれい》が18歳以上《さいいじょう》に引《ひ》き下《さ》げられる	ロシアがウクライナへ軍事侵攻《ぐんじしんこう》する(2022年)
	2023	こども家庭庁《かていちょう》が設置《せっち》される	

平成《へいせい》②・令和《れいわ》時代《じだい》のポイントチェック

❶2011年3月11日に東北地方《とうほくちほう》の太平洋沖《たいへいようおき》で発生《はっせい》した大地震《おおじしん》による災害《さいがい》を何《なん》というでしょう。〔　　　　〕

❷2015年の気候変動枠組条約締約国会議《きこうへんどうわくぐみじょうやくていやくこくかいぎ》で定《さだ》められた協定《きょうてい》を何《なん》というでしょう。〔　　　　〕

❸2016年に選挙権《せんきょけん》の年齢《ねんれい》が、2020年に成年年齢《せいねんねんれい》がそれぞれ〔　　〕歳以上《さいいじょう》に引《ひ》き下《さ》げられました。〔　　　　〕

❹2020年から世界的流行《せかいてきりゅうこう》（パンデミック）が起《お》こった感染症《かんせんしょう》を何《なん》というでしょう。〔　　　　〕

❺2020年にEU《イーユー》（ヨーロッパ連合《れんごう》）から離脱《りだつ》した国《くに》はどこでしょう。〔　　　　〕

❻2022年にロシアが軍事侵攻《ぐんじしんこう》をした国《くに》はどこでしょう。〔　　　　〕

答《こた》え ❶東日本大震災《ひがしにほんだいしんさい》 ❷パリ協定《きょうてい》 ❸18 ❹新型《しんがた》コロナウイルス感染症《かんせんしょう》 ❺イギリス ❻ウクライナ

鎌倉時代《かまくらじだい》 | 室町《むろまち》時代《じだい》 | 戦国時代《せんごくじだい》 | 安土桃山《あづちももやま》時代《じだい》 | 江戸時代《えどじだい》 | 明治《めいじ》時代《じだい》 | 大正《たいしょう》時代《じだい》 | 昭和時代《しょうわじだい》 | 平成《へいせい》時代《じだい》 | 令和《れいわ》時代《じだい》

スペシャルカードの解説《かいせつ》 ～中国《ちゅうごく》の主《おも》な王朝《おうちょう》～

日本《にほん》と中国《ちゅうごく》との交流《こうりゅう》の歴史《れきし》は 2000 年以上《ねんいじょう》におよびます。古代《こだい》の日本《にほん》の王《おう》や支配者《しはいしゃ》は、中国《ちゅうごく》に使者《ししゃ》を送《おく》り、その時代《じだい》ごとの皇帝《こうてい》からさまざまな宝物《ほうもつ》を授《さず》かるとともに、大陸《たいりく》の文化《ぶんか》や技術《ぎじゅつ》などを吸収《きゅうしゅう》してきました。平《へい》安時代《あんじだい》の終《お》わりごろからは日本《にほん》と中国《ちゅうごく》の間《あいだ》で貿易《ぼうえき》がさかんになり、江戸時代《えどじだい》の鎖国中《さこくちゅう》も両国間《りょうこくかん》の貿易《ぼうえき》は続《つづ》きました。しかし、明治時代以降《めいじじだいいこう》には日本《にほん》と中国《ちゅうごく》の関係《かんけい》は悪化《あっか》し、2度《ど》にわたり戦争《せんそう》が起《お》こりました。現在《げんざい》では両国間《りょうこくかん》の国交《こっこう》は回復《かいふく》し、貿易《ぼうえき》や産業《さんぎょう》、文化《ぶんか》などさまざまな分野《ぶんや》で交流《こうりゅう》がさかんになっています。

中国《ちゅうごく》の主《おも》な王朝《おうちょう》	日本《にほん》の時代《じだい》	主《おも》な出来事《できごと》
S-001 後漢《ごかん》	弥生《やよい》	奴国《なのくに》《なこく》の王《おう》が金印《きんいん》を授《さず》かる
S-002 魏《ぎ》(呉《ご》・蜀《しょく》)		卑弥呼《ひみこ》が魏《ぎ》に使者《ししゃ》を送《おく》る
S-003 隋《ずい》	古墳《こふん》	聖徳太子《しょうとくたいし》が遣隋使《けんずいし》を送《おく》る
		遣唐使《けんとうし》の派遣《はけん》が始《はじ》まる
S-004 唐《とう》	奈良《なら》	阿倍仲麻呂《あべのなかまろ》が唐《とう》にわたる
		空海《くうかい》が唐《とう》にわたる
	平安《へいあん》	菅原道真《すがわらのみちざね》の意見《いけん》により遣唐使《けんとうし》が廃止《はいし》される
S-005 宋《そう》		平清盛《たいらのきよもり》が日宋貿易《にっそうぼうえき》を行《おこな》う
S-006 元《げん》	鎌倉《かまくら》	元寇《げんこう》が起《お》こる
S-007 明《みん》	室町《むろまち》	足利義満《あしかがよしみつ》が勘合貿易《かんごうぼうえき》を始《はじ》める
S-008 清《しん》	江戸《えど》	江戸幕府《えどばくふ》が鎖国《さこく》を行《おこな》う …長崎《ながさき》で貿易《ぼうえき》を続《つづ》ける
	明治《めいじ》	日清戦争《にっしんせんそう》が起《お》こる
中華民国《ちゅうかみんこく》	大正《たいしょう》	二十一《にじゅういっ》か条《じょう》の要求《ようきゅう》を出《だ》す
		満州事変《まんしゅうじへん》が起《お》こる
	昭和《しょうわ》	日中戦争《にっちゅうせんそう》が起《お》こる
中華人民共和国《ちゅうかじんみんきょうわこく》		日中共同声明《にっちゅうきょうどうせいめい》を発表《はっぴょう》する …日中《にっちゅう》の国交《こっこう》が正常化《せいじょうか》
	平成《へいせい》	

●中国《ちゅうごく》の主《おも》な王朝《おうちょう》の首都《しゅと》

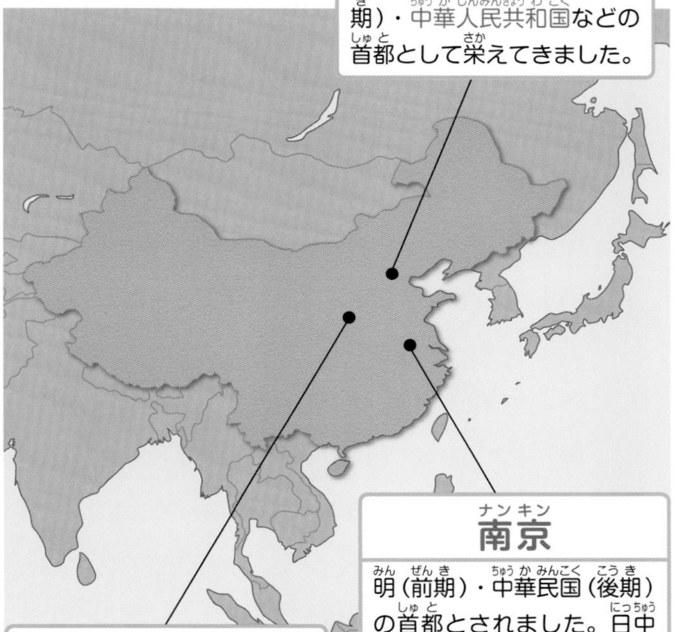

北京《ペキン》
明《みん》(後期《こうき》)・清《しん》・中華民国《ちゅうかみんこく》(前期《ぜんき》)・中華人民共和国《ちゅうかじんみんきょうわこく》などの首都《しゅと》として栄《さか》えてきました。

南京《ナンキン》
明《みん》(前期《ぜんき》)・中華民国《ちゅうかみんこく》(後期《こうき》)の首都《しゅと》とされました。日中《にっちゅう》戦争《せんそう》では日本軍《にほんぐん》によって多《おお》くの人々《ひとびと》が殺《ころ》されました。

長安《ちょうあん》
唐《とう》の都《みやこ》として栄《さか》えました。日本《にほん》の平城京《へいじょうきょう》や平安京《へいあんきょう》は、この長安《ちょうあん》を手本《てほん》としてつくられました。現在《げんざい》は西安《シーアン》とよばれています。

漢字《かんじ》、紙《かみ》、お茶《ちゃ》など、中国《ちゅうごく》から伝《つた》わったもので、今《いま》でもわたしたちの暮《く》らしの中《なか》で使《つか》われているものはとても多《おお》いのよ。

スペシャルカードのポイントチェック

❶ 阿倍仲麻呂《あべのなかまろ》が中国《ちゅうごく》にわたったころの、中国《ちゅうごく》の王朝《おうちょう》の名前《なまえ》は何《なん》でしょう。〔　　　〕

❷ ❶の王朝《おうちょう》の都《みやこ》が置《お》かれていた都市《とし》の名前《なまえ》は何《なん》でしょう。〔　　　〕

❸ 日本《にほん》が二十一《にじゅういっ》か条《じょう》の要求《ようきゅう》を出《だ》したときの中国《ちゅうごく》の正式《せいしき》な国名《こくめい》は何《なん》でしょう。〔　　　〕

❹ 日中共同声明《にっちゅうきょうどうせいめい》が発表《はっぴょう》され、日中《にっちゅう》の国交《こっこう》が正常化《せいじょうか》されたときの中国《ちゅうごく》の正式《せいしき》な国名《こくめい》は何《なん》でしょう。〔　　　〕

❺ ❹の国《くに》の首都《しゅと》の名前《なまえ》は何《なん》でしょう。〔　　　〕

答《こた》え ❶ 唐《とう》 ❷ 長安《ちょうあん》 ❸ 中華民国《ちゅうかみんこく》 ❹ 中華人民共和国《ちゅうかじんみんきょうわこく》 ❺ 北京《ペキン》

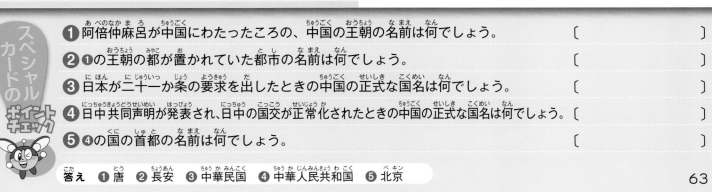

歴史《れきし》カード － クイズ・問題文《もんだいぶん》と解答一覧《かいとういちらん》

時代《じだい》	カード番号《ばんごう》	クイズ問題文《もんだいぶん》	クイズ解答《かいとう》
旧石器時代《きゅうせっきじだい》	001	旧石器時代《きゅうせっきじだい》の人々《ひとびと》が使《つか》っていた、石《いし》を打《う》ちくだいてつくった道具《どうぐ》を何《なん》というでしょう？	打製石器《だせいせっき》
	002	旧石器時代《きゅうせっきじだい》の人々《ひとびと》の食料《しょくりょう》となっていた、特《とく》に大型《おおがた》のゾウの仲間《なかま》は何《なん》でしょう？	マンモス
縄文時代《じょうもんじだい》	003	縄文時代《じょうもんじだい》に使《つか》われていた、縄目《なわめ》の文様《もんよう》が特徴《とくちょう》の土器《どき》を何《なん》というでしょう？	縄文土器《じょうもんどき》
	004	縄文時代《じょうもんじだい》の人々《ひとびと》がいのりをささげる際《さい》などに使《つか》っていた、素焼《すや》きの人形《にんぎょう》は何《なん》でしょう？	土偶《どぐう》
	005	明治時代《めいじじだい》にモースによって発見《はっけん》された、東京《とうきょう》にある縄文時代《じょうもんじだい》の貝塚《かいづか》の名前《なまえ》は何《なん》でしょう？	大森貝塚《おおもりかいづか》
	006	大規模《だいきぼ》な集落《しゅうらく》の跡《あと》が発見《はっけん》された、青森県《あおもりけん》にある縄文時代《じょうもんじだい》の遺跡《いせき》の名前《なまえ》は何《なん》でしょう？	三内丸山遺跡《さんないまるやまいせき》
弥生時代《やよいじだい》	007	倭《わ》（日本《にほん》）の奴国《なのくに》《なこく》の王《おう》が、後漢《ごかん》（中国《ちゅうごく》）の皇帝《こうてい》から授《さず》かったものは何《なん》でしょう？	金印《きんいん》
	008	近畿地方《きんきちほう》か九州北部《きゅうしゅうほくぶ》にあったと考《かんが》えられている、女王卑弥呼《じょおうひみこ》の国《くに》の名前《なまえ》は何《なん》でしょう？	邪馬台国《やまたいこく》
	009	弥生時代《やよいじだい》に使《つか》われていた、薄手《うすで》で丈夫《じょうぶ》な土器《どき》を何《なん》というでしょう？	弥生土器《やよいどき》
	010	弥生時代《やよいじだい》に、稲《いね》の穂《ほ》を刈《か》り取《と》るのに使《つか》われていた、石《いし》でできた道具《どうぐ》は何《なん》でしょう？	石包丁《いしぼうちょう》
	011	弥生時代《やよいじだい》に、収穫《しゅうかく》した稲《いね》を保管《ほかん》するのに使《つか》われていた倉庫《そうこ》を何《なん》というでしょう？	高床倉庫《たかゆかそうこ》
	012	弥生時代《やよいじだい》に、儀式《ぎしき》の際《さい》などに使《つか》われていた、つりがね形《がた》の青銅器《せいどうき》を何《なん》というでしょう？	銅鐸《どうたく》
	013	水田《すいでん》や集落《しゅうらく》の跡《あと》が発見《はっけん》された、静岡県《しずおかけん》にある弥生時代《やよいじだい》の遺跡《いせき》の名前《なまえ》は何《なん》でしょう？	登呂遺跡《とろいせき》
	014	大規模《だいきぼ》な環濠集落《かんごうしゅうらく》の跡《あと》が発見《はっけん》された、佐賀県《さがけん》にある弥生時代《やよいじだい》の遺跡《いせき》の名前《なまえ》は何《なん》でしょう？	吉野ヶ里遺跡《よしのがりいせき》
古墳時代《こふんじだい》	015	6 世紀《せいき》ごろに百済《くだら》（朝鮮《ちょうせん》）の聖明王《せいめいおう》から日本《にほん》に伝《つた》えられた宗教《しゅうきょう》は何《なん》でしょう？	仏教《ぶっきょう》
	016	古墳《こふん》の周《まわ》りに並《なら》べられた、人《ひと》や馬《うま》などの形《かたち》をした素焼《すや》きの人形《にんぎょう》を何《なん》というでしょう？	埴輪《はにわ》
	017	古墳時代《こふんじだい》に朝鮮《ちょうせん》や中国《ちゅうごく》から日本《にほん》にわたり、大陸《たいりく》の文化《ぶんか》を伝《つた》えた人々《ひとびと》を何《なん》というでしょう？	渡来人《とらいじん》
	018	大阪府堺市《おおさかふさかいし》にある世界最大級《せかいさいだいきゅう》の古墳《こふん》の名前《なまえ》は何《なん》でしょう？	大仙古墳《だいせんこふん》
	019	文字《もじ》が刻《きざ》まれた古《ふる》い鉄剣《てっけん》が発見《はっけん》された、埼玉県《さいたまけん》の古墳《こふん》の名前《なまえ》は何《なん》でしょう？	稲荷山古墳《いなりやまこふん》
	020	大国主命《おおくにぬしのみこと》（大黒様《だいこくさま》）をまつった、島根県《しまねけん》の有名《ゆうめい》な神社《じんじゃ》の名前《なまえ》は何《なん》でしょう？	出雲大社《いずもたいしゃ》
古墳時代《こふんじだい》（飛鳥時代《あすかじだい》）	021	593 年に推古天皇《すいこてんのう》の摂政《せっしょう》になり、天皇中心《てんのうちゅうしん》の政治《せいじ》をめざした人物《じんぶつ》はだれでしょう？	聖徳太子《しょうとくたいし》
	022	中臣鎌足《なかとみのかまたり》とともに大化《たいか》の改新《かいしん》を行《おこな》い、後《のち》に天智天皇《てんじてんのう》となった人物《じんぶつ》はだれでしょう？	中大兄皇子《なかのおおえのおうじ》
	023	役人《やくにん》の心構《こころがま》えを示《しめ》すために、聖徳太子《しょうとくたいし》が 604 年に定《さだ》めたきまりを何《なん》というでしょう？	十七条《じゅうしちじょう》の憲法《けんぽう》
	024	聖徳太子《しょうとくたいし》が中国《ちゅうごく》との交流《こうりゅう》のために、小野妹子《おののいもこ》らを送《おく》った使節《しせつ》を何《なん》というでしょう？	遣隋使《けんずいし》
	025	645 年に中大兄皇子《なかのおおえのおうじ》らが蘇我氏《そがし》をたおして始《はじ》めた、新《あたら》しい政治《せいじ》を何《なん》というでしょう？	大化《たいか》の改新《かいしん》
	026	7世紀初《せいきはじ》めに聖徳太子《しょうとくたいし》が建《た》てた、世界最古《せかいさいこ》の木造建築物《もくぞうけんちくぶつ》とされる寺院《じいん》は何《なん》でしょう？	法隆寺《ほうりゅうじ》
	027	7世紀後半《せいきこうはん》につくられた、日本最古《にほんさいこ》の貨幣《かへい》の名前《なまえ》は何《なん》でしょう？	富本銭《ふほんせん》
	028	708 年に、武蔵《むさし》の国《くに》（埼玉県《さいたまけん》）でとれた銅《どう》を使《つか》ってつくられた貨幣《かへい》の名前《なまえ》は何《なん》でしょう？	和同開珎《わどうかいちん》
奈良時代《ならじだい》	029	仏教《ぶっきょう》の力《ちから》で国《くに》を治《おさ》めようと考《かんが》え、全国《ぜんこく》に国分寺《こくぶんじ》や国分尼寺《こくぶんにじ》をつくった人物《じんぶつ》はだれでしょう？	聖武天皇《しょうむてんのう》
	030	奈良時代《ならじだい》の僧《そう》で、人々《ひとびと》に仏教《ぶっきょう》を広《ひろ》め、社会事業《しゃかいじぎょう》にもつくした人物《じんぶつ》はだれでしょう？	行基《ぎょうき》
	031	苦難《くなん》の末《すえ》に唐《とう》から来日《らいにち》し、都《みやこ》の平城京《へいじょうきょう》に唐招提寺《とうしょうだいじ》を建《た》てた人物《じんぶつ》はだれでしょう？	鑑真《がんじん》
	032	遣唐使《けんとうし》として唐《とう》にわたり、唐《とう》の皇帝《こうてい》に仕《つか》え、唐《とう》で一生《いっしょう》を終《お》えた人物《じんぶつ》はだれでしょう？	阿倍仲麻呂《あべのなかまろ》
	033	唐《とう》の長安《ちょうあん》を手本《てほん》としてつくられ、710 年に遷都《せんと》され新《あたら》しい都《みやこ》となったのはどこでしょう？	平城京《へいじょうきょう》
	034	聖武天皇《しょうむてんのう》によってつくられ、752 年に完成《かんせい》したものは何《なん》でしょう？	東大寺大仏《とうだいじだいぶつ》

時代《じだい》	カード番号《ばんごう》	クイズ問題文《もんだいぶん》	クイズ解答《かいとう》
奈良時代《ならじだい》	035	奈良《なら》の正倉院《しょうそういん》に見《み》られる、断面《だんめん》が三角形《さんかくけい》の木材《もくざい》を組《く》みあわせた建築《けんちく》を何《なん》というでしょう？	校倉造《あぜくらづくり》
	036	『貧窮問答歌《ひんきゅうもんどうか》』などがおさめられている、奈良時代《ならじだい》に編《へん》さんされた最古《さいこ》の歌集《かしゅう》は何《なん》でしょう？	万葉集《まんようしゅう》
平安時代《へいあんじだい》	037	唐《とう》で仏教《ぶっきょう》を学《まな》び、帰国後《きこくご》、高野山金剛峯寺《こうやさんこんごうぶじ》を建《た》て真言宗《しんごんしゅう》を開《ひら》いた人物《じんぶつ》はだれでしょう？	空海《くうかい》
	038	藤原氏《ふじわらし》によって大宰府《だざいふ》へ送《おく》られ、死後学問《しごがくもん》の神様《かみさま》としてまつられた人物《じんぶつ》はだれでしょう？	菅原道真《すがわらのみちざね》
	039	「かな文字《もじ》」を用《もち》い、『枕草子《まくらのそうし》』とよばれる随筆《ずいひつ》を書《か》いた人物《じんぶつ》はだれでしょう？	清少納言《せいしょうなごん》
	040	「かな文字《もじ》」を用《もち》い、『源氏物語《げんじものがたり》』とよばれる長編小説《ちょうへんしょうせつ》を書《か》いた人物《じんぶつ》はだれでしょう？	紫式部《むらさきしきぶ》
	041	摂関政治《せっかんせいじ》の全盛期《ぜんせいき》を築《きず》き、「望月《もちづき》の歌《うた》」をよんだことで知《し》られる人物《じんぶつ》はだれでしょう？	藤原道長《ふじわらのみちなが》
	042	律令政治《りつりょうせいじ》を立《た》て直《なお》すために、桓武天皇《かんむてんのう》が 794 年に新《あら》たな都《みやこ》としたのはどこでしょう？	平安京《へいあんきょう》
	043	894 年に、菅原道真《すがわらのみちざね》の意見《いけん》によって廃止《はいし》された中国《ちゅうごく》への使節《しせつ》は何《なん》でしょう？	遣唐使《けんとうし》
	044	十二単《じゅうにひとえ》や寝殿造《しんでんづくり》などに代表《だいひょう》される、平安時代《へいあんじだい》の貴族文化《きぞくぶんか》を何《なん》というでしょう？	国風文化《こくふうぶんか》
	045	武士《ぶし》として初《はじ》めて太政大臣《だいじょうだいじん》になり、平氏《へいし》の全盛期《ぜんせいき》を築《きず》いた人物《じんぶつ》はだれでしょう？	平清盛《たいらのきよもり》
	046	939 年に関東地方《かんとうちほう》で起《お》こった、武士《ぶし》の反乱《はんらん》を何《なん》というでしょう？	平将門《たいらのまさかど》の乱《らん》
	047	天皇《てんのう》がその地位《ちい》をゆずった後《あと》に、上皇《じょうこう》として政治《せいじ》を行《おこな》うことを何《なん》というでしょう？	院政《いんせい》
	048	平安時代《へいあんじだい》の終《お》わりに平清盛《たいらのきよもり》によってさかんに行《おこな》われた中国《ちゅうごく》との貿易《ぼうえき》を何《なん》というでしょう？	日宋貿易《にっそうぼうえき》
	049	1185 年、源 義経《みなもとのよしつね》のかつやくにより平氏《へいし》がほろぼされた戦《たたか》いを何《なん》というでしょう？	壇ノ浦《だんのうら》の戦《たたか》い
	050	藤原頼通《ふじわらのよりみち》によって建《た》てられた、京都府宇治市《きょうとふうじし》にある建物《たてもの》の名前《なまえ》は何《なん》でしょう？	平等院鳳凰堂《びょうどういんほうおうどう》
	051	平氏《へいし》の守《まも》り神《がみ》として平清盛《たいらのきよもり》に信仰《しんこう》された、広島県《ひろしまけん》の神社《じんじゃ》の名前《なまえ》は何《なん》でしょう？	厳島神社《いつくしまじんじゃ》
	052	奥州藤原氏《おうしゅうふじわらし》によって平泉《ひらいずみ》につくられた、全面《ぜんめん》に金箔《きんぱく》がはられた建物《たてもの》は何《なん》でしょう？	中尊寺金色堂《ちゅうそんじこんじきどう》
鎌倉時代《かまくらじだい》	053	1192 年に征夷大将軍《せいいたいしょうぐん》となり、鎌倉《かまくら》に幕府《ばくふ》を開《ひら》いた人物《じんぶつ》はだれでしょう？	源 頼朝《みなもとのよりとも》
	054	阿弥陀仏《あみだぶつ》を信《しん》じることを人々《ひとびと》に説《と》き、浄土真宗《じょうどしんしゅう》を開《ひら》いた人物《じんぶつ》はだれでしょう？	親鸞《しんらん》
	055	鎌倉幕府《かまくらばくふ》の中《なか》で大《おお》きな力《ちから》をもち、「尼将軍《あましょうぐん》」とよばれた人物《じんぶつ》はだれでしょう？	北条政子《ほうじょうまさこ》
	056	源 頼朝《みなもとのよりとも》によって開《ひら》かれた、日本最初《にほんさいしょ》の本格的《ほんかくてき》な武家政権《ぶけせいけん》を何《なん》というでしょう？	鎌倉幕府《かまくらばくふ》
	057	後鳥羽上皇《ごとばじょうこう》が鎌倉幕府《かまくらばくふ》をたおそうとしたが失敗《しっぱい》に終《お》わった 1221 年の出来事《できごと》は何《なん》でしょう？	承久《じょうきゅう》の乱《らん》
	058	鎌倉幕府《かまくらばくふ》の３代執権北条泰時《だいしっけんほうじょうやすとき》が定《さだ》めた、最初《さいしょ》の武家法《ぶけほう》を何《なん》というでしょう？	御成敗式目《ごせいばいしきもく》（貞永式目《じょうえいしきもく》）
	059	運慶《うんけい》・快慶《かいけい》によってつくられ、東大寺南大門《とうだいじなんだいもん》におさめられた仁王像《におうぞう》を何《なん》というでしょう？	金剛力士像《こんごうりきしぞう》
	060	鎌倉時代《かまくらじだい》の武士《ぶし》の屋敷《やしき》に見《み》られるような屋敷《やしき》の造《つく》りを何《なん》というでしょう？	武家造《ぶけづくり》
	061	鎌倉幕府《かまくらばくふ》の８代執権《だいしっけん》となり、２度《ど》にわたる元寇《げんこう》で元軍《げんぐん》を退《しりぞ》けた人物《じんぶつ》はだれでしょう？	北条時宗《ほうじょうときむね》
	062	元《げん》の皇帝《こうてい》として、２度《ど》にわたり日本《にほん》に大軍《たいぐん》を送《おく》った人物《じんぶつ》はだれでしょう？	フビライ＝ハン
	063	法華経《ほけきょう》を信《しん》じることを人々《ひとびと》に説《と》き、日蓮宗《にちれんしゅう》（法華宗《ほっけしゅう》）を開《ひら》いた人物《じんぶつ》はだれでしょう？	日蓮《にちれん》
	064	1274 年、元《げん》の大軍《たいぐん》が九州北部《きゅうしゅうほくぶ》に上陸《じょうりく》して起《お》こった激《はげ》しい戦《たたか》いを何《なん》というでしょう？	文永《ぶんえい》の役《えき》
	065	1281 年、元《げん》の大軍《たいぐん》が再《ふたた》び九州北部《きゅうしゅうほくぶ》をおそった戦《たたか》いを何《なん》というでしょう？	弘安《こうあん》の役《えき》
	066	後醍醐天皇《ごだいごてんのう》のよびかけに応《おう》じた武士《ぶし》によって、鎌倉幕府《かまくらばくふ》がたおされたのは何年《なんねん》でしょう？	1333 年
	067	鎌倉時代《かまくらじだい》から広《ひろ》まった、牛《うし》や馬《うま》などの家畜《かちく》を使《つか》って田畑《たはた》を耕《たがや》す方法《ほうほう》を何《なん》というでしょう？	牛馬耕《ぎゅうばこう》
	068	鎌倉時代《かまくらじだい》から各地《かくち》で定期的《ていきてき》に開《ひら》かれるようになった市場《いちば》を何《なん》というでしょう？	定期市《ていきいち》
室町時代《むろまちじだい》	069	室町幕府《むろまちばくふ》の３代将軍《だいしょうぐん》で、室町《むろまち》の「花《はな》の御所《ごしょ》」で政治《せいじ》を行《おこな》った人物《じんぶつ》はだれでしょう？	足利義満《あしかがよしみつ》
	070	鎌倉幕府滅亡後《かまくらばくふめつぼうご》、後醍醐天皇《ごだいごてんのう》によって始《はじ》められた新《あたら》しい政治《せいじ》を何《なん》というでしょう？	建武《けんむ》の新政《しんせい》

時代《じだい》	カード番号《ばんごう》	クイズ問題文《もんだいぶん》	クイズ解答《かいとう》
室町《むろまち》時代《じだい》	071	1338 年に征夷大将軍《せいいたいしょうぐん》となった足利尊氏《あしかがたかうじ》が、京都《きょうと》に開《ひら》いた武家政権《ぶけせいけん》を何《なん》というでしょう？	室町幕府《むろまちばくふ》
	072	足利義満《あしかがよしみつ》により勘合《かんごう》という合《あ》い札《ふだ》を用《もち》いて始《はじ》められた中国《ちゅうごく》との貿易《ぼうえき》を何《なん》というでしょう？	勘合貿易《かんごうぼうえき》（日明貿易《にちみんぼうえき》）
	073	現在《げんざい》の沖縄県《おきなわけん》にあたり、かつて王国《おうこく》として栄《さか》えていた国《くに》の名前《なまえ》は何《なん》でしょう？	琉球王国《りゅうきゅうおうこく》
	074	1428 年に近江国《おうみのくに》（滋賀県《しがけん》）の馬借《ばしゃく》たちから始《はじ》まった一揆《いっき》を何《なん》というでしょう？	正長《しょうちょう》の土一揆《つちいっき》《どいっき》
	075	足利義満《あしかがよしみつ》によって京都《きょうと》の北山《きたやま》につくられた、北山文化《きたやまぶんか》を代表《だいひょう》する建物《たてもの》は何《なん》でしょう？	鹿苑寺金閣《ろくおんじきんかく》
	076	観阿弥《かんあみ》・世阿弥《ぜあみ》の親子《おやこ》によって室町時代《むろまちじだい》に大成《たいせい》された、日本《にほん》の伝統芸能《でんとうげいのう》は何《なん》でしょう？	能楽《のうがく》
室町《むろまち》時代《じだい》（戦国《せんごく》時代《じだい》）	077	室町幕府《むろまちばくふ》の８代将軍《だいしょうぐん》で、京都《きょうと》の東山《ひがしやま》に銀閣《ぎんかく》をつくった人物《じんぶつ》はだれでしょう？	足利義政《あしかがよしまさ》
	078	明《みん》にわたって絵《え》を学《まな》び、帰国後《きこくご》、水墨画《すいぼくが》（墨絵《すみえ》）を大成《たいせい》させた人物《じんぶつ》はだれでしょう？	雪舟《せっしゅう》
	079	スペイン人《じん》の宣教師《せんきょうし》で、日本《にほん》にキリスト教《きょう》を伝《つた》えた人物《じんぶつ》はだれでしょう？	フランシスコ＝ザビエル
	080	足利義政《あしかがよしまさ》のあとつぎをめぐる問題《もんだい》から 1467 年に京都《きょうと》で始《はじ》まった戦《たたか》いを何《なん》というでしょう？	応仁《おうにん》の乱《らん》
	081	1543 年、種子島《たねがしま》にたどりついたポルトガル人《じん》によって伝《つた》えられた武器《ぶき》は何《なん》でしょう？	鉄砲《てっぽう》
	082	1549 年、鹿児島《かごしま》に上陸《じょうりく》したザビエルによって伝《つた》えられた宗教《しゅうきょう》は何《なん》でしょう？	キリスト教《きょう》
	083	慈照寺銀閣《じしょうじぎんかく》に見《み》られる、現在《げんざい》の和室《わしつ》のもとになった建築様式《けんちくようしき》を何《なん》というでしょう？	書院造《しょいんづくり》
	084	室町時代後半《むろまちじだいこうはん》に流行《りゅうこう》した、『一寸法師《いっすんぼうし》』などのさし絵《え》の入《はい》った物語《ものがたり》を何《なん》というでしょう？	御伽草子《おとぎぞうし》
安土桃山《あづちももやま》時代《じだい》	085	室町幕府《むろまちばくふ》をたおし全国統一《ぜんこくとういつ》をめざしたが、家臣《かしん》の裏切《うらぎ》りでたおされた人物《じんぶつ》はだれでしょう？	織田信長《おだのぶなが》
	086	大阪城《おおさかじょう》を築《きず》き、織田信長《おだのぶなが》のあとをついで全国統一《ぜんこくとういつ》をはたした人物《じんぶつ》はだれでしょう？	豊臣秀吉《とよとみひでよし》
	087	1575 年、織田信長《おだのぶなが》が鉄砲隊《てっぽうたい》を用《もち》いて武田勝頼《たけだかつより》を破《やぶ》った戦《たたか》いを何《なん》というでしょう？	長篠《ながしの》の戦《たたか》い
	088	豊臣秀吉《とよとみひでよし》が 1582 年から始《はじ》めた、全国《ぜんこく》の田畑《たはた》を調査《ちょうさ》する事業《じぎょう》を何《なん》というでしょう？	太閤検地《たいこうけんち》
	089	豊臣秀吉《とよとみひでよし》が 1588 年に行《おこな》った、農民《のうみん》から武器《ぶき》を取《と》りあげる政策《せいさく》を何《なん》というでしょう？	刀狩《かたながり》
	090	1600 年、徳川家康《とくがわいえやす》と石田三成《いしだみつなり》が戦《たたか》った、「天下分《てんかわ》け目《め》の戦《たたか》い」を何《なん》というでしょう？	関ヶ原《せきがはら》の戦《たたか》い
	091	織田信長《おだのぶなが》が琵琶湖《びわこ》をのぞむ小高《こだか》い丘《おか》に築《きず》いた、壮大《そうだい》な城《しろ》の名前《なまえ》は何《なん》でしょう？	安土城《あづちじょう》
	092	安土桃山時代《あづちももやまじだい》に千利休《せんのりきゅう》によって大成《たいせい》された、茶《ちゃ》をたしなむ作法《さほう》を何《なん》というでしょう？	茶道《さどう》
江戸《えど》時代《じだい》	093	関ヶ原《せきがはら》の戦《たたか》いで石田三成《いしだみつなり》を破《やぶ》り、江戸《えど》に幕府《ばくふ》を開《ひら》いた人物《じんぶつ》はだれでしょう？	徳川家康《とくがわいえやす》
	094	江戸幕府《えどばくふ》の３代将軍《だいしょうぐん》で、参勤交代制《さんきんこうたいせい》を定《さだ》めたり鎖国《さこく》を行《おこな》ったりした人物《じんぶつ》はだれでしょう？	徳川家光《とくがわいえみつ》
	095	1603 年に征夷大将軍《せいいたいしょうぐん》になった徳川家康《とくがわいえやす》が開《ひら》いた武家政権《ぶけせいけん》を何《なん》というでしょう？	江戸幕府《えどばくふ》
	096	江戸時代《えどじだい》、幕府《ばくふ》の将軍《しょうぐん》がかわるごとに朝鮮《ちょうせん》から送《おく》られて来《き》た使節《しせつ》を何《なん》というでしょう？	朝鮮通信使《ちょうせんつうしんし》
	097	1637 年、キリスト教信者《きょうしんじゃ》や農民《のうみん》たちが天草四郎《あまくさしろう》を中心《ちゅうしん》として起《お》こした一揆《いっき》は何《なん》でしょう？	島原《しまばら》・天草一揆《あまくさいっき》（島原《しまばら》の乱《らん》）
	098	キリスト教禁止《きょうきんし》などのために江戸幕府《えどばくふ》が行《おこな》った、外交《がいこう》を制限《せいげん》する政策《せいさく》は何《なん》でしょう？	鎖国《さこく》
	099	鎖国中《さこくちゅう》にオランダ人《じん》たちが住《す》まわされた、長崎港《ながさきこう》の人工島《じんこうとう》を何《なん》というでしょう？	出島《でじま》
	100	かつて金山《きんざん》が開《ひら》かれ、江戸幕府《えどばくふ》によって直接支配《ちょくせつしはい》されていた島《しま》はどこでしょう？	佐渡島《さどがしま》
	101	江戸幕府《えどばくふ》の８代将軍《だいしょうぐん》で、享保《きょうほう》の改革《かいかく》を行《おこな》い、「米将軍《こめしょうぐん》」とよばれた人物《じんぶつ》はだれでしょう？	徳川吉宗《とくがわよしむね》
	102	東北地方《とうほくちほう》を旅《たび》して『おくのほそ道《みち》』を著《あらわ》し、多《おお》くの俳句《はいく》を残《のこ》した人物《じんぶつ》はだれでしょう？	松尾芭蕉《まつおばしょう》
	103	江戸時代《えどじだい》の人形浄瑠璃《にんぎょうじょうるり》の脚本家《きゃくほんか》で、『曽根崎心中《そねざきしんじゅう》』などで知《し》られる人物《じんぶつ》はだれでしょう？	近松門左衛門《ちかまつもんざえもん》
	104	女性《じょせい》がふり向《む》いたすがたをえがいた有名《ゆうめい》な浮世絵《うきよえ》で、菱川師宣《ひしかわもろのぶ》の代表作《だいひょうさく》は何《なん》でしょう？	見返《みかえ》り美人図《びじんず》
	105	江戸時代《えどじだい》から使《つか》われるようになった、先端《せんたん》が分《わ》かれた田畑《たはた》を耕《たがや》す道具《どうぐ》は何《なん》でしょう？	備中《びっちゅう》ぐわ
	106	各地《かくち》の大名《だいみょう》が年貢米《ねんぐまい》や特産物《とくさんぶつ》を売《う》るために、大阪《おおさか》や江戸《えど》においた建物《たてもの》は何《なん》でしょう？	蔵屋敷《くらやしき》

時代《じだい》	カード番号《ばんごう》	クイズ問題文《もんだいぶん》	クイズ解答《かいとう》
江戸時代《えどじだい》	107	前野良沢《まえのりょうたく》らとともに西洋《せいよう》の医学書《いがくしょ》を翻訳《ほんやく》し、『解体新書《かいたいしんしょ》』を著《あらわ》した人物《じんぶつ》はだれでしょう？	杉田玄白《すぎたげんぱく》
	108	古事記《こじき》を研究《けんきゅう》して『古事記伝《こじきでん》』を著《あらわ》し、国学《こくがく》を大成《たいせい》した人物《じんぶつ》はだれでしょう？	本居宣長《もとおりのりなが》
	109	江戸時代《えどじだい》に日本全国《にほんぜんこく》を測量《そくりょう》し、とても正確《せいかく》な日本地図《にほんちず》をつくった人物《じんぶつ》はだれでしょう？	伊能忠敬《いのうただたか》
	110	ききんに苦《くる》しむ人々《ひとびと》を救《すく》うため、1837 年に大阪《おおさか》で反乱《はんらん》を起《お》こした人物《じんぶつ》はだれでしょう？	大塩平八郎《おおしおへいはちろう》
	111	江戸時代《えどじだい》、街道《かいどう》ぞいに旅館《りょかん》や商店《しょうてん》が集《あつ》まり発達《はったつ》したまちを何《なん》というでしょう？	宿場町《しゅくばまち》
	112	江戸時代《えどじだい》、「入《い》り鉄砲《でっぽう》に出女《でおんな》」を見張《みは》るために街道《かいどう》に設《もう》けられたものは何《なん》でしょう？	関所《せきしょ》
	113	江戸時代《えどじだい》に、手紙《てがみ》などを届《とど》ける仕事《しごと》をしていた人々《ひとびと》を何《なん》というでしょう？	飛脚《ひきゃく》
	114	江戸時代《えどじだい》の子《こ》どもたちに読《よ》み・書《か》き・そろばんを教《おし》えていたところを何《なん》というでしょう？	寺子屋《てらこや》
	115	山口県《やまぐちけん》の萩《はぎ》に松下村塾《しょうかそんじゅく》を開《ひら》き、尊王攘夷運動《そんのうじょういうんどう》に大《おお》きな影響《えいきょう》をあたえた人物《じんぶつ》はだれでしょう？	吉田松陰《よしだしょういん》
	116	土佐藩出身《とさはんしゅっしん》の武士《ぶし》で、薩長同盟《さっちょうどうめい》の成立《せいりつ》に力《ちから》をつくした人物《じんぶつ》はだれでしょう？	坂本竜馬《さかもとりょうま》
	117	坂本竜馬《さかもとりょうま》の師匠《ししょう》にあたり、江戸幕府《えどばくふ》で海軍《かいぐん》の仕事《しごと》などを行《おこな》った人物《じんぶつ》はだれでしょう？	勝海舟《かつかいしゅう》
	118	ペリーが4せきの黒船《くろふね》を率《ひき》いて浦賀《うらが》に来航《らいこう》したのは何年《なんねん》でしょう？	1853年
	119	倒幕運動《とうばくうんどう》の中心《ちゅうしん》となった、薩摩藩《さつまはん》と長州藩《ちょうしゅうはん》による同盟《どうめい》を何《なん》というでしょう？	薩長同盟《さっちょうどうめい》
	120	1867 年、徳川慶喜《とくがわよしのぶ》が政権《せいけん》を朝廷《ちょうてい》に返上《へんじょう》した出来事《できごと》を何《なん》というでしょう？	大政奉還《たいせいほうかん》
	121	日本《にほん》の各地《かくち》から見《み》た富士山《ふじさん》をえがいた浮世絵《うきよえ》の連作《れんさく》で、葛飾北斎《かつしかほくさい》の代表作《だいひょうさく》は何《なん》でしょう？	富嶽三十六景《ふがくさんじゅうろっけい》
	122	東海道《とうかいどう》の宿場町《しゅくばまち》の風景《ふうけい》をえがいた浮世絵《うきよえ》の連作《れんさく》で、歌川広重《うたがわひろしげ》の代表作《だいひょうさく》は何《なん》でしょう？	東海道五十三次《とうかいどうごじゅうさんつぎ》
明治時代《めいじじだい》	123	「維新三傑《いしんさんけつ》」の1人で、のちに政府《せいふ》をはなれ西南戦争《せいなんせんそう》を起《お》こした人物《じんぶつ》はだれでしょう？	西郷隆盛《さいごうたかもり》
	124	薩摩藩出身《さつまはんしゅっしん》の「維新三傑《いしんさんけつ》」の1人で、富国強兵《ふこくきょうへい》や殖産興業《しょくさんこうぎょう》を進《すす》めた人物《じんぶつ》はだれでしょう？	大久保利通《おおくぼとしみち》
	125	長州藩出身《ちょうしゅうはんしゅっしん》の「維新三傑《いしんさんけつ》」の1人で、五箇条《ごかじょう》の御誓文《ごせいもん》をまとめた人物《じんぶつ》はだれでしょう？	木戸孝允《きどたかよし》
	126	王政復古《おうせいふっこ》の大号令《だいごうれい》や五箇条《ごかじょう》の御誓文《ごせいもん》を発表《はっぴょう》した天皇《てんのう》はだれでしょう？	明治天皇《めいじてんのう》
	127	1869 年に終結《しゅうけつ》した戊辰戦争《ぼしんせんそう》の最後《さいご》の戦《たたか》いを何《なん》というでしょう？	五稜郭《ごりょうかく》の戦《たたか》い
	128	明治政府《めいじせいふ》が、年貢《ねんぐ》にかわり現金《げんきん》で納税《のうぜい》するように税制《ぜいせい》を改《あらた》めた改革《かいかく》を何《なん》というでしょう？	地租改正《ちそかいせい》
	129	「天《てん》は人《ひと》の上《うえ》に人《ひと》をつくらず…」という言葉《ことば》で有名《ゆうめい》な福沢諭吉《ふくざわゆきち》の著書《ちょしょ》は何《なん》でしょう？	学問《がくもん》のすゝ《(す)》め
	130	フランスの技術《ぎじゅつ》を取《と》り入《い》れて群馬県《ぐんまけん》につくられた、最初《さいしょ》の官営工場《かんえいこうじょう》の名前《なまえ》は何《なん》でしょう？	富岡製糸場《とみおかせいしじょう》
	131	議会《ぎかい》の開設《かいせつ》を要求《ようきゅう》し、「自由民権運動《じゆうみんけんうんどう》の父《ちち》」とよばれかつやくした人物《じんぶつ》はだれでしょう？	板垣退助《いたがきたいすけ》
	132	立憲改進党《りっけんかいしんとう》を結成《けっせい》し、現在《げんざい》の早稲田大学《わせだだいがく》の設立者《せつりつしゃ》でもある人物《じんぶつ》はだれでしょう？	大隈重信《おおくましげのぶ》
	133	大日本帝国憲法制定《だいにほんていこくけんぽうせいてい》の中心《ちゅうしん》となり、初代内閣総理大臣《しょだいないかくそうりだいじん》にもなった人物《じんぶつ》はだれでしょう？	伊藤博文《いとうひろぶみ》
	134	『たけくらべ』で知《し》られる女流作家《じょりゅうさっか》で、五千円札《ごせんえんさつ》にえがかれている人物《じんぶつ》はだれでしょう？	樋口一葉《ひぐちいちよう》
	135	1894 年に、イギリスとの間《あいだ》で領事裁判権《りょうじさいばんけん》（治外法権《ちがいほうけん》）の撤廃《てっぱい》に成功《せいこう》した外務大臣《がいむだいじん》はだれでしょう？	陸奥宗光《むつむねみつ》
	136	1889 年2月11 日に発布《はっぷ》された、天皇《てんのう》を主権者《しゅけんしゃ》とする憲法《けんぽう》は何《なん》でしょう？	大日本帝国憲法《だいにほんていこくけんぽう》
	137	日本《にほん》の近代化《きんだいか》を示《しめ》すために東京《とうきょう》の日比谷《ひびや》につくられた西洋風《せいようふう》の建物《たてもの》を何《なん》というでしょう？	鹿鳴館《ろくめいかん》
	138	明治時代《めいじじだい》に、北海道《ほっかいどう》の開拓《かいたく》と防衛《ぼうえい》のために置《お》かれた人々《ひとびと》を何《なん》というでしょう？	屯田兵《とんでんへい》
	139	日本海海戦《にほんかいかいせん》で連合艦隊《れんごうかんたい》を率《ひき》い、ロシアのバルチック艦隊《かんたい》を破《やぶ》った人物《じんぶつ》はだれでしょう？	東郷平八郎《とうごうへいはちろう》
	140	日露戦争《にちろせんそう》に反対《はんたい》し、『君死《きみし》にたまふ《う》ことなかれ』という詩《し》を書《か》いた人物《じんぶつ》はだれでしょう？	与謝野晶子《よさのあきこ》
	141	1911 年に、アメリカとの間《あいだ》で関税自主権《かんぜいじしゅけん》の回復《かいふく》に成功《せいこう》した外務大臣《がいむだいじん》はだれでしょう？	小村寿太郎《こむらじゅたろう》
	142	朝鮮《ちょうせん》の支配《しはい》をめぐり1894 年に始《はじ》まった、日本《にほん》と清《しん》の間《あいだ》の戦争《せんそう》を何《なん》というでしょう？	日清戦争《にっしんせんそう》

時代《じだい》	カード番号《ばんごう》	クイズ問題文《もんだいぶん》	クイズ解答《かいとう》
明治時代《めいじじだい》	143	ロシアに対抗《たいこう》するために、日本《にほん》とイギリスが 1902 年に結《むす》んだ同盟《どうめい》を何《なん》というでしょう？	日英同盟《にちえいどうめい》
	144	朝鮮《ちょうせん》や中国《ちゅうごく》への進出《しんしゅつ》をめぐり、日本《にほん》とロシアの間《あいだ》で 1904 年に始《はじ》まった戦争《せんそう》は何《なん》でしょう？	日露戦争《にちろせんそう》
	145	官営工場《かんえいこうじょう》として北九州《きたきゅうしゅう》につくられた、日本最初《にほんさいしょ》の本格的《ほんかくてき》な製鉄所《せいてつじょ》の名前《なまえ》は何《なん》でしょう？	八幡製鉄所《やはたせいてつじょ》
	146	明治時代《めいじじだい》に渡良瀬川流域《わたらせがわりゅういき》で発生《はっせい》し、田中正造《たなかしょうぞう》が解決《かいけつ》に力《ちから》をつくした公害事件《こうがいじけん》は何《なん》でしょう？	足尾鉱毒事件《あしおこうどくじけん》
大正時代《たいしょうじだい》	147	青鞜社《せいとうしゃ》を結成《けっせい》し、女性《じょせい》の地位《ちい》を高《たか》める婦人運動《ふじんうんどう》に力《ちから》を注《そそ》いだ人物《じんぶつ》はだれでしょう？	平塚《ひらつか》らいてう《ちょう》（雷鳥《らいちょう》）
	148	黄熱病《おうねつびょう》の研究《けんきゅう》に力《ちから》をつくし、千円札《せんえんさつ》にもえがかれている人物《じんぶつ》はだれでしょう？	野口英世《のぐちひでよ》
	149	1918 年に富山県《とやまけん》の漁村《ぎょそん》から始《はじ》まり、全国的《ぜんこくてき》に広《ひろ》まった民衆《みんしゅう》の騒動《そうどう》を何《なん》というでしょう？	米騒動《こめそうどう》
	150	1923 年、関東地方南部《かんとうちほうなんぶ》で発生《はっせい》し大《おお》きな被害《ひがい》を出《だ》した震災《しんさい》を何《なん》というでしょう？	関東大震災《かんとうだいしんさい》
昭和時代《しょうわじだい》	151	護憲運動《ごけんうんどう》でかつやくしましたが、五《ご》・一五事件《いちごじけん》で暗殺《あんさつ》された当時《とうじ》の首相《しゅしょう》はだれでしょう？	犬養毅《いぬかいつよし》
	152	1941 年 12 月８日の日本軍《にほんぐん》による真珠湾攻撃《しんじゅわんこうげき》から始《はじ》まった戦争《せんそう》は何《なん》でしょう？	太平洋戦争《たいへいようせんそう》
	153	戦争中《せんそうちゅう》、都市《とし》の子《こ》どもたちが空襲《くうしゅう》をさけて地方《ちほう》に避難《ひなん》したことを何《なん》というでしょう？	学童疎開《がくどうそかい》
	154	原爆《げんばく》のおそろしさを人々《ひとびと》に伝《つた》える、広島市《ひろしまし》の「負《ふ》の世界遺産《せかいいさん》」は何《なん》でしょう？	原爆《げんばく》ドーム
	155	日本《にほん》がポツダム宣言《せんげん》を受《う》け入《い》れ、太平洋戦争《たいへいようせんそう》が終結《しゅうけつ》したのは何年《なんねん》でしょう？	1945年
	156	ＧＨＱ《ジーエイチキュー》の最高司令官《さいこうしれいかん》として来日《らいにち》し、戦後《せんご》のさまざまな改革《かいかく》を命《めい》じた人物《じんぶつ》はだれでしょう？	マッカーサー
	157	戦後《せんご》、５期《き》にわたって内閣総理大臣《ないかくそうりだいじん》を務《つと》め、日本《にほん》の復興《ふっこう》に貢献《こうけん》した人物《じんぶつ》はだれでしょう？	吉田茂《よしだしげる》
	158	1946 年 11 月３日に公布《こうふ》された、国民主権《こくみんしゅけん》や平和主義《へいわしゅぎ》などを定《さだ》めた憲法《けんぽう》は何《なん》でしょう？	日本国憲法《にほんこくけんぽう》
	159	1960 年代《ねんだい》、日本《にほん》の産業《さんぎょう》や経済《けいざい》が大《おお》きく発展《はってん》した時期《じき》を何《なん》というでしょう？	高度経済成長期《こうどけいざいせいちょうき》
	160	「非核三原則《ひかくさんげんそく》」を発表《はっぴょう》し、後《のち》にノーベル平和賞《へいわしょう》を受賞《じゅしょう》した人物《じんぶつ》はだれでしょう？	佐藤栄作《さとうえいさく》
	161	1964 年に開《ひら》かれた、アジアで最初《さいしょ》のオリンピックを何《なん》というでしょう？	東京《とうきょう》オリンピック
	162	戦後《せんご》27 年間《ねんかん》アメリカ軍《ぐん》に占領《せんりょう》されましたが、1972 年に返還《へんかん》されたのはどこでしょう？	沖縄《おきなわ》
	163	1972 年に発表《はっぴょう》された、日本《にほん》と中国《ちゅうごく》の国交《こっこう》を正常化《せいじょうか》するための声明《せいめい》は何《なん》でしょう？	日中共同声明《にっちゅうきょうどうせいめい》
	164	1970 年代《ねんだい》に起《お》こった、石油《せきゆ》が急激《きゅうげき》に値上《ねあ》がりした出来事《できごと》を何《なん》というでしょう？	石油危機《せきゆきき》（オイルショック）
平成時代《へいせいじだい》	165	2010 年ごろから急速《きゅうそく》に普及《ふきゅう》した携帯情報端末《けいたいじょうほうたんまつ》を何《なん》というでしょう？	スマートフォン
	166	2011 年３月 11 日に発生《はっせい》した地震災害《じしんさいがい》を何《なん》というでしょう？	東日本大震災《ひがしにほんだいしんさい》
令和時代《れいわじだい》	167	2020 年に世界的流行《せかいてきりゅうこう》（パンデミック）をもたらした感染症《かんせんしょう》を何《なん》というでしょう？	新型《しんがた》コロナウイルス感染症《かんせんしょう》
	168	2021 年に１年延期《えんき》で東京《とうきょう》で開催《かいさい》された国際的《こくさいてき》なイベントを何《なん》というでしょう？	東京《とうきょう》2020オリンピック・パラリンピック

時代《じだい》	カード番号《ばんごう》	クイズ問題文《もんだいぶん》	クイズ解答《かいとう》
弥生時代《やよいじだい》	S001	倭《わ》（日本《にほん》）の奴国《なのくに》《なこく》の王《おう》が金印《きんいん》を授《さず》かったときの中国《ちゅうごく》の王朝《おうちょう》を何《なん》というでしょう？	後漢《ごかん》
弥生時代《やよいじだい》	S002	邪馬台国《やまたいこく》の女王《じょおう》・卑弥呼《ひみこ》が使者《ししゃ》を送《おく》った中国《ちゅうごく》の王朝《おうちょう》を何《なん》というでしょう？	魏《ぎ》
古墳時代《こふんじだい》(飛鳥時代《あすかじだい》)	S003	聖徳太子《しょうとくたいし》が小野妹子《おののいもこ》を使者《ししゃ》として送《おく》ったときの中国《ちゅうごく》の王朝《おうちょう》を何《なん》というでしょう？	隋《ずい》
古墳《こふん》・奈良《なら》・平安時代《へいあんじだい》	S004	日本国内《にほんこくない》で天平文化《てんぴょうぶんか》が栄《さか》えていたころの中国《ちゅうごく》の王朝《おうちょう》を何《なん》というでしょう？	唐《とう》
平安《へいあん》・鎌倉時代《かまくらじだい》	S005	平清盛《たいらのきよもり》がさかんに貿易《ぼうえき》を行《おこな》っていたときの中国《ちゅうごく》の王朝《おうちょう》を何《なん》というでしょう？	宋《そう》
鎌倉《かまくら》・室町時代《むろまちじだい》	S006	13 世紀後半《せいきこうはん》に２度《ど》にわたり日本《にほん》を攻《せ》めたときの中国《ちゅうごく》の王朝《おうちょう》を何《なん》というでしょう？	元《げん》
室町《むろまち》・安土桃山《あづちももやま》・江戸時代《えどじだい》	S007	足利義満《あしかがよしみつ》によって勘合貿易《かんごうぼうえき》が始《はじ》められたときの中国《ちゅうごく》の王朝《おうちょう》を何《なん》というでしょう？	明《みん》
江戸《えど》・明治時代《めいじじだい》	S008	明治時代後半《めいじじだいこうはん》に日本《にほん》との間《あいだ》で戦争《せんそう》が起《お》こったときの中国《ちゅうごく》の王朝《おうちょう》を何《なん》というでしょう？	清《しん》

タイムトラベル 日本歴史カード 改訂版

著者プロフィール：サピックス小学部（www.sapix.com）

「思考力・記述力の育成」を教育理念に掲げ、1989年に創立。小学1年生から6年生のための進学教室。現在、首都圏及び関西エリア40か所以上に教室を展開。最難関中学校に抜群の合格実績を誇る。「復習中心の学習法」「討論形式の授業」などの独自のメソッド及びカリキュラム、教材、少人数制のきめ細かい学習指導・進路指導に定評があり、保護者の絶大な支持を得ている。また、国内外の1年生から3年生までを対象とした通信教育「ピグマキッズくらぶ」（www.pigmakidsclub.com）・学童保育「ピグマキッズ」（pigmakids.com）・幼児教室「サピックスキッズ」（sapixkids.sapix.com）も開講している。

写真・資料提供（順不同）

苫小牧市博物館／十日町市博物館／「土偶」「石庖丁」「銅鐸」「埴輪＿馬」「埴輪＿桂甲の武人」「埴輪＿子持家」「春日権現霊験記（模本）」「松崎天神縁起（模本）」「足利義政像（伝）」「秋冬山水図（雪舟画）」「見返り美人図（菱川師宣画）」「東海道五十三次＿御油（歌川広重画）」「富嶽三十六景＿神奈川沖浪裏（葛飾北斎画）」「東海道五十三次＿日本橋（歌川広重画）」Image:TNM Image Archives Source:http://TnmArchives.jp（東京国立博物館所蔵）／品川区品川歴史館／三内丸山遺跡センター／福岡市博物館／大阪府立弥生文化博物館／静岡市立登呂博物館／佐賀県／社団法人堺観光コンベンション協会／埼玉県立さきたま史跡の博物館／大林組／張仁誠／奈良国立博物館／跡見学園女子大学図書館／学研・写真資料センター／奈良文化財研究所／三菱UFJ銀行貨幣・浮世絵ミュージアム／唐招提寺／飛鳥園／奈良市役所／東寺／太宰府天満宮／皇居三の丸尚蔵館／石山寺／藤田美術館／京都市歴史資料館／六波羅蜜寺／宮内庁書陵部／中尊寺／赤間神宮／神護寺／水無瀬神宮／清浄光寺（遊行寺）／ユニフォトプレス／妙法華寺／藤島神社／湊川神社／山口県防府天満宮／鹿苑寺／相国寺承天閣美術館／神奈川県立歴史博物館／真正極楽寺／常栄寺／山口市教育委員会／神戸市立博物館／種子島時邦／慈照寺／大阪公立大学中百舌鳥図書館／長興寺／豊田市郷土資料館／高台寺／高台寺掌美術館／徳川美術館／関ケ原町歴史民俗資料館／伊勢忍者キングダム・安土桃山文化村／不審菴／岡崎市／日光山輪王寺宝物殿／国立歴史民俗博物館／朝倉市秋月博物館／天草キリシタン館／長崎歴史文化博物館／独立行政法人国立公文書館／徳川記念財団／天理大学附属天理図書館／柿衞文庫／早稲田大学図書館／本居宣長記念館／伊能忠敬記念館／大阪歴史博物館／東京大学史料編纂所／郵政資料館／田原市博物館／松陰神社／高知県立歴史民俗資料館／霊山歴史館／日本カメラ博物館／横浜市中央図書館／聖徳記念絵画館★1「大政奉還」（邨田丹陵）★2「憲法発布式」（和田英作）★3「日清役黄海海戦」（太田喜二郎）／茨城県立歴史館／尚古集成館／国立国会図書館／税務情報センター／慶應義塾福澤研究センター／市立岡谷蚕糸博物館／早稲田大学大学史資料センター／台東区立一葉記念館／横浜開港資料館／北海道大学附属図書館／財団法人三笠保存会／毎日新聞社／日本製鉄株式会社 九州製鉄所／野口英世記念会／時事通信社／Greenpeace／高野山霊宝館／「上杉謙信像」米沢市上杉博物館／徳川黎明會／「松平定信公御自画像」鎭國守國神社／「東京開化名勝京橋石造銀座通り」Image:東京都歴史文化財団イメージアーカイブ（江戸東京博物館所蔵）／東書文庫／広島平和記念資料館／便利堂／宮内庁正倉院事務所／新華通信ネットジャパン／米国国立公文書館／国立感染症研究所／アフロ

スタッフ

編集協力★株式会社アーク・コミュニケーションズ（金子真理、近藤直子）　キャラクターイラスト★牧野タカシ
装丁★ニシ工芸株式会社（岩上トモコ）　本文デザイン・DTP★小西幸子（始祖鳥スタジオ）、ニシ工芸株式会社
カードDTP★ニシ工芸株式会社　地図製作協力★周地社　イラスト★福本えみ、ちーかま姫、ニシ工芸株式会社（知名杏菜）　校閲★別府由紀子

日本歴史カード 改訂版

著　者　サピックス小学部
編集人　青木英衣子
発行人　倉次辰男
印刷・製本　大日本印刷株式会社
発行所　株式会社主婦と生活社
〒104-8357 東京都中央区京橋 3-5-7
https://www.shufu.co.jp

この本に関するお問い合わせ

問題・解答解説の内容、およびサピックス小学部に関する資料請求についてはこちらにお電話ください。

サピックス小学部　0120-3759-50
［11：00～17：00］　日曜・祝日をのぞく。

落丁、乱丁については　☎03-3563-5125（生産部）
本のご注文については　☎03-3563-5121（販売部）
編集内容については　☎03-3563-5211（編集部）

ISBN978-4-391-16079-6
落丁、乱丁、その他の不良品はお取り替えいたします。

※方位記号のない図は、すべて上方を真北としています。
※本書に掲載の情報は、2023年9月までに集められた情報に基づいて編集しております。変更されている場合がありますのでご了承ください。
※本書は2010年に当社より発行した「日本歴史カード」を加筆訂正したものです。

主婦と生活社

別冊解説編は取りはずしてお使いください

※注意　別冊解説編は、本体とのりづけされている部分がありますので、ていねいにはずしてお使いください。

SAPIX サピックス

SAPIX YOZEMI GROUP